AF372041

Israel: historia de una guerra permanente

EDUARDO OLIER

ISRAEL

HISTORIA DE UNA
GUERRA PERMANENTE

Entre la fe y la guerra, el dilema eterno de Israel

SEKOTIA

Editorial Sekotia • Colección Reflejos de Actualidad
Editor: Humberto Pérez-Tomé Román
Corrección y maquetación: Helena Montané

www.sekotia.com
Parque Logístico de Córdoba. Ctra. Palma del Río, km 4
C/8, Nave L2, nº 3. 14005, Córdoba

Imprime: Romanyà Valls
ISBN: 978-84-19979-53-7
Depósito legal: CO-1729-2024
Hecho e impreso en España-*Made and printed in Spain*

«Vi al carnero que atacaba hacia el Oeste, el Norte y el Sur, y ninguna bestia resistir ante él ni librarse de su poder. Hacía lo que quería, y se engrandeció».

Libro de Daniel (8: 4)

Índice

INTRODUCCIÓN

EL PUEBLO DE LA ALIANZA

«Toda la tierra hablaba una misma lengua con las mismas palabras. Al emigrar los hombres desde Oriente, encontraron una llanura en la tierra de Senaar y se establecieron allí. Se dijeron unos a otros: "Vamos a preparar ladrillos y a cocerlos al fuego". Y emplearon ladrillos en lugar de piedras, y alquitrán en vez de argamasa. Después dijeron: "Vamos a construir una ciudad y una torre que alcance el cielo, para hacernos un nombre, no sea que nos dispersemos por la superficie de la tierra". El Señor bajó a ver la ciudad y la torre que estaban construyendo los hombres. Y el Señor dijo: "Puesto que son un solo pueblo con una sola lengua y esto no es más que el comienzo de su actividad, ahora nada de lo que decidan les resultará imposible. Bajemos, pues, y confundamos allí su lengua, de modo que ninguno entienda la lengua del prójimo". El Señor los dispersó de allí por la superficie de la tierra y cesaron de construir la ciudad. Por eso se llama Babel, porque allí confundió el Señor la lengua de toda la tierra, y desde allí los dispersó el Señor por la superficie de la tierra».

Génesis (11: 1-9)[1]

Durante los años setenta del pasado siglo, siendo yo un joven ingeniero que trabajaba en una multinacional alemana, solía poner en funcionamiento muchas instalaciones de control electrónico en grandes com-

---

1 En todo el texto del libro, las referencias de la Biblia proceden de la Conferencia Episcopal Española. *Sagrada Biblia*. BAC (Biblioteca de Autores Cristianos). Madrid, 2010.

plejos industriales en compañía de un colega mayor que yo, el cual era un reconocido experto en el ajuste de aquellos complicados sistemas. Eran tiempos en los que la informática estaba aún por llegar y los computadores de aquellos días se fabricaban con cientos de tarjetas repletas de componentes electrónicos que había que ajustar *in situ*.

Con mi compañero, un ingeniero de nacionalidad alemana, gran conocedor de aquellas técnicas, pasé mucho tiempo de aquí para allá haciendo funcionar grandes infraestructuras en muchas industrias de la Europa de entonces. Además de un renombrado ingeniero electrónico, mi compañero de fatigas profesionales era un gran violoncelista, una afición que compartía con su interés por las tecnologías electrónicas. Sin embargo, aparte de la camaradería que nos unía gracias a la convivencia de tantas horas juntos resolviendo difíciles problemas para que aquellas enormes instalaciones marcharan correctamente, mi amigo alemán tenía otra característica que, al menos conmigo, no eludía: era judío.

Según me contó este entrañable amigo, de niño, con tres o cuatro años, había pasado junto a su madre los últimos días del horror de aquel tremendo campo de concentración de Auschwitz, lo que recordaba ya de mayor intensamente: los miedos, los gritos, el hambre, y tantas otras calamidades venían a su cabeza de manera frecuente. Él y su madre —ya que el padre, también judío, había sido asesinado mucho antes— fueron encontrados por los nazis escondidos en un sótano en Berlín cerca del final de la guerra y, aun así, los llevaron a aquel horrible tormento.

En su ánimo no había odio hacia nadie, ni siquiera hacia aquellos inhumanos carceleros; simplemente recordaba las penalidades de sus compatriotas y, sobre todo, según decía, la enorme tristeza de su madre, con el miedo de no saber lo que pasaría al día siguiente. Guardaba mi amigo, sin embargo, un entrañable recuerdo de ella que, según decía, le cuidaba con un amor que, después de tantos años, siempre le acompañaba.

Cuando estábamos por España, mi amigo solía llamar de vez en cuando por teléfono a mi domicilio y, cambiando la voz, hablando español con acento hebreo, solía preguntar por mí diciendo que me llamaban de la embajada de Israel. Quien atendía la llamada siempre se sorprendía, pues en aquellos días España no tenía relaciones diplomáticas con Israel. No sería hasta 1986 cuando el presidente del Gobierno, Felipe González, estableciera ese vínculo diplomático. En aquellas épocas de los años setenta del siglo pasado, cercanos al final de una larga dictadura, Franco, quizás por sus relaciones con los árabes, nunca había estimado establecer relaciones con Israel.

Después de unos años en aquella tarea profesional, cambié de actividad, marché a vivir varios años fuera de España, perdiendo el contacto con aquel cercano compañero: alemán de nacionalidad, pero judío en sus más íntimos sentimientos. Desconozco, después de tantos años, qué le habrá sucedido, aunque quisiera imaginarlo como un afable anciano viviendo sus últimos días mientras ejecuta sus piezas favoritas en su querido violoncelo.

La vida, tal como se mueve, nos va llevando por caminos insospechados, en un recorrido lleno continuamente de sorpresas. Lo inesperado parece ser, al menos en mi caso, la tónica fundamental. Y en esas circunstancias, he tenido la oportunidad de contar con amigos judíos y con amigos musulmanes; con el caso sorprendente de que uno de esos últimos dejó su fe original para pasar a practicar la religión cristiana.

Así, viendo las desgracias de unos y otros, en una imposible convivencia en las tierras que pisó Jesucristo, me ha parecido que debería poner el teclado a funcionar y tratar de desentrañar lo que se encuentra detrás de ese permanente conflicto lleno de intereses que, en lo esencial, se hallan fuera de las fronteras de los beligerantes. No se trata, al menos en mi caso, de inclinar la balanza a un lado o a otro, ya que para ese negocio son decenas los que, como se dice en español, «arriman el ascua a su sardina». Más bien, mi ánimo se dirige a considerar —con toda la independencia intelectual de que sea capaz— los porqués del conflicto entre judíos y palestinos, y los intereses de parte que allí se encuentran, anotando, eso sí, alguna referencia más detallada del caso de Israel o, mejor, de los judíos, un pueblo particular desde que Abrán, llamado posteriormente Abrahán, atendió la llamada del Dios único para establecerse en las tierras de Canaán, muy lejos de su lugar de origen en la antigua Mesopotamia.

No deja de sorprender, como digo, el hecho de que un hombre —Abrán—, adinerado para su tiempo, dejara todo y se encaminara con enorme fe al lejano lugar donde Dios le indicaba. En mi conocimiento es un caso único en la historia. Primero, por tener la convicción de la existencia de un ser único, Dios, que nada tenía que ver con los otros dioses que le rodeaban en su tierra natal. Y, segundo, por tener esa intimidad con Dios que le hacía seguir sin pestañear lo que, según él, le pedía.

Luego vendrían los cristianos a seguir al mismo Dios de Abrahán, aunque, de nuevo, de una singular manera; ya que Dios mismo, para los cristianos, se había hecho hombre en la persona de un judío, Jesús de Nazaret, con el objetivo de que el ser humano no anduviera perdido y supiera cómo relacionarse, por así decirlo, de tú a tú, con el mismo Dios. Más tarde, el profeta Mahoma pasará a adorar al Dios único, aunque, esta vez, de manera diversa a judíos y cristianos. Una circunstancia que, en mi personal visión, se encuentra, con frecuencia, en la base de las guerras y los conflictos que han existido y existen, y que luego veremos. Tres religiones monoteístas, las únicas en el mundo, que han vivido múltiples confrontaciones, no solo entre ellas, sino también en su seno.

Pero volviendo a los judíos, sigue sorprendiendo, al menos a mí, su propia historia. Una historia que merece un breve comentario como antecedente de lo que diremos más adelante.

La Biblia no es, evidentemente, un libro de Historia; sin embargo, tiene muchos datos que no tendría sentido obviar. Esto nos lleva al Génesis, a Abrán cuando salió de la ciudad de Ur al lado del río Éufrates —en lo que hoy es Irak— hacia la tierra de Canaán con su familia (iba su padre con ellos). Y es allí cuando Dios le dice que abandone a su padre y vaya con su mujer y la familia de su sobrino Lot hacia otro lugar que la Biblia denomina la región de Siquén (o Siquem) en la actual Cisjordania. Abrán hizo en ese sitio un altar a Dios, al Señor, y siguió hacia las montañas para arribar a un lugar que la Biblia denomina Negueb, emplazamiento que, al parecer, está identificado arqueológicamente; siendo bien conocido el desierto del Néguev que se sitúa hoy al sur en el actual Estado de Israel.

El caso es que Dios, o como dice la Biblia, el Dios Altísimo, le comunica a Abrán que será el padre de un inmenso pueblo, sellando una alianza con él, y por eso le cambia el nombre a Abrahán, que, según se dice, significa «padre de una multitud de pueblos»; cosa que, desde luego, ha sucedido, pues las tres religiones monoteístas consideran a Abrahán como el padre de la fe que profesan.

Aunque no se conoce con exactitud, se dice que Abrahán vivió entre el 1500 y el 2000 antes de Cristo. Toda una historia que lleva a los judíos a considerarse miembros de un pueblo milenario que los enlaza con el mismo Dios Creador. Un hecho que, sin duda, hace a este pueblo extremadamente singular en el contexto de la raza humana.

Después vendrán los sucesores de Abrahán estableciéndose en las tierras de Canaán; nombre que, siglos después, cambiarían los romanos para denominarlo Palestina, tal como hoy lo conocemos. Una franja de tierra que se encuentra entre el mar Mediterráneo y el río Jordán, lugar también conocido como el Creciente fértil. Un pueblo —volviendo a los judíos— que, con sus vicisitudes, era el pueblo de la Alianza con Dios, lo que la Biblia reitera una y otra vez. Un Dios en alianza con los primeros patriarcas, Abrahán, Isaac, y Jacob, que los judíos denominarían, a partir de Moisés, YHWH (Yahveh, Jehová), el Dios único, el Dios que protegía a ese pueblo elegido por él.

Con Moisés se inicia el Éxodo de los judíos desde Egipto hacia su antigua tierra, a Canaán. Guerras y más guerras mantuvieron los judíos con los que allí vivían hasta consolidarse de nuevo en lo que consideraban de su propiedad. Sin embargo, en lo que toca a este libro, lo relevante tiene que ver con las vicisitudes de un pueblo cuyo origen, en alianza con el Creador (con el Dios único), les hace, en nuestra opinión, singularmente distintos. Y de esa diferencia y de su singularidad nacen también los rechazos y los odios casi permanentes hacia él. Un pueblo nómada, asentado en múltiples lugares, rechazado casi siempre allá donde se encontrara que, desde que fuera destruido por los romanos en el año 70 de nuestra era, tardó dos mil años en volver, mediado el siglo XX, a lo que consideraban su casa, a Israel, a la tierra de Canaán.

Y esa vuelta, forzada por las grandes potencias, especialmente Estados Unidos, con la anuencia de muchos más (incluida la Rusia soviética), se llevó a cabo en un lugar donde ya habitaban desde hacía cientos de años otras gentes, que vieron sus derechos conculcados sin que nadie les consultara. Nada pudieron opinar, pues las decisiones que se tomaron en Naciones Unidas el 29 de noviembre de 1947 eran de obligado cumplimiento. Unas decisiones forzadas por los países más fuertes, toda vez que Gran Bretaña, que controlaba la zona desde 1917, había decidido abandonar el lugar.

La centésimo vigésima octava reunión plenaria de Naciones Unidas aprobó por treinta y tres votos a favor, trece en contra y diez abstenciones, la creación de un nuevo Estado que hoy, casi ochenta años después, sigue sin tener la aceptación de sus vecinos y de muchos otros países; habiendo sido la causa de guerras, de terrorismo y de mucho sufrimiento, dentro y fuera de sus fronteras. Con la circunstancia de que aún sigue siendo la piedra de toque de un orden mundial cada vez más fragmentado que, pasando por Oriente Medio, busca reordenar la geopolítica global en las múltiples guerras de poder que se dan continuamente fuera de aquel escenario, con especial singularidad en la frontera de Europa con Rusia y en otras zonas del mundo que están a punto de explotar si es que no han explotado ya.

Es interesante ver quiénes estuvieron en contra en aquella importante decisión de Naciones Unidas. Entre ellos, dieron su negativa países como la India o Grecia, así como la mayoría de los vecinos del nuevo Estado israelí: Egipto, Irán, Irak, Líbano, Siria, Turquía, Yemen, y Arabia Saudí. A lo que habría que sumar las abstenciones de China o México (sin contar la referida del Reino Unido), por poner varios ejemplos. Hay que decir que, seguramente, de aquellos polvos vienen, y han venido, esos múltiples lodos, los de ayer y los de hoy.

De esto trata el libro que, usted, lector, tiene en sus manos. Estas páginas no toman partido en favor o en contra de nadie. Como hemos dicho, ya lo hacen otros. Sin embargo, pretendemos ofrecer un instrumento de reflexión para entender lo que sucedió, ver quiénes tienen sus intereses en que el resultado final vaya en una o en otra dirección, a la vez que este difícil discurso nos impulsa a reflexionar para tratar de descubrir lo que sería más justo en ese complicado escenario.

Como se puede ver, esta no es una obra enciclopédica. Se trata simplemente de un ensayo que busca entender lo que es y ha sido el pueblo judío, considerando también que, durante cientos de años, estuvo perseguido y vituperado por muchos. Entendiendo que, en nuestra opinión, ha sido su hecho religioso lo que conforma una actitud social muy diferenciada, y lo que ha suscitado esas enormes animadversiones en otros pueblos y en otras creencias.

El Holocausto hitleriano fue la piedra de toque que vino a golpear las conciencias de Occidente a fin de buscar una solución a tantas desgracias humanas. Si bien, fueron las estrategias coloniales que ya no interesaban ni a Inglaterra ni a Francia, las que forzaron una solución en contra de otros pueblos, cuyos derechos fueron sin duda trasgredidos. Desde el principio, unos se defendieron de lo que entendían que era un atropello, y los recién llegados lo hicieron a su manera para no ser nuevamente masacrados. Defensas que pasaron a ser ataques muchas veces con enorme agresividad. Lo que en su origen podría haber sido, bajo las oportunas negociaciones, la construcción de dos naciones en convivencia se ha vuelto hoy un problema irresoluble.

Es preciso constatar además que el nuevo fenómeno del terrorismo ha venido a complicar aún más la situación. La obligación de conocer a Dios impuesta por el Corán —ese «esfuerzo en el camino de Dios» tal como se define—, ha tomado una dirección que, en muchos casos, se torna extremadamente violenta. Del islam como una de las tres religiones monoteístas, se ha pasado a un fundamentalismo agresivo, muy alejado de la religión que estableció el Profeta.

A partir del inicio de este siglo, con los ataques a las Torres Gemelas en Nueva York, la yihad islámica se ha convertido en una amenaza para la seguridad global. Desde su epicentro en Afganistán, Irak, el Líbano o Siria, ya fueran Al Qaeda o el Daesh, los fundamentalistas islámicos han defendido su ideario de maneras violentas y extremistas; lo que bien se conoce en Europa, así como en el Cuerno de África o en la zona del Sahel y, por supuesto, en Palestina y su entorno más próximo. Un yihadismo extremo de características globales que viene sustentado por intereses económicos y políticos desde países bien conocidos. Donde tampoco son ajenas las actitudes de otros países de corte occidental. Una situación que, si bien pudiera tener un origen religioso de exclusión social, se enmarca hoy en unos criterios de poder en contra del orden internacional establecido. De ahí que el problema palestino-israelí no sea ajeno a este fenómeno destructivo, que no busca la concordia, sino todo lo contrario.

En los capítulos que siguen, no obviaremos este problema, como tampoco el hecho de que existe una forma de sionismo global que lleva la confrontación mucho más lejos de las fronteras donde se ubica el problema principal; es decir, en Israel y en Palestina, un cruce de caminos de la geopolítica global.

Son también hoy múltiples las voces que reclaman la creación de un Estado palestino como si eso fuera el *bálsamo de Fierabrás* del que hablara Cervantes en el Quijote. Aquellos ungüentos terapéuticos que todo lo podían para calmar los dolores que sufría el bueno del protagonista de la novela o, incluso, su fiel escudero. Existiendo también otros analistas que, dados a la inventiva, proponen la creación no solo de un nuevo Estado, sino de dos o tres.

En conclusión, nos parece que el problema crónico que existe en aquella zona donde no se encuentra un acomodo, sale de aquellas fronteras y constituye, como decimos, un problema geopolítico de orden global, en el cual una nueva izquierda internacionalizada busca sin descanso nuevos argumentos para crear luchas de clases en el seno de las sociedades donde ponen sus objetivos; sin olvidar que, en paralelo, continúa de manera permanente una lucha geopolítica por dominar el espacio económico y político mundial en este siglo.

De esto tratan, amable lector, las páginas que siguen. Un texto que tiene como colofón una reflexión sobre el hecho de que todos hablan constantemente de paz, cuando, en realidad, todo indica que nadie la quiere realmente. Se trata de luchas de poder que se perciben en lo más cotidiano y en lo más global. Un contexto que viven en primera persona, de un lado, el *pueblo de la Alianza* y, de otro, el pueblo palestino que suele dejarse de lado en esas luchas de poder.

Y, antes de que el lector se introduzca en la páginas que siguen, permítaseme una última observación. Escribir sobre un tema de tan enorme complejidad y de seculares enfrentamientos, traerá sin duda opiniones encontradas. Por este motivo, este autor, humildemente, ha decidido escapar en lo posible de opiniones meramente personales, y hacer un relato basado en datos y, fundamentalmente, en análisis de terceros, ya fueran de un signo o de otro. Con esto, en mi opinión, aquel que se acerque a estas páginas podrá sacar sus propias conclusiones fuera de interesadas ideologías, tan propias de la época que vivimos, según las cuales, quien no está a favor de una postura, estará en contra, sin atender a la verdad de los hechos, única guía para lograr ser intelectualmente independientes. De ahí los cientos de referencias que se han incorporado en el texto, y que el lector podrá consultar por sí mismo, para decidir después lo que considere más conveniente. Gracias por su comprensión.

Madrid, 2024

Capítulo I
UN PUEBLO SIN HOGAR

«El Señor dijo a Abrán: "Sal de tu tierra, de tu patria, y de la casa de tu padre, hacia la tierra que te mostraré. Haré de ti una gran nación, te bendeciré, haré famoso tu nombre y serás una bendición. Bendeciré a los que te bendigan, maldeciré a los que te maldigan, y en ti serán benditas todas las familias de la tierra"».

Génesis (12: 1-3)

Jueces, reyes, y profetas · Luchas sin cuento · El primer exilio · Herodes el Grande · Roma impone su ley · La rebelión del 66 a. C. Persecuciones y opresión · Diásporas · El odio contra los judíos · Un árabe llamado Lawrence de Arabia · Surge Ben-Gurión · Hitler, los nazis y el Holocausto · ¿Qué hacer con los judíos? Palestina es árabe · Nacionalismo palestino · ¿Qué hacer con los árabes de Palestina?

Como dijimos antes, la Biblia no es un libro de Historia, aunque contiene historias que se entrelazan con la Historia real. Se trata de un libro esencialmente religioso, a veces, de difícil comprensión; aunque Dios siempre está presente en el devenir del pueblo elegido por él. Sin la permanente presencia de Dios, nada sería comprensible en la Biblia ni lo que ahí se relata.

Empezó con Abrahán cuando tenía, según se dice, setenta años. Pues a partir de ahí, con una marcha de más de mil kilómetros con los suyos hacia la tierra prometida por Dios, un pueblo semita como los demás, que, como ellos, adoraba a múltiples dioses locales, se separa de esta tradición, y su vida, desde entonces, vendrá marcada por sentirse instrumento de un único Dios, con el cual mantendrá una constante comunicación. Aunque para decirlo todo, la creencia en un Dios único, de acuerdo con la Biblia, comenzó con el origen del mundo[2] —aparte de la expulsión de Adán y Eva del paraíso[3]—, siendo con Noé y el diluvio universal cuando se concreta esa alianza de Dios con su pueblo[4].

Desde la llegada de Abrahán a la tierra de Canaán, los judíos se verán inmersos en guerras sin cuento para hacerse con aquellos territorios, yendo a Egipto cuando aparecían hambrunas, para volver a instalarse en Canaán después de una marcha de cuarenta años por el desierto al mando de Moisés, organizándose según las tribus de los hijos del patriarca Jacob, nieto de Abrahán.

Moisés, un relevante egipcio, dirigirá al pueblo judío hacia la tierra de donde salió. Siempre, según la Biblia, bajo las indicaciones que Dios le iba dando durante el camino, incluidas las leyes que había que cumplir. Así lo comunica en una ocasión: «Hoy el Señor, tu Dios —le dice Moisés al pueblo—, te manda que cumplas estos mandatos y decretos[5]. Acátalos y cúmplelos con todo tu corazón y con toda tu alma. Hoy has elegido al Señor para que él sea tu Dios y tú vayas por sus caminos, observes sus mandatos, preceptos y decretos, y escuches su voz. Y el Señor te ha elegido para que seas su propio pueblo, como te prometió, y observes todos sus preceptos. Él te elevará en gloria, nombre y esplendor, por encima de todas las naciones que ha hecho, y serás el pueblo santo del Señor, tu Dios, como prometió»[6].

También Moisés nombrará un grupo de jueces para que se encarguen de dirimir los conflictos cotidianos durante la marcha por el desierto. A su muerte, Josué acaudillará al pueblo para conquistar la tierra prometida. Un personaje que algunos entienden que aparece tam-

---

2   Libro del Génesis. *Creación del cielo y de la tierra.* Génesis (1: 1-31; y 2: 1-4).

3   Génesis (2: 1-25; y 3: 1-24).

4   Génesis (6: 9-22) y capítulos 7, 8, y 9.

5   Se refiere Moisés a los «mandatos y decretos» que les ha ido indicando en los capítulos anteriores del Deuteronomio después de alertarles para la conquista de Transjordania y de Cisjordania. En concreto, Moisés comunica esos decretos al pueblo a partir de los capítulos 5 y 6 del Deuteronomio.

6   Deuteronomio (26: 16-19).

bién en el Corán cuando se dice: «Dos de sus hombres[7], temerosos de Alá, a quienes Alá había agraciado, dijeron: "Entrad contra ellos por la puerta. Una vez franqueada, la victoria será´ vuestra. Si sois creyentes, ¡confiad en Alá!"»[8].

No obstante, no todo era seguir las indicaciones de Dios. En múltiples ocasiones, los judíos volvieron con frecuencia a adorar a distintos ídolos —los *baales*, dice la Biblia—, lo que les traía enormes desdichas, pues acababan, por lo general, derrotados en las múltiples guerras que mantenían, siendo después esclavizados por los vencedores. A partir de Josué, habrá otros jueces, algunos muy conocidos, como pudieron ser Gedeón o, también, Sansón, que acabó con numerosos filisteos derruyendo con su fuerza el templo donde se encontraban.

Nuevamente, será Dios, por medio del profeta Samuel, quien recomiende, ante la insistencia del pueblo, el establecimiento de un reino, que comenzará con Saúl, al que seguirá David, bien conocido por haber derrotado con su honda al gigante filisteo Goliat. Y en todo momento, surgirán profetas para guiar al pueblo según Dios les indicaba. Lo que no sucedía siempre pues, como decimos, los israelitas se apartaban con frecuencia de las indicaciones divinas.

Guerras y más guerras serán la tónica del pueblo judío; llegando el caso de que, tras la muerte de Salomón, hijo del rey David, el país quedará dividido entre el reino de Israel y el de Judá. Un hecho que, como es habitual en la Biblia, será Dios quien lo decida. Así se comenta en el primer Libro de los Reyes cuando, ya viejo, Salomón se desvió de los mandatos del Señor, siguiendo a Astarté, diosa de los sidonios, y a Milcón, dios de los amonitas, separándose de la fidelidad que su padre, David, había mantenido con Dios. No contento con aquello, Salomón edificó un altar a Camós, otro dios extraño a Israel, y permitió que su mujeres «quemaran incienso a sus dioses». De manera que Dios dijo a Salomón: «Por haber actuado así y no haber guardado mi alianza y las leyes que te ordené, voy a arrancar el reino de tus manos y lo daré a un

---

7   Según se dice, esta Sura de El Corán hace referencia a Josué y a Caleb, un personaje bíblico citado también en el Deuteronomio (1: 36). Para las referencias de El Corán, se utiliza en este libro el texto de *El Sagrado Corán* en idioma español de Julio Cortés. Biblioteca Islámica «fátimah Az-Zahra».

8   El Corán. Sura (5: 23).

siervo tuyo. Pero no lo haré en vida tuya, en atención a tu padre, sino que lo arrancaré de manos de tu hijo. Tampoco le arrancaré todo el reino, en atención a David, mi siervo, sino que daré a tu hijo una tribu en consideración a Jerusalén, a la que he elegido»[9]. Esta fue la causa, según la Biblia, de la división del reino judío en aquel tiempo.

Sequías y hambrunas mostrarán el final de aquellos reinos que, además, se encontrarán con la oposición de un eximio profeta, Elías, que les reprochará su actitud idolátrica. A lo que seguirán las guerras con los asirios, para llegar, tiempo después, el rey de Babilonia, Nabucodonosor, que destruirá Jerusalén y el templo construido por Salomón. De nuevo el exilio, la esclavitud, y la dispersión del pueblo en Babilonia. Sucedió entre los siglos IX al VI a. C. Tiempos de muchos años de desdichas para los judíos.

En el año 63 a. C., Roma, por medio del cónsul romano Pompeyo, conquistará Palestina, una tierra que había formado parte del Imperio de Alejandro Magno, perdida por los judíos desde la conquista de los babilonios. Después de la llegada de los romanos, reinará en Israel, bajo su poder, Herodes el Grande, que reconstruirá el templo. Tiempo bien conocido por los Evangelios, pues será, con el nacimiento de Jesucristo, gobernando Roma el emperador Augusto, lo que se entiende como la «plenitud de los tiempos».

El caso del rey Herodes, aparte de lo que refieren los Evangelios al respecto de su crueldad (matanza de los inocentes[10]), es interesante desde la óptica política, o incluso geopolítica, pues se puede ver una cierta conexión con la actualidad, principalmente con el gobierno judío en Palestina, que tenía una extensión similar a la actual, incluyendo los pueblos limítrofes (Mapa 1.1).

Herodes nació alrededor del año 73 a. C. al sur de Palestina, donde se encontraba Alejandra, reina de Judea, que pertenecía a la tribu de los asmoneos[11]. Una mujer casada primero con Aristóbulo, hijo de un tal Hircano, conquistador de la zona sur de Palestina (Idumea). Hircano practicaba la religión judía, creencia que obligó a seguir a su pueblo.

---

9   1 Reyes (11: 11-13).
10   Mateo (2: 13-18).
11   S. Perowne. *The Life and Times of Herod the Great.* Hodder and Stoughton. Londres, 1956. Pág. 17.

Luego Alejandra se unió al otro hijo de Hircano, Alejandro, 15 años más joven que ella, que murió debido a sus múltiples excesos. A su muerte, Alejandra rigió a sus 64 años aquel Estado. Uno de los hijos de Alejandra, de nombre, igualmente, Hircano, fue elegido Sumo Sacerdote, apoyándose en un idumeo de nombre Antípatro, que sería el padre de Herodes el Grande[12].

Figura 1.1.- Reino de Herodes el Grande.

---

12   *Ibid.* Págs. 18-19.

En aquellas zonas habitaban también otros pueblos, como eran los edomitas[13], igualmente árabes y enemigos de los judíos, que ocupaban la zona sur de Judea cerca del Mar Muerto, llegando hasta Áqaba, en la zona norte del Mar Rojo, donde miles de años después caerían otomanos y alemanes durante la Primera Guerra Mundial. La historia de Lawrence de Arabia lo cuenta con detalle.

Por allí se encontraban también los moabitas, al igual que otras tribus al norte del Desierto de Arabia. Un conglomerado de pueblos árabes que, como en la era contemporánea, estaban continuamente en conflicto con los judíos. Aquellos pueblos venían de múltiples zonas de Oriente Medio, como fueron los acaudalados nabateos, que controlaban las rutas comerciales de entonces, llegando hasta el actual Yemen o a la hoy turística Petra, entonces el centro del comercio de las especies.

El padre de Herodes, Antípatro, se casó con Cipro, una mujer del pueblo nabateo. De esta unión nacieron cuatro hijos y una hija, una tal Salomé que sería la abuela de otra mujer del mismo nombre que, según los Evangelios, fue la que le pidió a Herodes, por deseo de su madre, Herodías, que le entregara la cabeza de Juan el Bautista[14]. Herodes fue el único de los hijos de Antípatro que no llevó nombre judío, sino griego, en tanto que Herodes, según se dice, significa *heroico*, «canto al héroe».

Es preciso, no obstante, volver años atrás cuando Roma luchaba con Cartago durante las guerras púnicas, a la que terminó por destruir en el año 146 a. C. Sin embargo, aunque las legiones romanas se encontraban cerca de Palestina, rehusaron entrar en nuevas guerras por la zona; si bien, cuando el rey de Pérgamo (localidad situada en la actual Turquía) aceptó el vasallaje de Roma[15], las posesiones romanas en Asia Menor aumentaron significativamente, lo cual acabó por llevar Palestina a las manos de Roma, evitando así los múltiples con-

---

13   Eran los descendientes de Esaú (Génesis, capítulo 36), hijo de Isaac que vendió su primogenitura a Jacob, cuando le dijo: «*Esaú dijo a Jacob: Dame un bocado de ese potaje rojo, pues estoy agotado. Por eso se lo llamó Edón*» (Génesis 25: 30); potaje que Jacob cambió por los derechos de primogenitura de su hermano Esaú (Génesis 25: 31-34). Edom en hebreo significa «rojo», de ahí que Esaú, se le dice «Rojo» por el color de sus cabellos; término que, en griego, se denomina *idumea*. De manera que edomitas e idumeos vienen a coincidir.
14   Mateo (6: 17-28).
15   S. Perowne. *Op. cit.* Pág. 28.

flictos que había entre unos y otros: macabeos, saduceos, fariseos e, incluso, armenios. Una situación que se asemeja de alguna manera a las disensiones que siempre han existido entre los pueblos que han ocupado esa región.

Finalmente, el año 41 a. C., en tiempos del emperador Tiberio, Herodes será nombrado tetrarca de Galilea, para ser, posteriormente, nombrado rey de Judea por el Senado romano ese mismo año. El reino de Herodes quedaba, sin embargo, supeditado a Roma en las decisiones que pudieran afectar a las leyes o a la política romana de la zona[16].

Durante todo el transcurso del dominio romano en Palestina, iniciado desde los tiempos de César[17] para finalizar en el año 135, el país (que pasó a llamarse Judea e integrarse en Siria en tiempos del emperador Adriano) constituyó una provincia romana a cargo de un gobernador. Poncio Pilato, por ejemplo, fue nombrado para el cargo por el emperador Tiberio en tiempos de Jesucristo. Según se dice, a Pilato se le remplazó en el año 36 después de unas luchas con los samaritanos, conocidos enemigos de los judíos. Unas acciones que no resultaban nada extraño, pues los mismos judíos se habían sublevado en contra de los romanos en múltiples ocasiones.

Será en el año 66 cuando por cuestiones de índole religiosa entre judíos y griegos se organice una enorme revuelta. El historiador Flavio Josefo narra estos conflictos en sus *Guerras de los judíos*[18]. Allí llegaría el general Vespasiano enviado por Nerón a sofocar el tumulto. Después, ya emperador, Vespasiano enviará a su hijo Tito para terminar con los levantiscos judíos. Josefo concluye así su historia: «Para maravilla grande y espanto de todos quise sacar aquí el número de todos los judíos que murieron en estas guerras y final destrucción, que declarados, vienen a ser todos la suma de un recuento, cuatrocientos veinti-

---

16 Hay que recordar que, en los Evangelios, los judíos no podían crucificar a Jesucristo ya que no les estaba permitido matar a los ajusticiados. Las sentencias, en este sentido, eran prerrogativa de los romanos. Así se cuenta que, estando Jesucristo enfrente de Pilatos, cuando le habían llevado allí los judíos para que fuera juzgado, se produjo esta conversación: «*Pilatos les dijo: "Lleváoslo vosotros y juzgadle según vuestra ley". Ellos dijeron: «No estamos autorizados para dar muerte a nadie"»* (Juan 18: 31-32).

17 *Ibid*. Pág. 43.

18 Flavio Josefo. *Guerras de los judíos y destrucción del templo y ciudad de Jerusalén*. Editorial Iberia. Dos volúmenes. Barcelona, 1983.

cinco mil seiscientos y treinta, los cuales murieron por la fuerza de las armas, por el fuego, por el hambre, y por la pestilencia»[19].

La ciudad de Jerusalén y el templo de Salomón (como ocurrió el 586 a. C. cuando su destrucción a manos de los babilonios) serán totalmente devastados. En el año 70, del templo nada quedará en pie, solo se mantendrá el Muro de las Lamentaciones, sagrado lugar del judaísmo hasta hoy. A partir de la caída de Jerusalén se inicia una enorme diáspora y miles de judíos serán vendidos como esclavos. Otra vez, como tantas veces en su historia. Sin embargo, el año 135, se intentará una nueva revolución en contra de los romanos dirigida por un tal Bar Kojba. Los judíos serán nuevamente derrotados, prohibiéndose su entrada en Jerusalén[20].

Luego, a medida que se expandía el cristianismo, tanto en Occidente como en Alejandría, comenzaron otras masacres, lo que llevará, hacia el año 500, a medida que el Imperio de Roma decaía, a reducirse la población judía en el Mediterráneo alrededor de la mitad[21]. Una época que, sorprendentemente, se compensará con una actividad cultural y religiosa muy relevante. Es entonces cuando aparece, por ejemplo, el Talmud (hacia el año 400) con sus reglas éticas, leyes e instrucciones, que trataban de clarificar algunos de los aspectos instituidos en la Mishná, fijada alrededor del año 200. La Mishná es considerada como la Torá oral. El Talmud, por su parte, pondrá por escrito lo indicado en la Torá. Se trata de una compilación de los cinco primeros libros de la Biblia hebrea, donde también se refiere lo que Dios le dijo a Moisés al ser preguntado quién era: «… Si ellos me preguntan —dice Moisés a Dios—: "¿Cuál es su nombre?", ¿qué les respondo? Dios dijo a Moisés: "Yo soy el que soy"[22]; esto dirás a los hijos de Israel: "Yo soy" me envía a vosotros»[23]. Queda así establecido en la Biblia que Dios, el único Dios, es el hacedor de todo: de lo visible y lo invisible.

---

19   *Ibid.* Pág. 254.
20   Y. Harkari. *The Bar Kokhbba Syndrome. Risk and Realism in International Politics.* Rossel Books. Nueva York, 1983. Pág. 25-85.
21   N. Cantor. *The Sacred Chain. A History of the Jews.* Fontana Press. Londres, 1996. Pág. 79-81.
22   «Yo soy el que soy»: *Ehyeh Asher Ehyeh,* en lengua hebrea. Uno de los versos más característicos de la Torá.
23   *Éxodo* (3: 13-15)

A partir del año 70 de nuestra era, los judíos se dispersan fuera de su tierra por muchos lugares del Mediterráneo, con épocas de gran actividad económica y cultural. En general, en aquellos días, las sinagogas estaban abiertas y podían practicar su fe sin cortapisas.

La aparición del islam, en principio, no fue ningún problema para los judíos, en tanto que esta nueva religión tenía su misma raíz. Abrahán estaba también en el origen del islam. Lo mismo sucedía con los cristianos. En España, por ejemplo, antes de su expulsión en 1492, los sefardíes —judíos que vivían en la Península ibérica— convivían sin trabas con musulmanes y cristianos. Sirva de ejemplo la ciudad de Toledo como paradigma de esas tres culturas de Sefarad, tal como denominaban los judíos a la península Ibérica: una triple cultura de judíos, cristianos, y musulmanes.

No obstante, al ser considerado Mahoma el mayor de los profetas, para resaltarlo, el Corán muestra su desprecio a judíos y cristianos: «¡Creyentes! No toméis como amigos a los judíos y a los cristianos. Son amigos unos de otros. Quien de vosotros trabe amistad con ellos, se hace uno de ellos. Alá no guía al pueblo impío»[24]. Lo que viene a demostrar quizás el fundamento religioso existente en las desavenencias de los musulmanes con los judíos. Maimónides es un ejemplo de persecución musulmana. Un hostigamiento que no se detenía ante nadie, incluso habiendo sido este sabio judío médico personal del ministro principal del sultán de Egipto[25].

La diáspora llevó a algunos judíos hasta la India, llegados allí por su asentamiento previo en Portugal a inicios del siglo X; aunque, poco a poco, fueron perdiendo, en general, la idea de que Dios intervenía en su favor. Por esa época, el pueblo judío no contaba sino alrededor de dos millones de almas desperdigadas por aquí y por allá[26].

En España, los ataques contra los judíos comenzaron mucho antes de su expulsión. En 1378, por ejemplo, un tal Ferrand Martínez, arcediano de Écija, exigió que se destruyeran las 23 sinagogas que había en la ciudad, moviéndose además por Andalucía para que no se dejara

---

24   *El Corán*. Sura (5: 51)
25   N. Cantor. *Op. cit.* Pág. 177.
26   N. Cantor. *Op. cit.* Pág. 133.

residir a los judíos en sus pueblos[27]. En Aragón sucedieron casos similares, mientras que, en toda España, las autoridades miraban para otro lado. En el siguiente siglo surgió la idea de que los judíos se bautizaran en masa al cristianismo. En ello se aplicó, entre otros, el santo Vicente Ferrer, lo que abrió el camino para que la Inquisición persiguiera la fidelidad real al cristianismo de los conversos[28]. El edicto de expulsión de los judíos tiene fecha de 31 de marzo de 1492. Lo firmaron el rey y la reina, los Reyes Católicos. Se argumenta que el motivo de su expulsión fue «evitar el daño que los judíos causaban a la religión católica»[29]. Fuera del hecho histórico, ahí queda la novela de Miguel Delibes, *El hereje*[30], para certificar las persecuciones que sufrieron los conversos.

Por entonces, las expulsiones de judíos se sucedieron también en otros países, singularmente en Portugal, Francia y Alemania. En Inglaterra se habían llevado a cabo fuertes persecuciones dos siglos antes. Allí se hizo como en España: se expulsó a todos. Los judíos se vieron entonces obligados a buscar nuevos países donde vivir. El odio contra ellos seguía instalado, sin embargo, en muchos lugares.

En un principio, el fraile dominico Martin Lutero pensó atraerse a los judíos a sus tesis de reforma en contra de la Iglesia Católica. No obstante, al continuar siendo fieles a sus tradiciones, los luteranos pasaron a atacarlos. La obra de Lutero, *Sobre los judíos y sus mentiras*, constituye «un alegato feroz en contra del judaísmo»[31]. De nada sirvieron, por otra parte, las disposiciones del emperador Carlos V para tratar de suavizar esa situación en Alemania.

Con la Ilustración, durante el siglo XVIII, daba la sensación de que los judíos, imbricados en las nuevas sociedades modernas, eran aceptados como cualquier ciudadano más. Nadie parecía molestarles. Desde dos siglos antes, el número de judíos había crecido enormemente, de manera que en el siglo XX antes de la Segunda Guerra Mundial, se habla de una cifra de diecisiete millones de hebreos repar-

---

27   Y. Baer. *Historia de los judíos en la España cristiana*. Dos volúmenes. Altalena Editores. Madrid, 1981. Pág. 383.

28   *Ibid*. Págs. 439-441.

29   *Ibid*. Págs. 646- 651.

30   M. Delibes. *El hereje*. Austral. 2010.

31   L. Suárez. *Los judíos*. Editorial Ariel. 4.ª edición. Barcelona, 2003. Pág. 464.

tidos por todo el mundo[32]. Durante los siglos XVIII y XIX, la influencia de los judíos en la sociedad era muy apreciable, y aunque no eran muchos los practicantes de esa religión, todos se sentían partícipes de una tradición milenaria, que se enlazaba con los primeros patriarcas: Abrahán, Isaac y Jacob.

El período que va de finales del siglo XVIII a principios del siglo XX representa una importante transformación en la vida de los judíos. La mayoría se encontraba en el este de Europa bajo dominio ruso, aunque también había una importante comunidad en Austria. Alemania, de igual modo, era un relevante centro de comunidades judías, al igual que Polonia. La diáspora había llevado también judíos a Francia e Inglaterra. Otro considerable contingente estaba bajo el poder del Imperio Otomano, sin olvidar que había antiguas poblaciones judías que habían emigrado a Estados Unidos y a América del Sur, principalmente a Argentina. En este sentido, no conviene dejar de lado a relevantes familias como podrían ser los Rothschild, originarios de la provincia alemana de Renania, que expandieron posteriormente sus actividades financieras a París y Londres. O también los Warburg, procedentes de Hamburgo, aunque su origen se encuentra en la Venecia del siglo XVI desde donde se trasladaron a Bolonia para terminar en la ciudad de Warburg, lugar donde tomaron el nombre que les reconoce. Luego pasaron a establecerse en Hamburgo. A lo anterior habría que añadir insignes judíos como David Ricardo, Carlos Marx, Leo Trosky, Rosa Luxemburgo y otros muchos.

En este contexto de judíos en la diáspora, surge Theodor Herzl, nacido en 1860 en Hungría, el cual, después de varias actividades sin mayor relevancia, acabó con 31 años en París como corresponsal del periódico *Neue Freie Presse*, un importante medio de comunicación que defendía posiciones liberales dentro del Imperio austrohúngaro.

Con el movimiento antisemita que se produjo en Francia alrededor del caso Dreyfus, aquel militar francés degradado, ajusticiado, y perseguido injustamente, al que se le acusaba de ser un espía alemán, cuando en realidad se le rechazaba por su condición de judío. Con un comienzo militar sobresaliente, Alfred Dreyfus, a los 32 años tenía

---

32   *Ibid.* Pág. 486.

delante de sí un futuro prometedor: «La vía real se le abría delante de él. Sin embargo, antes de terminar los cursos de la Escuela de Guerra, conoce que el general Bonnefond, miembro del jurado, le desacredita con motivo de que los judíos no tendrían nada que hacer en el Estado Mayor»[33]. A partir de ahí comenzarán sus desgracias por ser judío.

Dreyfus no era el único caso. Muchos más se sucedieron entonces en Europa. Quizás por eso, Herzl comenzó a pensar en la necesidad de que los judíos necesitaban tener su propio Estado. Un pensamiento que se justificaba también por los violentos ataques que habían sufrido los judíos en la Rusia del zar Alejandro III diez años antes. Se dice que en aquel tiempo las comunidades judías rusas habían sufrido más de 250 *progromos*[34]. Esto movió a miles de judíos a escapar de Rusia, debido a lo cual un pequeño número decidió volver a Sión: aquel lugar elevado cerca de Jerusalén donde el rey David luchó contra los jebuseos, habitantes entonces del país. Lo cuenta la Biblia en el segundo Libro de Samuel: «Estos [los jebuseos] dijeron a David: "No entrarás aquí, pues te rechazarán hasta los ciegos y los cojos". Era como decir: David no entrará aquí. Pero David tomó la fortaleza de Sión, que es la ciudad de David»[35].

La vuelta a Sión, auspiciada por Theodor Herzl, no se apoyaba en un sentimiento religioso, sino que tenía un fuerte carácter político: la necesidad de tener un Estado propio. La religión, al contrario de lo que sucedió durante los tiempos bíblicos con los patriarcas del antiguo Israel, desapareció como motor de la vuelta de los judíos a la tierra prometida. Dios ya no estaba detrás de la iniciativa; como tampoco Dios era considerado el protector del pueblo judío. Ante los ataques a los judíos por todo el espacio europeo, se trataba de volver al lugar que Herzl consideraba propiedad del pueblo judío después de dos mil años de diáspora: Sión.

---

33   L. Greilsamer. *La vraie vie du Capitaine Dreyfus*. Éditions Tallandier, París 2014. Pág. 29.

34   A. Dowty. *Israel/Palestine*. Polity Press. 5.ª edición. Hoboken, NJ. Estados Unidos, 2023. Págs. 26-27. La voz *progromo* proviene del término ruso *progrom*, que alude a las matanzas y pillajes que se realizaban en contra de los judíos rusos.

35   2 Samuel (5: 6-7).

La ola de antisemitismo que se desató en muchos lugares de Europa fue el origen, por tanto, de un movimiento de carácter político que incentivaba la vuelta a Israel, al lugar que los judíos denominaban *Eretz Yisrael* (la Tierra de Israel). Un retorno, como decimos, no por impulso divino, sino por motivos de supervivencia política. El hecho tomó desde entonces profundos tintes nacionalistas. Será en ese ambiente cuando Theodor Herzl funde en Viena la Organización Sionista Mundial, cuyo primer Congreso[36] se llevó a cabo en Basilea (Suiza) en 1897. Su objetivo era determinante: «establecer una patria para el pueblo judío en la tierra de Israel que estuviera garantizado según el derecho consuetudinario».

La organización sionista de Herzl se hermanó posteriormente con los *Amantes de Sión* (*Hovevei Zion*), una entidad fundada en Rusia en 1881 por Leon Pinsker con el mismo objetivo: construir la patria judía en Palestina: un nuevo retorno a Sión. Detrás, para lograrlo, el sionismo recibía ayuda económica de importantes financieros de origen judío; por ejemplo, del Barón Edmund de Rothschild, la rama francesa de esa importante familia[37]. Por supuesto, ninguno de los promotores consideraba que en Palestina vivían desde hacía siglos bajo poder otomano muchas comunidades árabes de religión musulmana (y algunas cristianas), que se oponían frontalmente a la llegada masiva de judíos y, mucho menos, al establecimiento de un Estado judío en su territorio. Aun así, entrando desde Egipto, Líbano y otras fronteras cercanas, hacia 1914 había en Palestina una población de unos cien mil judíos[38].

En 1916, en medio de la Primera Guerra Mundial, la *Gran Guerra*, Inglaterra y Francia, con el apoyo de Rusia, sellaron el *Acuerdo Skyes-Picot*, que acordaba parcelar el Imperio otomano una vez ganada la guerra. El Acuerdo fue redactado por los diplomáticos Mark Skyes y Georges Picot por parte inglesa y francesa, respectivamente. Con este acuerdo, Rusia se quedaba en propiedad los estrechos de salida al Mediterráneo, mientras que Francia se hacía con el Líbano y Siria, y el Reino Unido con Irak y Jordania, haciéndose también cargo del con-

---

36   M. J. Reimer. *The First Zionist Congress. An Annotated Translation of the Proceedings.* State University of New York. Nueva York, 2019.

37   A. Dowty. *Op. cit.* Pág. 29.

38   *Ibid.* Pág. 38.

trol de Palestina. En paralelo, a su estilo, los ingleses instigaban varias revueltas árabes en la zona para debilitar a los turcos, prometiendo además a Husayn ibn Ali, emir y jerife entonces de la Meca, la creación de uno o varios Estados árabes bajo un Gobierno de corte hachemita en la zona, lo que incluía la Península Arábiga, Irak, Siria y, evidentemente, Palestina.

Ahí no terminaron las concesiones, pues, inmersos en aquella terrible guerra, en paralelo, los británicos buscaron el apoyo de los sionistas estadounidenses y los de origen ruso, llegando incluso a enviar un compromiso formal al presidente de la Federación sionista británica, Lord Lionel Rothschild, donde se indicaba que el Gobierno de su Majestad haría todos sus esfuerzos para establecer un «hogar nacional» para el pueblo judío en Palestina. Una misiva que se conoce como la *Declaración Balfour*, pues fue firmada el 2 de noviembre de 1917 por el ministro de Asuntos Exteriores del Reino Unido, Arthur James Balfour[39]. Un juego de cartas marcadas, que los británicos pusieron sobre la mesa con árabes de un lado, y judíos de otro, lo que sería, no tantos años después, el inicio de un enorme problema.

Ese juego a dos bandas escondía, sin embargo, una engañosa estrategia, ya que el propio Lawrence de Arabia (Thomas Edward Lawrence), tornado en «árabe» mientras hacía de enlace británico tratando de unir a las comunidades árabes en contra de turcos y alemanes, era consciente de que, con el acuerdo *Balfour* entre franceses e ingleses, el prometido Estado árabe quedaría en papel mojado en el momento en que aquellos perdieran la guerra. Aun así, Lawrence continuó en su empeño de unir a los árabes como parte de la Triple Entente (Reino Unido, Rusia y Francia) en contra de la Triple Alianza (Alemania, Italia y Austria). En su defensa hay que suponer que Lawrence pensó que si los árabes conquistaban Damasco antes que los aliados quedaría sin efecto el tratado *Skyes-Picot* y se podría organizar ese mundo árabe independiente de los británicos y sus aliados. Tal supuesto nunca ocurrió.

La Primera Guerra Mundial acabó con los imperios conocidos hasta entonces. Cayó Rusia, se destruyó Alemania, y desaparecieron el

---

39   *Ibid.* Págs. 61-62.

Imperio otomano y el Imperio austrohúngaro. Surgieron nuevas fronteras en Europa y comenzó la reorganización territorial de Oriente Medio repartiéndose el territorio entre franceses e ingleses. Un asunto que, más de un siglo después, sigue siendo, como bien conocemos, un caldero geopolítico en ebullición.

Como resultado, el Imperio otomano quedó reducido a la Turquía actual. Irak, constituido como una Liga de naciones, pasó a manos británicas. Francia se hacía con Siria y el Líbano; y Palestina, juntamente con Jordania, quedaba controlada por el Reino Unido. Sin embargo, a fin de no exasperar demasiado a los árabes, los británicos reorganizaron el territorio al este del río Jordán con un emirato semiautónomo (Transjordania), «gobernado» por Abdullah ibn Husayn, hijo de Husayn ibn Ali, el referido antiguo jerife de la Meca. Al otro hijo de este jerife, de nombre Faysal ibn Husayn, se le adjudicó el trono de Irak.

Al oeste del Jordán, haciendo frontera al norte con el Líbano y Siria, y al sur con Egipto, se constituyó la nueva Palestina. Un asunto que enervó a los sionistas que allí habitaban, en tanto que el Israel bíblico incluía el East Bank[40] adjudicado entonces a Jordania, mientras los árabes palestinos, descontentos con razón, criticaban el haber separado Transjordania de Palestina. Una decisión de ruptura en dos zonas, con unas nuevas fronteras definidas arriba y abajo, que los británicos sacaron adelante en 1922 a partir de su aprobación en la Sociedad de Naciones[41]. No hay que decir que las supuestas tesis del «árabe» Lawrence de Arabia, pensando en una comunidad de Estados árabes, caían en saco roto. Mandaban y decidían los que habían ganado la guerra, el resto no tenía opinión.

La nueva Palestina fue desde el principio el caldo de cultivo de un enorme conflicto. Parecía que se volvía a los tiempos anteriores del rey Herodes. La diferencia era que, en lugar del Imperio romano, se trataba de los aliados, principalmente franceses e ingleses, los que buscaban dar solución a un Estado judío en la zona y, a la vez, organizar un sistema de autogobierno para los habitantes de un país que llevaban siglos allí; los cuales, por otra parte, se oponían, con toda lógica, a

---

40   Lo que sería conocido como Cisjordania.
41   https://www.ungeneva.org/es/about/league-of-nations/overview.

la creación de tal Estado judío. Roma era un imperio, los aliados vencedores de la Primera Guerra Mundial solo eran potencias coloniales. Una gran diferencia. Unas decisiones que dieron paso a un problema de enormes proporciones, como puede verse hoy en pleno siglo XXI.

El entonces nuevo secretario británico para las Colonias, Winston Churchill, para abundar aún más en la frustración de unos y otros, publicó un documento en el que explicaba que la propuesta del «hogar nacional» ofrecido por la *Declaración Balfour*, no significaba en absoluto la creación de un nuevo Estado judío en la zona, sino que se trataba de aceptar la llegada de inmigrantes judíos allá hasta un número determinado. Una propuesta que no aceptaban los judíos ni, por supuesto, los árabes de la zona, que no querían ver a su «país» repleto de cientos de miles de judíos. El resultado fue el inicio de una confrontación que hoy se presume secular.

Este estado de cosas, el Tratado de Versalles firmado en 1919, que impuso unas condiciones inasumibles a la derrotada Alemania, unido a un creciente antisemitismo por toda Europa, vino a complicar mucho más la vida del disperso pueblo judío. No hay que olvidar que la población judía se había reducido a causa de la Primera Guerra Mundial más de un tercio, y que las migraciones judías a Palestina habían aumentado muy considerablemente, superando quizás las 700.000 personas[42]. De manera que, con la llegada de los nazis al poder en Alemania, los ataques contra los judíos se hicieron casi permanentes. Entretanto, sionistas y árabes palestinos iniciaban sus escaramuzas en una tierra de nadie, pues la región estaba dominada por los británicos. Es aquí cuando surge la figura de David Ben-Gurión asegurando que: «Nosotros y ellos queremos lo mismo. Ambos queremos Palestina»[43].

Quizás conviene en este momento hacer un breve apunte sobre este personaje, dada la importancia que tendrá en la creación del futuro Estado de Israel. En 1910, con 24 años, Ben-Gurión, de origen polaco, fue de los primeros en marchar a Palestina para establecer comunidades judías agrícolas bajo un modelo sionista. Pensaba que estas

---

42   *Ibid.* Pág. 64.
43   S. Teveth. *Ben-Gurion and the Palestinian Arabs, from Peace to War.* Oxford University Press. Nueva York, 1985. Pág. 166.

comunidades crearían un sentimiento nacionalista fuera de los guetos judíos tradicionales. Ben-Gurión era un socialista convencido: consideraba que las comunas agrícolas israelíes, los *kibutz*, serían la base de un futuro Estado judío en la zona.

Posteriormente, Ben-Gurión se verá envuelto en la Primera Guerra Mundial tratando de organizar brigadas armadas judías en contra de los turcos, yendo incluso a Estados Unidos para buscar fondos y así unirse a las fuerzas británicas que luchaban en la guerra. Dado su escaso conocimiento del inglés, Ben-Gurión iba hablando *yiddish*, aquel idioma que usaban las comunidades askenazis del este de Europa, lo que no fue bien recibido por los judíos americanos. Sin embargo, gracias a la ayuda de la entonces jefa de los sionistas de Milwaukee, Golda Meir, pudo atraerse a relevantes personas a su causa[44]. En 1948, Ben-Gurión se convertirá en el primer ministro del Estado de Israel. Golda Meir será elegida para el mismo cargo en 1969.

No conviene olvidar que durante centurias se consideró que los judíos fueron los que mataron a Jesucristo, lo que en muchos ambientes cristianos motivó una fuerte animadversión en su contra. En otros lugares, sin embargo, el hecho religioso no estuvo detrás de lo que levantó a las masas contra los judíos, como fue el caso del nazismo desde sus orígenes.

Sorprendentemente, en Alemania, después de la guerra mundial de 1914-1918, los judíos tuvieron un papel muy importante en la reconstrucción del país. A su término, por ejemplo, Hugo Preuss, miembro del Partido Democrático Alemán (DDP), ministro del Interior del nuevo Gobierno, fue quien redactó el primer borrador de la Constitución Weimar; y otro judío, Walter Rathenau, hijo de Emil Rathenau, fundador de la conocida empresa AEG (Allgemeine Electricitäts-Gesellschaft), fue el ministro para la Reconstrucción y ministro de Asuntos Exteriores de la República de Weimar. Walter sería finalmente asesinado después de firmar el llamado *Tratado Rapallo*[45] con Rusia; aquel acuerdo de cooperación entre Rusia y Alemania, que se firmó en la localidad italiana de Rapallo el 16 de abril de 1922.

---

44   N. Cantor. *Op. cit*. Pág. 295.
45   https://es.wikipedia.org/wiki/Tratado_de_Rapallo_(1922).

Sin embargo, desde su inicio, el Partido Socialista de los Trabajadores Alemanes, el NSDAP (Nationalsozialistische Deutsche Arbeiterpartei), conocido después como Partido Nazi, fue radical en su ataque a los judíos. Su programa para la creación de la Gran Alemania y el retorno de los territorios perdidos después de la guerra mundial incluía, en 1920, esta descriptiva frase: «Nadie sino los miembros de la nación pueden ser ciudadanos de la nación. Por consiguiente, ningún judío puede ser miembro de la nación»[46].

No hay que decir que Adolf Hitler estuvo desde el principio al frente de esta estrategia. Aquel año de 1920, Hitler se había declarado firme enemigo de los judíos cuando aseguró en un largo discurso en Múnich que «liberaría a Alemania del poder de los judíos». Lo que pasó a la acción con la formación un año después de la SA, la *Sturmabteilung*, la «Sección de Asalto» del Partido Nazi, cuyos miembros defendían al Partido de sus enemigos, entre los cuales estaban los judíos. Un estado de cosas que volvió a certificar Hitler en su libro de corte autobiográfico, *Mi lucha*[47], cuyo primer volumen se publicó en 1925 mientras se encontraba en la cárcel acusado de alta traición.

En el libro, Hitler establece los 25 puntos del Programa del Partido Nacionalsocialista, que se habían acordado en la reunión que tuvo lugar en la *Hofbräuhausfestsaal* de Múnich el 25 de febrero de 1920[48]. Ahí se dice de forma categórica que dicho programa, «a la faz del mundo… es inalterable»[49]. Un programa político que, en su punto 4, indica que: «Nadie, fuera de los miembros de la nación podrá ser ciudadano del Estado. Nadie, fuera de aquellos por cuyas venas circule la sangre alemana, sea cual fuere su credo religioso, podrá ser miembro de la Nación. Por consiguiente, ningún judío será miembro de la nación»[50].

Un credo religioso que deberá ser al «estilo nazi», tal como se asegura en el punto 24 de su programa político: «Exigimos libertad para

46   M. Gilbert. *The Holocaust. The Jewish Tragedy*. William Collins, Fontana Paperbacks. Glasgow, 1987. Pág. 23.

47   A, Hitler. *Mi lucha*. Primera edición electrónica en castellano. Dos volúmenes en uno. Jusego. Chile, 2003.

48   *Ibid*. Pág. 409.

49   *Ibid*.

50   *Ibid*.

todas las denominaciones religiosas dentro del Estado mientras no representen un peligro para este y no militen contra los sentimientos morales de la raza alemana. El Partido defiende, en su carácter de tal, la idea del cristianismo positivo, mas no se compromete, en materia de credo, con ninguna confesión en particular. Combate el materialismo judío filtrado entre nosotros y está convencido de que nuestra nación no logrará la salud permanente sino dentro de sí misma y gracias a la aplicación de este principio»[51]. Un «cristianismo positivo» sin credo específico, lo que sugiere la idea de que para Hitler el cristianismo del que hablaba nada tenía que ver con la religión cristiana.

El texto de *Mein Kampf* (*Mi lucha*) incluye decenas de alusiones en contra de los judíos, con afirmaciones como esta: «Si el judío, con la ayuda de su credo socialdemócrata, o bien, el marxismo, llegase a conquistar las naciones del mundo, su triunfo sería entonces la corona fúnebre y la muerte de la Humanidad. Nuestro planeta volvería a rotar desierto en el cosmos, como hace millones de años»[52].

Para lo cual, cortando cualquier influencia judía en el mundo, Hitler no tuvo empacho en asegurar que: «Si en el comienzo y durante la Guerra[53], se hubiera también sometido a la prueba de los gases asfixiantes a unos doce o quince mil de esos judíos, de esos corruptores de pueblos, prueba que en los campos de batalla sufrieron centenas de miles de nuestros mejores trabajadores, de todas las categorías, no se habría cumplido el sacrificio de millones de nuestros compatriotas en las líneas del frente. La eliminación de doce mil bellacos, en el momento oportuno, habría tal vez influido sobre la vida de un millón de hombres honestos, tan útiles para la nación en el futuro»[54]. No hay que decir que para Hitler la nación alemana solo volvería a ser grande si se repelía de esa manera tan drástica la amenaza que, para él, ocasionaban los judíos.

Nadie en Europa previó el verdadero peligro, que no era otro que la llegada de Hitler a la cúspide del poder en Alemania. El 31 de julio de 1932, el Partido Nazi logró 230 escaños en el Parlamento. Esto le daba

---

51   *Ibid.* Pág. 411.
52   A, Hitler. *Op. cit.* Pág. 43.
53   Se refiere a la Primera Guerra Mundial.
54   A, Hitler. *Op. cit.* Pág. 403.

a Hitler bastantes opciones para organizar una coalición de Gobierno. Le ofrecieron la vicepresidencia de la Cancillería. No aceptó estar en segundo lugar. Tres meses después, al no conseguirse formar Gobierno, se convocaron nuevas elecciones para el 6 de noviembre. Los nazis perdieron en esta ocasión 34 escaños respecto de las anteriores elecciones. Se abrió un período de fuerte inestabilidad política en Alemania: nadie se ponía de acuerdo para formar Gobierno. Finalmente, el 30 de enero de 1933, mientras socialistas y comunistas seguían con sus disputas, Hitler era nombrado Canciller del *Reichstag* con el apoyo de los Partidos de centro y de derecha. Hitler tenía 43 años. Poco después de la quema del edificio del *Reichstag* el 27 de febrero de aquel fatídico año de 1933, comenzaría la terrible dictadura nazi que llevaría a la debacle de Alemania, de Europa, y de los judíos europeos, esparciendo por todos lados el terror de las *Stormtroops* y de las *Schutzstaffel,* las terribles SS, el escuadrón de protección nazi.

Judíos y no judíos críticos con aquella situación fueron perseguidos, atacados de múltiples maneras y, en numerosas ocasiones, asesinados. A los judíos, además, se les boicotearon sus negocios. Se lanzaron campañas por todo el mundo en su contra con eslóganes tales como: «Los judíos del mundo tratan de destruir Alemania»[55]. O bien: «¡Alemanes, defendeos vosotros mismos! ¡No compréis a los judíos!»[56].

Obviamente, tal como rezaba el programa político nazi, los judíos no fueron considerados alemanes. Existía un lema no escrito: «O se era alemán o se era judío». Y ser alemán significaba pertenecer a la raza aria. Desde el inicio, siguiendo los postulados de *Mein Kampf,* el objetivo fue eliminar cualquier vestigio de influencia judía en Alemania, desde lo más simple hasta lo más relevante; lo cual impulsó a un importante número de judíos fuera del país. Del medio millón de judíos alemanes, unos seis mil fueron a Palestina, mientras que alrededor de treinta mil se esparcieron por el oeste de Europa, por Inglaterra o en Estados Unidos[57]. Números que fueron *in crescendo* a medida que se consolidaba la dictadura nazi.

---

55   M. Gilbert. *Op. cit.* Pág. 33.
56   *Idid.* Pág. 33.
57   *Ibid.* Pág. 41.

El 15 de septiembre de 1935 los nazis dictaron las *Leyes Raciales de Nuremberg*, consistentes en dos normas: una ley de ciudadanía del Reich, y una ley para la protección de la sangre y el honor alemanes. Es fácil imaginar las consecuencias de estas leyes, no solo en Alemania, sino en otros lugares donde existían importantes comunidades judías que estaban bajo el poder o la influencia alemana. Tal fue el caso de Polonia entre 1921 y 1937. De allí huyeron casi 400.000 judíos, alrededor del diez por ciento de la población judía del país[58]. Los judíos, ya privados de cualquier derecho de ciudadanía, eran una suerte de virus a exterminar antes de que lo hicieran ellos —según los nazis— con los «pobres arios».

En paralelo comenzó la invasión alemana en Europa, lo que agravó la situación de la población judía en países que nada tenían que ver con las leyes alemanas. Tal fue, por ejemplo, el caso de Austria con la entrada del ejército alemán en Viena el 12 de marzo de 1938. El país quedó anexionado a la Gran Alemania, y los casi doscientos mil judíos que allí vivían sufrieron los efectos de las inhumanas leyes raciales nazis.

El 1 de septiembre de 1939, Hitler entra definitivamente en Polonia. Dos días después, Inglaterra y Francia declaran la guerra a Alemania. El domingo 3 de septiembre de 1939 comenzaba la Segunda Guerra Mundial. Sin embargo, a medida que las tropas alemanas avanzaban hacia el interior de Polonia, miles de judíos eran masacrados por las SS. Las atrocidades eran incontables.

En abril de 1940, los alemanes invadían Noruega. En mayo lo hacían en Bélgica, Holanda y Francia. Cientos de miles de judíos quedaban atrapados detrás de las líneas bajo control alemán. Los que habían escapado con suerte de las zonas ocupadas, se veían ahora encerrados en los lugares dominados por Alemania. Tal fue el caso, por ejemplo, de París, donde llegaron las fuerzas alemanas el 14 de junio de 1940. Allí se habían refugiado decenas de miles de judíos que habían conseguido escapar de Alemania y de otros países de Centroeuropa. Una situación que movió a los alemanes, por medio de las SS, a expandir sus campos de concentración, como fue el caso del construido en

---

58   *Ibid.* Pág. 53.

la ciudad polaca de Oświęcim, a unos 45 kilómetros de Cracovia. Una localidad más conocida por su nombre alemán: Auschwitz, donde se puso en marcha un centro de destrucción de personas de raza judía y de otras nacionalidades. El complejo estaba dividido en varios campos de concentración con un importante número de campos satélites que llevaron a la muerte a más de un millón de personas.

No conviene olvidar que a mediados de los años treinta de aquella terrible época, los judíos sionistas y los árabes palestinos que se encontraban en las zonas ocupadas por los países vencedores de la Primera Guerra Mundial, no dejaban de tener sus propios conflictos. Europa iba por un lado al son que tocaba Alemania, mientras que Palestina, ajena de momento a aquel calvario, sufría sus propias calamidades. Todo se había originado a partir de las incongruencias geopolíticas de los británicos. Los sionistas que habitaban en Palestina eran perfectamente conscientes de que los árabes no los querían dentro bajo la forma de un Estado independiente. La consecuencia fue que ambas comunidades —judíos y árabes— aumentaron de forma drástica sus diferencias, mientras que ninguna de ellas quería compartir Palestina con la otra parte. Sin embargo, del lado de las potencias coloniales se estimaba la división del territorio en dos zonas como la única opción para resolver los problemas. Una idea que se mantiene aún hoy en las propuestas de muchos sin que acaben de aceptarlo la mayoría de los interesados.

La primera vez que tal solución se puso sobre la mesa fue en 1937. Esa partición de Palestina fue el objeto de la *Comisión Peel*, una iniciativa, de nuevo, británica. La idea consistía en considerar dos opciones: o bien se establecían dos Estados independientes en la zona, o bien se establecía un Estado judío al lado de otros Estados árabes, particularmente Jordania, ya que esta se encontraba como parte del mandato británico sobre Palestina.

Tal comisión estuvo encabezada por Lord Robert Peel, que había sido nombrado en 1936 por el Gobierno británico para informar sobre las causas del conflicto entre árabes y judíos palestinos. Un conflicto que, como dijimos arriba, había nacido de las promesas británicas a unos y otros. Las propuestas de la *Comisión Peel* no acabaron de satisfacer a nadie, cuando, en paralelo, Francia e Inglaterra comenzaban a ver cómo Alemania ocupaba sus países limítrofes.

En su informe final, dicha comisión, haciendo imposible cualquier acuerdo, concluyó que: «Para poner la situación en una frase, no podemos —en la coyuntura actual de Palestina— conceder ambas peticiones: la reclamación árabe de tener un autogobierno y asegurar el establecimiento de un "Hogar Nacional Judío"»[59].

Así, la única solución posible que se les ocurrió a los miembros de aquella Comisión fue establecer dos Estados soberanos: un Estado palestino con el 80 % de Palestina unida con Transjordania, por un lado, y por otro, un Estado judío con el 20 % de la Palestina restante (básicamente la llanura de la costa al norte de Tel Aviv, incluyendo Galilea)[60]. Los árabes palestinos no aprobaban la partición de su tierra, ni tampoco cualquier tipo de comunidad autónoma judía en su seno. Los judíos, por su parte, aunque nunca se llegó a establecer el reparto, aceptaron la solución propuesta por la *Comisión Peel* de tener un 20 % del territorio en forma de un Estado judío independiente. Han pasado casi 85 años y ahí sigue el problema, no obstante, mucho más agravado en un conflicto geopolítico con múltiples intereses. Hay que volver, sin embargo, a la Segunda Guerra Mundial y a la avalancha antisemita de los nazis para entender lo que, al final, se decidió.

La palabra holocausto en español tiene un primer significado como: «gran matanza de seres humanos»; pero tiene otro: «exterminio sistemático de judíos y otros grupos humanos llevado a cabo por el régimen de la Alemania nazi». Las leyes raciales nazis pusieron en marcha un mecanismo de persecución donde los judíos eran, como se suele decir, cazados como ratas. Los nazis desarrollaron un deseo de venganza basado en un odio irracional. En octubre de 1938, al hacerse Alemania con los Sudetes, que formaban parte entonces de la región germanoparlante de Checoslovaquia (que nunca fue parte de Alemania), los más de veinte mil judíos que allí habitaban fueron expulsados de mala manera, como también se hizo desde la propia Alemania, desde Polonia y desde otras zonas. Fue el principio de un exterminio planifi-

---

59   A. Dowty. *Op. cit.* Pág. 70.
60   *Ibid.* Pág. 70.

cado. Se trataba de una «caza al hombre», a la persona por ser judía. No importaba el sexo ni la edad. Con las deportaciones, los de más edad morían de hambre o exhaustos durante los traslados. Además, con el cierre de los comercios vinieron la clausura de las sinagogas.

Hacia finales de 1940, por dar un ejemplo, los 400.000 judíos que vivían en Varsovia tuvieron que abandonar sus propiedades, de manera que la ciudad quedó dividida en tres zonas: alemanes, polacos y judíos. Estos últimos eran conducidos a guetos. Un estado en que el resto de los europeos, sin darse cuenta de lo que entonces sucedía, vivían una guerra en el oeste, a la vez que en el este europeo se sufrían otros horrores[61].

El 20 de enero de 1942, en un suburbio de Berlín se llevó a cabo la Conferencia de Wannsee: una reunión en la que catorce altos funcionarios nazis se encontraron con ciertos líderes de las SS bajo la dirección de Reinhard Heydrich, jefe de la Oficina Central de Seguridad. El objetivo de la reunión era llevar a cabo «la solución final a la cuestión judía».

No hay que decir que la idea de la «solución final» era deportar a Polonia a todos los judíos de los territorios europeos ocupados, para masacrarlos allí en los distintos campos de exterminio. Detrás de Heydrich se encontraba dando las oportunas órdenes el todopoderoso vicecanciller del Reich, Hermann Göring. El objetivo era masacrar a los once millones de judíos que se encontraban en Europa, incluyendo a los 330.000 judíos que vivían en las Islas Británicas (aún sin conquistar), así como en otros lugares de Europa: 55.000 en Turquía, 18.000 en Suiza, 10.000 en España, 8000 en Suecia, 4000 en Irlanda, y 3000 en Portugal. A lo que había que sumar también los 34.000 judíos que quedaban en Lituania (ya se habían asesinado allí a unos 200.000), los casi tres millones de Ucrania, los dos millones y medio que quedaban en Alemania, y los casi 750.000 que estaban en varios lugares de Hungría, sin olvidar a los 700.000 de la Francia ocupada y de sus posesiones en África del Norte, así como los 446.000 de Rusia y los 400.000 de la región polaca de Byalistok cerca de Bielorrusia y de otros lugares

---

61   M. Gilbert. *Op. cit.* Págs. 118-136.

donde los nazis habían puesto su objetivo de exterminio[62]. Se pensaba llevar a cabo las deportaciones por tráfico ferroviario desde todos los lugares elegidos. Coordinaría las actividades el jefe de departamento de Heydrich, Adolf Eichmann[63].

El 30 de enero de 1943, casi diez años después de su toma de posesión como Canciller alemán, ya dictador omnímodo del Tercer Reich, Hitler daba una conferencia en el Palacio de Deportes de Berlín donde volvía a establecer su programa de aniquilación de los judíos: «… la guerra no terminará como imaginan los judíos, es decir, con el derrocamiento de los arios, sino que el resultado de esta guerra será la completa exterminación de los judíos»[64]. Hay que recordar de nuevo el horror de Auschwitz, aunque no será el único campo de exterminio; habrá otros muchos: Mauthausen, Sachsenhausen, Stutthof, Ravensbrück, Lublin/Majdanek, etc. Dachau, el primer campo de concentración establecido en marzo de 1933 cerca de Múnich por los nazis, sería entonces historia.

Finalmente, el 30 de abril de 1945 caía Berlín. Hitler junto a Eva Braun se suicidaba en su búnker de la Cancillería del Reich. Las tropas soviéticas ocupaban Berlín. Terminaba la masacre sistemática de los judíos por parte de los nazis. Seis millones habían sido asesinados. Los supervivientes, aún con miedo, sufriendo enfermedades y tragedias sin cuento, pensaban en su futuro y en la incomprensión que podría sobrevenirles: quizás nadie entendería sus sufrimientos. Solo querían vivir en paz. Una paz que no llegaba en la mayoría de los lugares. Los tumultos en su contra no habían desaparecido. Después de la caída de Hitler, los judíos eran todavía perseguidos en varias poblaciones de Polonia. Por ejemplo, en agosto de 1945, en Cracovia; en Sosnowiec, en octubre de aquel año; en Lublin, en noviembre. Lo mismo sucedió en otros países de Europa[65].

El Holocausto había matado a un tercio de los judíos del mundo. Fue el mayor asesinato en masa de la historia. Con lógica, la mayoría de los judíos abrazaron las tesis sionistas. Su supervivencia política e,

---

62   *Ibid.* Págs. 280-281.
63   *Ibid.*
64   *Ibid.* Pág. 285.
65   *Ibid.* Pág. 816 y sigs.

incluso, personal, solo estaría asegurada en el momento en que dispusieran de una tierra propia. El mundo, por otra parte, estaba conmocionado por aquella situación. Además de los horrores de la propia guerra, se abría a los ojos del mundo la *Shoah* (el Holocausto), la destrucción masiva de seres humanos por pertenecer a un pueblo en particular. La mayor catástrofe en dos mil años de diáspora judía. Es, por tanto, entendible que los mandatarios vencedores de aquella guerra cruel se plantearan buscar una solución a ese pueblo masacrado. El «asunto Palestina» volvía a estar en la conciencia de los jefes de Estado de los países aliados.

El presidente americano Harry Truman lo expresó de manera categórica:

«El destino de las víctimas judías del hitlerismo era un asunto que me preocupaba profundamente. Siempre me ha perturbado la tragedia de las personas que han sido víctimas de la intolerancia y el fanatismo a causa de su raza, color o religión. Estas cosas no deberían ser posibles en una sociedad civilizada. Rusia y Polonia, en la historia reciente, habían sido terribles perseguidores de los judíos, y al este del Rin, los guetos eran la regla, algunos de ellos recordaban a la Edad Media. Pero la brutalidad organizada de los nazis contra los judíos en Alemania fue uno de los crímenes más espantosos de todos los tiempos. La difícil situación de las víctimas que habían sobrevivido al genocidio enloquecido de la Alemania de Hitler era un desafío para la civilización occidental, y como presidente me comprometí a hacer algo al respecto. Una de las soluciones que se proponían era un hogar nacional judío»[66].

Era preciso dar una solución al disperso y sufriente pueblo judío. Mientras, Palestina, aún en manos británicas, sufría un importante deterioro.

El Reino Unido después de la guerra no tenía en sus manos la solución de un problema que, de alguna manera, había promovido muchos años antes. Ahora, al final de la Segunda Guerra Mundial la situación era muy otra. Inglaterra se veía obligada a salir de la India, su gran territorio colonial. Europa en su conjunto estaba exhausta. Estados

---

66   H. S. Truman. *Memoirs by Harry S. Truman. Volume Two: Years of Trial and Hope.* Time, Inc. 1956. Pág. 132.

Unidos se había convertido, política y militarmente, en la nación preponderante, siendo *de facto* la potencia económica global.

En 1946 se crea el *Anglo-American Committee of Inquiry* (AACI), con el objetivo de «examinar la cuestión de los judíos europeos y revisar el problema de Palestina». Se trataba además de «escuchar las opiniones de testigos competentes y consultar a representantes árabes y judíos sobre los problemas de Palestina». Entre otros, el Comité estaba formado por Hussein Fakhri al-Khalidi, exalcalde de Jerusalén, secretario del Comité Superior Árabe, y por James MacDonald, antiguo Alto Comisionado de la Liga de Naciones para los Refugiados, un conocido defensor del sionismo, lo cual creaba en al-Khalidi sospechas de favoritismo hacia los judíos, ya que otros miembros del comité, como podían ser Bartley Crum, David Niles, o Frank W. Buxton, editor del Boston Herald, eran también prosionistas. Aun así, en las reuniones de aquel comité se hacía hincapié en la necesidad de «equilibrio y equidad» como medios para resolver las reivindicaciones contrapuestas de judíos y árabes, obviando el hecho incontrovertible de que Palestina era entonces un país abrumadoramente árabe[67]. Sin embargo, el Comité recomendó la admisión inmediata de 100.000 judíos en Palestina. Una propuesta que fue rechazada por los británicos[68].

¿Qué hacer con los palestinos? Hay que volver a los tiempos del Profeta Mahoma y considerar la posición del islam respecto de Jerusalén, la *Ciudad Santa, Bayt al-Maqdis* según la denominación árabe. Fue Pompeyo quien impuso el dominio romano sobre Jerusalén en el año 63 a. C. Después, con la división del Imperio Romano en tiempos de Constantino el Grande (año 337 de nuestra era), el imperio quedó con dos capitales: Constantinopla (Bizancio) en Oriente, y Roma en Occidente. Al despertar con Mahoma la era musulmana, Jerusalén estaba bajo los cristianos ortodoxos, pues desde el siglo IV era una de las cuatro diócesis (Antioquía, Jerusalén, Alejandría y Constantinopla)[69].

---

67   Interactive Encyclopedia of the Palestine Question. *The 1946 Anglo-American Committee. Humanitarianism over Justice.* https://www.palquest.org/en/highlight/33728/1946-anglo-american-committee.

68   A. Dowty. *Op.cit.* Pág. 73.

69   A. Marouf Omar. *Jerusalem in Muhammad's Strategy. The Role of the Prophet Muhammad in the Conquest of Jerusalem.* Cambridge Scholar Publishing.

Tiempos en los que no cesaron las guerras entre Bizancio y los persas, los cuales nunca tuvieron otro interés en Jerusalén que no fuera el de atacar Constantinopla desde el sur[70]. Allí estaba Edesa, plaza muy conocida por los antiguos templarios en tiempos de las Cruzadas.

Cuando se considera el islam, hay que entender que Jerusalén, aunque no consta como tal en El Corán, fue siempre un objetivo a alcanzar, pues según se dice, se encuentra en la dirección de las plegarias que realizan los musulmanes, los cuales: «…a lo largo de catorce siglos, miraron a *Bayt al-Maqdis* [Jerusalén] con santidad, considerándola un centro de gran legado religioso que debe ser protegido; así conectan la mezquita al-Másyid al-Haram —la Gran Mezquita— de La Meca con la mezquita Al-Aqsa de Jerusalén»[71].

El Profeta Mahoma muere el año 632 y poco después comienza la conquista de Siria por los musulmanes. El primer califa después de Mahoma, Abu Bakr al-Siddiq, se lanza el siguiente año a la conquista de la Siria bizantina, adentrándose en Irak y en Persia. Comienza así la caída del Imperio Bizantino. Los bizantinos son derrotados cerca de Gaza en el 634, y en el 635 los musulmanes se hacen con Damasco, que pierden posteriormente para recuperarlo de nuevo dos años después. Un año, aquel del 637 de nuestra era, en el que los musulmanes conquistan Jerusalén y Gaza[72]. En el 640, los musulmanes se adueñan por completo de Palestina, desde donde salen para invadir Egipto. Luego, se hacen con Armenia, para terminar la conquista de Egipto el siguiente año[73]. Toda una historia en la que, con la expansión militar, van extendiendo la religión musulmana por toda la región, mientras avanzan hacia el Cáucaso y expulsan a los judíos que allí quedaban[74]. Con la caída de Palestina se inaugura el poder árabe en la zona, que se

---

Reino Unido, 2019. Pág. 10.

70   *Ibid.* Pág. 12.

71   *Ibid.* Pág. 16.

72   W. E. Kaegi. *Byzantium and the Early Islamic Conquests.* Cambridge University Press. United Kingdom, 2000. Pág. 67.

73   *Ibid.* Pág 68.

74   F. Gabrielli. *Muhammad and the Conquests of Islam.* World University Library. Londres, 1968. Págs. 143-166. Este libro da una complete descripción de las batallas y de las conquistas del islam por toda la zona, incluyendo su expansión por otros territorios como el caso de España.

ve interrumpido por un tiempo con la ocupación cristiana durante las Cruzadas. Salvo este interregno, se puede decir que el islam estuvo allí permanentemente durante trece siglos.

Desde entonces, salvando el tiempo de las Cruzadas con el establecimiento del Reino de Jerusalén en el siglo XI y la posterior invasión de los mongoles en el siglo XIII, fueron casi siempre los turcos —mayoritariamente musulmanes— los que dominaron Palestina durante muchos siglos, desde el siglo XVI hasta finalizada la Primera Guerra Mundial; aunque perdieran algo de su influencia con la conquista de Egipto por Napoleón. Luego, surgiría el dominio británico, aunque la población de la zona siguió siendo, en lo esencial, árabe.

Durante el Imperio Otomano, sin embargo, Palestina, administrativamente, no se correspondía con lo que había sido en el pasado. Se gobernaba desde Constantinopla, si bien seguía siendo una población árabe en su totalidad, la mayoría musulmana con algunos cristianos también árabes. Una población esencialmente pobre y rural, que tenía aversión hacia cualquier extranjero que quisiera instalarse en aquella zona, no únicamente judíos, sino de cualquier otra nacionalidad[75]. Los residentes árabes de Palestina, con lógica, se sentían dueños de su tierra.

En 1882, los británicos se hacen con Egipto, y en cooperación con rusos y franceses inician su expansión por el Imperio Otomano. Los turcos, siguiendo el principio de que «el enemigo de mi enemigo es mi amigo», se aliaron con los alemanes[76]. Así se va gestando la Primera Guerra Mundial; y, en paralelo, los habitantes de Palestina comienzan a «sentir» las amenazas, lo que los lleva a desarrollar una identidad árabe independiente de otros lugares del propio Imperio Otomano. Un sentimiento nacionalista que se fue forjando hasta nuestros días, no tanto en contra del sionismo posterior, sino en contra de cualquier otro extranjero, fuera este turco o europeo[77].

---

75   A. Dowty. *Op.cit.* Págs. 50-52.
76   *Ibid.* Pág. 52.
77   R. Khalidi. *Palestinian Identity: The Construction of Modern National Consciousness.* Columbia University Press. Nueva York, 1997. Pág. 154. Citado en A. Dowty. *Op. cit.* Pág. 53.

Los judíos palestinos que vivían entonces allí se habían mimetizado mayoritariamente con la cultura árabe. Los que fueron llegando poco a poco del exterior no suponían, sin embargo, mayor problema. Aunque a medida que el número fue creciendo comenzó un verdadero rechazo, sobre todo en contra de los sionistas recién llegados. Un problema que se acentuó con la ley otomana de 1858: la *Ottoman Land Code of 1858*[78].

Antes de 1858, las tierras de la Siria otomana eran cultivadas por agricultores locales, con lo que la propiedad del terreno y sus cultivos pertenecían a las personas que vivían allí de acuerdo con costumbres ancestrales. Se trataba de propiedades comunales de los residentes. Con aquella ley otomana se rompía ese derecho, pues se reclamaba la necesidad de proceder al registro administrativo de las tierras, lo que crecía el pago de impuestos, mientras se trasladaba la propiedad efectiva al control del Estado. Una circunstancia que aumentó los conflictos entre los judíos recién llegados y los árabes residentes en Palestina desde hacía siglos[79].

Múltiples revueltas comenzaron entonces con ataques en diversas poblaciones, lo que se incrementó con la llegada de judíos rusos que se hacían con la propiedad de las tierras que habían estado explotadas por comunidades locales durante decenios o incluso siglos. Se cuentan por docenas estos altercados desde 1886. Con la aparición de Teodoro Herzl y su Organización Sionista Mundial, unida a la propuesta de un Estado judío en Palestina, las cosas se agravaron de manera notable. En 1899, por ejemplo, el muftí[80] de Jerusalén, Muhammad Tahir al-Husayni, propuso que todos los judíos que hubieran llegado desde 1891 fue-

---

78 F. Ongley. *The Ottoman Land Code*. Willian Clowes and Sons. Londres, 1892.

79 Beki Congregation. Beth El-Jeser Israel. *Ottoman Land Registration Law as a Contributing Factor in the Israeli-Arab Conflict.*
https://www.beki.org/dvartorah/landlaw/. Ver también: R. C. Tute. *The Ottoman Land Laws with a Comentary on the Ottoman Land Code of 7th Ramadan 1274.*
https://www.ra.smixx.de/media/files/Ottoman-Land-Code-1858-(1927).pdf.

80 Jurisconsulto musulmán cuyas decisiones se consideraban leyes.

ran expulsados del país[81]. Una situación que fue a más en los años anteriores a la Primera Guerra Mundial, intensificando un nacionalismo árabe en la zona al que nadie prestó la debida atención, ni los otomanos que dominaban Palestina, ni las potencias europeas que luego ocuparían la zona. Baste el ejemplo del libro publicado en 1905 en París por un cristiano libanés, Najib Azuri, *Le Reveil de la Nation Arabe*, que impulsaba ese nacionalismo árabe que él, como otros muchos, estimaba secular[82]. De hecho, Azuri predecía en su libro que: «...el destino del mundo entero dependerá del final del conflicto entre árabes y judíos, lo que continuará hasta que una de las partes consiga la victoria total»[83]. Una premonición hecha hace más de un siglo que, de momento, parece cumplirse.

Con el mandato británico en Palestina después de la Primera Guerra Mundial, el objetivo se centró en resolver el problema entre los árabes palestinos y los judíos de la diáspora. Los primeros con un acendrado sentimiento nacionalista que los unía a su tierra desde hacía siglos, y los segundos, en sus creencias sionistas cada vez más profundas, clamando por volver a la tierra prometida. Sionistas contra musulmanes. O más bien, sionistas contra árabes, fueran estos palestinos o no. Y, por supuesto, a la vez, árabes contra judíos en una guerra sin aparente final.

La división territorial de Palestina decidida por la ONU en 1947 mediante la Resolución 181 de su Asamblea General fue una llamada a la guerra, que comenzó con escaramuzas de guerrillas palestinas y árabes que atacaban a las diferentes organizaciones militares que habían formado los judíos antes de que se tomara la decisión de establecer un Estado judío en Palestina. Los árabes no aceptaron aquella Resolución de Naciones Unidas, pues les hacía perder un territorio que consideraban de su propiedad. En realidad, tratando de dar una solución al holocausto judío, se obvió entender la realidad de los árabes palestinos que, como se verá y es conocido, acabaría con unos y otros envueltos en un conflicto geopolítico de alcance global.

---

81   A. Dowty. *Op.cit.* Pág. 55.
82   *Ibid.* Pág. 56.
83   *Ibid.*

Capítulo II
UNA PATRIA FORZADA

«Vete, reúne a los ancianos de Israel y diles: El Señor de vuestros padres se me ha aparecido, el Dios de Abrahán, Dios de Isaac, Dios de Jacob, y me ha dicho: "He observado atentamente como os tratan en Egipto y he decidido sacaros de la opresión egipcia y llevaros a las tierras de los cananeos, hititas, amorreos, perizitas, heveos y jebuseos, a una tierra que mana leche y miel"».

Éxodo (13: 16-18)

NADIE ATIENDE LAS RECLAMACIONES DE LOS PALESTINOS · GRAN BRETAÑA SE INHIBE · LA ONU ROMPE LOS FRÁGILES EQUILIBRIOS · LA EXTRAÑA PARTICIÓN DE NACIONES UNIDAS · EL NUEVO ESTADO DE ISRAEL · ESTALLA UNA POSIBLE SOLUCIÓN · DAVID BEN-GURIÓN · PALESTINA NO ENCUENTRA LA PAZ · GUERRA Y ARMISTICIO: 1948-1949 · LA INFLUENCIA DE LA GUERRA FRÍA · UN PEQUEÑO PAÍS RODEADO DE ENEMIGOS IRRECONCILIABLES · EGIPTO ROMPE EL *STATU QUO* · NUEVA GUERRA: 1956 · INTERESES GEOPOLÍTICOS · UN NUEVO CONFLICTO EN CIERNES.

Al final de la Segunda Guerra Mundial, en 1945, Europa estaba exhausta. El Reino Unido se ve obligado a abandonar la India, lo que haría otorgando la independencia del país algo después, el 15 de agosto de 1947.

Palestina se había vuelto igualmente un problema sin solución; de manera que un año antes, el 1 de mayo de 1946, a fin de resolver el problema de los judíos que habían huido de los nazis por toda Europa, los británicos propusieron la creación de un comité para analizar la situación: el Anglo-American Committee of Inquiry (AACI). Este comité, compuesto por 12 miembros (6 por cada país, británicos y estadounidenses), sugirió la admisión de 100.000 judíos en Palestina, una recomendación rechazada por el Gobierno británico. Sin embargo, ante la imposibilidad de llegar a un acuerdo dentro del AACI, en 1947, los británicos llevaron el problema palestino a la Asamblea General de las Naciones Unidas (ONU). Una nueva organización que había sido fundada como sucesora de la fracasada Sociedad de Naciones por 51 Estados el 24 de octubre de 1945. Como consecuencia, el 15 de mayo de 1947 la ONU creaba un comité especial, el United Nations Special Committee on Palestine, compuesto por once miembros para dar una solución al candente problema de los judíos y su posible incardinación en Palestina.

Conviene decir que el antiguo mandato sobre Palestina impulsado por los británicos en la Sociedad de Naciones en 1922[84], aunque nunca se llevó a efecto, promovía en su Artículo 2 el autogobierno de las instituciones dependientes de la *yishuv*[85], tal como se definía a la población judía de Palestina. A los palestinos que allí vivían no se les ofrecía, sin embargo, tal derecho. Adicionalmente, en su Artículo 4[86], a los sionistas judíos allí establecidos se les permitía la creación de una Agencia Judía con un estatus cuasi gubernamental. Además, aparte de otras consideraciones que aparecen en ese documento, se daba la posibilidad, en aquellos años de 1922, de organizar una administración sionista en paralelo con el gobierno británico encargado de Palestina. Es comprensible la frustración que estas decisiones causaron en la población árabe palestina, amén de otras que se tomaron en los siguientes años, lo que dio origen a las revueltas que se sucedieron entre los años 1936 y 1939 contra los británicos[87]. Era la respuesta a que sus voces no eran escuchadas por nadie.

---

84   Naciones Unidas. Biblioteca Digital. UN Secretary-General League of Nations Council. *Mandate for Palestine (1922)*. https://digitallibrary.un.org/record/829707.

85   Para una visión detallada de la población judía en Palestina, se puede consultar: J. Halper. *Between Redemption and Revival. The Jewish Yishuv of Jerusalem in the Nineteenth Century*. Routledge. 2019.

86   Naciones Unidas. Biblioteca Digital. *Op. cit.*

87   C. W. Anderson. *State Formation from Below and the Great Revolt in Palestine*. Journal of Palestine Studies. Autumm 2017. Págs. 39-55.
https://www.palquest.org/sites/default/files/State_Formation_from_Below_and_the_Great.pdf.

De igual manera, en los años anteriores a la Segunda Guerra Mundial, los árabes palestinos, contrariamente a lo que sucedía con los judíos que allí habitaban o con los árabes de otros territorios de Oriente Medio, incluida Transjordania, no habían intentado poner en práctica ningún sistema de autogobierno[88]. Añadido a esto, para proteger sus intereses locales, surgió en 1936 el movimiento árabe-palestino que, sin embargo, acabó dominado por clérigos musulmanes, con lo cual, la religión se convirtió en un elemento esencial en las reclamaciones palestinas a los británicos[89].

Volviendo a la ONU de 1947, después de arduas deliberaciones, la mayoría de los antiguos miembros del AACI (siete a favor con cuatro en contra y la abstención de Australia, que también pertenecía a la comisión) recomendaron la división de Palestina en dos Estados, uno judío y otro árabe, manteniendo una unión económica entre ellos. En aquella propuesta, la ciudad de Jerusalén quedaba como una zona internacional. Tres miembros del Comité presentaron, no obstante, otro esquema: una Palestina sin división con un limitado autogobierno judío local[90].

Con la propuesta de un Estado judío en Palestina parecía que, después de cientos de años, volvía a hacerse realidad para los judíos la profecía del profeta Ezequiel cuando dijo: «Esto dice el Señor Dios: Recogeré a los hijos de Israel de entre las naciones donde han ido, los reuniré de todas partes para llevarlos a su tierra. Los haré una sola nación en mi tierra, en los montes de Israel»[91].

El 29 de noviembre de 1947, mediante la Resolución 181[92], la Asamblea General de Naciones Unidas, con treinta y tres votos a

---

88   J. C. Hurewitz. *The Struggle for Palestine*. Plunkett Lake Press. Edición Kindle. Julio 2022. Pág. 64. Se trata de la edición Kindle del libro del mismo título publicado por Jacob Coleman Hurewitz en 1950. Jacob Coleman Hurewitz fue un politólogo americano, profesor en la universidad de Columbia, que trabajó durante la Segunda Guerra Mundial en la Oficina de Servicios Estratégicos de Estados Unidos.

89   *Ibid.*

90   A. Dowty. *Op.cit.* Pág. 73.

91   Ezequiel (37: 21-22). Ezequiel es uno de los llamados profetas mayores en la Biblia. Se dice que fue sacerdote en Jerusalén. Deportado a Babilonia con el pueblo judío en el año 597 a. C., su libro tiene rasgos apocalípticos y se refiere a períodos concretos de la historia del pueblo judío durante aquella deportación.

92   Naciones Unidas. *Resolución aprobada sobre la base del informe de la Comisión ad hoc*

favor, trece en contra, y diez abstenciones, tomó la decisión de dividir Palestina en dos regiones. El bloque occidental, al que se unió Rusia, votó a favor de la propuesta. Sumándose a los occidentales, Rusia pensaba que la partición de Palestina iría en contra del imperialismo británico en la región[93]. Es comprensible que los países árabes de la zona no se alinearan con la coalición dominante de aquel foro ya que, desde hacía años, trataban de alcanzar una Palestina árabe sin división de ningún tipo.

Con lo establecido en la Resolución 181 de la ONU, los judíos quedaban más favorecidos territorialmente de lo que se había propuesto en la antigua *Comisión Peel* de 1937, ya que se hacían con el 56 % (Figura 2.1) del territorio en lugar del 20 % que entonces se había propuesto. En su favor se incluía también gran parte del desierto del Néguev. Los británicos, por su lado, se negaron a aprobar ningún plan que no fuera aceptado por las dos partes en litigio y, en lugar de defender su postura, decidieron abandonar Palestina a su suerte.

Al igual que en el pasado, esta nueva propuesta de partición de Palestina fue aceptada por los judíos, pero rechazada de pleno, como antes, por los árabes palestinos, amén de los países árabes circundantes. Por parte de los judíos se consideraba una victoria evidente, que se aceptó con rapidez. En palabras de David Ben-Gurión, que sería el primer presidente del nuevo Estado israelí, «se trataba de una oportunidad que no se produciría otra vez»[94].

---

encargada de estudiar la cuestión de Palestina. 181 (II). Futuro Gobierno de Palestina. https://documents.un.org/doc/resolution/gen/nr0/041/19/pdf/nr004119.pdf?token=kCMLqdAYS3wffmSJC1&fe=true

93 Votaron a favor de la Resolución 181 de la ONU: Australia, Bélgica, Bielorrusia, Bolivia, Brasil, Canadá, Checoslovaquia, Costa Rica, Dinamarca, República Dominicana, Ecuador, Estados Unidos, Filipinas, Francia, Guatemala, Haití, Holanda, Islandia, Liberia, Luxemburgo, Nueva Zelanda, Nicaragua, Noruega, Panamá, Paraguay, Perú, Polonia, Suecia, Sudáfrica, la URSS, Ucrania, Uruguay, y Venezuela. En contra lo hicieron: Afganistán, Arabia Saudí, Cuba, Egipto, Grecia, India, Irán, Irak, Líbano, Pakistán, Siria, Turquía, y Yemen. Se abstuvieron: Argentina, Colombia, Chile, China, El Salvador, Etiopía, Honduras, México, Reino Unido y Yugoeslavia. Tailandia no asistió a la reunión plenaria.

94 N. Cantor. *Op. cit.* Pag. 372.

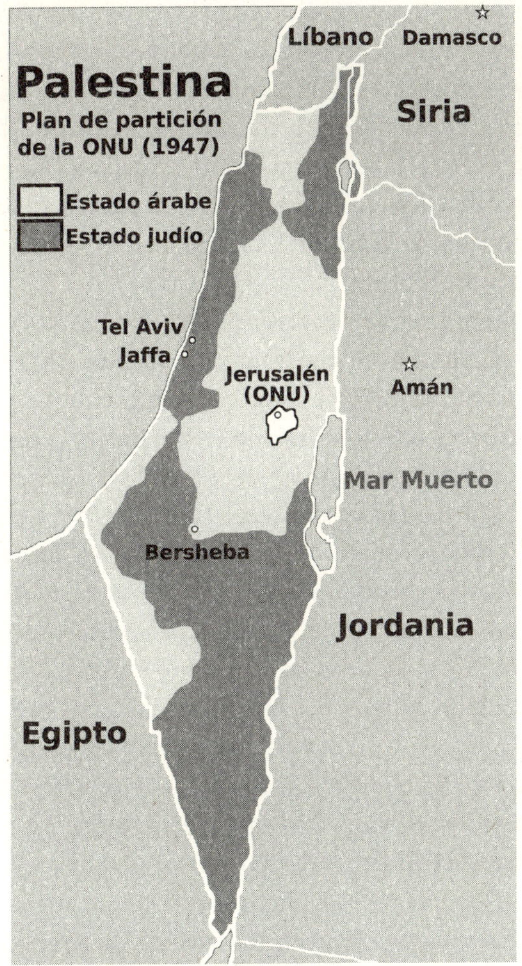

Figura 2.1 – Palestina según la Resolución 181 de la ONU (1947).
[Wikimedia Commons/ Rowanwindwhistler]

A los árabes palestinos, que constituían la mayoría de la población, se les otorgaba el 44 % del territorio, lo que les resultaba inaceptable, considerando además que en la zona israelí vivía una importante población árabe que, en conjunto, había sufrido también enormes penalidades durante la guerra mundial. Un hecho que se añadía a lo sucedido en los pasados años durante los procesos de independencia que se habían llevado a cabo en los países de la zona, con la circunstancia adicional de que en marzo de 1945, antes de finalizar la guerra mundial, se había constituido la Liga Árabe[95]. Desde esta nueva organización, Palestina se consideraba una región perteneciente en exclusiva al mundo árabe. Con lo cual, la división en dos Estados, forzando la creación de un nuevo territorio judío en la zona, era para los árabes algo inaceptable. Por decirlo de otra manera, se trataba de una llamada, no a nuevas revueltas como las sucedidas años atrás en contra de los británicos, sino una invitación a la guerra.

Queda la pregunta, sin embargo, sobre cómo era la realidad de Palestina en aquellos días. Y, ante todo, por qué Palestina no era considerada por nadie un país en sí mismo, sino, más bien, un territorio sin nación previa, independientemente de los habitantes árabes (cristianos o no) que allí tenían sus hogares.

El primer hecho relevante que apoyaba la indefinición de Palestina como nación había sucedido bastantes años antes, especialmente al final de la Primera Guerra Mundial cuando se produjo una importante llegada de colonos judíos apoyados por las autoridades británicas que se habían hecho con el poder en la zona. Esto ayudó al establecimiento de un «paraEstado» judío en territorio palestino. Circunstancia que dio origen a la creación de una economía en manos judías separada de la economía árabe que allí existía. La exclusión de los árabes por parte de los nuevos colonos judíos tomó el nombre de *Avoda ivrit* (trabajo hebreo), que se sumó a una importante llegada de capitales judíos del exterior, lo que dio origen a una nueva economía mucho mayor que la árabe que allí había y, por supuesto, separada de esta[96].

A lo anterior, como se ha dicho, se unía la idea generalizada en muchos ambientes occidentales según la cual Palestina, al igual que sucedía con los países árabes fronterizos, en realidad no tenía una estructura nacional propia. Ese esquema venía apoyado por la *Declaración Balfour*, que impulsaba la creación de un «hogar judío» en la zona sin tener en cuenta que más del 90 % de la población palestina era árabe[97].

---

95   Fueron miembros fundadores de la Liga Árabe: Irak, Egipto, Siria, Líbano, Transjordania, Arabia Saudí y Yemen.

96   R. Khalidi. *The Hundred Years' War on Palestine*. Metropolitan Books. Nueva York, 2020. Pág. 8.

97   *Ibid*. Pág. 24.

Si Palestina no existía, era comprensible que se extendiera la versión de que el pueblo palestino tampoco existía, sino que eran árabes que vivían allí juntamente con algunas comunidades judías. Un pensamiento asumido también por la Administración Truman en los años posteriores a la Segunda Guerra Mundial. Bajo este estado de cosas, era asumible entonces que se motivara la creación de un Estado judío en la zona, dejando un territorio anejo para los «árabes que allí vivían».

Hay que recordar de nuevo que la población palestina era esencialmente rural, como lo había sido desde antiguo. Una sociedad de corte patriarcal, jerárquica, mayormente iletrada, dominada por ciertas clases dirigentes que vivían en las pequeñas ciudades. Sin embargo, con la llegada británica al final de la *Gran Guerra* una vez caído el Imperio otomano, comenzó una suerte de organización política palestina en contra de los británicos y del movimiento sionista que promovía la *Declaración Balfour*, ya considerada en el capítulo anterior. De ahí que se fraguara un incipiente sentimiento nacionalista palestino, especialmente en las zonas rurales, que venía impulsado además por dos publicaciones (*Filastin*[98] y *al-Karmil*[99]) las cuales, desde 1918, apoyaban los congresos árabe-palestinos como rechazo a los planteamientos de la *Declaración Balfour*. Tales congresos finalizaron en 1928. Sin embargo, en todos ellos se pedía la independencia de Palestina, lo que nunca fue reconocido por los británicos: ni tal independencia, ni las autoridades palestinas que dirigían aquellos congresos. Una situación que contrastaba con el apoyo sionista por parte de británicos y estadounidenses[100].

A lo anterior, tal como sucede en la actualidad, se sumaron los intereses de los países árabes circundantes, algunos de los cuales pretendían incorporar Palestina a su geografía. Un claro ejemplo fue el caso del político sirio Muhammad Hasan al-Budayri que buscaba una Palestina siria[101]. Para impedirlo, se impusieron las estrategias coloniales de Francia y el Reino Unido, que defendían sus intereses, incluido, en el caso británico, la presencia en Irán. Intereses que no eran ajenos a las fuentes del petróleo que allí existían.

---

98   https://www.nli.org.il/en/newspapers/falastin?
99   https://www.nli.org.il/en/newspapers/elcarmel?
100   R. Khalidi. *Op. cit.* Págs. 31-33.
101   *Ibid.* Pág. 33.

Respecto del Reino Unido, empobrecido por los avatares de la Segunda Guerra Mundial e imposibilitado por ser incapaz de gestionar la situación de Palestina después de la Resolución 181 de la ONU, solo le quedaba la opción de salir de aquella conflictiva zona, que estaba, además, a punto de estallar. Sirva de ejemplo que, en 1940, un año después de su entrada en la Segunda Guerra Mundial, el Reino Unido tenía un Producto Interior Bruto (PIB) de alrededor de 370.000 millones de dólares, que había descendido a los 327.000 millones en 1947; a la vez que el Producto Interior Bruto per cápita (PIB/c) había pasado de los 6856 dólares en 1940 a los 6604 dólares en 1947: una evidente pérdida de poder adquisitivo de la población[102]. Un país igualmente devastado en número de habitantes, cuya población había descendido más de 3 millones de personas en los primeros años de la guerra, entre 1939 y 1942[103].

A todo lo anterior hay que añadir que, a finales de 1946, los británicos tenían desplazados en Palestina más de 80.000 soldados, alrededor del 10 % del total de los efectivos de su ejército. Un contingente en el cual «los contribuyentes británicos gastaron unos 200 millones de dólares durante el año y medio del Gobierno laborista, a lo que se añadían otros 20 millones para mantener el Gobierno en Palestina, los extensos campamentos del ejército, así como unas sesenta estructuras policiales que fueron erigidas entre 1940 y 1944 en todo el país, con un coste de 6 millones de dólares, capaces de ser defendidas como fuertes en caso de emergencia»[104].

Con estos antecedentes, el Reino Unido dejaría Palestina el 15 de mayo de 1948. Una oportunidad que Ben-Gurión aprovechó para declarar el Estado de Israel, preparándose también para la inevitable guerra que estaba a punto de estallar con los países árabes circundantes; pues los ejércitos de Irak, Transjordania, Egipto, Siria y Líbano estaban listos para marchar en contra del recién constituido Estado judío. Para entonces los judíos controlaban además otras poblaciones,

102   Cálculos del autor en base a las estadísticas de: *Historical Statistics of the World Economy: 1-2008 AD.* (Copyright Angus Maddison). Rijksuniversiteit Groningen.

103   Office for National Statistics. *UK Population Estimates1851 to 2014.* https://www.ons.gov.uk/peoplepopulationandcommunity/populationandmigration/populationestimates/adhocs/004356ukpopulationestimates1851to2014.

104   J. C. Hurewitz. *Op. cit.* Pág. 322.

por ejemplo, la ciudades de Jaffa, Tiberíades, Haifa, Safed o Baisan, que se habían despoblado de árabes palestinos al hilo del *Plan Dalet* y de las recomendaciones de salir de las zonas «calientes» promovidas por los dirigentes árabes que estaban a punto de iniciar las hostilidades en contra de los judíos.

Conviene, antes de seguir, hacer alguna mención al *Plan Dalet*, en tanto que las palabras de Walid Khalidi, fundador del Institute for Palestine Studies, son, desde su propia visión, muy descriptivas del pensamiento árabe. «El sionismo —decía Khalidi—fue el responsable del éxodo y la diáspora palestina como una parte integrante en la génesis del Estado de Israel. En el fondo de su corazón la mayoría de los israelíes lo saben, lo que explica, al menos en parte, su omnipresente sensación de inseguridad»[105]. Dicho Plan tenía como objetivo alcanzar el control de las todas las zonas claves del Estado judío en formación y defender sus fronteras, así como hacerse con las áreas de los asentamientos judíos fuera de las fronteras del futuro Estado de Israel. Lo que fue considerado en muchos ambientes árabes como una suerte de «limpieza étnica»[106].

En ese largo artículo del profesor Walid Khalidi se mencionan dos libros que, según él, apoyan las tesis sionistas. Se trata de una obra de Jon y David Kimche[107] y de otra de Netanel Lorch[108]. Hay que estar de acuerdo con Khalidi en el sentido de que «la recomendación de partición de Palestina propuesta por la ONU en 1947 era el anuncio de los cataclismos que sobrevendrían»[109]. Un hecho que, además, afectaba

---

105   W. Khalidi. *Plan Dalet. Master Plan for the Conquest of Palestine.* Journal of Palestine Studies, 2020. Págs. 4-33.
https://www.palestine-studies.org/sites/default/files/attachments/jps-articles/Plan %20dalet.pdf.

106   Para considerar las dos versiones (árabes e israelíes): ver, por ejemplo, la opinión de la Jewish Virtual Library: https://www.jewishvirtuallibrary.org/plan-dalet-for-war-of-independence-march-1948, así como el arriba referido análisis de W. Khalidi. *Plan Dalet. Master Plan for the Conquest of Palestine.*

107   J. Kimche; D. Kimche. *A Clash of Destinies. The Arab-Jewish War and the Founding of the State of Israel.* Praeger Publishers. Nueva York, 1960.

108   N. Lorch. *The Edge of the Sword. Israel's War of Independence 1947-1949.* G. P. Putnam's Sons. Nueva York, 1961. Existe una versión en formato Kindle (Amazon) editada por Plunkett Lake Press en 2016.

109   W. Khalidi. *Op. cit.* Pág. 12.

a las tierras, pues de los 13,5 millones de *donums*[110] que se otorgaban al nuevo Estado judío de acuerdo con la distribución geográfica de la ONU, 6 millones eran desierto y 7,5 millones tierras cultivables, aunque, de estas últimas, solo 1,5 millones eran de propiedad judía.

Durante las discusiones sobre el «caso Palestina» en la sesión especial que tuvo lugar en la ONU entre el 28 de abril y el 15 de mayo de 1947, los portavoces árabes insistieron una y otra vez en que la única solución justa era la solución árabe, que exigía la independencia de Palestina y la formación de un Estado palestino árabe, no la división del territorio. En este sentido, los dirigentes árabes advirtieron repetidamente que cualquier otra propuesta tendría que aplicarse en contra de la voluntad de todos los Estados árabes de la zona. La mayoría de los delegados árabes hablaron en la ONU de la consiguiente amenaza para la paz en Oriente Próximo, incluido el delegado iraquí, Fadhil al-Jamali, que enfatizó su posición diciendo que: «apoyar las aspiraciones nacionales de los judíos significaba muy claramente una declaración de guerra, nada menos»[111]. Quizás, estas manifestaciones eran las que, con razón, daban a los judíos de Palestina esa «omnipresente sensación de inseguridad» de la que habla Walid Khalidi.

En paralelo, desde la partición de Palestina por parte de la ONU, en algunos lugares, como fue el caso de Gaza, se organizaron milicias árabes que sufrían como en otros muchos lugares un grave problema de coordinación entre ellas, salvo en algún caso como fueron los Hermanos Musulmanes que contaban con una pequeña fuerza de unos 500 miembros dependientes de la dirección islamista de El Cairo[112].

Dicho lo anterior, en un asunto de tanta envergadura, habría que considerar también a la otra parte: es decir, tener en cuenta la opinión de los judíos. En este sentido, lo primero que sorprende de la partición de 1947 por Naciones Unidas es su extraña división geográfica. Cuando se observa el mapa de nuevo (Figura 2.1), se comprueba que la

---

110   Se trata de una unidad de superficie proveniente del Imperio otomano que se refiere a la cantidad de tierra que se puede arar en un día. En Palestina, Israel y otras zonas como Líbano y Turquía representa una superficie de un kilómetro cuadrado, aproximadamente.

111   J. C. Hurewitz. *Op. cit.* Pág. 418.

112   B. Milton-Edwards. *Islamic Politics in Palestine.* I.B. Tauris. Londres 1996. Págs. 39-40.

mayoría del territorio judío se corresponde con el desierto del Néguev, con lo que las tierras agrícolas eran una parte menor de ese espacio, pues el desierto ocupaba alrededor del 60 % del territorio adjudicado a los judíos. Con la consideración adicional de que el nuevo Israel quedaba circundado por cinco importantes países árabes: Transjordania (llamado luego Jordania), Egipto, Líbano, Irak, y Siria, aparte de las zonas adjudicadas a los árabes palestinos que, conviene enfatizarlo otra vez, rehusaron aceptar el reparto territorial al igual que sucedió con la propuesta de la *Comisión Peel* años atrás, igualmente aceptada por los judíos.

Además, con la partición de Palestina decidida por la ONU, la población quedó separada. Una población que, en número, varía según las fuentes; si bien, dos de ellas se aproximan bastante. La primera, proviene del citado Anglo-American Committee of Inquiry (AACI), que editó en 1946 un documento como base para la división de la ONU[113]. En ese análisis se indica una población total (en la Palestina de 1945) de 1.845.560 personas, divididas entre 1.076.780 musulmanes, 608.230 judíos, 145.060 cristianos, y 15.490 sin adscripción religiosa. Una segunda fuente[114] da una población total de 1.829.000 habitantes, divididos de esta manera: 935.000 personas en el territorio que la ONU otorgaba a los judíos (538.000 judíos y 397.000 árabes palestinos, de los cuales unos 40.000 eran beduinos que vivían en el desierto), y 894.000 personas en el territorio árabe-palestino establecido por la ONU (884.000 árabes y 10.000 judíos).

Independientemente de la distribución geográfica en la zona, las poblaciones de ambos estudios son muy similares: 1.845.560 en el caso de la AACI, y 1.829.000 según la referencia de Mitchel Bard, lo que lleva a concluir que, según esta última aproximación, en 1947 había una población en Palestina de unos 628.000 judíos conviviendo con unos 1.201.000 árabes de religión cristiana o musulmana, muchos de

---

113   Anglo-American Committee of Inquiry. *A Survey of Palestine*. Prepared in December 1945 and January 1946 by the British mandate for UN prior to proposing the 1947 partition plan.
      https://www.palestineremembered.com/Acre/Books/Story831.html.
114   M. Bard. *Myths & Facts. Partition and the War of 1948*. Jews Virtual Library. https://www.jewishvirtuallibrary.org/myths-facts-partition-and-the-war-of-1948?utm_content=cmp-true.

ellos residiendo en el territorio adjudicado a los judíos. Aunque hay que recordar que Palestina antes de la partición de la ONU, había sido dividida por el Reino Unido en 1921 cuando estableció Transjordania, donde llevó una parte muy considerable del territorio palestino original. Un hecho que también sucedió en otros lugares al terminar la colonización británica. Piénsese en la división de África, en la India, y su separación con Pakistán.

Al respecto de la división de Palestina, es útil recordar las consideraciones de David Horowitz, un reconocido sionista, corresponsal acreditado en Naciones Unidas, que fundó en 1943 la United Israel World Union, una organización cuyo fin era utilizar los mandamientos de la Torá para predicar la fe hebraica al mundo. Más tarde, publicó en lengua hebrea una descripción de lo que, en su opinión, había sucedido entre los años 1945 y 1948, incluida la división de Palestina por Naciones Unidas y la guerra por la independencia del nuevo Estado de Israel.

En el Prefacio de su libro, Horowitz previene al lector diciendo que:

> «Este libro se escribió utilizando unas rápidas notas realizadas en aquellos urgentes días. Se trata de un intento de hilar en una forma narrativa legible los detalles de los sucesos pasados, el fundamento histórico, y las simples experiencias personales. Las impresiones, sucesos diarios, análisis, evaluaciones, y comentarios, se rigen por este patrón. La ecuación [sic] responde al estado de ánimo de la época y no debe contemplarse desde la perspectiva de más largo plazo de hoy —Horowitz se refiere a 1953 cuando publicó su libro—. Una reserva que ha de ser tenida en cuenta por el lector»[115].

El 16 de septiembre de 1947, David Horowitz —tal como comenta él mismo—, en compañía del profesor sir Reginald Coupland, miembro de la Royal Commission, mantuvo con otras personas un encuentro en el hotel Savoy de Londres con el secretario general de la Liga Árabe, Abdul Rahman Azzam Passha. En la reunión, Horowitz sacó a colación el informe del Comité Especial de Naciones Unidas para Palestina

---

115 D. Horowitz. *State in the Making*. Traducido por J. Meltzer. Alfred A. Knopf. Nueva York, 1953. Pág. VIII.

(UNSCOP), creado, como se recordará, el 15 de mayo de 1947 por iniciativa del Reino Unido, a fin de que la Asamblea General de la ONU tomara una decisión final sobre Palestina.

Durante la reunión, en su argumentación[116], Horowitz transmitió a su interlocutor, Azzam Passha, los tres elementos que, en su opinión, sustentaban la inevitable formación de un Estado judío en la zona, que acabaría aceptado tarde o temprano —según él— por los árabes residentes allí. Para Horowitz era fundamental: 1) la necesidad de establecer una estructura política en la zona; 2) acordar la seguridad de los judíos; y 3) poner en marcha un plan económico que incluyera también la prosperidad de los árabes allí residentes.

Ante estas propuestas, Azzam Pasha contestó: «Es probable, Sr. Horowitz, que su plan sea racional y lógico, pero el destino de las naciones no se decide por lógicas racionales. Las naciones nunca ceden; luchan. No conseguirá nada por medios pacíficos o de compromiso. Puede, tal vez, conseguir algo, pero solo por la fuerza de sus armas. Intentaremos derrotarles. No estoy seguro de que lo consigamos, pero lo intentaremos. Pudimos expulsar a los cruzados, pero por otro lado, perdimos España y Persia. Puede ser que perdamos Palestina. Pero es demasiado tarde para hablar de soluciones pacíficas»[117]. La conversación siguió en parecidos términos: una parte tratando de alcanzar un acuerdo, y la otra parte negando tal posibilidad. Al final, Horowitz concluye en su libro: «A pesar de la amigable, e incluso cordial atmósfera, sentimos el completo impacto histórico de este dramático encuentro. Con él se desvanecía el último esfuerzo de salvar el abismo. La ilusión final de alcanzar una solución acordada y pacífica había explotado»[118]. Algo que recordaba, sin duda, lo expresado en mayo de 1947 por Fadhil al-Jamali, ministro de Asuntos Exteriores de Irak, cuando hablaba de «declaración de guerra»[119].

Como era previsible, tanto la Liga Árabe como los Estados que la representaban no aceptaron la resolución de partición de la ONU y se aprestaron para impedir por la fuerza la creación del Estado judío. Gran Bretaña, aún en el territorio, se mostró «oficialmente» neutral, obviando

---

116   *Ibid.* Págs. 232-233.
117   *Ibid.* Pág. 233.
118   *Ibid.* Pág. 235.
119   Ver nota 108 en este capítulo.

la constante infiltración de combatientes árabes en Palestina, a la vez que se negó a cooperar en el traspaso de poderes a las autoridades judías y árabes, aunque anunció que retiraría sus fuerzas el 15 de mayo de 1948[120].

La ONU, por su parte, se demostró incapaz de parar el grave conflicto que se cernía sobre Palestina. Lo que pudo haberse evitado enviando una fuerza militar internacional que hiciera cumplir la Resolución 181. Una posibilidad discutida durante la Asamblea Plenaria que adoptó la división del territorio. Las conversaciones que mantuvo al respecto el entonces secretario general de la ONU, el noruego Trygve Halvdan Lie, no llegaron a ningún puerto. Estados Unidos, ante el temor de que los soviéticos entraran como parte interesada en el problema, se mantuvo neutral en aquel momento. Mientras, sin que nadie pusiera ninguna objeción, diversas fuerzas árabes entraban en el Estado de Israel y sitiaban Jerusalén, que había sido nominada como zona internacional en la Resolución 181.

Todos pensaban que el recién estrenado Estado de Israel caería en manos de los Estados árabes que habían comenzado la ofensiva, particularmente porque las fuerzas israelíes carecían de capacidad aérea y de armamento pesado. Además, Estados Unidos había impuesto un boicot a la venta de armas a ambos bandos. Sin embargo, los judíos pudieron resistir el embate árabe gracias a las armas suministradas por Checoslovaquia (incluyendo algunos aviones alemanes que habían sido capturados hacia el final de la guerra), y al hecho de que Estados Unidos, cambiando de estrategia, reconocía el 15 de mayo de 1948, por medio del presidente Truman, el Estado de Israel. Reconocimiento que aceptó seguidamente la Unión Soviética, nombrándose entonces al conde sueco Folke Bernadotte, dirigente de la Cruz Roja de su país, como mediador de la ONU para intentar llegar a un acuerdo pacífico y establecer una tregua[121]. Desgraciadamente, Bernadotte fue asesinado al poco por la organización terrorista Lehi[122] (Lohamei Herut Israel: Combatientes por la Libertad de Israel), una organización paramilitar

---

120   L. Fisher. *An Ambivalent Relationship: Israel and the UN, 1945-1949.*
       https://www.diplomatie.gouv.fr/IMG/pdf/ONU_louise_fischer.pdf.
121   *Ibid.*
122   Ver, por ejemplo: https://es.wikipedia.org/wiki/Leji. O bien:
       https://www.jewishvirtuallibrary.org/lo-x1e25-amei-x1e24-erut-israel.

sionista fundada por Avraham Stern en 1940, con el objetivo de desalojar a las fuerzas británicas del territorio. Lehi fue disuelta en 1948.

Del bando árabe, solo los jordanos y los egipcios tenían una estructura militar con cierta capacidad operativa, aunque el plan de invadir Israel contaba con el problema financiero de los árabes (de los 4 millones de libras esterlinas que se suponía que costaría la operación militar solo se habían puesto sobre la mesa 400.000 libras), a lo que había que sumar la dificultad de coordinar los esfuerzos del ataque entre las diversas fuerzas árabes, que se pensaban lanzar con una ofensiva en varios frentes: los iraquíes con sus carros blindados, que se unirían a las fuerzas sirias y libanesas atacando Haifa; y los egipcios atacando desde el sur para tomar el puerto de Jafa, y así bloquear el lugar por donde podría llegar la ayuda exterior a Israel.

En paralelo, varios elementos de la Liga Árabe se sumaban a las tropas iraquíes que pretendían romper Palestina en dos. Un plan que se encontraba con la dificultad de entendimiento entre los países con más capacidad militar, debido, entre otras cosas, a que «el rey Abdullah de Transjordania y el rey Faruk de Egipto se profesaban un odio implacable»[123]. No hay que decir que la desorganización entre los objetivos militares y los mandos que trataban de cumplirlos, sumados a la falta de preparación para la guerra de los árabes, mostraba evidentes debilidades «incluso contando con la inacción de Gran Bretaña, que pensaba ayudar a Egipto si mantenía una absoluta discreción y si le ofrecía una solución satisfactoria al problema de la soberanía sobre Sudán»[124].

La estrategia anterior se encontró, sin embargo, con la otra cara de la moneda: la capacidad financiera de la ayuda al nuevo Estado de Israel que procedía, principalmente, de Estados Unidos y de Canadá. Unas ayudas que se sumaban al armamento que, aparte de Checoslovaquia, se enviaba desde el puerto de Brooklyn hacia Israel; sin olvidar que, tanto el presidente checo, Rudolf Slansky, como la mayoría de los oficiales de alta graduación de aquel país eran judíos. Todos ellos fueron más tarde purgados por Stalin[125].

---

123   Este párrafo, adaptado por el autor, se ha tomado de: D. Lapierre; L. Collins. *Oh, Jerusalén.* Plaza & Janés Editores. Barcelona, 1972. Pág. 290.

124   *Ibid.* Pág. 293.

125   D. Horowitz *Op. cit.* Pág. 373.

Al respecto de la financiación a Israel, vienen a cuento las afirmaciones de Golda Meir, cuando dice que, antes en 1948, había solicitado a la United Jewish Appeal[126] una ayuda para poder ganar la guerra. Así se expresa Golda Meir en sus *Memorias*:

«No podemos seguir adelante sin vuestra ayuda —dije en docenas de apariciones públicas y privadas—. Lo que pedimos es que compartáis nuestra responsabilidad con todo lo que esto implica: dificultades, problemas, penalidades y alegrías»[127].

Y sigue:

«Me respondieron con una generosidad y rapidez sin precedentes, con sus almas y sus corazones… Aunque no había ninguna cuestación separada para Israel, y aunque menos del 50 % de los 150 millones de dólares recaudados por la UJA en 1948 fueron a Israel (el resto fue entregado al Comité de Distribución Conjunta para ayuda a los judíos de países europeos), aquel porcentaje nos ayudó indiscutiblemente a ganar la guerra. Nos enseñó también que la colaboración de los judíos americanos con el Estado de Israel era un factor con el cual podíamos contar»[128].

Aunque en julio de 1948, después de una corta tregua, los árabes reanudaron los combates, Israel ya tenía el control de las zonas asignadas al Estado árabe en la Galilea Occidental y alrededor de Jerusalén. De nuevo,

---

126   La United Jewish Appeal (UJA) es una organización no gubernamental del judaísmo estadounidense especializada en la recaudación de fondos. Sus actividades se extienden fuera de Estados Unidos y no se limita solo al Estado de Israel, su principal beneficiario. Comenzó antes de la Segunda Guerra Mundial, con colectas anuales de 15 o 20 millones de dólares. A mediados de los años setenta del siglo XX, la UJA había conseguido recaudar casi 500.000 millones de dólares. Para más detalles se puede consultar: M. L. Raphael. *A History of the United Jewish Appeal 1939-1982*. Brown Judaic Studies. Num. 34. Scholar Press. Brown University. Rhode Island, 2020.

127   G. Meir. *Mi vida*. Nagrela Editores. Madrid, 2023. Pág. 199. Respecto de Golda Meir, tal como ella misma refiere, hay que decir que su apellido real era Mabovitch, pues había nacido en Kiev. Luego en Estados Unidos lo transmutó a Meyerson, y finalmente, siguiendo la orden de Ben-Gurión para que adoptara un nombre hebreo, lo cambió a Meir que, en esa lengua, significa «iluminada».

128   *Ibid.*

el Consejo de Seguridad de la ONU impuso sin demasiado éxito una segunda tregua. Y para mayor confusión se comenzó a reconsiderar dentro de la ONU la partición decidida en 1947, hablándose de la anexión de las zonas árabes de Palestina a Transjordania (considerada entonces una dependencia británica) y el regreso de los refugiados árabes que huyeron o se vieron obligados a abandonar sus hogares durante los combates.

Adicionalmente, las potencias occidentales argumentaban que Galilea debía pasar a Israel y parte del Néguev entregarse a un futuro Estado palestino aún sin constituir. Se proponía también la separación de Jerusalén del Estado de Israel. No hay que olvidar que por entonces Jerusalén había quedado aislada del resto del país durante la guerra, con muchas iglesias y otros edificios gravemente dañados durante los combates. La guerra además había dejado Jerusalén dividida entre Israel y Transjordania, con el primero decidido a no ceder el control de su parte de la ciudad[129]. Resulta obvio que la ONU se contradecía a sí misma haciendo actual, en pleno siglo XXI, la enorme indefinición de lo que ha de ser, o no, la Palestina árabe.

Los hechos anteriores demuestran que, en 1947, las decisiones de la ONU dependían de lo que las llamadas *«Big Three»*[130] (Estados Unidos, Gran Bretaña y la Unión Soviética) estuvieran dispuestas a aceptar, cuyas diferencias no hacían sino echar más leña a un fuego que era imposible de apagar. Una situación que se endureció considerablemente con el nombramiento del general George Marshall como secretario de Estado americano. Con este nombramiento «Estados Unidos se dedicó a endurecer la corteza septentrional de Oriente Próximo contra la infiltración soviética, por lo que cabía esperar que resistiera los posibles esfuerzos de Moscú por conseguir una cuña de entrada en Palestina. De ahí que Gran Bretaña, Estados Unidos y la URSS estuvieran obligados a considerar la cuestión palestina a la luz de sus respectivos intereses nacionales»[131]. Un preludio de la Guerra Fría que ya se gestaba entre soviéticos y americanos, aunque el nuevo Estado

---

129   L. Fisher. *An Ambivalent Relationship: Israel and the UN, 1945-1949. Op. cit.*
130   https://www.nationalww2museum.org/war/articles/big-three.
131   D. Horowitz *Op. cit.* Pág. 416.

de Israel les debiera mucho, ya que sin la Unión Soviética y Estados Unidos, el Estado judío nunca habría salido a la luz.

La llamada *guerra de la independencia* por el logro del Estado de Israel en 1948-49 fue un éxito para los judíos que, sin embargo, tuvieron que gestionar el problema de acoger y dar trabajo a dos millones de compatriotas, a la vez que tenían que luchar contra las incursiones árabes en sus múltiples fronteras. Un hecho que no habría sido posible, tal como se dijo arriba, sin la ayuda económica de los sionistas del exterior, así como la organización de una potente estructura militar, que se unía a un nuevo sistema de inteligencia, el Mossad, que se complementaba con la «inteligencia doméstica» del Shin Beit. Ambos fueron capaces de sacar a la luz informaciones clasificadas de los Gobiernos árabes e incluso de fuentes soviéticas[132].

En el contexto militar, con 165.000 soldados en los ejércitos árabes al comienzo del conflicto, la ausencia de una estrategia coordinada, unida a la desorganización, llevó a poner en realidad unos 48.000 efectivos para entrar en combate, aproximadamente el mismo número con el que contaba Israel[133], que se organizaban en base a los grupos paramilitares que se habían ido formando bajo el mandato británico: el ya referido Lehi, el no menos radical Etzel[134], y Haganah[135], la organización militar clandestina de los *yishuv* (judíos residentes en Palestina)

---

132   N. Cantor. *Op. cit.* Pág. 375.

133   S. Sebag Montefiori. *Jerusalén. La biografía.* Crítica. Barcelona, 2014. Pág. 618.

134   Acrónimo de Irgun Tzwa'i Le'umi (Organización Militar Nacional), abreviado como Irgún, que fue la organización de terror de los sionistas revisionistas en Palestina de 1931 a 1948. El Etzel se escindió del grupo Haganá en 1931. Estuvo dirigido por el comandante del distrito de Jerusalén Avraham Tehomi. A partir de 1943, el Etzel fue comandado por el posterior primer ministro israelí Menachem Begin, del cual es conocido su lema: «Luchamos, luego existimos», parafraseando a Descartes. En su mayoría colaboraron con el Lehi. Ambos están clasificados como organizaciones terroristas. Esta información procede de Wikipedia en su versión en holandés: https://nl.wikipedia.org/wiki/Etsel. En español se puede consultar también una información más extensa en Wikipedia: https://es.wikipedia.org/wiki/Irgún.

135   De esta organización existe mucha información, siempre llena de controversia. Puede consultarse un antiguo libro de Thierry Nolin, *La Haganah: El ejército secreto de Israel*, Editorial Euros (Biblioteca Sefarad), Barcelona, 1975. Así como la información de Wikipedia:
https://es.wikipedia.org/wiki/Haganá. Y también la Jewish Virtual Library:

https://www.jewishvirtuallibrary.org/the-haganah.

que, fundada también en 1920, operó como las otras dos hasta 1948 y resultó clave en la victoria israelí.

Para los países árabes en conflicto, Egipto, Siria, Líbano, Transjordania, Irak, y los componentes de la Liga Árabe, invadieron Israel con la misión de acabar con los judíos: «Esta será una guerra de exterminio y una portentosa masacre»[136], fueron las palabras de Azzam Pasha, el referido secretario de la Liga Árabe. Tanto es así, que los árabes, al igual que los occidentales, supusieron que no tendrían ningún problema en vencer en la guerra.

El nuevo Estado de Israel se encontró además con un problema añadido: absorber a los refugiados que habían sobrevivido al Holocausto que venían de Europa, además de integrar un millón de judíos sefardíes que llegaban desde diferentes países orientales. Sobre estos hay que decir que el Gobierno de Ben-Gurión, y él mismo, no fueron demasiado generosos. Parecía que estaban infectados del tradicional racismo occidental[137]. Sin embargo, para acomodar a esa ingente cantidad de personas, el Gobierno israelí se hizo con las tierras que pertenecían a los palestinos que habían abandonado sus hogares durante la guerra. Lo que trae de nuevo a colación el comentario de Walid Khalidi[138] respecto del atropello que sufrieron aquellos habitantes que se vieron obligados por una u otra razón a dejar sus propiedades. Una controversia aún actual, pues tanto la posición de que abandonaron sus tierras por influjo de los árabes, como la contraria que sostiene que fueron forzados a salir por los judíos, tienen ambas su grado de verdad[139].

---

136   S. Sebag Montefiori. *Op. cit.* Pág. 617.

137   *Ibid.* Pág. 374. A este respecto, se puede consultar también la obra de Tom Segev: *The First Israelis.* Free Press. Nueva York, 1986.

138   W. Khalidi. *Plan Dalet. Master Plan for the Conquest of Palestine. Op. Cit.* Ver nota 21 de este capítulo.

139   El historiador Benny Morris, que se define a sí mismo como sionista aunque haya sido tachado de ir contra Israel, tiene unas interesantes obras en las que pone de manifiesto esta controversia. De un lado, los propios árabes indujeron la diáspora palestina antes de atacar a los judíos, y de otro, los propios judíos fueron extremadamente duros contra los habitantes árabes que estaban en las zonas ocupadas por ellos. Una de sus obras, *The Birth of the Palestinian Refugee Problem Revisited* (Cambridge University Press, 2003), que puede leerse por capítulos en: https://www.cambridge.org/core/books/birth-of-the-palestinian-refugee-problem-revisited/8AE72A6813CEA7DDDE8F9386313F0D97, muy descriptiva al respecto. También es interesante de este mismo autor: *Revisiting the Palestinian exodus of 1948.* Cambridge University Press (2007). Finalmente, es interesante la

Conviene decir que, al final, el Gobierno de Ben-Gurión hizo lo posible por acomodar a dos millones de judíos en aquellas tierras y darles trabajo para que llevaran una vida digna, mientras trataba de defender sus fronteras de los ataques que sufrían a diario. Algo que demuestra una determinación fuera de lo común, pues los judíos vivían, de alguna manera, en un estado de sitio. Una situación que obligó al nuevo Estado israelí a proclamar que aseguraba «la completa igualdad política y social a todos sus ciudadanos, sin distinción de religión, raza o sexo, pidiendo a los Estados vecinos alcanzar la paz»[140].

Después de la primera tregua establecida por la ONU, tan solo en 10 días los judíos se hicieron con nuevas áreas más allá del territorio definido para ellos en la Resolución 181. El 18 de julio de 1948, la ONU impuso otra tregua, que no evitó que los judíos ampliaran aún más su territorio, alcanzando toda la Galilea y la mayoría de la región del Néguev. Finalmente, a principios de 1949, Israel negocio el armisticio con los países beligerantes (Egipto, Transjordania, Siria y Líbano). Irak, sin embargo, no aceptó el fin de las hostilidades. El acuerdo resolvió la guerra, pero dejó sin solucionar el problema político territorial que se había originado desde la partición impuesta por Naciones Unidas. A esto se añadía que los Estados árabes que participaron en las hostilidades no mostraron por su parte ningún interés en ayudar a sus «hermanos» palestinos. Los que allí quedaron fueron llevados a sórdidos campamentos esperando las ayudas de Naciones Unidas.

Al final de la guerra, en 1949, surgía un nuevo Estado de Israel que incrementaba muy considerablemente el territorio original, pasando del 56 % establecido en la Resolución 181 al 78 % de la geografía palestina (Figura 2.2). Hay que preguntarse entonces el porqué de esta nueva configuración territorial y el porqué de la derrota árabe en contra de un Estado que, como el israelí, estaba cercado por todos lados. Sigamos a Alan Dowty para mejor comprenderlo[141].

---

entrevista realizada a Benny Morris, que puede leerse en: https://newleftreview.es/issues/26/articles/benny-morris-sobre-la-limpieza-etnica-en-palestina.pdf.

140   A. Dowty. *Op. cit.* Pág. 77.
141   *Ibid.* Pág. 78.

Figura 2.2.- Situación de Palestina después del armisticio de 1949.
[Wikimedia Commons]

En primer lugar, las fuerzas militares israelíes fueron muy superiores a las árabes[142]. En segundo lugar, como ya se ha comentado, la desunión entre los árabes, en contra del liderazgo unificado israelí, hizo que estos últimos tuvieran una enorme ventaja, a lo que se añadía la estrategia de concentrarse en un enemigo al tiempo en lugar de atacar a todos a la vez.

Un tercer elemento tuvo que ver con el entrenamiento para la guerra, aparte de un mejor equipamiento militar de las fuerzas israelíes, sin olvidar la corrupción existente entre los mandos árabes que incidía en su incapacidad para coordinar esfuerzos durante la conflagración. Finalmente, Dowty habla de motivación, ya que muchos israelíes luchaban después de haber sobrevivido al Holocausto por su propia supervivencia, sobre lo cual —añadimos nosotros— se sumaba la ayuda sionista a Israel desde el exterior, un elemento que no incorporó únicamente un importante flujo económico, sino que apoyó las acciones israelíes en el entorno internacional.

Con esto, lograda la paz, el nuevo Estado de Israel, que añadía los territorios anexionados, lograba el reconocimiento internacional con su entrada como miembro de la ONU el 11 de mayo de 1949. La Palestina árabe seguía, por el contrario, sin nación propia.

Con la guerra, Jerusalén quedaba dividida de este a oeste. La ciudad había sido el escenario de cruentas escaramuzas. Se dio el caso de que en el barrio judío de la ciudad vieja, los rabinos habían solicitado a los responsables de Haganah que capitularan ante las ofensivas del ejército árabe. Dominique Lapierre y Larry Collins dedican un capítulo completo de su libro a esta lucha. Lo llaman *Un banquete de condenados*[143]; donde aparece una frase que mueve a la esperanza en un problema que hoy se manifiesta sin solución. Así se dice en *Oh, Jerusalén*:

«Mientras árabes y judíos parlamentaban, tenía lugar una escena extraordinaria. Sabiendo que una delegación había ido a ofrecer la rendición del barrio —se refiere al barrio judío de la ciudad vieja de

---

142 Respecto de esta observación, Dowty se apoya en la obra de Benny Morris, *Righteous Victims: A History of the Zionist-Arab Conflict 1881-2001*. Vintage Books. Nueva York, 2001.

143 D. Lapierre; L. Collins. *Op. cit.* Págs. 467-478.

Jerusalén—, los habitantes refugiados en el sótano de una de las sinagogas se pusieron a lanzar gritos de alegría y a recitar salmos en acción de gracias. Luego, empujando a los soldados colocados por la Haganah para protegerles, se precipitaron fuera. En pocos minutos, los árabes y los judíos, que se mataban entre sí pocas horas antes, se arrojaban unos en brazos de otros. Se volvieron a encontrar viejos amigos con lágrimas de alivio… La rendición oficial no sería más que una simple formalidad»[144].

Al terminar la guerra, Jerusalén dejó de ser una zona internacional tal como se fijó por la ONU en 1947. Transjordania se hacía con el este, incluida la ciudad antigua, mientras que el ejército de Israel controlaba el este de la ciudad. Este país, Transjordania, llamado Jordania a partir de entonces, fue de hecho el vencedor dentro de la coalición árabe, ya que, aparte de su dominio de una zona de Jerusalén, se hacía también con el West Bank (Cisjordania). El rey Abdullah había negociado secretamente los acuerdos con Israel para salir beneficiado. Sin embargo, fue asesinado en 1951 por haber sido colaborador con los judíos.

Egipto, a quien pertenecía la península del Sinaí, se quedó con la Franja de Gaza, anulando cualquier posibilidad de autodeterminación palestina en aquella zona. Se trataba de un pequeño territorio de 360 kilómetros cuadrados, encajonado entre Israel y Egipto, con 40 kilómetros de riberas mediterráneas y 13 kilómetros de frontera con Egipto en el Sinaí. Ahí viven hoy día alrededor de millón y medio de personas en lo que algunos han dicho que «se trata de la prisión a cielo abierto más grande del mundo»[145].

Gaza era un lugar condenado al ostracismo, que sufría las rivalidades continuas de las diferentes facciones palestinas que allí se daban cita. En las que no serían ajenas las actividades terroristas de Hamas y Fatah. En el pasado, ese litoral pegado al Mediterráneo fue clave para los pueblos que pretendían conquistar Egipto a través del Sinaí. Un lugar donde incluso existió un reino en la antigüedad. Por allí pasa-

---

144   *Ibid.* Pág. 474.
145   J-P. Filiu. *Histoire de Gaza.* Arthème Fayard. París, 2012. Pág. 26.

ron los persas, los asirios, los musulmanes, y también Napoleón en su aventura de Egipto, hasta la expulsión de los franceses por los turcos otomanos, para llegar a la *Gran Guerra* cuando, a finales de 1917, los británicos tomaron el control de Gaza.

Hacia el final de la guerra entre Israel y los países árabes circundantes, el 11 de diciembre de 1948, la ONU emitió la Resolución 194 aprobada por la Asamblea General, por medio de la cual se creaba la Comisión de Conciliación para Palestina (CCP), cuyo objetivo era «que se permita a los refugiados que deseen regresar a sus hogares y vivir en paz con sus vecinos hacerlo lo antes posible, y que se pague una indemnización por los bienes de quienes opten por no regresar y por las pérdidas o daños materiales que, en virtud de los principios del derecho internacional o de la equidad, deban ser reparados por los gobiernos o autoridades responsables»[146]. Una nueva decisión de Naciones Unidas ante el grave problema de los refugiados palestinos cuya cifra se movía entre las 600.000 y las 750.000 almas[147]. Esto dio motivo a la creación de la UNRWA (United Nations Relief and Works Agency for Palestine Refugees in the Near East) para tratar de gestionar el grave problema humanitario que se había creado. Una organización no exenta de polémica hoy.

¿Dónde quedaba Gaza en este contexto? Hay que recordar que Ben-Gurión, cuando negociaba el armisticio con Egipto, trató de que la Comisión de Conciliación para Palestina aprobara la anexión de Gaza por parte de Israel, en tanto que Egipto no había planteado ninguna reclamación al respecto. Después de meses de discusión, de idas y venidas entre Israel, Estados Unidos y el Reino Unido, principalmente, con Egipto y la propia ONU en contra de la anexión, la Franja de Gaza quedó en manos de Egipto sin una solución aceptable para nadie, solo dependiente de la ayuda internacional que pudiera llegar.

Después de la guerra, los palestinos se convirtieron en una comunidad destrozada. Casi la mitad de la población eran refugiados distribuidos entre el West Bank, Gaza, Jordania, Siria, y el Líbano. Unos 160.000 palestinos quedaron totalmente desconectados del mundo

---

146   UNRWA. https://www.unrwa.org/content/resolution-194.
147   A. Dowty. *Op. cit.* Pág. 81.

árabe en el nuevo territorio israelí, donde se suprimieron sus organizaciones. Sus líderes, además, quedaron sin ningún papel relevante, no solo en Israel, sino también en los países árabes donde se encontraban. Fue la amargura y la desesperación de un pueblo al que nadie había consultado ni sobre su presente ni sobre su futuro, que se vio abocado a llorar su desgracia en la literatura, como hacen los pueblos desesperados. De ahí, según dicen los que lo conocen, surgió una bella literatura palestina del exilio. Los judíos, por su lado, sin atender realmente al problema humanitario de ese pueblo, argumentaron que nada de eso habría ocurrido si los países árabes circundantes no les hubieran atacado y no se hubieran opuesto a los acuerdos de partición de la ONU en 1947.

Si hubiera existido en esta forma de pensar alguna idea filosófica, a lo mejor habría venido bien el célebre aforismo de Pascal: *«Le cœur a ses raisons que la raison ne connaît point»* (El corazón tiene sus razones que la razón desconoce). Sin embargo, en política, y sobre todo después de ganar una guerra, no queda sino una interpretación que se ajusta como anillo al dedo al poder, independientemente de las razones que puedan existir detrás, en las cuales hay que volver a Walid Khalidi y su aserto de que los judíos vivían, y viven, quizás, en una «omnipresente sensación de inseguridad».

Los palestinos, sin embargo, quedaron desasistidos, olvidados de todo el mundo. Su enorme disgusto se dirigió en contra de los países árabes que los habían abandonado, a lo que se unía la pérdida de un importante terreno que les pertenecía desde hacía siglos. Todo ello sin hablar de su rechazo a los líderes árabes que, en su desunión, fueron incapaces de defender sus derechos. Con la circunstancia de que algunos de ellos, notablemente el rey Abdullah de Jordania, cómplice de Israel, salió como el mayor beneficiado del conflicto. Para los palestinos se trataba de la *Nakba*, la «Catástrofe». En total, un millón de palestinos quedaron sin hogar, encontrándose dispersos con las familias destrozadas, fuera de sus lugares de origen, en extrema pobreza. La convulsión social fue de tal envergadura que dio lugar a la aparición de líderes extremistas que, al final, serían usados al servicio de intereses geopolíticos de otros países como es bien conocido. Los que quedaron en territorio israelí fueron desprovistos de sus propiedades, si bien reconocidos como ciudadanos de segundo nivel en un Estado que los veía con sospecha.

La situación de los palestinos no fue mejor en otros lugares. En Jordania, del millón doscientos mil refugiados registrados por la UNRWA, 370.000 residían en campamentos, mientras que 830.000 estaban igualmente refugiados en Cisjordania. En Siria, sucedió lo mismo, si bien con un número menor: fueron alrededor de 550.000. Al igual que en el Líbano, donde se contaban 470.000 refugiados, que no fueron considerados ciudadanos libaneses, mientras que estaban estrechamente vigilados por los servicios de inteligencia del país[148]. Solo en Siria, la pequeña comunidad palestina que allí habitaba gozó de las ventajas de la nacionalidad: se les permitía adquirir tierras y tener la educación que facilitaba el Estado. En la diáspora, otros palestinos encontraron acomodo en Libia o Argelia, donde se integraban desarrollando sus proyectos vitales[149].

Las grandes potencias, por su parte, especialmente Estados Unidos y la Unión Soviética, marchaban entonces al son de la Guerra Fría que comenzaba a instalarse entre los dos países y sus satélites. En principio, la Unión Soviética, que había apoyado la partición de Palestina según lo establecido por la Asamblea General de la ONU, apostó por Israel como un nuevo aliado en la zona. Los soviéticos suponían que Israel se opondría a los «peones» árabes aliados del Reino Unido: las monarquías que habían ayudado a construir en Jordania, Egipto, Irak, y otros países de la zona. Una estrategia que mudó definitivamente cuando, en 1950, Israel decidió su neutralidad durante la guerra de Corea entre Estados Unidos y China. Esto cambió la posición soviética, que movió sus intereses, pasando a ayudar a los países árabes que se mantenían en confrontación con Israel.

Con Estados Unidos, Israel tuvo un comportamiento diferente, especialmente porque el sionismo había enraizado bien en aquel país. Aparte del apoyo financiero estadounidense, la Guerra Fría llevó a Estados Unidos a pensar en Israel como un sólido aliado en Oriente Medio. Un hecho que podía convivir perfectamente con los acuer-

---

148   R. Khalidi. *Op. cit*. Págs. 83-86.
149   *Ibid.*

dos de Estados Unidos con la familia reinante de Arabia Saudí, que no veían en aquella alianza con Israel algo incompatible con su posición.

Volviendo a Palestina y a los palestinos, el armisticio los llevó a la inexistencia. En la zona, solo estaban el Estado de Israel y los países árabes circundantes, siendo estos últimos los que se hacían con la representación del olvidado pueblo palestino en los foros internacionales. Aunque, para decirlo todo, hubo varios intentos de formar un Estado palestino en el exilio por algunos insignes miembros del Alto Comité Árabe (Arab Higher Committee, AHC); una organización creada en abril de 1936 para presentar al Gobierno británico de entonces las demandas de los palestinos. Por su parte los palestinos de Gaza establecieron allí el «Gobierno de Toda Palestina»[150]. Sin embargo, no consiguieron el apoyo de los países árabes, quedando la iniciativa sin ninguna posibilidad de continuar. De manera que, aparte de los problemas de los palestinos residentes en Israel, la diáspora palestina se encontró con la oposición de los países árabes, entre los que resaltaba la férrea negativa del Líbano, Egipto y Jordania, evitando que se organizaran para crear su propio Estado.

Una situación que venía de atrás, pues en 1945, la Liga Árabe mostraba las desavenencias de sus socios, especialmente las del rey hachemita Abdalá, que pretendía incorporar Palestina a Transjordania, y el rey Farouk de Egipto, que se consideraba el líder del mundo árabe y odiaba a los hachemitas, además del rey Ibn Saud que le había expulsado de Arabia. Es entonces cuando aparece en Jerusalén un joven estudiante que tendría un papel esencial en el futuro de Palestina: Yasser Arafat, familiarmente relacionado con Abd al-Qadir Husseini, un héroe palestino, muerto durante la guerra árabe-israelí en 1948[151].

Una vez perdida la guerra, a punto de firmar el armisticio con los árabes el 14 de febrero de 1949, el Parlamento de Israel votó la llamada ley de Transición, conocida como la «Pequeña Constitución», en la que Israel se definía como un Estado laico. Es entonces cuando comienza la andadura del nuevo Estado israelí acogiendo a cientos de

---

150   Gobierno del Protectorado de Toda Palestina. https://es.wikipedia.org/wiki/Gobierno_del_Protectorado_de_Toda_Palestina

151   S. Sebag Montefiori. *Op. cit.* Pág 607. Para conocer la historia de Husseini puede consultarse: https://es.wikipedia.org/wiki/Abdelkader_al-Husayni.

miles de judíos de la diáspora, a la vez que, para financiar sus necesidades financieras, emitiendo los «bonos de Israel», que fueron vendidos en 71 países por el Keren Hayessod (el Tesoro de la colonización judía) y, en Estados Unidos por la ya mencionada United Jewish Appeal, que aportó 60 millones de dólares en 1951. A esto se sumó una subvención adicional estadounidense de 65 millones de dólares como ayuda para la instalación de refugiados judíos venidos de otros países.

Sin embargo, en 1953, con una inflación del 53 %, el proyecto sionista del Estado de Israel se estanca. A la vez, los países árabes sufren sus propios problemas, debido especialmente a los cambios dinásticos. Es entonces cuando surge en Egipto el coronel Gamal Abdul Nasser, que se hace con el poder absoluto después de un golpe de Estado que expulsa a la monarquía existente. Estados Unidos no es ajeno al cambio. Desde entonces, empieza una nueva época en Oriente Medio con múltiples golpes de Estado: Siria (1949), Irak (1958), Yemen (1962), Libia (1969), y así tantos otros. El mundo sufre también nuevos embates geopolíticos que ponen el foco en aquella castigada zona del mundo.

Un momento en el que quizás vienen a cuento las reflexiones de Jacques Attali cuando se refiere al Deuteronomio[152] en el último capítulo de una de sus múltiples obras[153]: «Se abre entonces —dice Attali— el período en el que aún nos encontramos[154]. Se hace eco del Deuteronomio, que describe las leyes de una sociedad moral que permite a los pueblos defender su identidad con, y en contra, del dinero»[155]. Una expresión de lo que se denomina en el Deuteronomio como el *Segundo discurso de Moisés*, que comienza de esta forma:

---

152   El Deuteronomio es el último libro del Pentateuco en la versión original hebrea. Se trata de las palabras que Moisés dirigió al pueblo judío antes de la entrada en la tierra prometida. En el libro se establecen los principios de la ley de Dios aparte de otras consideraciones, como son las primeras etapas de la historia de Israel y la muerte del profeta. Obviamente esos capítulos no fueron escritos por Moisés, ya que murió antes de entrar en la tierra prometida.

153   J. Attali. *Les Juifs, le Monde et l'Argent. Histoire économique du peuple juif.* Arthème Fayard. París, 2002. Pág. 634-716.

154   Como se indica, el libro de Attali se publicó en 2002.

155   J. Attali. *Op. Cit.* Pág. 12.

«Esta es la ley que Moisés propuso a los hijos de Israel. Estos son los estatutos, los mandatos y decretos que Moisés proclamó a los hijos de Israel, a su salida de Egipto»[156].

Como en la lejana época de Moisés, Israel, habida cuenta de la diferencia de épocas y siglos transcurridos, fundaba, con los nuevos decretos y leyes constitucionales, una democracia en medio de países árabes autoritarios.

Con el golpe de Estado de Egipto, Nasser se convierte en un dirigente clave en la región. Los palestinos, como es habitual, no cuentan. Se abre una nueva etapa en la política internacional con el resurgir de lo que se conoce como el Tercer Mundo: los países no alineados. En realidad, se trataba de la conjunción de las naciones de Asia y de África, con Oriente Medio en escena, mientras que la geopolítica mundial basculaba alrededor de la Guerra Fría en un modelo dual: Estados Unidos y la Unión Soviética, donde la Europa occidental, desde la creación de la OTAN en 1949, era parte intrínseca del bloque dominado por Estados Unidos. En Asia, bajo el Gobierno comunista de Mao Tse-Tung, comenzaba a tomar relevancia China en la escena internacional.

En los años cincuenta del siglo XX, Oriente Medio, al hilo de los golpes de Estado una vez finalizada la contienda árabe-israelí, se abría una etapa convulsa, dividida entre los países «más estables políticamente» que aspiraban a dominar una suerte de unidad árabe, y otros que entraban en escena con regímenes radicales a poner en marcha guerras de guerrillas allá donde podían, pensando con ello en destruir de nuevo al Estado de Israel. Un hecho que pone a Palestina, otra vez, en el centro del problema, pensando que podría ser el eje de una nueva unidad árabe en la región. Dos formas de verlo: de un lado, las monarquías árabes tradicionales, de otro, fuerzas revolucionarias tratando de que Palestina fuera el centro de una posible unión árabe lanzando una nueva guerra en contra de Israel.

---

156   Conferencia Episcopal Española. BAC. *Op. cit.* El Deuteronomio (4: 44-46). El *Segundo discurso de Moisés* se desarrolla entre los versículos 44 del capítulo 4, y el versículo 68 del capítulo 28 del Deuteronomio.

En este contexto, no hay que obviar la Guerra Fría y la «lucha» por dominar geopolíticamente el nuevo espacio creado por los países del Tercer Mundo, que se mueve desde Asia hasta América Latina, y por supuesto, el Norte de África y Oriente Medio, donde se encontraban las mayores reservas de petróleo del mundo. Un mundo necesitado del «oro negro» para su desarrollo económico. Es entonces, en los inicios de los años cincuenta del pasado siglo, cuando la Unión Soviética cierra un acuerdo estratégico con el Egipto de Nasser vendiéndole las armas necesarias para equilibrar el poder militar, habida cuenta de la capacidad que había adquirido Israel después de la guerra de 1948. Una situación que fuerza a Estados Unidos a hacerse presente en la región. De esta manera, la lucha geopolítica de las dos superpotencias del momento, la Unión Soviética y Estados Unidos, encuentra su área de confrontación en Oriente Medio, con un conflicto a punto de estallar entre árabes y judíos. Surge entonces de nuevo Ben-Gurión como el líder judío por antonomasia de la defensa a ultranza del Estado de Israel por cualquier medio, incluido el militar, mientras que otros dirigentes, como era Moshe Sharret[157], abogaban por la vía diplomática. Una posición que aún se mantiene en Israel: uso de la fuerza o negociación.

El año 1956 aparece un *cisne negro* que nadie esperaba, ni nadie quería. El 26 de julio de aquel año Nasser nacionaliza el Canal de Suez. Se dice que, con ese movimiento, Nasser trataba de llevar a cabo la construcción de la presa de Asuán, una enorme infraestructura que sería financiada en gran medida por la Unión Soviética. A la vez, desde la Franja de Gaza, grupos de fedayines palestinos[158] atacaban las poblaciones judías cercanas, mientras que Egipto cerraba los Estrechos de Tirán[159] hacia Israel, lo que se completaba con el cierre del tráfico aéreo al Estado judío por aquella zona. Un cierre económico que dificultaba el abastecimiento de petróleo hacia Israel, amén de cerrar sus rutas comerciales con África, Asia y Europa. Una evidente llamada a la gue-

---

157 Segundo primer ministro de Israel después de la primera etapa de Ben-Gurión, que sucedería a Sharret para un segundo mandato. https://es.wikipedia.org/wiki/Moshé_Sharet.

158 https://es.wikipedia.org/wiki/Fedayines_palestinos.

159 https://es.wikipedia.org/wiki/Estrechos_de_Tirán.

rra y un aumento de la temperatura política de la ya compleja Guerra Fría, en tanto que Estados Unidos no podía permitir la nacionalización del Canal de Suez y el dominio soviético de aquella zona esencial para el tráfico petrolero entre otras circunstancias geoestratégicas.

Todos, ya fueran las potencias occidentales o la Unión Soviética y sus aliados, no hacían sino esperar el momento en que, tarde o temprano, prendiera la mecha de un nuevo conflicto. Detrás del escenario, Estados Unidos, Francia y el Reino Unido, daban las garantías necesarias a Israel para soportar cualquier iniciativa, en la que estaba, evidentemente, abrir las aguas cerradas a su tráfico marítimo. Las potencias occidentales no podían asumir de ninguna manera que la Unión Soviética con Egipto se hicieran con el control de la zona.

En este estado de cosas, la posición beligerante de Nasser no hizo sino aumentar su prestigio entre los árabes que buscaban resarcirse de su situación después de perdida la guerra de 1948-1949. Esto hizo aumentar su poder en la región de manera muy relevante. Una oportunidad para los árabes palestinos que, saliendo de su ostracismo, podían de nuevo lograr, con un nuevo nacionalismo, la unidad perdida entre los árabes. Nasser, consciente de su reconocimiento, no dudó en incitar a la guerra: «Egipto ha decidido —dijo en 1956— enviar a sus héroes, los discípulos de los faraones y los hijos del islam a limpiar la tierra de Palestina…No habrá paz en las fronteras de Israel ya que demandamos venganza, y la venganza es la muerte de Israel»[160].

Dos años después, Siria se unía a Egipto para formar la República Árabe Unida bajo el control de Nasser. En ese momento, Israel se encontró con dos importantes enemigos, uno a cada lado de su territorio. Los palestinos, por su parte, viviendo un exacerbado nacionalismo, esperaban que los países árabes les suministraran el necesario armamento para acabar definitivamente con Israel. Sin embargo, como era habitual, la unión entre los árabes fue efímera. Siria rompería las relaciones con Egipto en 1961, que se vio entonces envuelto en la guerra civil de Yemen[161]. Todo lo cual, unido a la guerra que tuvo lugar años antes, en 1948, desinfló la esperada liberación de Palestina.

---

160   A. Dowty. *Op. cit.* Pág. 88.
161   *Ibid.* Pág. 89.

Aun así, surgió un nuevo movimiento, Fatah[162], el Movimiento de Liberación Nacional Palestino, una organización político-militar fundada en 1958 en Kuwait por Yasser Arafat. Siria fue el primer país en apoyar la nueva organización. Egipto, por su lado, en la reunión que tuvo lugar en El Cairo en enero de 1964, apoyó desde la Liga Árabe la creación de otro instrumento político: la Organización para la Liberación de Palestina, la posteriormente conocida OLP, una suerte de paraguas para las diferentes facciones palestinas que trataban de lograr sus objetivos en contra de Israel. La OLP, como el resto de las organizaciones que amparaba, no tenía otro objetivo que la destrucción del Estado de Israel mediante la guerra.

No hace falta decir lo que supuso todo esto para Israel. El país vivía en permanente peligro, con amenazas por doquier, que se hacían más graves dada la ayuda soviética que proveía de armamento moderno a Egipto. En paralelo, ante la negativa de Estados Unidos y el Reino Unido de suministrarles material militar, decidieron apoyarse en Francia, de donde llegaron las armas que necesitaban.

Anteriormente, con la escalada de tensión ocasionada por el cierre y la nacionalización del canal de Suez, Ben-Gurión, de la mano de Francia, se puso a la tarea de construir un reactor nuclear en la localidad de Dimona (en el desierto del Néguev) con capacidad para producir material de fisión que condujera a construir armas nucleares. Se trataba de una estrategia para lograr el respeto del que carecía Israel en el contexto internacional.

Los grupos palestinos armados —los fedayines— derivaron en grupos terroristas, poniendo sus objetivos en la población civil. Se trataba, al decir de Golda Meir, de «bandas de incursores armados, ayudados y entrenados en Egipto, que operaban principalmente desde la Franja de Gaza, con bases en Jordania, Siria y Líbano». Se trataba de lo que ya habían adelantado los Estados árabes, principalmente Egipto, al decir que estaban ejercitando su derecho a la guerra en contra de Israel[163]. Las acciones de los fedayines habían comenzado unos seis años antes de la crisis de Suez. De acuerdo con fuentes israelíes, el Consejo de

162   https://es.wikipedia.org/wiki/Fatah.
163   G. Meir. *Op. cit.* Pág. 244.

Seguridad de Naciones Unidas, se habían contabilizado más de 1800 casos de pillaje por parte de los fedayines, que se sumaban a 450 incursiones egipcias en territorio israelí, y unos 170 casos de sabotaje perpetrados igualmente por unidades egipcias en contra de Israel[164].

En 1962, ya ministra de Asuntos Exteriores, Golda Meir, ante la pasividad de Naciones Unidas que nada hacía para detener los ataques en contra de su país, expuso en la ONU sus preocupaciones y la imperiosa necesidad de lograr un programa de «consenso y conciliación» con sus vecinos árabes. El secretario general de la ONU, Dag Hammarskjöld, aunque había logrado un alto el fuego de pocos días de duración, decidió posteriormente inhibirse del problema. Lo mismo que hizo después su sustituto, el estadista birmano U Thant. La bomba que hizo explosión en la embajada de la URSS en Tel Aviv, de la que se acusó a Israel por parte de los soviéticos, llevó a la ruptura de sus relaciones diplomáticas con Israel, aumentando así la gravedad de la situación.

La crisis de Suez movió a los franceses a establecer una estrategia común con Israel desde los comienzos de 1956. En las primeras reuniones estuvieron del lado israelí, Moshé Dayan, Shimon Peres y Moshé Carmel. Por parte francesa participaron el presidente socialista del Gobierno, Guy Mollet y otros dos ministros, Christian Pineau (Asuntos Exteriores) y Maurice Bourgès-Maunoury (Defensa)[165]. Con esta base, Israel comenzó bajo el mayor secreto a prepararse para la guerra en el Sinaí después del fallido intento franco-británico de apoderarse del Canal de Suez en 1956, lo que se denominó operación Kadesh[166] (nadie, incluso dentro del Gobierno israelí, sabía nada de ello). Al decir de Golda Meir, esta acción solo tenía el objetivo de «impedir la destrucción del Estado judío»[167].

El 29 de octubre de 1956 Israel lanzó su ataque sobre el Sinaí. Golda Meir continúa en sus memorias lo que sentía en aquellos momentos: «No era una sensación agradable, pero carecíamos de otro medio para librarnos de los fedayines y para obligar a los egipcios a com-

---

164   A. Dowty. *Op. cit.* Pág. 91.
165   G. Meir. *Op. cit.* Pág. 247.
166   https://nmidigital.com/la-campana-del-sinai-60-anos-de-la-operacion-kadesh/.
167   G. Meir. *Op. cit.* Pág. 247.

prender que no destruirían Israel... Si algo salía mal, el ejército egipcio entraría en Israel, resuelto a destruirlo, a través del Néguev y del propio Revivim»[168]. En cinco días terminó la guerra. En menos de cien horas los reservistas israelíes que se desplazaban en vehículos de todo tipo, militares y civiles, cruzaron y arrebataron a los egipcios la Franja de Gaza y la península del Sinaí. La derrota egipcia fue absoluta. Los «nidos» de los fedayines fueron totalmente destruidos. Un tercio del ejército egipcio había desaparecido. De los treinta mil combatientes egipcios los israelíes hicieron cinco mil prisioneros. La sorpresa, la rapidez y el desconcierto egipcio habían sido los ejes de la victoria israelí. Una victoria que, siguiendo a Golda Meir, «...no buscaba obtener territorio, botín o prisioneros, por lo que a nosotros se refería, ganamos lo único que queríamos: paz, o al menos la promesa de paz para unos cuantos años, quizá, incluso, para más tiempo»[169].

Sin embargo, la guerra del Sinaí de 1956 no era únicamente un asunto entre judíos y egipcios, se introducía, como en la actualidad, en el contexto de la geopolítica de bloques, en los intereses de las potencias que, desde atrás, querían aumentar su dominio en las zonas que consideraban estratégicas para sus intereses. Tanto Estados Unidos como la Unión Soviética exigieron que las tropas israelíes salieran de Gaza y del Sinaí. Casi 70 años después de aquello sigue la controversia: ante los ataques a Israel y la respuesta israelí a tales ataques, se pide contención, se solicita la retirada, la vuelta al principio. Así sucedió en aquella ocasión: Israel abandonó lo conquistado bajo las presiones del presidente americano Dwight Eisenhower. Detrás estaba la Unión Soviética que, en paralelo, invadía Hungría mientras criticaba a Israel por haber atacado las posiciones egipcias desde donde se lanzaban continuos ataques terroristas sobre las localidades fronterizas israelíes.

Todo el mundo estaba en contra de Israel. La amenaza era una guerra total en Oriente Medio: la Tercera Guerra Mundial, según se decía entonces. No hay que decir que los oriundos de la Franja de Gaza no importaban a nadie. Un lugar donde malvivían en aquellos años de mitad del siglo pasado unos 250.000 refugiados, que eran mantenidos

---

168   *Ibid.* Pág. 249.
169   *Ibid.* Pág. 250.

por los egipcios en el desamparo y pobreza más absolutos. Golda Meir, entonces ministra de Asuntos Exteriores de Israel, lo expuso con claridad a finales de 1956 en Naciones Unidas:

«El problema fundamental de toda la situación es la hostilidad árabe, sistemáticamente organizada, contra Israel. Esta enemistad no constituye un fenómeno natural. Es fomentada y mantenida artificialmente. Israel no es, como se ha afirmado aquí, un instrumento del colonialismo. Es el conflicto árabe-israelí lo que mantiene la región a merced de fuerzas exteriores peligrosamente contendientes. Solo mediante la liquidación de este conflicto podrán los habitantes de la región forjar su propio destino con independencia y esperanza. Solo en esta perspectiva radica la esperanza de un futuro mejor, de igualdad y de progreso, para todos los pueblos afectados. Si se abandona el odio como principio de la política árabe, todo será posible»[170].

No fue posible. Como tantas veces desde que se fundara el Estado de Israel, seguirían los conflictos. El más próximo estaba a las puertas.

---

170   *Ibid.* Pág. 253.

Capítulo III
UNA PAZ IMPOSIBLE

«Lo que el Señor había ordenado a su siervo Moisés, este se lo ordenó a Josué y Josué lo cumplió; no descuidó nada de lo que el Señor había ordenado a Moisés. Así fue como se apoderó Josué de todo el país: de la montaña, de todo el Negueb, de toda la región de Gosén, de la Sefelá y de la Arabá, de la montaña de Israel y de su llanura, desde el monte Jalac, hacia Seír, hasta Baalgad, en el valle del Líbano, al pie del monte Hermón».

Josué (11: 15-17)

EGIPTO NO QUIERE A NACIONES UNIDAS EN LA ZONA · EL MIEDO COMO CAUSA DE LA GUERRA · LA GUERRA DE LOS SEIS DÍAS · EL SUFRIDO PUEBLO PALESTINO · LOS EGIPCIOS QUIEREN VOLVER AL PASADO · LA GUERRA DE YOM KIPPUR · EL DOMINIO DE ISRAEL · LA GUERRA FRÍA EN ORIENTE MEDIO · GEOPOLÍTICA DEL PETRÓLEO · LA CRISIS DEL PETRÓLEO · UNA FRÁGIL PAZ · NADA SERÁ YA COMO ANTES.

El 3 de noviembre de 1950, durante la quinta reunión de la Asamblea General de Naciones Unidas se acordó mayoritariamente la Resolución 377 A, «Unión pro paz» (*Uniting for peace*), que establecía una *Comisión de observación de la paz* en Palestina para los años 1951-1952. La comisión se componía de catorce miembros[171]. Se acordó además constituir la primera fuerza de emergencia de la ONU (*United Nations Emergency*

---

171   https://legal.un.org/avl/ha/ufp/ufp.html.   https://legal.un.org/avl/pdf/ha/ufp/ufp_s.pdf (en español). Los miembros de la Comisión *Unión pro paz* fueron: China, Colombia, Checoslovaquia, Francia, India, Irak, Israel, Nueva Zelanda, Pakistán, Suecia, la Unión Soviética, el Reino Unido, los Estados Unidos y Uruguay.

Force, UNEF[172]), que aseguraba el alto el fuego y la retirada de las tropas que estaban en el Sinaí, en la Franja de Gaza y en el Canal de Suez.

Después de la ocupación israelí de la península del Sinaí y la Franja de Gaza en 1956, tropas británicas y francesas desembarcaron en la zona del Canal de Suez, que había sido nacionalizado, como se dijo, por Egipto. Dada la oposición en el Consejo de Seguridad por parte de Francia y el Reino Unido, no se pudo llegar a ningún acuerdo respecto de la salida de los ejércitos de ocupación de aquellas zonas, ni de Israel ni de los europeos.

Finalmente, franceses y británicos dejaron sus posiciones el 22 de diciembre de 1956. Israel lo hizo el 8 de marzo del siguiente año. La UNEF se desplegó en territorio egipcio en la frontera de la Franja de Gaza con Israel. Posteriormente, el Gobierno egipcio retiró su consentimiento, con lo que la fuerza de mantenimiento por la paz de la ONU salió definitivamente de la zona en mayo de 1967. Algo comenzaba a cambiar después de diez años de supuesta tranquilidad, pues no se habían evitado los permanentes actos de fuerzas descontroladas de fedayines en contra de Israel.

El 5 de junio de 1967, casi al tiempo de la salida de la UNEF, Israel lanzó una operación militar de gran escala en varios frentes a la vez. Una acción, aparentemente distinta de las de 1948 y 1956, ya que ambos casos las acciones armadas de Israel fueron una respuesta a los ataques de fuerzas árabes combinadas sobre territorio israelí, algo que no parecía serlo aquel año de 1967.

El porqué de la guerra de 1967, como de tantas otras que se han sucedido en el mundo, podría tener múltiples explicaciones, pues, en el fondo, las causas de las guerras son tan complejas como las reacciones de las personas que deciden sobre ellas, normalmente difíciles de entender.

---

172   El principio que regía el estacionamiento y el funcionamiento de la UNEF era el consentimiento del Gobierno anfitrión. Dado que no se trataba de una medida coercitiva en virtud del Capítulo VII de la Carta de Naciones Unidas, la UNEF solo podía operar en Egipto con el consentimiento del Gobierno egipcio. Este principio fue enunciado por la Asamblea General de la ONU con la resolución 1001 de 7 de noviembre de 1956 en que se establecía la UNEF. https://peacekeeping.un.org/en/mission/past/unef1backgr2.html.

Una guerra puede tener detrás motivos religiosos, ansias de poder, deseos de venganza, resentimiento, avidez de mayores recursos, impulsos sociales, incapacidad para llegar a una solución negociada, o simplemente, como aseguraba Konrad Lorenz, fundamentarse en la aparente tendencia destructiva innata en el ser humano[173].

El general prusiano Carl von Clausewitz, uno de los conocidos teóricos de la guerra, decía que hay dos razones esenciales por las que los seres humanos se hacen la guerra: «hostilidad instintiva o intención hostil»[174]. Lo que no queda lejos de la opinión de Lorenz, ya que el propio Clausewitz aseguraba que la inclinación a la violencia que se da entre los seres humanos emana de su propia naturaleza. Lo que le llevaba a concluir que la guerra es, en el fondo, «un acto de violencia que intenta obligar al adversario a cumplir nuestra voluntad»[175].

Sin embargo, Clausewitz, en su búsqueda de los porqués de la guerra, introduce otra idea que enlaza guerra con política. Así, decía que «la guerra es la continuación de la política por otros medios»[176]. Y quizás no le faltara razón en ello.

La guerra árabe-israelí de 1948 tuvo una evidente causa: el intento de acabar con el recién estrenado Estado judío. Así lo aseguraron la mayoría de los países árabes que participaron en los ataques a Israel: la partición palestina de la ONU no era aceptable para ellos y había que echar a los judíos por la fuerza. Más bien, en palabras de algún dirigente árabe, «había que destruirlos».

La siguiente guerra, la de 1956 fue, de alguna manera, continuación de la anterior. Esta vez con Gamal Abdel Nasser a la cabeza de los ataques en contra de Israel tratando de hundirle primero económicamente para hacerlo después militarmente. Sin embargo, una vez que la ONU forzó a las fuerzas de ocupación israelíes a salir de los territorios ocupados, se siguieron diez años de «tensa calma», con escaramuzas y ataques aquí y allá debidos a grupos árabes incontrolados, como se dijo arriba. Una «guerra de desgaste» como se definió en aquellos días.

---

173 El comentario de Konrad Lorenz se ha tomado de E. Fromm. *Anatomía de la destructividad humana*. Siglo XXI Editores. Madrid, 1975. Pág. 14.

174 C. von Clausewitz. *On War*. Penguin Books. Londres, 1988. Pág. 102.

175 *Ibid*. Pág. 101.

176 *Ibid*. Pág. 119.

Esa fue la tónica de aquel decenio (1956-1967) hasta que la UNEF, por deseo expreso de Nasser, abandonó el territorio egipcio, rompiéndose el frágil dique de contención que existía hasta entonces.

Thomas Merton fue un monje trapense muy conocido por sus escritos. Por aquellos difíciles años entre árabes e israelíes, publicó en 1949 el libro *Semillas de contemplación*[177], cuyo contenido amplió 12 años después[178]. En ambas obras se incluye un capítulo con este título: *La raíz de la guerra es el miedo*. Algo que, en nuestro contexto, resulta muy adecuado, en tanto que, como ya comentamos, al decir de Walid Kalidi los judíos «vivían en una permanente sensación de inseguridad»; y la inseguridad, entre otras manifestaciones, es el origen del miedo.

«En la raíz de toda guerra está el miedo —dice Merton—: no tanto el miedo que los hombres se tienen unos a otros, como el miedo que tienen a todo. No es solo que no confíen los unos en los otros. Ni siquiera confían en sí mismos. Si no están seguros de cuándo otra persona puede darse la vuelta y matarlos, aún están menos seguros de cuándo pueden darse la vuelta y matarse ellos mismos. No pueden confiar en nada, porque han dejado de creer en Dios»[179].

No entraremos en las opiniones religiosas del fraile trapense, nos quedaremos con la primera parte de su reflexión, cuando dice que «en la raíz de toda guerra, no es tanto el miedo que los hombres se tienen unos a otros sino el miedo que tienen a todo».

Por parte de los judíos, el miedo a la destrucción de Israel fue para ellos la respuesta a la agresión árabe, tanto en 1948, como en 1956. Se trataba evitar ser abatidos de nuevo como sucedió tantas veces. Del lado árabe, sin embargo, no era el miedo, sino el rechazo, la venganza e, incluso, el odio, lo que precipitó sus ataques. Un estado de ánimo que tenía también otras razones, como fue el hecho de que nadie atendiera sus reivindicaciones. Los países árabes, como ellos mismos reclamaban, querían una Palestina bajo su dominio sin división alguna. De ahí

---

177   T. Merton. *Seeds of Contemplation*. New Directions Publishing Corporation. Norfolk Connecticut, 1949.

178   T. Merton. *New Seeds of Contemplation*. New Directions Publishing Corporation. Nueva York, 1972.

179   T. Merton (1949). Págs. 71-72. En el libro publicado por Thomas Merton en 1972, se encuentra esta misma frase en la página 112.

que, una vez constituido el Estado de Israel, quisieran acabar con él. Otro tema fue que, en sus demandas, olvidaron al pueblo que allí vivía desde hacía cientos de años: los palestinos árabes.

Ya fuera el miedo, o el cálculo de que había llegado el momento de asegurar el futuro del Estado de Israel de manera definitiva, los judíos lanzaron en 1967 una «guerra preventiva» para asegurarse la victoria en contra de los Estados árabes que los acosaban. Una guerra similar a la invasión de Irak lanzada en 2003 por el presidente George Bush, o más cercanamente, la guerra de Rusia en Ucrania. Guerras ilegales, ya que carecen de base dentro del Derecho internacional, independientemente de las justificaciones que se expongan ante posibles ataques del contrario.

El caso de Israel de 1967, aparte del miedo a su posible desaparición, trae a la memoria la *Trampa de Tucídides*, según expresión de Graham Allison[180]. Se trataba de asegurar un «equilibrio de poder» entre el nuevo Estado israelí y los Estados árabes vecinos (el Estado palestino, desgraciadamente, no existía por la negativa de los árabes a aceptarlo).

En las relaciones internacionales, el «equilibrio de poder» toma en ciertos casos la posición «dura» de la guerra cuando un Estado «adopta la estrategia de potenciar sus capacidades militares, creando alianzas con otros países afines, con el fin de igualar las capacidades de sus principales oponentes»[181]. Una estrategia que Israel siguió desde el final de la guerra de 1956, potenciando su economía y reforzando su capacidad militar, con el objetivo de aumentar su poder respecto de los países árabes de su entorno. A lo que ayudó, y mucho, la financiación judía del exterior, sin olvidar la importancia de su armamento nuclear[182].

---

180 G. Allison. *Destined for War. Can America and China Escape Thucydides's Trap?* Mariner Books. 2018. Para Allison la Trampa de Tucídides es el mejor exponente para entender las relaciones entre Estados Unidos y China en el siglo XXI. Tucídides fue un historiador ateniense cuya obra, *La guerra del Peloponeso*, describe la historia del conflicto de Esparta y Atenas entre los años 431 y 404 antes de Cristo.

181 T. V. Paul; J. J. Wirtz; M. Fortmann (Eds.). *Balance of Power. Theory and Practice in the 21st Century*. Stanford University Press. California, 2004. Pág. 12.

182 A. Cohen; W. Burr (Eds.). The National Security Archive. The George Washington University. *The Nuclear Vault. The US Discovery of Israel's Secret Nuclear Project*. 15 de abril de 2015. https://nsarchive2.gwu.edu/nukevault/ebb510/.

Un asunto que preocupó enormemente a Estados Unidos en aquellos días, en tanto que un «informe secreto» dirigido al presidente americano indicaba que:

«Esto —se refiere al programa nuclear israelí— podría ser un desarrollo que Estados Unidos consideraría no solo como una tragedia para Oriente Medio, sino como una amenaza directa a la seguridad nacional de Estados Unidos. Nuestros esfuerzos para detener la proliferación de armas nucleares en el mundo podrían recibir un duro golpe, así como incrementar el posible riesgo de confrontación entre Estados Unidos y la Unión Soviética. Por estas razones, la política nuclear de Israel es de gran importancia para nosotros. Lo que trasciende las consideraciones de simple trascendencia bilateral entre nuestras dos naciones»[183].

Volviendo al equilibrio de poder, el primer eje de la estrategia israelí a partir de la conflagración de 1956, e incluso antes, fue la economía, que creció en el período 1960-1967 un 55 %, llegando a los 4030 millones de dólares en el último año del período. Un año en el que Israel alcanzaba el 72 % de la economía egipcia, que estaba en torno a los 5600 millones de dólares. La economía israelí, además, superaba, aquel año de 1967, más de seis veces la economía de Jordania, y era casi tres veces mayor que la siria, sus dos mayores oponentes aparte de Egipto[184]. A lo que se unía además un importante avance económico en términos de riqueza *per cápita*, teniendo en cuenta que, ese mismo año, Egipto contaba con casi treinta y dos millones y medio de habitantes[185], mientras que Israel no llegaba a los dos millones ochocientos mil[186].

El segundo eje —el plano militar—, de 1965 a 1967, Israel gastó en Defensa una media del 11 % de su PIB, totalizando en los tres años unos 1310 millones de dólares. Una cifra menor que la de Egipto, que invirtió en Defensa 1460 millones de dólares en aquel trienio, dedi-

---

183 Department of State. Washington. *Memorandum for the President. Israel's Nuclear Program*. 1 de agosto de 1969. https://nsarchive2.gwu.edu/NSAEBB/NSAEBB189/IN-15.pdf. Se piensa que Israel contaba con armamento nuclear desde 1967.

184 Los datos económicos se basan en cálculos realizados por el autor del autor con datos del Producto Interior Bruto (PIB) del Banco Mundial para ese período. Ver: The World Bank. GDP (current US$).

185 https://www.macrotrends.net/global-metrics/countries/EGY/egypt/population.

186 https://www.jewishvirtuallibrary.org/population-of-israel-1948-present?utm_content=cmp-true.

cando (de media) un 9,25 % de su PIB a las capacidades militares. Cifras que contrastan con Siria y Jordania, que invirtieron, respectivamente, 339 y 335 millones de dólares en esos años[187]. Es evidente que todos se preparaban para un nuevo conflicto. En ausencia de peligro nadie invierte fuertemente en Defensa.

Aparte de los continuos ataques de grupos fedayines contra Israel, para los judíos la guerra preventiva de 1967 se enlazaba con los cambios geopolíticos de la época. Primero, desde la entrada de Charles De Gaulle en 1958 como presidente de la República francesa, la alianza con Francia prácticamente desapareció: De Gaulle se acercaba a los árabes y dejaba de lado a Israel, a quien sometía a un embargo armamentístico. El Reino Unido, por su lado, ávido de recursos petrolíferos, aumentaba su relaciones con los países árabes de la zona, abandonando también a Israel. Y Estados Unidos, socio principal de los judíos, prestaba más atención a su enemigo real: la Unión Soviética, un país que apoyaba sin ambages a Egipto y sus aliados. Un contexto geopolítico que aumentaba la sensación de inseguridad en Israel, que no contaba además con la débil contención de la fuerza de mantenimiento de la paz de Naciones Unidas. Una inseguridad que, como decimos, estimula el miedo.

En aquella situación, Egipto, embarcado militarmente en la guerra civil de Yemen[188], donde tenía desplazado un tercio de sus efectivos,

---

187   Cálculos del autor según el gasto en Defensa en porcentaje del Producto Interior Bruto (PIB) con datos del Banco Mundial. The World Bank. Militare Expenditure (% GDP).

188   La guerra civil en Yemen (1962-1968) vino como consecuencia del derrocamiento del imán Muhammad al-Badr en septiembre de 1962. Fue la culminación de un movimiento nacionalista dirigido por Abdulá Yahya al-Sallal. Las revueltas en contra del Gobierno yemení habían comenzado mucho antes en la década de 1940, con múltiples intentos fallidos de acabar con el orden religioso tradicional. Antes del golpe de Estado, tanto la URSS como Egipto habían establecido alianzas con al-Badr para asegurarse sus intereses en el sur de Arabia. En los días posteriores al golpe de Estado de 1962, Abdullah al-Sallal, fue nombrado primer ministro de la nueva República Árabe del Yemen. Para más información, puede consultarse: Ashed Aviar Orkaby. *The International History of the Yemen Civil War, 1962-1968*. Doctoral Dissertation, Harvard University. Office for Scholarly Communication. Cambridge, Massachusetts, 2014. https://dash.harvard.edu/bitstream/handle/1/12269828/Orkaby_gsas.harvard_0084L_11420.pdf?sequence=. La información sobre Muhammad al-Badr y Abdulá Yahya al-Sallal es accesible desde Wikipedia.

había dado, al parecer, seguridades a Estados Unidos de que no pretendía ninguna acción en contra de Israel aunque hubiera reclamado la salida inmediata del contingente de la UNEF. Ante esta posición, nadie esperaba, en principio, una guerra en la zona, en tanto que, sin Egipto, los otros países árabes no acometerían —según se pensaba— ninguna operación en contra de Israel.

Por su parte, los judíos tampoco parecía que estuvieran preparando, en aquel tiempo, ninguna acción militar en contra de sus vecinos. Aunque, quizás, en ambos casos, ya fueran israelíes o árabes, la realidad era muy otra, dados los permanentes conflictos existentes en las diferentes fronteras que Israel mantenía con sus vecinos. A lo cual, para aumentar aún más los temores —vistos desde Israel—, se unía el acuerdo quinquenal de mutua defensa firmado en 1966 entre el rey Hussein de Jordania y el presidente Nasser de Egipto. Una alianza que ponía todas las unidades del ejército jordano bajo el mando egipcio[189]. Con ello se pretendía limitar la capacidad de Israel para responder a posibles ataques desde varios frentes. Una estrategia que, del lado israelí, les obligaba a pensar en una operación contundente en contra de sus oponentes antes de que ellos les atacaran.

Al sumarse Siria al acuerdo bilateral entre Egipto y Jordania, el 30 de mayo de 1967 el miedo de Israel aumentó varios grados. Una nueva *Trampa de Tucídides*, al igual que sucedió en la antigüedad con el temor que tenían los espartanos al creciente poder de los atenienses, lo que, finalmente, les condujo a la guerra del Peloponeso[190].

Tal era lo que, seguramente, sucedía con los israelíes en 1967. Una situación en la que cualquier acto por limitado que fuera rompería el débil *statu quo* existente entre unos y otros. Ese fue el caso de Siria, con quien Israel compartía las aguas del río Jordán, y con quien mantenía desde febrero de 1966 constantes choques tras la instauración de un régimen político de izquierda radical en el país. Los nuevos dirigentes sirios fomentaron desde su llegada al poder múltiples operaciones de infiltración y de sabotaje en Israel[191]. Hay que recordar que el

189   https://www.theguardian.com/world/2019/may/31/hussein-and-nasser-sign-defence-agreement-archive-1967.
190   https://es.wikipedia.org/wiki/Guerra_del_Peloponeso.
191   R. B. Parker. *The June 1967 War: Some Mysteries Explored*. Middle East Journal. Vol.

golpe de Estado en Siria que acabó con el Gobierno del Partido socialista Baaz llevó al poder a Salah Jadid[192], aliado del presidente egipcio Gamal Abdel Nasser y enemigo declarado de Israel. El gobierno de Jadid, según se dice, fue el más radical de la historia de Siria[193].

El conflicto entre sirios y judíos llegó a su cénit cuando Israel inició la construcción de un acueducto para llevar agua del río Jordán a una zona de su territorio que consideraba esencial para sus habitantes. Siria contrarrestó aquella acción tratando de desviar el cauce del Jordán para impedirlo. Se desató una guerra en aquel frente, que culminó en una batalla aérea sobre Damasco el 7 de abril de 1967. Seis cazas sirios de origen soviético fueron derribados por las fuerzas aéreas israelíes[194].

Un artículo de *The New York Times* de la época (1970), hablando del equilibrio militar entre judíos y árabes, comenta: «Las fuerzas aéreas por sí solas no decidirán una guerra de desgaste, pero la impresión clave que se refuerza durante la visita de un mes a Israel, Jordania, Líbano y la República Árabe Unida —realizada por el periodista que firma el artículo— es la supremacía aérea de Israel, su capacidad para surcar a voluntad los cielos de sus enemigos»[195]. Una estrategia, conocida como la *Doctrina Laskov*[196], que hacía referencia a Haim Laskov[197], jefe del Estado Mayor israelí durante la guerra de 1948, que fundamentó los principios militares de Israel en cinco puntos: 1) pocos contra muchos; 2) guerra de supervivencia; 3) estrategia de desgaste; 4) presión sobre la geografía; y 5) una guerra corta en el tiempo[198].

---

46. N.º 2. Spring. 1992. Pág. 177-197.
https://khaledfahmy.org/wp-content/uploads/2017/05/Parker-The-June-1967-War-Examined-questions.pdf

192   https://es.wikipedia.org/wiki/Salah_Jadi

193   https://es.wikipedia.org/wiki/Golpe_de_Estado_en_Siria_de_1966

194   R. D. Jones. *Israeli Air Superiority in the 1967 Arab-Israeli War: An Analysis of Operational Art*. Naval War College. Newport. 14 June 1996. https://apps.dtic.mil/sti/pdfs/ADA311683.pdf.

195   D. Middleton. *Israelis vs. Arabs: Comparison of the Weapons and Forces of the Antagonists in Mideast*. *The New York Times*. 24 de marzo de 1970.
https://www.nytimes.com/1970/03/24/archives/israelis-vs-arabs-comparison-of-the-weapons-and-forces-of.html.

196   Y. Ben-Horin. *Israel's Strategic Doctrine*. The Rand Corporation. Septiembre 1981.
https://apps.dtic.mil/sti/tr/pdf/ADA115647.pdf

197   https://en.wikipedia.org/wiki/Haim_Laskov.

198   Ver también: R. D. Jones. *Op. cit.*

Ante la falta de respuesta de Egipto a los ataques israelíes, Siria y Jordania se quejaron enérgicamente, «lo que obligó al presidente Nasser a tomar medidas, enviando 100.000 efectivos al Sinaí, para preservar su decreciente liderazgo en el mundo árabe»[199].

Aquel año de 1967, el mundo volvía diez años atrás cuando Israel, ante el bloqueo egipcio en el Estrecho de Tirán, el bloqueo de Suez, y el despliegue de fuerzas en el Sinaí, lanzó un ataque contra Egipto para evitar, según la impresión de sus dirigentes, verse abatido como país.

Para Golda Meir, ministra de Asuntos Exteriores de Israel —como ya se dijo—, los árabes se preparaban nuevamente para la guerra. «De hecho —dice Meir —, el preludio de la guerra de los seis días de 1967 fue, en cierto modo, idéntico al de la guerra del Sinaí. Bandas terroristas activamente ayudadas y estimuladas por el presidente Nasser, como los fedayines de los años cincuenta, operaban contra Israel desde la Franja de Gaza y Jordania. Figuraba entre ellas una nueva organización fundada en 1965, conocida con el nombre de Fatah que, bajo la jefatura de Yasser Arafat, se convirtió en el elemento más poderoso y con mejor publicidad de la Organización para la Liberación de Palestina»[200]. Y Meir continúa: «Asimismo, se creó un alto mando unido egipcio-sirio y, en una conferencia cumbre árabe, se destinaron grandes sumas de dinero a la finalidad explícita de acumular armas para su uso contra Israel: como era de suponerse, la Unión Soviética continuaba suministrando armas y dinero a los Estados árabes. Los sirios parecían resueltos a escalar el conflicto: mantenían un incesante bombardeo sobre los asentamientos israelíes situados bajo los Altos del Golán, los pescadores y agricultores israelíes se enfrentaban a diarios ataques de francotiradores»[201].

La guerra no dejaba de ser para Israel la respuesta a lo que podía acaecerles de no hacer nada. Se volvía de alguna manera a los años 1948 y 1956, que hacían actuales entonces los comentarios del ministro de Defensa israelí, Moshé Dayán[202], cuando se refería a los ejes estra-

199   R. S. Churchill; W. S. Churchill. *The Six Day War*. Houghton Mifflin Company. Boston, 1967. Pág. 29.
200   G. Meir. *Op.cit.* Pág. 289.
201   *Ibid.*
202   https://es.wikipedia.org/wiki/Moshé_Dayán.

tégicos que se llevaron a cabo durante la guerra de 1956. Ejes que se ajustaban como anillo al dedo once años después a la nueva situación de 1967: «libertad de navegación para los buques israelíes en el golfo de Aqaba; fin de los fedayines; y neutralización de la amenaza de ataque contra Israel por parte del mando militar conjunto de Egipto, Siria y Jordania»[203].

Como dijimos, se trataba de una guerra preventiva, que se fundamentaba desde la perspectiva israelí en el miedo de ver destruida su nación. Con un elemento añadido que aumentaba tal peligro: la Unión Soviética que, sin entrar en la guerra, se encontraba indirectamente presente con material militar y con financiación. Un conflicto que se imbricaba, sin duda, como un elemento adicional en la geopolítica de la Guerra Fría.

Fue así, cuando, el 5 de junio de 1967, Israel llevó a cabo un ataque sorpresa que destruía la capacidad de la fuerza aérea de Egipto, dejando inútiles más de 300 aviones de combate egipcios e inutilizadas diecinueve bases aéreas[204].

En un principio, el ataque de Israel se limitó a Egipto. Respecto de los otros países fronterizos, las acciones se retrasaron hasta que las fuerzas de Siria y Jordania atacaron Israel, lo que sucedió con prontitud durante el mediodía de aquel mismo día. Se trataba de evitar la simultaneidad de los frentes de guerra de acuerdo con los principios de la *Doctrina Laskov*. Dada la superioridad aérea de los israelíes, Israel destruyó casi una centena de aviones de las fuerzas enemigas ese mismo día, para atacar el día siguiente al aeródromo más occidental de Irak como respuesta a un ataque aéreo procedente de ese país[205].

Desde el punto de vista militar, el objetivo principal de Israel era una guerra corta en el tiempo y muy agresiva a la vez, concentrando los esfuerzos en derrotar a las fuerzas enemigas de mayor capacidad, que no eran sino los componentes del ejército egipcio situado en la

---

203 Major-General M. Dayan. *Diary of the Sinai Campaign*. Shocken Books. Nueva York. 1967. Esta estrategia se comenta igualmente en: T. N. Dupuy. *Elusive Victory: The Arab Israeli Wars, 1947-1974*. Harper and Row. Nueva York, 1978. Pág. 174.

204 R. D. Jones. *Op.cit.* El autor cita a E. M. Hammel. *Six Days in June: How Israel won the 1967 Arab-Israeli War*. Maxwell Macmillan. Nueva York, 1992.

205 R. S. Churchill; W. S. Churchill. *Op.cit.* Págs. 86-88.

península del Sinaí, de donde se suponía que podrían lanzar una gran operación que pondría en riesgo la propia existencia de Israel. Además, Egipto contaba no solo con una importante capacidad militar, sino también con gran influencia política. De ahí el uso de la aviación para destruir rápidamente las instalaciones críticas de Egipto; lo que se unía a limitar el contrataque de las fuerzas terrestres egipcias, dando a su vez mayores facilidades de maniobra al ejército israelí.

La guerra de los Seis Días fue una guerra relámpago. Ningún país se dio cuenta al principio de lo que sucedía. Dado el carácter de la ofensiva, tanto el presidente egipcio Nasser, como el rey Hussein de Jordania, dudaban si se trataba únicamente de un ataque israelí o si había otras fuerzas apoyándolos. Desde varios medios de comunicación árabes se difundió la información de que cazabombarderos estadounidenses y británicos estaban proporcionando apoyo aéreo a las fuerzas terrestres israelíes desde varios portaaviones[206]. Incluso, al principio de los ataques se dieron por buenas las informaciones que decían que las fuerzas terrestres israelíes habían sido abatidas en varios lugares. Estados Unidos y la Unión Soviética decidieron no intervenir directamente en el conflicto. Esto evitó una nueva conflagración mundial.

En menos de cuatro días siete divisiones egipcias con un total de 100.000 hombres habían sido aplastadas. Israel se hacía con toda la península del Sinaí. Siguiendo lo estipulado por Naciones Unidas, el 8 de junio, tanto Nasser como Hussein de Jordania comunicaban a las Naciones Unidas su aceptación a un alto el fuego. El día siguiente lo hacía Siria. El secretario de Estado americano, Ricahrd Rusk, instó al embajador israelí, Avraham Harman, a aceptar un alto el fuego. La guerra de los Seis Días terminó oficialmente a las seis y media de la tarde del 10 de junio según la hora de Israel[207]. El mapa de Palestina había cambiado considerablemente. Israel dominaba, aparte de lo conseguido en 1957, la península del Sinaí, la Franja de Gaza, los Altos del Golán y Cisjordania (el West Bank), aparte de Jerusalén (Figura 3.1).

---

206 H. M. Sachar. *A History of Israel. From the Rise of Zionism to Our Time.* Alfred A. Knoff. Nueva York, 2007. Pág. 624.
207 *Ibid.* Pág. 636.

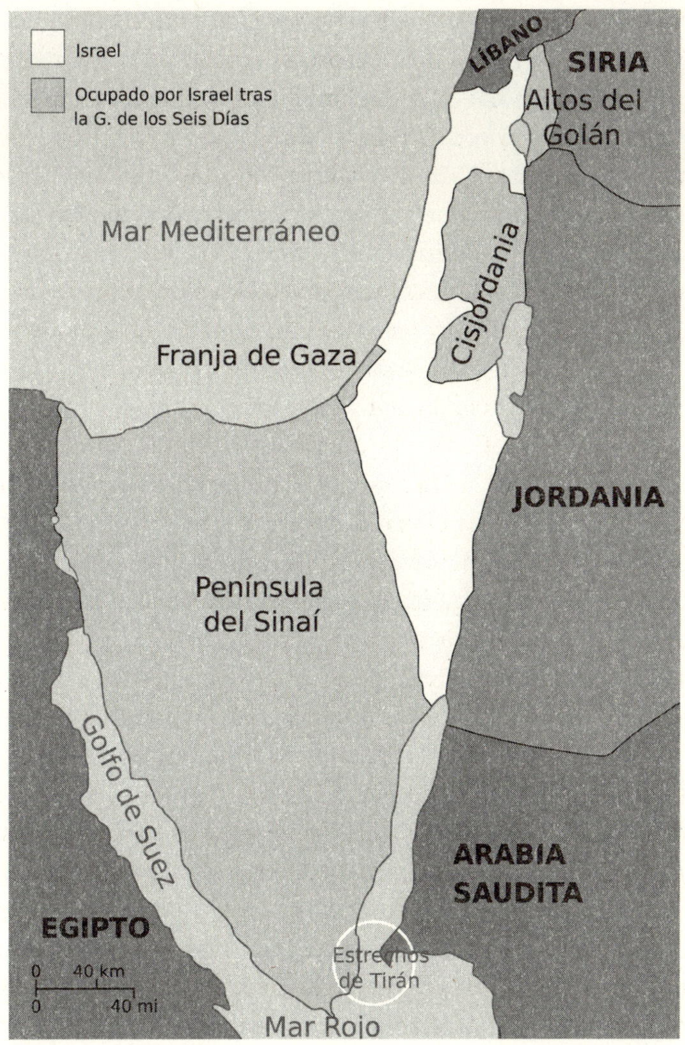

Figura 3.1 – Palestina después de la Guerra de los Seis Días (1967). [Wikimedia Commons/ Kordas]

Después de la guerra, para Israel fue clave la reunificación de Jerusalén y el restablecimiento del acceso al barrio judío de la Ciudad Vieja y del Muro de las Lamentaciones, el lugar de culto más importante para los judíos ortodoxos. Hay que recordar que el barrio judío había sido capturado por Jordania en 1948 y que sus sinagogas habían sido destruidas.

La guerra, sin embargo, tuvo otras muchas consecuencias dentro y fuera de Israel. Por ejemplo, se rompió el consenso entre los que pensaban que se debían devolver los territorios ocupados y aquellos que defendían su mantenimiento, especialmente Cisjordania. El regreso del pueblo judío a las ciudades bíblicas del Israel histórico, especialmente Jerusalén y Hebrón en Cisjordania, marcaba para los sionistas practicantes de la religión hebrea el comienzo de lo que ellos denominaban la redención. A lo que se sumaba una nueva generación de líderes radicales que promovían nuevos asentamientos en Cisjordania, a la vez que constituían una relevante fuerza política en la zona. Un hecho que haría muy difícil el retorno a la geografía del Estado de Israel anterior a la guerra.

Por la misma época, en la cumbre árabe celebrada en Jartum (capital de Sudán) del 29 de agosto al primero de septiembre de 1967[208], los presentes —siguiendo la postura del presidente egipcio, Gamal Abdel Nasser— declararon que: «no habría paz con Israel, ni reconocimiento de Israel, ni negociaciones con él, manteniendo los derechos del pueblo palestino en su nación»[209]. Tres «noes» (aparte de la alusión a Palestina) que, de acuerdo con Abba Eban[210], uno de los padres fundadores del Estado de Israel y ministro de Asuntos Exteriores entonces, «cerraron de golpe la puerta a la paz».

Todo lo cual venía a continuación de otras declaraciones hechas con anterioridad; ya que, por parte de los países árabes, la respuesta a la acción bélica de Israel durante la guerra de los Seis Días se mantuvo sin cambio alguno: seguir rechazando cualquier reconocimiento del Estado de Israel. El 23 de julio, por ejemplo, aniversario de la revolución de los coroneles que llevó a Nasser al poder en Egipto, él mismo anunció que continuaría la lucha en contra de Israel y prepararía a su ejército para ello. «Nunca nos rendiremos —dijo en aquella oca-

---

208 Economic Cooperation Foundation. The Israeli-Palestinian Conflict. An Interactive Database. Aran League Summit, Khartoum 1967. 17 de enero de 1970. *The Khartoum Resolutions.*
https://ecf.org.il/media_items/513.
209 H. M. Sachar. *Op. cit.* Pág. 652.
210 https://en.wikipedia.org/wiki/Abba_Eban.

sión—, y no aceptaremos ninguna paz que signifique la rendición… Preservaremos los derechos de los palestinos»[211].

Antes, el 17 de junio, los ministros de Asuntos Exteriores de trece países árabes se habían reunido en Kuwait para trazar una estrategia política conjunta. Allí, «se acordó condenar la «agresión israelí» y «restaurar el honor árabe» (un asunto clave que Israel y otros países subestimaron gravemente en aquel momento). El 15 de julio, una conferencia de cinco presidentes árabes emitió otro comunicado de acuerdo sobre los pasos efectivos necesarios para eliminar las consecuencias de la agresión imperialista israelí sobre la patria árabe»[212].

A lo anterior se unía el apoyo de los soviéticos a Nasser, que veían la victoria de Israel en la guerra de los Seis Días como un desafío intolerable a su hegemonía en Oriente Medio, y no solo a su papel preponderante en Egipto: «El Kremlin no se resignaba en absoluto a un desgaste de su influencia y prestigio en el mundo árabe, que le había costado mucho ganar. Era muy consciente de que ciertas facciones intelectuales de Europa del Este ya consideraban el conflicto de junio como una prueba de que se podía desafiar a Moscú impunemente. Por tanto, desde el momento en que entró en vigor el alto el fuego, los soviéticos procedieron a restablecer las entregas de armas a gran escala a Oriente Medio»[213]. La guerra árabe-israelí tomaba ya un camino sin retorno dentro de la geopolítica global.

¿Y qué decir del pueblo palestino independientemente de las declaraciones de Nasser? Para mejor entenderlo hay que volver de nuevo a su historia desde que los británicos se hicieron con el territorio al término de la Primera Guerra Mundial una vez caído el imperio Otomano, pues la historia de Palestina durante ese tiempo es la historia de las disputas —bajo una apariencia de unidad— entre los líderes árabes, palestinos o no, como eran los egipcios, los sirios, los iraquíes, los jordanos y varios otros, todos ellos enmarcados en un mismo grupo: los árabes. Unos desencuentros que no se dieron en el caso judío, ya que los judíos mantuvieron siempre un objetivo común, mientras los árabes se man-

211   H. M. Sachar. *Op. cit.* Pág. 653.
212   *Ibid.*
213   *Ibid.* Pág. 665.

tenían, en general, divididos en múltiples facciones, sin dejar de discutir entre ellos sobre cual debía ser la solución final. De ahí que, al final, se alcanzaran acuerdos que no satisfacían a todas las partes.

En el caso árabe, después del conflicto, resultó evidente que Egipto y Siria impedían a Jordania llegar a un acuerdo bilateral con los judíos, con la circunstancia de que era casi imposible adoptar la forma de una entidad palestina separada y autónoma, especialmente porque no existía una «entidad palestina» como tal. Además, bajo el dominio hachemita, Cisjordania (West Bank) se había dividido en distritos separados, uno de los cuales giraba en torno a un grupo altamente conservador en el sur. El segundo era la Jerusalén metropolitana del centro, expuesta a las influencias europeas de los consulados y de los diferentes misioneros extranjeros. Finalmente, en el norte, estaba Naplusa (Nablus en árabe), un lugar nacionalista radical, cuyos ciudadanos eran devotos admiradores de Nasser[214]. La cuestión palestina estaba tan profundamente dominada por los Gobiernos árabes que los esfuerzos israelíes por encontrar una solución auténticamente palestina a se vieron frustrados como tantas veces después de 1947[215]. Incluso, acabada la guerra, en agosto de 1967, ochenta y dos notables de Cisjordania habían firmado un manifiesto en el que tachaban de ridículos los intentos de crear una entidad palestina[216].

Volviendo a los palestinos, se podrían analizar las características económicas o demográficas de este pueblo antes y después del mandato británico, pero no hay que obviar que, desde antiguo, los árabes palestinos estaban organizados a través de familias notables no siempre de acuerdo entre ellas, como pudo ser la que encabezaban los al-Husayníes con todas las enormes propiedades que gestionaban desde Jerusalén, a lo que añadían su presencia como alcaldes, así como sus posiciones religiosas en la ciudad[217]. Un grupo que, por los años 1920, ya con los británicos en la zona, se vio relegado por otra importante familia dirigida por Raghib Bey al-Nashashibi, al cual los bri-

---

214 *Ibid.* Pág. 655.
215 *Ibid.*
216 *Ibid.* Pág. 656.
217 R. Khalidi. *The Iron Cage. The History of the Palestinian Struggle for Statehood.* One World Publications. Oxford. England, 2007. Pág. 65.

tánicos habían nombrado alcalde de Jerusalén[218]. Un hecho que originó una fuerte rivalidad entre ambas familias, a lo que se sumaron las revueltas de los años 1930 con los partidarios de un tal al-Nashashibi. Siempre divisiones entre los que deberían haberse mantenido unidos defendiendo una causa común[219].

Toda una situación que condujo, antes de la partición de Palestina por Naciones Unidas en 1947, a una evidente falta de cohesión e incapacidad en la construcción de un Estado Palestino[220]. Una circunstancia que —volveremos a ello— estuvo, desgraciadamente, «empañada por un liderazgo deficiente, autocracia, corrupción, falta de inversión extranjera, fracaso en el desarrollo del Estado de derecho, establecimiento de una máquina de clientelismo y gobierno de retornados tunecinos externos que no se relacionaban con la población local»[221].

Ciertamente, aunque estos fueran hechos incontrovertibles, habría que señalar también algún aspecto distinto, ya que, al decir de Rashid Khalidi, «por muy importantes que fueran las rivalidades intestinas en el seno de la élite árabe palestina, uno de los aspectos más tediosos de la versión estándar de la historia anterior a 1948 fue la obsesiva atención que se prestaba a estas rivalidades, a veces con exclusión de muchas otras cosas importantes»[222]. A lo cual, Khalidi, basándose en Tom Seguev[223], apunta a los británicos, sin olvidar a los franceses, los cuales, según él, amplificaron las rivalidades internas de los árabes. Circunstancia que se unía a las compras durante el mandato británico de tierras por parte de grupos sionistas, destacando de esta manera la división entre los propios árabes.

Esto conduce directamente a las mencionadas revueltas palestinas durante los años 1930, en las cuales los palestinos «se enfrentaron a situaciones abrumadoramente desfavorables, a nivel internacional, regional y local. Aunque estos factores, por decisivos que fueran, no

---

218   *Ibid.*

219   *Ibid.*

220   J. Adelman. *The Rise of Israel. A History of a Revolutionary State.* Routledge. Londres, Nueva York, 2008. Pág. 13.

221   *Ibid.*

222   R. Khalidi. *Op. cit.* Pág. 67.

223   T. Seguev. *One Palestine, Complete. Jews and Arabs under the British Mandate.* Metropolitan Books. Nueva York, 2000. Pág. 280.

eran suficientes por sí mismos para explicar —según Rashid Khalidi— el fracaso palestino en lograr la autodeterminación y establecer un Estado durante estos cruciales doce años entre 1936 y 1948»[224].

Al final, sigue Khalidi, «el poder de Gran Bretaña, la falta de un apoyo externo significativo a las revueltas, la ausencia de una estructura militar o política unificada, combinada con el resurgimiento de la desunión palestina, y el fracaso de las revueltas a la hora de enunciar un objetivo político alcanzable, condujeron a su supresión[225]. El coste para la sociedad palestina fue inmenso»[226]. No cabe duda de que, aparte de todas las influencias externas en contra de los palestinos —tanto musulmanes como cristianos, que también los había— vuelve a aparecer, en palabras del propio Rashid Khalidi en su citada obra *The Iron Cage*, «el resurgimiento de la desunión palestina».

Después de la guerra de 1948, los residentes árabes en Israel, conocidos como palestinos o árabes israelíes quedaron tan traumatizados como sus conciudadanos, que se habían refugiado en la Franja de Gaza o en Cisjordania y, como se dijo, también en otros países árabes vecinos. Dentro de Israel la población palestina era considerada peligrosa para el Estado, con lo que acababan en el peldaño más bajo de la escala social y, por supuesto económica, sufriendo además el rechazo de sus «hermanos» árabes cuando viajaban fuera de Israel[227]. Estos palestinos fueron los que padecieron de manera más intensa la *al-Nakba*: la Catástrofe.

Las familias palestinas, que se organizaban tradicionalmente en clanes o grupos (*hamulas*, según el término palestino), según una

---

224   R. Khalidi. *Op. cit.* Pág. 106.

225   Khalidi se refiere a la posible autodeterminación de Palestina. Debido a la huelga general de 1936 y las revueltas de 1937, las fuerzas británicas habían perdido el control de gran parte de la campiña a manos de bandas armadas, con lo que se vieron obligadas a retirarse de las principales ciudades, como la Ciudad Vieja de Jerusalén, Acre, Jericó y otras. Las zonas menos accesibles y más accidentadas del campo escaparon al control británico durante bastante tiempo. El comandante militar británico en Palestina escribió en agosto de 1938 que «la situación era tal que la administración civil del país era, a efectos prácticos, inexistente». Esto condujo a cualquier posibilidad de autodeterminación de la región palestina por parte de los británicos. Ver: R. Khalidi. *Op. cit.* Pág. 106 y siguientes.

226   R. Khalidi. *Op. cit.* Pág. 107.

227   B. Kimmerling; J. S. Migdal. *The Palestinian People. A History.* Harvard University Press. Cambridge, Londres, 2003. Pág. 169.

ancestral forma social que se daba en el Levante de Palestina, explotaban sus propiedades agrarias según una estructura de carácter comunal (*masha'a*[228]). Después del armisticio de 1949, estos grupos se vieron separados entre los territorios ocupados por Israel y los países fronterizos, a lo que se añadieron las múltiples expulsiones de palestinos por parte de las autoridades judías. Aquellos palestinos eran enviados a zonas fronterizas o incluso a la Franja de Gaza[229]. Unido a esto, el Estado de Israel inventó en 1950 un nuevo modelo legal (la Ley de Propietarios Ausentes[230]) que evitaba a los palestinos (musulmanes o cristianos que habían permanecido en sus lugares de origen durante la guerra de 1948) retornar a sus tierras e, incluso, a sus casas, confiscando, según se estima, el 40 % de las propiedades que les pertenecían[231] (unos 2 millones de *dunums*[232]; es decir, 2 millones de kilómetros cuadrados de terreno).

Después del armisticio de 1949, es comprensible que la *Nakba* llevara a los palestinos residentes en territorio judío a la postración política, económica y social. Lo cual se vio aumentado por «la ausencia de un liderazgo nacional eficaz con la capacidad y la voluntad de enfrentarse a las instituciones del Estado judío. Como dijo una persona nombrada por el gobierno para presidir el sector árabe, los que quedaban en el Estado eran como un cuerpo sin cabeza... el liderazgo social, comercial y religioso había desaparecido»[233]. Por su parte, los árabes de religión cristiana emigraron casi en su totalidad. Se trataba de una población de mayor nivel de educación, representantes en general de las clases media y alta de la región que, en 1949, alcanzaban el 21 % de la población palestina mundial[234].

---

228   S Atran. *Hamula Organisation and Masha'a Tenure in Palestine.* The Journal of the Royal Anthropological Institute. MAN. New Series. Vol. 21. N.º 2. 1986. Págs. 271-295.

229   B. Kimmerling; J. S. Migdal. *Op. cit.* Pág. 172.

230   United Nations. *The Question of Palestine.* https://www.un.org/unispal/document/auto-insert-209845/.

231   B. Kimmerling; J. S. Migdal. *Op. cit.* Pág. 173.

232   Recuérdese que un *dunum*, como dijimos, era aproximadamente un kilómetro cuadrado de terreno.

233   B. Kimmerling; J. S. Migdal. *Op. cit.* Pág. 175-176.

234   B. Kimmerling. *Sociology, Ideology, and Nation-Building: The Palestinians and Their Mining in Israeli Sociology.* American Sociological Review. Agosto 1992. Vol 57. N.º 4. Pag. 446-460.

Más tarde, tras la guerra de los Seis Días, los territorios palestinos que habían quedado fuera del control de Israel (la Franja de Gaza y Cisjordania) en 1956, volvieron a estar bajo el mando judío, lo que impulsó un aumento de una realidad nacionalista palestina dispersa aunque, de algún modo, perdida sin una dirección coordinada. Un hecho que no se daba con tanta intensidad entre los palestinos residentes en los Estados árabes vecinos, que se mantenían políticamente separados de aquellos.

Esta situación llevó a los palestinos que vivían en Israel a diferenciarse de los que habían optado por la diáspora, ya fuera en Europa, América Latina o Estados Unidos, separándose de manera profunda con sus conciudadanos judíos, particularmente, porque en la década de los años 1950, el Estado de Israel ahondaba en esas diferencias, poniendo su foco en la absorción de las oleadas de inmigrantes judíos que constituían una nueva «clase» de israelíes judíos, en los que no cabían los ciudadanos árabes allí residentes. Una población que era considerada una sociedad marginal externa a la sociedad israelí, donde tampoco cabían otros grupos no judíos (cristianos, drusos, circasianos, etc.)[235].

Vienen aquí muy a cuento, aunque volvamos a ello después, las palabras de Raymonda Hawa-Tawil[236] cuando decía en 2001: «Vivo en un país atrofiado, reducido a pequeños enclaves. Estamos privados de gran parte de nuestro territorio desde 1948. Antes de la ocupación israelí éramos una población cosmopolita, libre, abierta al mundo»[237]. Pues, ciertamente, solo los judíos, incluso aquellos que acababan de llegar a Israel, eran los verdaderos ciudadanos de un Estado-nación que

---

235   B. Kimmerling; J. S. Migdal. *Op. cit.* Págs. 179-182.

236   Raymonda Hawa-Tawil, nacida en la ciudad de San Juan de Acre en 1940, fue una relevante periodista palestina que, en 1978, inauguró la primera agencia de noticias palestina en Jerusalén, poniendo en marcha también la revista *Al-Awda* (*El Retorno*). Fue acusada de actividades subversivas por el Gobierno israelí y, por ello, encarcelada. Salió de prisión gracias a los actos de protesta que se dieron en todo el mundo en su favor. En 1980 sufrió un ataque terrorista y pudo escapar a París. En su libro, originalmente publicado en hebreo, *My Home, My Prison* (Adam Publishers, 1979) relata su autobiografía con el trasfondo de los años del conflicto palestino-israelí, y refiere su personal experiencia de cómo vivían los palestinos bajo el Gobierno de ocupación israelí.

237   R. Hawa-Tawil. *Palestina, toda una vida.* Mondadori. Barcelona, 2001. Pág. 26.

había sido creado por ellos y para ellos. Tal era así, que «los judíos se sentían los únicos propietarios de los recursos y las instituciones del Estado. El ejército, la bandera, el himno nacional y las fiestas oficiales no solo eran judíos, sino que para los árabes significaban dolorosas experiencias pasadas»[238].

Llegados a la guerra relámpago de 1967, después de ocupar los Altos del Golán que pertenecían a Siria, anexionar el Sinaí egipcio, expulsar a la Legión Árabe de Cisjordania y al ejército egipcio de la Franja de Gaza, Israel se quedó con todo territorio que correspondía a la Palestina posterior al mandato de partición de la ONU, dejando a la mayoría de los palestinos bajo su control. El efecto, tal como dijimos, fue una recomposición geográfica de Oriente Medio y un nuevo contexto geopolítico en la zona: seis días que cambiaron el mundo[239].

De aquel pequeño país, Israel, asediado por las naciones árabes circundantes en 1948, para seguir después con la misma estrategia de acabar con los judíos en 1956, surgía en 1967 un nuevo escenario: un potente Estado judío que tenía al lado un abatido pueblo palestino que reclamaba ahora sus derechos después de haber sido ninguneado por los propios países árabes que supuestamente los defendían, cuando, en realidad, no habían hecho otra cosa que perseguir sus propios intereses al margen de ese pueblo olvidado y menospreciado por todos.

Surgía entonces una nueva realidad que daba la vuelta a lo que había sucedido más de 15 años atrás: en lugar de una pequeña comunidad judía asediada por todos lados por un número mucho mayor de árabes, el nuevo Israel era un Estado de tres millones de judíos que imponían sus criterios de gobernanza a algo más de un millón de árabes. De esta manera, tanto en aquella zona, como en muchos ambientes a nivel internacional, la imagen de Israel pasó de ser un país que luchaba por su existencia, a un país todopoderoso que imponía su ley en la zona. Nadie se acordaba entonces de los antiguos sufrimientos del acosado pueblo judío. Ahora se cambiaban las tornas e Israel se sumaba a los países capitalistas dando pábulo al rechazo de los grupos políticos

---

238   B. Kimmerling; J. S. Migdal. *Op. cit.* Pág. 179.
239   J. Bowen. *Six Days. How the 1967 War Shaped the Middle East.* Thomas Dunne Books. Nueva York. 2003.

de izquierda que seguían los postulados de la Unión Soviética, la gran perdedora del conflicto en aquel momento.

Como tantas veces, nacía un nuevo relato en el que los palestinos aparecían como el sufrido pueblo que luchaba por su existencia frente a un Estado israelí opresor. Los fedayines —«los que se sacrifican» en su traducción literal— eran para muchos los luchadores que representaban a un pueblo abatido. Las fotos son bien conocidas: fedayines que se tocaban con un pañuelo a cuadros, la *kafiya* palestina, empuñando un *Kaláshnikov*. Eran luchadores por su supervivencia como lo habían sido los judíos años atrás. Se habían cambiado las tornas.

La imagen de aquellos luchadores palestinos se inspiraba en los rebeldes que combatieron contra los británicos en los años 1930. En los mensajes publicitarios se representaba a campesinos, aunque, en realidad, los fedayines eran personas que procedían de las ciudades. Mediante esta nueva imagen se facilitó que la OLP (Organización para la Liberación de Palestina) se convirtiera en el único representante del pueblo palestino.

Al fin de la guerra de los Seis Días, las diferentes acciones bélicas de Israel en contra de Egipto, Siria y Jordania, principalmente, convencieron a los judíos de que su país había alcanzado una superioridad militar muy por encima de cualquier otra nación árabe e, incluso, superior a una combinación entre ellas. Este estado de superioridad los llevó a pensar que podían negociar unas nuevas fronteras en base a las conquistas realizadas en 1967. Sin embargo, no conviene nunca menospreciar a un enemigo humillado, especialmente cuando sus capacidades militares siguen existiendo.

Entre 1967 y 1969, aunque Israel siguió invirtiendo fuertemente en su potencial militar, también lo hicieron sus oponentes. En aquellos años, Israel gastó de media un 17 % de su PIB en Defensa; si bien, Egipto lo llevó por encima del 11 %[240]; de manera que esto le permitió realizar una suerte de «guerra de desgaste» en contra de Israel en la cual murieron cientos de soldados israelíes. Israel, al verse atacado de esta nueva manera, contraatacó con su potencial militar aéreo para

---

240 Cálculos del autor en base a: The World Bank. *Militare Expenditure* (% GDP).

obligar a un alto el fuego en agosto de 1970[241]. La «guerra de desgaste», propiciada por Egipto desde 1969, era una nueva forma de conflagración que, sin embargo, no acababa de dar los resultados esperados a los países árabes que participaban en ella.

La Unión Soviética, sin estar directamente involucrada, era el soporte fundamental de la «guerra de desgaste». Incluso había ido reponiendo las pérdidas de material militar de Egipto. Nasser, por su parte, continuaba con sus agresivos mensajes: «Cuando llegue el momento —decía— atacaremos: ni negociaciones de paz con Israel, ni reconocimiento de Israel»[242]. De ahí que, ante los continuos ataques egipcios contra las fuerzas israelíes en las cercanías del Canal de Suez (un «martilleo constante», dice Golda Meir en sus Memorias[243]), Israel decidió enviar su fuerza aérea sobre El Cairo. Un hecho que alertó del peligro de que la Unión Soviética entrara directamente en la guerra.

En cualquier caso, Israel se encontraba entonces prácticamente aislado: solo tenía a Estados Unidos como posible proveedor de armas. Un país, por otro lado, que comprendía su situación por su propio interés, dado el contexto de la Guerra Fría. Aunque por necesidades distintas, la Unión Soviética, como Francia y el Reino Unido, eran proárabes. Sin embargo, finalmente, en agosto de 1970, mientras se lograba un frágil alto el fuego, se hacían imposibles las negociaciones bilaterales entre judíos y árabes, dada la negativa de Nasser y la no menos agresiva posición de Siria y Jordania en contra de Israel. Los palestinos no existían en aquellas inexistentes negociaciones. Constituían el pueblo sufriente al que sus «hermanos» árabes ni siquiera consideraban.

Golda Meir, elegida Primera ministra de Israel el 17 de marzo de 1969, conseguía reunirse con el presidente estadounidense Richard Nixon, con quien alcanzaba el compromiso de suministro de veinticinco cazabombarderos Phantom y ochenta reactores Skyhawk, mediante un préstamo de 200 millones de dólares a bajo interés para poder pagarlos[244]. Una venta que, una vez ejecutado el *impeachment* del

---

241   A. Ravinovich. *The Yom Kippur War. The Epic Encounter that Transformed the Middle East.* Knopf Doubleday Publishing Group. Nueva York, 2006. Pág. 21.
242   G. Meir. *Op.cit.* Pág. 307.
243   *Ibid.* Pág. 312.
244   *Ibid.* Pág. 317.

presidente Nixon a cuenta del *Watergate*, se llevó a cabo por su sucesor, Lyndon B. Johnson.

Después del referido alto el fuego de 1970, aunque sin existir una verdadera paz, el frente de Suez entre Egipto e Israel parecía tranquilo. Nada perturbaba en apariencia el dominio israelí en la zona, lo que incidía en la creencia de que Israel no sufriría ninguna ataque importante. Según este criterio, del lado israelí, los árabes eran débiles para llevar a cabo nada serio en contra de un Israel cuya fuerza militar era evidente para todos. Aun así, el terrorismo se mantenía feroz en diversas localidades israelíes fronterizas y en otras distintas.

Ese fue el caso, por ejemplo, del secuestro de los atletas israelíes durante la Olimpiada de Múnich en 1972. O también, la masacre en el aeropuerto situado en la ciudad de Lod (aeropuerto internacional Ben-Gurión) el 30 de mayo de aquel año. O, por terminar, los paquetes-bomba, como el que asesinó el 18 de septiembre de 1972 a un diplomático israelí en Londres. La carta fue enviada desde Ámsterdam (Países Bajos) al agregado agrícola israelí en las embajadas del Reino Unido y Escandinavia, Ami Shachori[245]. Ese tipo de misivas fue enviado a otras delegaciones diplomáticas de Israel por el mundo. Un sistema que sería años más tarde utilizado por otros grupos terroristas.

El pueblo palestino, mientras tanto, seguía olvidado por los países árabes. El conflicto era un asunto entre árabes e israelíes, con los primeros tratando de acabar con los segundos, y los segundos tratando de contener por todos los medios a los primeros. Nadie en el mundo árabe hablaba de volver a considerar a los palestinos, ni mucho menos a establecer un Estado palestino. Israel, por su parte, a modo de contención, mantenía las posiciones estratégicas logradas durante la guerra de los Seis Días, aquella guerra relámpago de 1967.

Sin embargo, el 6 de octubre de 1973, explotaban de nuevo las luchas entre unos y otros. Del lado judío, se hablaría de la guerra de Yom Kippur. Del lado árabe, se entendería como la guerra del Ramadán, pues el día 6 de octubre era el décimo y más sagrado día

---

245   https://en.wikipedia.org/wiki/Killing_of_Ami_Shachori.

del Ramadán[246], cuando el profeta Mahoma conquistó La Meca[247], momento en que toda Arabia pasó a ser árabe. Además en 1973 se conmemoraba el 1350 aniversario de la victoria de los árabes en la batalla de Badr[248]. De manera que aquel recuerdo de los árabes liberando Arabia de sus opresores fue suficiente motivo para que el general egipcio Saad el-Shazly[249] la denominara: «operación Badr».

Después de aquel 6 de octubre, Oriente Medio nada tendría que ver con lo que fue. Tampoco la Palestina diseñada por Naciones Unidas en 1947. Esto sería agua pasada. Todo cambiaría de medio a medio a partir de entonces.

Para entenderlo, hay que volver algo atrás, a septiembre de 1970, cuando Anwar el-Sadat llegó al poder en Egipto y creyó que se debía recuperar el prestigio militar y acabar con los efectos de la derrota de 1967. La «guerra de desgaste» que se llevó a cabo desde el armisticio de 1967 no era para el nuevo mandatario egipcio ninguna solución. En su opinión, había que mejorar la capacidad militar egipcia en la península del Sinaí. Según se dice, la posición de Anwar el-Sadat era clara: «Desde el día en que asumí el cargo a la muerte del presidente Nasser, supe que tendría que luchar»[250]. Pero no solo, Sadat se impuso «purgar Egipto de la herencia de Nasser y hacerlo a su propia imagen.

---

246 W. Laquer. *Confrontation: The Middle East War and World Politics.* Wildwood House. Londres, 1974. Pág. 89.

247 R. Overdale. *The Origins of the Arab-Israeli War.* Longman. Londres, Nueva York, 1992. Págs. 218-219.

248 La batalla de Badr tuvo lugar el 13 de marzo del año 624. Se trataba del 17 del Ramadán del año 2 después de la Hégira, cuando el Profeta emigró de la Meca a Medina en el año 622. Se trató de una batalla decisiva entre Mahoma y la tribu Quraysh de la Meca. https://es.wikipedia.org/wiki/Batalla_de_Badr.

249 El general el-Shazly fue el comandante del ejército egipcio durante la guerra del Yom Kippur. https://es.wikipedia.org/wiki/Saad_el-Shazly.

250 E. O'Ballance. *No Victor, No Vanquised. The Yom Kippur War.* Esta frase, atribuida a Sadat, se encuentra al inicio del capítulo 2: *Operation Spark.* La obra fue escrita por Edgar O'Ballance, un periodista, militar y académico británico, especializado en relaciones internacionales. En el Prólogo del libro, O'Ballance asegura que la guerra del Yom Kippur «era una guerra que no querían ni los israelíes, ni los rusos, ni los estadounidenses», pero una vez iniciada, tanto Estados Unidos como Rusia se sintieron obligados a sostener a sus protegidos por razones de prestigio y de lucha entre las superpotencias de aquel momento. De nuevo, en nuestra opinión, entra en juego la Guerra Fría en el conflicto árabe-israelí. Los palestinos, desgraciadamente, quedaban al margen del conflicto. Nadie les consideraba. La obra de O'Ballance fue publicada por Presidio Press en 1997.

Liberó a cientos de Hermanos Musulmanes de las cárceles y les permitió moverse libremente, organizarse y editar y distribuir sus publicaciones. Durante la primera mitad de la década de 1970, Sadat dio un nuevo impulso al maltrecho movimiento islamista»[251].

Para los egipcios la guerra de 1967 había cerrado cualquier posible negociación con los israelíes. Según el coronel de las fuerzas aéreas de Egipto, Tarek Awad: «Tras la derrota de junio de 1967, los árabes no escatimaron esfuerzos para alcanzar una solución justa a la crisis de Oriente Medio. Pero la arrogancia israelí destruyó todas las iniciativas. A finales de 1972, Egipto había agotado todos los medios para romper el estancamiento de la situación "sin guerra no hay paz"»[252]. Egipto había hecho todos los esfuerzos para romper el cerco a que se había llegado después de la guerra de los *Seis Días*, «pero fue en vano debido a la arrogancia israelí y a su insistencia en frustrar todas las propuestas e iniciativas que buscaban la paz en Oriente Medio. Además —continúa Awad—, Israel aprovechó el paso del tiempo para intensificar sus intereses expansionistas, frustrando las políticas árabes para lograr la supremacía en Oriente Medio e imponer un *fait accompli* a la comunidad internacional»[253].

Ante tal situación, «la decisión de utilizar el poder militar se tomó en noviembre de 1972, cuando los mandos políticos y militares de Egipto llegaron al acuerdo total de que Egipto nunca podría salir del estado de estancamiento "ni guerra, ni paz" sin recurrir a la fuerza armada»[254].

En paralelo, hacia septiembre de 1973, las tropas sirias comenzaron a concentrarse en los Altos del Golán. Esto dio origen a una escaramuza aérea en la que los israelíes derribaron varios cazas sirios de origen soviético. En los inicios del mes de octubre de ese año, fuerzas egipcias comenzaban sus maniobras cerca del Sinaí.

251   Wm. R. Louis; A. Shlaim. *The 1967 Arab-Israeli War. Origins and Consequences*. Cambridge University Press. Nueva York, 2012. Pág. 624.

252   T. A. Awad. *The Ramadan War*. Air University. United States Air Force. Maxwell Air Force. Alabama. Marzo 1986. Pág. 7.

253   *Ibid.* Pág. 7-8.

254   *Ibid.* Pág. 9.

Con esto, la guerra de 1973, la guerra de Yom Kippur, en palabras de Golda Meir, «era la quinta que se imponía a Israel en los veintisiete años transcurridos desde la fundación del Estado»[255]. Aunque ni ella, ni los servicios secretos israelíes esperaban ningún ataque real de sus vecinos en aquellos momentos.

El ataque egipcio estaba, sin embargo, perfectamente diseñado. El Yom Kippur es la fiesta grande de los judíos. Israel queda paralizado. Durante toda una jornada, comenzando al anochecer del día anterior, para terminar al anochecer del siguiente, no se trabaja, no hay periódicos, no existen emisiones de radio, todo está cerrado durante las veinticuatro horas del día de la fiesta.

El Yom Kippur es el recuerdo del perdón de Dios al pueblo judío cuando decidió construir y adorar un becerro de oro mientras Moisés estaba en la montaña escuchando los mandamientos que Dios le entregó en las Tablas de la Ley: «Unas tablas de piedra con la instrucción y los mandatos que he escrito para que los enseñes»[256], dijo el Señor a Moisés. Sin embargo, viendo que Moisés tardaba, el pueblo reunido en torno a Aarón, hermano mayor de Moisés, le dijo: «Anda, haznos un dios que vaya delante de nosotros, pues a ese Moisés que nos sacó de Egipto no sabemos qué le ha pasado»[257]. Aarón construyó un becerro de oro ante el cual los israelitas dijeron: «Este es tu dios, Israel, el que te sacó de Egipto»[258].

Moisés, al volver de la montaña y ver el becerro de oro, rompió las tablas de piedra que llevaba. Luego, después de enviar a los levitas en contra de los que habían cometido aquellos actos, volvió a la montaña para hablar con el Señor. Este perdonó al pueblo, diciendo a Moisés: «Labra dos tablas de piedra como las primeras y yo escribiré en ellas las palabras que había en las primeras tablas que tú rompiste»[259]. Así, el Yom Kippur marca el final de aquellos días de arrepentimiento del pueblo judío, dando comienzo a los actos religiosos para aquellos que los practican; para los no practicantes es igualmente un día de fiesta.

---

255   G, Meir. *Op. cit.* Pág. 341.
256   Éxodo (24: 12).
257   Éxodo (32: 1).
258   Éxodo (32: 4).
259   Éxodo (34: 1).

El viernes 5 de octubre de 1973, los servicios de inteligencia israelíes supieron que los asesores rusos que estaban en Egipto partían de allí con sus familias. Mientras tanto, los preparativos para el Yom Kippur estaban en marcha. Las sinagogas estaban preparadas para acoger a los judíos practicantes. Aun así, no se pensaba en un gran ataque egipcio.

Por parte de Egipto, la situación era muy distinta. Su objetivo se basaba en tres elementos esenciales: «engañar al enemigo en cuanto a la posibilidad del uso de nuestras fuerzas armadas en cualquier operaciones de asalto; mantener el concepto de la operación ofensiva en completo secreto; y ocultar el calendario para el comienzo de la guerra»[260]. Además, la sorpresa tenía mucho que ver con el momento elegido para la ofensiva, lo que incluía: «la selección del mes más adecuado del año, el día más conveniente del mes y la mejor hora para lanzar el ataque»[261]. Es aquí donde surge la idea del mes de octubre de 1973. Lo que certifica el coronel Tarek Awad: «El mes de octubre de 1973 estuvo lleno de fiestas nacionales y religiosas, entre ellas el Día de la Expiación (el *Yom Kippur*), el *Sucot*[262] y la *Simjat Torá*[263]»[264]. En esa situación se suponía que Israel no estaría en absoluto preparado para los ataques.

El día 6 de aquel octubre de 1973, hacia las 4 de la mañana, se recibió un mensaje del ministro de Asuntos Exteriores israelí, Abba Eban, que se encontraba en Nueva York. «El mensaje —tal como refiere O'Ballance— informaba de que egipcios y sirios lanzarían un ataque conjunto contra Israel a última hora de la tarde… A las 7 de la mañana de ese mismo día 6, un reconocimiento de la aviación israelí sobre el frente del Golán mostró claramente por primera vez que tres divisiones sirias habían pasado de una postura defensiva a una ofensiva, mientras que, a la vez, en el frente egipcio se observaban puentes y otros equipos de asalto»[265].

---

260   T. A. Awad. *Op.cit.* Pág. 21.
261   *Ibid.* Pág. 23.
262   Se trata de la Fiesta de las Cabañas, también conocida como Fiesta de los Tabernáculos que se celebra entre septiembre y octubre. Ver, por ejemplo: https://es.wikipedia.org/wiki/Sucot.
263   Esta fiesta hebrea (Fiesta de la Alegría de la Torá) se celebra una vez concluida la fiesta del Sucot. Se lee la última parte del Pentateuco en las sinagogas. https://es.wikipedia.org/wiki/Simjat_Torá.
264   T. A. Awad. *Op.cit.* Pág. 24.
265   E. O'Ballance. *Op.cit.* Ver capítulo 4: *Fortress Israel.*

Quedaban, por tanto, «pocas dudas de que los árabes estaban a punto de atacar, pero los israelíes esperaban que [el ataque] se lanzaría al anochecer, sobre las 18:00 horas, y suponían que tenían varias horas para prepararse»[266]. Poco después del mediodía, no obstante, las sirenas de alarma en Tel Aviv comenzaron a sonar. El ataque había comenzado. Israel se veía con dos frentes simultáneos: el egipcio y el sirio. Al decir de Golda Meir: «Nos encontrábamos en una inferioridad numérica absoluta —en misiles, tanques, aviones y hombres— y estábamos en una grave desventaja psicológica»[267]. Los egipcios cruzaron el canal de Suez derrotando a las fuerzas israelíes que se encontraban en el Sinaí. En el otro frente, los sirios penetraron profundamente en los Altos del Golán produciendo bajas muy elevadas a los judíos. Para el ministro de Defensa Moshé Dayán en su mensaje a Golda Meir, no cabía duda: «El tercer Templo —haciendo mención al Templo de Jerusalén— se hunde»[268].

El 7 de octubre todo parecía perdido para Israel. Las brigadas que protegían la línea Bar-Lev[269] que había sido construida por Israel en respuesta a los bombardeos egipcios durante la «guerra de desgaste», estaba prácticamente sobrepasada. Al decir del comandante de las fuerzas egipcias Saad Mohamed el-Husseiny el-Shazly[270]: «De los 360 tanques judíos, 300 habían sido destrozados, cientos de miles de soldados israelíes muertos [sic], contra 20 tanques egipcios y 280 muertos en este bando. En 18 horas —continúa el-Shazly—, los egipcios habían cruzado el canal de Suez y puesto en acción 90.000 efectivos, 850 tanques, y 11.000 vehículos»[271].

El viernes, 10 de octubre, seguía la progresión egipcia. No obstante, al día siguiente, el propio al-Shazly expone sus dudas: «En mi segunda visita al frente estaba claro que la mayor presión del enemigo se ejercía sobre nuestro sector central…Telefoneé con la orden de que nues-

266   *Ibid.*
267   G, Meir. *Op. cit.* Pág. 347.
268   D. T. Buckwalter. *The Arab-Israeli War.* The U.S. Naval War College. New Port. Rhode Island. US. 2022. Pág. 97.
269   https://es.wikipedia.org/wiki/Línea_Bar_Lev.
270   https://es.wikipedia.org/wiki/Saad_el-Shazly#Publicaciones.
271   Lt. General Saaz el Shazly. *The Crossing of the Suez.* American Mideast Research. San Francisco, 1980. Págs. 232-233.

tros ingenieros suministraran 10.000 minas antitanque sin dilación...
Lo que más nos preocupaba era la confusión continua en los puentes...
el control de cruzarlos se había encargado a jóvenes sin experiencia...
El resultado fue una serie de atascos de tráfico, cada unidad pedía prioridad de paso»[272].

El jueves 11 de octubre, la preocupación aumentaba para los egipcios. Por un lado, tal como refiere al-Shazly, las fuerzas israelíes tenían imponentes reservas con las que reponer su fuerzas motorizadas de tanques. Por otro, la fuerza aérea israelí era demasiado potente como para ser contenida por la aviación egipcia. Ante esta situación, el comandante el-Shazly dice: «...independiente de sus pérdidas, el enemigo tiene aún ocho brigadas perfectamente equipadas enfrente de nosotros. La fuerza aérea enemiga puede aún paralizar nuestras fuerzas de tierra en el momento en que se sitúen fuera del paraguas de los misiles SAM. Tenemos prueba de ello... Si avanzamos se destruirán nuestras tropas sin llegar a ofrecer un relevo significante a nuestros hermanos sirios»[273]. La respuesta del alto mando egipcio fue contundente: «Es una decisión política. Debemos llevar a cabo nuestro ataque mañana por la mañana»[274]. Carl von Clausewitz tenía razón: «La guerra es la continuación de la política por otros medios».

El 12 de octubre de 1973, era tal la superioridad israelí por tierra y por aire que no podía ser contrarrestada por las fuerzas egipcias. Todo estaba acabado para los atacantes. Al decir de el-Shazly: «El presidente —se refiere a Anwar el Sadat— había echado a perder la mayor fuerza militar que nunca había puesto Egipto en funcionamiento. Había arruinado la mayor fuerza aérea jamás puesta en operación por la Unión Soviética. Había hundido el mayor esfuerzo de colaboración que los árabes habían logrado en aquella generación»[275].

Contra todo pronóstico, ya fuera por los errores tácticos de Siria para seguir avanzando en los Altos del Golán, que sufrieron la contraofensiva por parte de las fuerzas israelíes que se hicieron de nuevo con aquella zona, o por la pérdida del paraguas protector de los misiles tie-

---

272   *Ibid.* Pág. 242.
273   *Ibid.* Pág. 246.
274   *Ibid.*
275   *Ibid.* Pág. 271.

rra-aire egipcios toda vez que sus fuerzas habían penetrado demasiado en el territorio dominado por Israel, que usó su fuerza aérea en contra de aquellas fuerzas de infantería, aparte de la capacidad de reacción israelí en todos los frentes, el resultado fue la retirada del ejército egipcio que quedó tan solo a unos 100 kilómetros de su capital, El Cairo.

Para otro alto militar egipcio, Tarik Awad, igualmente citado en estas páginas, «la Guerra de Octubre de 1973 fue un acontecimiento único. Podría considerarse como un punto de inflexión clave en el curso del conflicto árabe-israelí. Cambió la situación política y estratégica de la zona. También tuvo su efecto en el curso de las relaciones internacionales. El mundo empezó a reconsiderar sus cálculos y posiciones respecto a esta zona sobre la base de los hechos estratégicos impuestos por la Guerra de Octubre»[276]. Efectivamente, desde aquel mes de octubre de 1973, hubo un antes y un después en el contexto de las relaciones internacionales y en la geopolítica global. Hoy, más de 50 años después, aún se viven sus efectos.

La guerra, sin embargo, no tuvo únicamente el concurso de la fuerza de las armas, el petróleo apareció como un elemento «militar» adicional[277]. Se trató del embargo de petróleo puesto en marcha por los países árabes en contra de todos los aliados de Israel en 1973 y, en particular, en contra de Estados Unidos.

La llamada crisis del petróleo de 1973 fue una decisión de los países árabes de la Organización de Países Exportadores de Petróleo (OPEP) para tratar, primero, de frenar la capacidad atacante de Israel y, después, para tener una nueva capacidad de influencia en las posteriores negociaciones una vez terminado el conflicto. Un hecho que hoy enmarcaríamos en el contexto de la geoeconomía, ese término que, al decir de Edward Luttwak, consiste en utilizar la economía en lugar de la fuerza militar[278].

---

276   T. A. Awad. *Op.cit.* Pág. 44.

277   R. Graf. *Making Use of the Oil Weapon: Western Industrialized Countries and Arab Petropolitics in 1973-1974.* Diplomatic History. Oxford University Press. Vol. 36. Núm. 1. January 2012. Págs. 185-208.

278   E. Luttwak. *From Geopolitics to Geo-Economics: Logic of Conflict, Grammar of Commerce.* The National Interest. Núm. 20. Verano de 1990. Pág. 17-23.

El 16 de octubre de 1973 los países árabes dentro de la OPEP (organización conocida como OAPEP, Organización Árabe de Países Exportadores de Petróleo), rompieron las negociaciones con las compañías petroleras occidentales. Al día siguiente, mientras Israel se recomponía de sus pérdidas militares y ganaba ventaja gracias, entre otras cosas, a la ayuda americana, la OAPEP decidió ese mismo día aumentar un 70 % el precio del barril de petróleo, que pasaba de 3 a 5,12 dólares[279].

Richard Nixon, entonces presidente en la Casa Blanca, comprendió que, con la Unión Soviética metida de lleno en el apoyo a Egipto, Estados Unidos debía involucrarse más aún en la guerra. Para ello pidió al Congreso una ayuda económica adicional para Israel de 2200 millones de dólares. Contra la geoeconomía del petróleo surgía así la geoeconómica financiera del dólar. Como contrapartida, Arabia Saudí utilizaba otra potente arma: el embargo del petróleo a Estados Unidos, que quedaba sin poder importar crudo de aquel país. Un hecho que Henry Kissinger, secretario de Estado del Gobierno americano, consideraba un «chantaje político»[280].

Los efectos en Estados Unidos y en otros países, incluyendo Japón, llevaron a un serio problema económico. Las economías se paralizaron y la inflación se disparó por encima del 12 % en Estados Unidos, y más aún en Europa. Surgía un nuevo concepto económico: la estanflación, que conjuga dos situaciones que se dan al unísono: alta inflación sin crecimiento económico. Para ver sus efectos, hay que tener en cuenta, por ejemplo, que en el país americano, el medio de transporte habitual era, y es, el automóvil. De manera que, en aquellos días de 1973, más del 85 % de la población se desplazaba en sus vehículos hacia los lugares de trabajo o iba a realizar sus compras en los conocidos *Mall* usando su automóvil. De ahí nació la idea del cambio de hora para tratar de reducir el consumo energético, entonces y ahora muy dependiente del *oro negro*. Aún se mantiene la norma.

A esto se unió la devaluación del dólar (que cayó alrededor del 10 % en febrero de 1973), que también tenía que ver con la financiación de

---

279   J. H. Kunstler. *La fin du pétrole. Le vrai défi du XXIe siècle.* PLON. París, 2005. Pág.64.
280   J. Mata. *The War, the Weapon, and the Crisis. The Arab Oil Embargo of 1973.* Not Even Past. 5 de agosto de 2013. https://notevenpast.org/war-weapon-and-crisis-arab-oil-embargo-1973/.

la guerra de Vietnam. Bretton Woods, aquellos acuerdos que se llevaron a cabo en 1944, eran ya historia. La guerra de Yom Kippur había puesto a Estados Unidos con un enorme cúmulo de problemas. La paridad del dólar con el oro desaparecía. Estados Unidos entraba en una senda desconocida. Richard Nixon, al hilo del escándalo Watergate, dimitiría poco después.

Sin entrar en los detalles de las negociaciones de paz después de la victoria israelí, conviene, no obstante, puntualizar algunos aspectos ya que lo que hoy sucede tiene que ver mucho con lo que pasó entonces. Israel ganó en los diversos campos de batalla, sin embargo, como otras veces en el pasado, se encontró —aparte del coste en vidas y en dinero— en un estado de virtual aislamiento diplomático con los países comunistas y el llamado Tercer Mundo, totalmente volcados en el apoyo de los países árabes. En estos últimos se encontraban, por ejemplo, la India Pakistán, Turquía e Irán, y, sorprendentemente, Japón, país siempre necesitado de recursos petroleros. Los europeos, como tantas veces, no atendieron a Israel. El petróleo árabe era, a todas luces, necesario.

A mitad de noviembre de 1973, comenzaron a entregarse prisioneros del lado egipcio y del israelí. Luego, al año siguiente, con Henry Kissinger negociando para aplacar las exigencias de los árabes y llegar a una entente con Israel y con Egipto para alcanzar un acuerdo, se buscó también el acercamiento de Siria, en lo que ayudó Arabia Saudí. Es aquí cuando, entonces como hoy, entra la geopolítica de bloques, de manera que los soviéticos, temerosos de perder Siria bajo la influencia estadounidense, buscaron crear una «línea dura» con Siria, Irak, y Libia, sumando a los palestinos en esta estrategia[281].

Finalmente, con enormes dificultades, ya en 1974, se alcanzaron varios acuerdos entre los diferentes contrincantes. Por ejemplo, con Egipto e Israel se definió en la península del Sinaí una zona de seguridad entre ellos. A cada lado se situaban fuerzas militares de ambos países[282]. Sin embargo, se trataba de una situación de tensa calma, por así decirlo, ya que el propio Anwar el-Sadat subrayó en una entrevista en *Le Monde* el 22 de enero de 1974, que: «por la devolución de los terri-

---

281   H. M. Sachar. *Op. cit.* Pág. 765.
282   *Ibid.* Pág. 790.

torios ocupados no tengo nada que ofrecer». Añadiendo: «Dejo a la próxima generación el problema de decidir si es posible no solo coexistir con el Estado judío, sino también cooperar con él»[283]. Había que resolver, según su opinión, el problema palestino.

Terminada la guerra del Yom Kippur, la presidenta, Golda Meir, dimitió de su cargo. La estructura política de Israel cambió de forma determinante, en tanto que los laboristas perdieron el poder, que fue asumido por un partido recién creado: el Likud (la Consolidación[284] según su traducción del hebreo) que se hizo con el Gobierno de Israel[285]. Con este cambio, la guerra de Yom Kippur se convirtió en una efemérides muy especial en la historia reciente del país. Israel no había comenzado la guerra, pero una vez terminada se le consideraba en muchos ambientes como el causante de esta. A partir de aquí, los israelíes comprenderían perfectamente el entorno en el que vivían. Para ellos la cuestión no era simplemente una adaptación táctica bajo la presión estadounidense, sino defender su nación en caso de una posible reanudación de la guerra.

La paz en los años setenta del pasado siglo parecía cosa imposible, no solo en la zona, sino globalmente, ya que múltiples países, al igual que hoy, demuestran una enorme aversión a los israelíes. Baste, de momento, este último ejemplo: «A principios de julio de 1975, la Conferencia del Año Internacional de la Mujer de la ONU, celebrada en Ciudad de México, emitió una declaración, patrocinada por los setenta y siete países "no alineados", en la que se pedía la eliminación del sionismo como uno de los "grandes males del mundo, junto con el colonialismo, el neocolonialismo, el imperialismo, la dominación y ocupación extranjeras, el apartheid y la discriminación racial"»[286]. Comenzaba una nueva y compleja época.

---

283   *Ibid.* Pág. 791.

284   https://es.wikipedia.org/wiki/Likud.

285   Menájem Beguín (https://es.wikipedia.org/wiki/Menájem_Beguín), líder en 1946 de la organización terrorista Irgún (https://es.wikipedia.org/wiki/Irgún), formó el Likud (*HaLikud*: la *Consolación*) para presentarse a las elecciones de 1973 (https://es.wikipedia.org/wiki/Likud). Luego, este Partido se fusionó con el Herut (https://es.wikipedia.org/wiki/Herut) para formar una fuerza política netamente derechista en Israel. Continúa siendo el partido conservador de mayor relevancia en Israel.

286   H. M. Sachar. *Op. cit.* Pág. 793.

Capítulo IV.
PAZ Y TERRORISMO

«No tenemos por qué temer a los hijos de Israel. Son gente sin ejército ni recursos para hacer frente a un ataque en regla. ¡Adelante, señor nuestro Holofernes! Serán presa fácil para tu gran ejército».

Judit (5: 23-24)

La cuestión palestina entra de nuevo en la ONU · La Unión Soviética detrás de la OLP · Se reconoce a la OLP · Continúa el terrorismo: el FPLP · Ni paz en Ginebra, ni en Camp David · Arafat, la ONU y la URSS · El asesinato de Sadat · La izquierda de Occidente apoya la Revolución islámica · Ruhollah Jomeini y Yasser Arafat · El drama del Líbano · Hezbolá, Hamás, los Hermanos Musulmanes y otros grupos extremistas.

La Resolución 338 de Naciones Unidas de 22 de octubre de 1973 decidida por el Consejo de Seguridad con 14 votos a favor y ninguno en contra, exhortaba a las partes en combate durante la Guerra de Yom Kippur a dejar de inmediato las posiciones que ocupaban, a más tardar 12 horas después del momento de la «adopción de la presente decisión». Adicionalmente, exponía que se iniciaran entre las partes interesadas, una vez alcanzado el alto el fuego, una paz justa y duradera en Oriente Medio[287].

---

287   https://peacemaker.un.org/sites/peacemaker.un.org/files/SCR338 %281973 %29.pdf.

Se trataba, como se ha visto repetidamente, de una paz extremadamente frágil. A lo cual se unió dos años después, el 10 de noviembre de 1975, una sorprendente Resolución de la ONU, según la cual (Asamblea General, 3379) se «asimilaba sionismo y racismo». Fue decidida por 72 votos a favor (51,8 % de los votos emitidos), 35 en contra, 32 abstenciones y 3 ausencias[288] (España fue uno de los países ausentes). Ante esto, el embajador israelí en la ONU, Chaim Herzog, expresó su malestar de forma contundente: «Para nosotros, el pueblo judío, esta resolución basada en el odio, la falsedad y la arrogancia, carece de cualquier valor moral o legal. Para nosotros, el pueblo judío, esto no es más que un trozo de papel y lo trataremos como tal»[289].

La Resolución 3379 equiparaba el sionismo con el colonialismo y el apartheid sudafricano, y determinaba que «el sionismo es una forma de racismo y discriminación racial». Dicha Resolución sería revocada, sin embargo, en el marco de los preparativos de la Conferencia de Madrid, mediante una nueva Resolución, la 46/86, que anulaba la anterior. Fue decidida durante la Asamblea General el 16 de diciembre de 1991: ¡16 años después![290]. Independientemente de su derogación, echando la mirada a 1975, la guerra de Yom Kippur había puesto a Israel, aunque fue el atacado, enfrente de medio mundo. Se había abierto además una brecha en las conciencias de los israelíes.

La Resolución 3379, en contra de Israel, era quizás el resultado del clima político que se había originado tras dos Resoluciones anteriores de la Asamblea General de la ONU: la 3236 de 22 de noviembre de 1974 sobre la cuestión de Palestina[291], y la 3237 del mismo día invitando a asistir como entidad observadora en la Asamblea General a la Organización para la Liberación de Palestina (OLP)[292]. De esta manera, por vez primera en su historia, la ONU reconocía la «Cuestión de Palestina» en 1974 —veintisiete años después de la partición del territo-

---

288   https://en.wikipedia.org/wiki/United_Nations_General_Assembly_Resolution_3379

289   *Ibid.*

290   https://www.un.org/unispal/document/auto-insert-180327/; https://ecf.org.il/issues/issue/1320.

291   https://www.un.org/unispal/wp-content/uploads/2016/05/ARES3236XXIX.pdf

292   *Ibid.*

rio y veintinueve desde de la entrada del Estado de Israel en la ONU—, e invitaba a la OLP a participar en la diplomacia internacional.

La Resolución 3237 era la consecuencia del discurso que el presidente de la OLP, Yasser Arafat, había hecho ante la Asamblea General el 13 de noviembre de 1974. Una alocución conocida como el «Discurso de la Rama de Olivo», en el cual, sus tres últimas frases «declaraban y solicitaban» reconocer al Estado palestino: «Le pido —decía Arafat dirigiéndose al entonces presidente de la Asamblea General, el argelino Abdelaziz Bouteflika— que permita a nuestro pueblo establecer una soberanía nacional independiente sobre su propia tierra. Hoy he venido portando una rama de olivo y un arma de luchador por la libertad. No dejéis que la rama de olivo caiga de mi mano. Repito: no dejéis que la rama de olivo caiga de mi mano. La guerra estalla en Palestina y, sin embargo, es en Palestina donde nacerá la paz»[293]. Sin duda, palabras proféticas.

Arafat había sido elegido jefe de la OLP durante las elecciones del Consejo Nacional Palestino celebradas en El Cairo en 1968, si bien, no se había asegurado —en aquel momento— el control total de la organización, ya que el Frente Popular para la Liberación de Palestina (FPLP) había boicoteado el proceso.

El FPLP había sido fundado en 1967 por el médico George Habash[294], que había impulsado también —catorce años antes— el Movimiento Árabe, cuando residía en los campos de refugiados en Jordania[295]. Se trataba de una organización terrorista que atacaba objetivos judíos fuera de Israel, tal como se decía en la Introducción del libro de Al-Hadaf: «Desde el 23 de julio de 1968, el día de la primera operación militar del Frente Popular en contra de los objetivos del enemigo israelí fuera de los territorios palestinos y árabes ocupados en que se tomó el control del avión de El Al, Boeing 707, en el aeropuerto de Roma y su desviación hacia Argel, siguieron los ataques contra aviones de El Al en los aeropuertos de Atenas y Zúrich, las operaciones de

---

293   Yasser Arafat's 1974 UN General Assembly Speech. https://en.wikisource.org/wiki/Yasser_Arafat %27s_1974_UN_General_Assembly_speech.

294   https://es.wikipedia.org/wiki/George_Habash.

295   https://es.wikipedia.org/wiki/Frente_Popular_para_la_Liberación_de_Palestina.

explosivos a Marks and Spencer y otras empresas sionistas, la colocación de un artefacto explosivo en la oficina de la navegación israelí ZIM en Londres, la incautación del avión American TWA, obligándolo a aterrizar en Damasco, el bombardeo de las embajadas israelíes en Bonn y La Haya, y el ataque a la oficina de El Al en Bruselas; estas operaciones plantearon y continúan planteando muchas preguntas y generando reacciones muy diversas de muchas personas»[296].

Sin embargo, por aquel tiempo, en 1968, tal como refiere Bassam Abu Sharif[297]: «Arafat había formado algunos grupos palestinos en la sombra, pequeños y desconocidos, que en realidad contaban con miembros de Fatah, que simulaban representar a otros grupos. Estos grupos ficticios estaban en El Cairo para conseguir votos para la elección de Fatah a la presidencia. Arafat ganó las elecciones en gran parte gracias a estos votos y a la ausencia del FPLP en la reunión»[298].

La Unión Soviética, país clave en las confrontaciones árabes en contra de Israel, pidió detener las «operaciones» del FPLP, que acabó cediendo, ya que los soviéticos pensaban que, después de la guerra de 1967, era necesario combinar dos estrategias: de un lado, ejercer el dominio en los foros políticos adecuados y, de otro, poner en práctica una «guerra de desgaste» contra objetivos israelíes determinados. De ahí que, en 1970, se apostara por la OLP de Arafat, quien había sido presentado por Nasser al presidente soviético Leonid Brézhnev para solicitar la ayuda de la URSS en su lucha contra Israel[299]. Sin embargo, el líder del brazo armado de la FPLP, Wadi Haddad[300], era contrario a

---

296	Al-Hadaf. 1971. *El Frente Popular y las Operaciones Externas.* https://www.marxists.org/espanol/tematica/palestina/documentos/resistencia/fplp-operaciones-externas.pdf.

297	Bassam Abu Sharif fue uno de los fundadores del FPLP y estuvo como asesor de Yasser Arafat hasta el fallecimiento de este en París. Se encontró por primera vez con Arafat en 1967 en Damasco durante la elección de Arafat como presidente de Fatah (Al-Fatah, igualmente). Desde entonces se mantuvo muy cerca de Arafat, sobre todo desde el llamado Septiembre Negro (septiembre de 1970) cuando la guerra «civil» entre la OLP y el Gobierno del rey Hussein de Jordania. https://es.wikipedia.org/wiki/Septiembre_Negro_en_Jordania. https://es.wikipedia.org/wiki/Bassam_Abu_Sharif.

298	B. Abu Sharif. *Arafat and the Dream of Palestine. An Insider's Account.* Palgrave Macmillan. Nueva York, 2009. Pág. 17.

299	*Ibid.* Pág. 18.

300	https://es.wikipedia.org/wiki/Wadi_Haddad.

este tipo de componendas y continuó sus operaciones violentas fuera del territorio israelí mediante la cooperación con otros grupos terroristas, como fueron la Bader-Meinhoff[301], las Brigate Rosse[302], el Ejército Rojo Japonés (*Nihon Sekigun*)[303] y el Ejército Republicano Irlandés (IRA)[304]. Esto convirtió al FPLP en una internacional del terror.

Después de la guerra del Yom Kippur en 1973 la relación entre la Unión Soviética y la OLP cambió de signo. La pérdida de la guerra por parte de los árabes en la que había estado profundamente involucrada la URSS demostró a los soviéticos que era necesario impulsar una estrategia más política que militar. Hay que recordar que los soviéticos, después de la guerra de los Seis Días de 1967, habían puesto todos sus esfuerzos diplomáticos en la expulsión de los judíos de los territorios ocupados, considerando la cuestión palestina —al igual que hacían los países árabes del entorno— como un problema humanitario centrado en los refugiados. Sin embargo, terminada la guerra del Yom Kippur, el objetivo de los refugiados perdió de nuevo el interés que tenía anteriormente, poniéndose el foco en la creación de un Estado palestino independiente; de ahí la importancia que tomaba para ellos la OLP, que se convertía en el aliado estratégico fundamental de los soviéticos para conseguir tal objetivo[305].

A partir de la Conferencia de Ginebra de 1973[306], los americanos abandonaron la idea de buscar con los soviéticos una solución negociada, particularmente por las supuestas «maquinaciones de los soviéticos»[307] que los americanos creían suceder a sus espaldas. En paralelo, además, el armisticio había traído una importante frustración a la

---

301 https://es.wikipedia.org/wiki/Fracción_del_Ejército_Rojo. https://es.wikipedia.org/wiki/Fenómeno_Baader-Meinhof.

302 https://es.wikipedia.org/wiki/Brigadas_Rojas.

303 https://es.wikipedia.org/wiki/Ejército_Rojo_Japonés.

304 https://es.wikipedia.org/wiki/IRA.

305 R. Dannreuther. *The Soviet Union and the PLO.* Palgrave Macmillan. Londres, 1998. Pág. 48.

306 Se trató de un intento de negociar una solución al conflicto árabe-israelí según lo previsto en la Resolución 338 del Consejo de Seguridad de Naciones Unidas, sentando en la mesa el 21 de diciembre de 1973 al secretario general de la ONU, Kurt Waldheim, con Estados Unidos y la Unión Soviética, así como a Israel, Egipto y Jordania. Ver: https://es.wikipedia.org/wiki/Conferencia_de_paz_de_Ginebra_(1973).

307 R. Dannreuther. *Op. cit.* Pág. 49.

URSS, al ver que los países árabes no habían sido capaces, con su retirada militar, de batir a Israel. Esto les demostró que una nueva guerra no sería la solución para su principal objetivo: dominar Oriente Medio, al igual que trataban de hacer en otras geografías, principalmente en América Latina y en África. De ahí que se volviera al olvidado pueblo palestino y a la causa del Estado palestino toda vez que esto había sido el telón de fondo de las guerras entre árabes e israelíes, en tanto que, por la presión de la URSS y sus países satélites, la ONU había situado a la OLP como un válido interlocutor.

En este contexto conviene considerar, sin embargo, por qué, a mitad de la década de 1970, surgía con fuerza la necesidad de dar una solución nacional al pueblo palestino cuando había estado tantos años olvidado por los países árabes y, también, por la Unión Soviética. Hay que decir de nuevo, que los países árabes se negaron a aceptar, en 1947, la división de Palestina establecida por la ONU para crear un Estado palestino y otro israelí; lo que fue la razón de las guerras de 1948, 1956, 1967 y 1973, en las que el pueblo palestino ni siquiera existía para los países árabes. Todo apunta entonces que, después de la guerra de Yom Kippur, se trataba de una nueva estrategia de los países liderados por la URSS; es decir: dado que, militarmente, no podían destruir el Estado de Israel, se ponía el acento en el problema del pueblo palestino, antes olvidado. Con esto se pensaba cambiar la opinión internacional en contra de Israel, pues se trataba ahora de un problema humanitario.

Obviar estas preguntas saltando de un conflicto de índole geopolítico en el enfrentamiento durante la Guerra Fría, considerando el problema humanitario de los refugiados palestinos y la necesidad de que tuvieran un territorio propio, no deja de ensombrecer las verdaderas motivaciones de poder que existían en la resolución del problema palestino-israelí. Hay que volver de nuevo al pasado para comprender su evolución, en tanto que el pasado siempre aporta explicaciones para comprender el presente y, muchas veces, para dar cauce al futuro.

Aunque luego volvamos a ello, visto el fracaso de la Conferencia de Ginebra en 1973, hay que recordar en este momento los llamados «Acuerdos de Oslo», firmados el 13 de septiembre de 1993 entre el primer ministro israelí, Yitzhak Rabin, y el negociador por parte de la OLP, Mahmoud Abbas. Se trataba de un paso adelante en tanto que

Israel aceptaba a la OLP como representante del pueblo palestino y la OLP renunciaba al terrorismo en contra de Israel. Fue el momento en que se creó la Autoridad Palestina, que asumía el gobierno de Cisjordania (West Bank) y la Franja de Gaza durante cinco años. Se abría igualmente un período de negociaciones bilaterales para discutir un estatuto permanente en relación con las fronteras, y también sobre los refugiados y la ciudad de Jerusalén[308]. Sin embargo, las revelaciones de Ion Mihai Pacepa, un importante general soviético, vienen a poner dudas sobre los objetivos que se encerraban detrás del aquel nuevo proceso de paz iniciado entonces[309].

Pacepa[310] era un desertor de la Unión Soviética, había llegado a Estados Unidos desde Alemania en 1978, había tenido importantes cargos en los veintisiete años que estuvo en los servicios de inteligencia soviéticos como fue, por ejemplo, ser jefe del departamento de información exterior en la Rumanía de Ceaușescu[311], actividad que expuso con detalle en su libro *Red Horizons*[312].

Para entender la estrategia de la URSS según las explicaciones de Pacepa, resulta interesante la diferencia que hace este autor entre dos términos del idioma inglés que son difíciles de distinguir en español. Se trata del concepto *misinformation* y el de *disinformation*. Dos pala-

---

308 Department of State. United States of America. Office of the Historian. *The Oslo Accords and the Arab-Israeli Peace Process.* https://history.state.gov/milestones/1993-2000/oslo.

309 I. M. Pacepa; R. J. Rychlak. *Desinformation. Former Spy Chief Reveals Secret Strategies for Undermining Freedom, Attaching Religion, and Promoting Terrorism.* WND Books. Washington, 2013. Se trata de un libro que bien podría haber sido llevado a la pantalla.

310 *Ibid.* Pág. 77. En esa página cuenta Pacepa que: «el FBI se enteró de que el servicio de espionaje de Muamar Gadafi había conseguido convencer a dos antiguos empleados contratados por la CIA (Frank Terpil y Edwin Wilson, que entretanto habían escapado a la detención desertando a Libia) para que facilitaran información interna de la CIA sobre mi paradero a cambio de un millón de dólares, la CIA me dio una identidad totalmente nueva». A partir de entonces con esa una nueva identidad, gracias a su mujer, Mary Lou, que había pertenecido igualmente a los servicios secretos estadounidenses luchando contra los soviéticos, Pacepa fue capaz de integrarse en Estados Unidos, viajar por todo el mundo, y poder «burlar a varios equipos de asesinos» (según indica igualmente en la pág. 77 de su citado libro).

311 https://www.cia.gov/readingroom/docs/CIA-RDP90M00005R001300010017-4.pdf.

312 I. M. Pacepa. *Red Horizons. Chronicles of a Communist Spy Chief.* Regnery Gateway. Washington, 1987.

bras que traducidas al español hablarían únicamente de desinformación. Sin embargo, para Pacepa, «*misinformation* es una herramienta oficial del gobierno [soviético] y reconocible como tal». Mientras que: «*disinformation* —que Pacepa asimila al término ruso *dezinformatsiya*— es una herramienta secreta de inteligencia, destinada a otorgar un caché occidental y no gubernamental a las mentiras del gobierno [soviético]»[313].

En este contexto, el general Pacepa saca a colación al presidente de la OLP, Yasser Arafat, comentando que: «La KGB, cuando yo aún estaba vinculado a ella —se refiere Pacepa a él mismo—, hizo todo lo posible por transformar a un marxista nacido en Egipto, Mohammed Yasser Abdel Rahman Abdel Raouf Arafat al-Qudwa al-Husseini (nombre de guerra: Abu Ammar[314]), en un Yasser Arafat nacido en Palestina. La KGB tardó muchos años en dotar a Arafat de un certificado de nacimiento palestino creíble y de otros documentos de identidad, en construirle un nuevo pasado y en adiestrarlo en la escuela de entrenamiento para operaciones especiales de la KGB de Balashikha, al este de Moscú»[315]. Sin embargo, sobre el lugar de nacimiento de Arafat, aunque Pacepa lo indique con tanta seguridad, no dejan de existir dudas sobre si realmente nació en el Cairo o en Gaza, tal como indica Julian Becker cuando decía que: «Arafat nació en El Cairo o Gaza el 27 de agosto de 1929»[316]. En cualquier caso, en aquel entonces, Gaza estaba dominada por Egipto después de la salida de los británicos de la zona. Sí parece cierto, por otra parte, que Arafat fue entrenado por la KGB[317], de donde nació la idea de crear Fatah y, tras la guerra de los Seis Días (1967), ser ayudado desde la URSS para alcanzar la presidencia de la OLP[318].

---

313   I. M. Pacepa; R. J. Rychlak. *Op. cit.* Pág. 86.

314   Abu Ammar («Padre de Ammar») era el apodo que se daba a Yasser Arafat, jefe de Al-Fatah y presidente de la OLP. B. Abu Sharif. *Op. cit.* Pág. IX.

315   *Ibid.* Pág. 510.

316   J. Becker. *The PLO: The Rise and Fall of the Palestine Liberation Organization.* St. Martin's Press. Nueva York, 1984. Pág. 41

317   C. Andrew; O. Gordievsky. *KGB: The Inside Story.* Harper Collins. Nueva York, 1990. Pág. 545.

318   I. M. Pacepa; R. J. Rychlak. *Op. cit.* Pág. 571.

Años después de la guerra de 1967, «en 1978 —continúa Pacepa— el líder soviético Leonid Brézhnev y el presidente de la KGB, Yuri Andrópov, involucraron a mi antiguo jefe, Nicolae Ceaușescu, en un complot de desinformación cuyo objetivo era conseguir que Estados Unidos estableciera relaciones diplomáticas con Arafat. La idea era simple: hacer que Arafat fingiera transformar la OLP terrorista en un Gobierno en el exilio dispuesto a renunciar al terrorismo. Brézhnev y Andrópov creían que el recién elegido presidente estadounidense Jimmy Carter tragaría el anzuelo»[319].

Un asunto que venía de lejos, ya que en la cumbre organizada por la Liga Árabe, celebrada en 1964 en Port Said (Egipto), se decidió crear un organismo político que velara por los intereses palestinos. El primer Consejo Nacional Palestino se celebró en Jerusalén entre el 5 de mayo y el 2 de junio de aquel año. Allí se decidió establecer la Organización para la Liberación de Palestina (OLP), aprobándose la Carta Nacional Palestina con 29 artículos[320].

Es ahí cuando aparece citado por primera vez el pueblo palestino en su artículo primero: «Palestina es la patria del pueblo árabe palestino y parte integrante de la gran patria árabe, y el pueblo de Palestina forma parte de la nación árabe»[321]. Rechazando la existencia de cualquier emplazamiento judío (artículo 4): «La ocupación sionista y la dispersión del pueblo árabe palestino como consecuencia de los desastres que le sobrevinieron no le privan de su personalidad y filiación palestinas ni anulan estas»[322]. Una declaración que, quizás por ser parte integrante de la «nación árabe», los palestinos quedaron hasta muchos años después sin una consideración real como pueblo independiente. A lo que se añadía que los judíos establecidos en Palestina, según la Carta Nacional Palestina, no tenían ningún derecho a estar en aquel lugar.

La autodeterminación de Palestina, que pudo ser fácil en 1947 con un territorio mayor del que existía para ellos después de 1973, se había hecho muy compleja: las guerras habían cambiado el panorama. En 1980, Estados Unidos se vio —como hemos dicho— enfrente de los

---

319 *Ibid.* Pág. 572.
320 *The Palestinian Charter.* https://www.pac-usa.org/the_palestinian_charter.htm.
321 *Ibid.*
322 *Ibid.*

intereses de la Unión Soviética en Oriente Medio, donde Palestina se convertía en el principal escenario de confrontación. Una situación geopolítica que venía a demostrar que Oriente Medio era el centro de los equilibrios mundiales de poder, sobre todo porque la Unión Soviética, después de hacerse con media Europa, trataba de lograr la hegemonía en aquella zona. Un hecho que, independientemente de lo que vino después, «cambiaría profundamente el equilibrio de poder mundial»[323].

La existencia de Israel se convirtió en el arma fundamental en la campaña política de los soviéticos para la desestabilizar la zona. Un escenario que escondía a su vez varios objetivos para la URSS: «controlar el petróleo, los mares y el espacio aéreo de la región, sustituyendo los regímenes monárquicos, y otros regímenes tradicionales, por gobiernos comunistas o de orientación comunista»[324]. Logrado tal objetivo, la Unión Soviética creía que podría alcanzar con más facilidad el dominio en la Europa occidental, obligando a la desarticulación de la propia OTAN, lo que dejaría finalmente toda Europa bajo dominio soviético[325]. Esto explica el apoyo de la URSS a la OLP y el movimiento que hizo este país ante la firma de no agresión entre Egipto e Israel después de la guerra de Yom Kippur, emprendiendo «acciones en otros países, particularmente: Etiopía, Somalia, Angola, Sudán, Yemen, Irán, Afganistán y el Golfo Pérsico, a fin de reforzar su posición [geoestratégica]»[326]. Hay que ir entonces a los acuerdos de Camp David de 1978[327] para entender aquellos movimientos geopolíticos de la URSS en relación con Palestina y, de nuevo, el papel de la OLP en aquellos juegos de poder.

El 17 de septiembre de 1978 se abría de nuevo otra puerta de esperanza en Oriente Medio después de más de 30 años de guerras casi

---

323   E. V. Rostow. *Palestinian Self-Determination: Possible Futures for the Unallocated Territories of the Palestine Mandate.* Yale Law School Legal Scholarship Repository. Yale Studies in World Public Order, 1980. Vol. 5. Págs. 147-172.

324   *Ibid.*

325   A. Ulam. *Expansion and Coexistence. Soviet Foreign Policy 1917-1973.* Holt, Rinehart and Winston. Nueva York, 1974. Págs. 613-618.

326   E. V. Rostow. *Op. cit.* Pág. 149.

327   State of Israel. Embassy of Israel. *The Camp David Accords. Documents Pertaining to the Conclusion of Peace.* Washington, 1979. http://muqtafi.birzeit.edu/InterDocs/images/284.pdf.

ininterrumpidas con acuerdos de paz que no llegaban nunca a buen término. Egipto e Israel, con la mediación de Estados Unidos, sellaban la paz aquel año y proponían un marco político para la autonomía palestina en Cisjordania y Gaza. Dos territorios que no habían sido ocupados por Israel en la guerra de los Seis Días. Firmaron los acuerdos el presidente egipcio, Anwar el-Sadat, Menájem Begin, primer ministro de Israel, y Jimmy Carter, presidente de Estados Unidos. La foto de los tres mandatarios evocaba una nueva era[328]. Se dice que en Israel los judíos bailaban en las calles, aunque en el mundo árabe la alegría no era exactamente lo que sucedía: «Egipto, líder histórico del mundo árabe, fue expulsado de la Liga Árabe, y el pueblo egipcio no mostró gran entusiasmo»[329]. Con Camp David, sin embargo, Egipto recuperó el Sinaí, aunque quedó postergado por los países árabes que continuaron manteniendo su inquina contra Israel. Egipto, sin embargo, contó a partir de entonces con la ayuda americana. Situaciones que, aunque lejos en el tiempo, muestran muchas de las claves de lo que sucede hoy en día.

Aparte del descontento de los países árabes con los acuerdos de Camp David, quien no aceptaba los acuerdos en ningún modo era la Unión Soviética. Fue entonces cuando comenzó una enorme campaña de propaganda con múltiples manifestaciones de repulsa, incluidas varias acciones terroristas en contra de Israel, atacando sin piedad a los medios de comunicación de Europa y de Estados Unidos, a los que se acusaba de propagadores de falsedades, pues obviaban la «cuestión Palestina» y el problema humanitario que se encontraba detrás. Todo muy actual.

Propaganda y más propaganda se puso en marcha para frenar lo acordado en 1978 en Camp David. Sadat, de momento, seguía en su puesto; si bien, sería asesinado el 6 de octubre de 1981 por un grupo liderado por un tal Khalid Al-Islambouli[330], que fue, posteriormente, ajusticiado y condenado a muerte.

Una semana después de la firma de los acuerdos de Camp David, se celebró una cumbre en Damasco, donde participaron la OLP, Libia,

328   S. Telhami. *The Camp David Accords: A Case of International Bargaining.* University of Maryland. September 2001. https://ciaotest.cc.columbia.edu/casestudy/tes01/.
329   *Ibid.*
330   https://es.wikipedia.org/wiki/Khalid_al-Islambuli.

Yemen, Argelia e Irak, que rechazaron los pactos bajo estas consideraciones: «No es que se opusieran a lo que se había esbozado en los acuerdos; se trataba simplemente de que no estaban de acuerdo con la forma en que Sadat se había tomado la libertad de ir a espaldas de todos y establecer lazos con el enemigo. Si alguien tenía que tomar decisiones sobre el destino de Palestina, debían ser los representantes legítimos de los palestinos y nadie más [es decir, los países árabes]»[331]. Al parecer, en aquella reunión, el presidente sirio *Háfez al-Ássad*, se enfrentó al presidente libio, Muamar el Gadafi, a quien reclamaba «menos palabras y más acción» y, sobre todo, la necesidad de que financiara la causa palestina al igual que el resto de los países [árabes] exportadores de petróleo[332]. Así, «perdido Egipto» y, también, Jordania, la OLP buscó —aparte de la Unión Soviética— otros aliados para continuar su «lucha».

Entre los países de mayor acercamiento por parte de la OLP en aquellos días surge Irán. Un país hoy, en pleno siglo XXI, decididamente involucrado en la lucha contra del Estado de Israel desde todos los ángulos, incluido el militar. Respecto de la OLP, sin embargo, las relaciones con Irán habían comenzado mucho antes de la caída del último Sah de Persia, Mohammad Reza Pahleví.

A finales de la década de 1960, las «facciones» en contra del Sah se habían puesto en contacto con los grupos revolucionarios palestinos para pedirles su apoyo y protección frente al Gobierno de Reza Palevi, particularmente en contra del temido SAVAK[333]. «Era natural —dice Abu Sharif— que se dirigieran a nosotros, ya que nos consideraban un pueblo que, como ellos, luchaba contra la opresión. Un gran número de combatientes iraníes comenzaron a llegar a los campos de entrenamiento militar de Palestina, principalmente a los dirigidos por Fatah y el FPLP. Esta cooperación dio lugar a fuertes lazos entre palestinos e iraníes que acabaron derrocando al último Sah de Persia, Mohammad Reza Pahleví»[334].

---

331   B. Abu Sharif. *Op. cit.* Pág. 57.
332   *Ibid.*
333   https://es.wikipedia.org/wiki/SAVAK.
334   B. Abu Sharif. *Op. cit.* Pág. 61.

En paralelo, los soviéticos, que se habían mantenido a veces neutrales y otras cercanos a los iraníes durante los años 1960, viendo los movimientos de Reza Palevi para convertir Irán en una potencia regional, pasaron a tener una posición frontal en contra del país; ya que, Irán, con el Sah, se había acercado a Estados Unidos como un aliado estratégico. Además, Irán iba desplegando sus contraofensivas militares en varios países que se encontraban bajo la órbita soviética, como fueron, por ejemplo, Omán o Yemen. Unas ambiciones que Irán perseguía, bajo el Sah, para lograr el poder regional en Oriente Medio. A lo que se añadían sus alianzas con dos potenciales enemigos de la URSS: el Egipto de Sadat (posterior a Camp David), y con la China de Mao[335]. Una situación que hacían actuales los antiguos conflictos de la Rusia zarista con Persia o los nuevos de la Unión Soviética con Irán: En ambos casos se trataba de «relaciones incómodas, a menudo turbulentas, en detrimento de este último país [Irán]»[336].

Aún con el Sah en el poder, el ayatola Ruhollah Jomeini iba ganando en popularidad gracias a su enfrentamiento constante con él, a quien había condenado abiertamente de la corrupción moral que imperaba en su régimen. «También le había acusado públicamente de estar en el bolsillo de Estados Unidos e Israel, y lo denunció como un "hombre desgraciado"»[337]. Por estos motivos, Jomeini fue detenido en varias ocasiones hasta que, finalmente, después de un atentado fallido contra el Sah, fue expulsado de Irán hacia Turquía. De allí partió a Irak, donde vivió unos años hasta que el entonces vicepresidente Sadam Husein lo expulsó de nuevo. Luego se fue a Francia, donde vivió hasta su vuelta a Irán. En Francia, los intelectuales de izquierda, tanto Jean-Paul Sartre, Simone de Beauvoir, Michel Foucault, como el propio François

---

335   D. Asinovsky. *The Soviet Union and the Iranian Revolution. How Experts, Intelligence Services and Politicians of the Two Superpowers Missed the Birth of Islamic Fundamentalism.* Russia in Global Affairs. Vol. 16. N.º 3. July - September 2018. Págs. 190-208.

336   A. Tarock. *Iran and Russia in «strategic alliance».* Third World Quarterly. Vol. 18. N.º 2. 1997. Págs. 207-223.

337   B. Abu Sharif. *Op. cit.* Pág. 61.

Mitterrand, le acogieron como un héroe[338]; fue lo que se conocía como *islamo-gauchisme*[339].

Llegado el derrocamiento del Sah Palevi y la llegada triunfal de Jomeini a Irán el 1 de febrero de 1979, los soviéticos, aunque no hubieran sido los grupos de la izquierda política los que hubieran alcanzado el poder en Irán como ellos pretendían, sino que lo hiciera finalmente la Revolución islámica, siguieron prestando su apoyo al régimen revolucionario de Irán, incluso después del comienzo de la invasión soviética de Afganistán a finales de 1979. Una invasión en contra de los musulmanes afganos que provocó un recrudecimiento del sentimiento antisoviético en los dirigentes y en la sociedad iraníes. Sin embargo, en múltiples círculos académicos y en muchos otros lugares, incluidos los europeos, el régimen de los ayatolás iraníes siguió considerándose en términos positivos durante mucho tiempo.

Por parte europea y estadounidense se llegó a decir que «la reacción occidental a la Revolución islámica había sido una curiosa mezcla de histeria y complacencia»[340]; en especial, porque había tenido lugar «en un país no árabe con un rico patrimonio histórico, de pretensiones universalistas y con una economía política que la potenciaba y la hacía factible»[341]. Una posición en la que la prensa extranjera se encontraba fuertemente «ayudada por sus amigos académicos y activistas de izquierdas que estaban atrapados en la narrativa de un pueblo desvalido frente a un opresor autoritario respaldado por Occidente. Con esa mentalidad, se empeñaron en derribar el reino de Reza Pahlavi, el Sah, mientras ignoraban la oscura nube de tiranía que se cernía en el horizonte bajo el ayatolá Ruhollah Jomeini»[342].

---

338   K. A. Reader. *Intellectuals and the Left in France since 1968*. St. Martin's Press. Nueva York, 1987.

339   https://www.lefigaro.fr/vox/politique/2016/08/26/31001-20160826ART-FIG00315-jacques-julliardqu-est-ce-que-l-islamo-gauchisme.php.

340   A. Ansari; K. Aarabi. Tony Blair Institute for Global Change. February 2019. *Ideology and Iran's Revolution: How 1979 Changed the World*. https://www.institute.global/insights/geopolitics-and-security/ideology-and-irans-revolution-how-1979-changed-world.

341   *Ibid.*

342   P. Luciani. The Hub. *The West helped enable the Iranian Revolution – And we are still paying the price*. October 16, 2023. https://thehub.ca/2023-10-16/patrick-luciani-we-are-still-living-with-the-consequences-of-the-wests-sympathies-for-the-iranian-revolution/

Dejando al margen el hecho de que la crisis del petróleo de 1973 había puesto a Irán como un actor relevante en Oriente Medio, que contaba con una creciente base industrial y unas importantes fuerzas armadas, aparte de un programa nuclear ya entonces en marcha, el Sah, políticamente, tenía demasiados adversarios en su contra, aparte de los círculos de la izquierda política e intelectual de Europa y de Estados Unidos.

Sin embargo, «lo que dio a los islamistas ventaja sobre la oposición laica fue su acceso a una amplia red de mezquitas e instituciones religiosas de todo el país»[343]. Esto, unido al exilio de Jomeini y su vuelta a Irán, hizo ver al ayatolá en el mundo occidental, sobre todo en la izquierda política, como el libertador de un pueblo que estaba fuertemente oprimido bajo Reza Palevi. Ahí queda, por ejemplo, el artículo de *El New York Times*, de 16 de febrero de 1979, para ver cómo la izquierda aplaudía la llegada al poder de este líder religioso. El autor del artículo hablaba «de un modelo de gobierno humano desesperadamente necesario para un país del tercer mundo»[344]. A lo que se unían otros periodistas estadounidenses que decían que Jomeini era el «Gandi» de Irán[345]. No es de extrañar entonces cómo aún en muchos foros de la izquierda europea se sigue apoyando a Irán sin considerar lo que supuso entonces y ahora la Revolución islámica. La aversión a Israel parece ser siempre más fuerte que el rechazo a los métodos islamistas de ese perfil tan extremo.

Ciertamente, Reza Palevi fue un autócrata, aunque nada que ver con lo que vino después en el momento en que los islamistas de la Revolución tomaron el poder. La prensa occidental fue, en nuestra opinión, una suerte de espejismo, pues no veían lo que se cernía en el horizonte sobre aquel país.

La llegada de la Revolución islámica a Irán rompía con cientos, si no miles de años, de múltiples reinados y diferentes dinastías persas. Fue en 1935 cuando se decidió llamar Irán a lo que había sido Persia desde la antigüedad. Incluso, se rompía con el primer gobernante musulmán

---

343   A. Ansari; K. Aarabi. *Op. cit.*
344   R. Falk. *Trusting Khomeini. The New York Times.* 16 Feb. 1979.
345   A. Ansari; K. Aarabi. *Op. cit.*

de la dinastía islámica de los Safávidas cuando el chiismo fue declarado religión de Estado en 1501. Por no decir que la Constitución de 1907 establecía un poder limitado a los monarcas, para llegar, posteriormente, en 1921, la dinastía Pahlavi que terminaría con la revolución de 1979[346] promovida por Jomeini, que acabaría con frustrar cualquier modernización social en Irán. Se comprobaría después que solo había un camino para el país: «gobernar por decreto religioso acompañado de la férrea creencia de que Israel y Estados Unidos eran los mayores enemigos del islam»[347].

«Luego se vería —dice Patrick Luciani— cómo los periodistas que antes viajaban libremente por Irán bajo el Sah tenían ahora prohibido volver tras la Revolución. Si pudieran —escribe Scruton— tendrían que presenciar «cosas» que «mendigan» una descripción: «la espontánea justicia de los guardias revolucionarios, las espantosas escenas de violencia, tortura y frenesí demoníaco, la humillación pública de las mujeres, el sacrificio diario de vidas demasiado jóvenes para ser conscientes del significado por el que están condenadas a la destrucción»[348]. Esta última referencia alude a los «innumerables niños enviados a la muerte para retirar minas terrestres durante la guerra entre Irán e Irak»[349]. Unos hechos que se iniciaron con la llegada de la Revolución islámica en el país y la creación en abril de 1979 del Cuerpo de Guardianes de la Revolución que se hizo con el control de la industria de Defensa, las telecomunicaciones y el sector de la construcción. Un grupo hoy de unos 140.000 a 160.000 efectivos, que dispone de sus propias fuerzas especiales, su aviación, y su armada[350].

Desde la llegada de Jomeini a Teherán, Yasser Arafat hizo todos los esfuerzos para encontrarse con él y felicitarle personalmente. Conviene recordar que, durante su exilio, «Jomeini veía el movimiento de resistencia palestino como otra forma de continuar la Revolución islámica desde dentro de Israel. Por ello, estaba dispuesto a mantener abiertas

---

346   https://es.wikipedia.org/wiki/Historia_de_Irán.
347   P. Luciani. *Op. cit.*
348   Se refiere Patrick Luciani al periodista Roger Scruton y su libro: *Against the Tide: The Best of Roger Scruton's columns, commentaries and criticism*. Bloomsbury. USA, 2022.
349   P. Luciani. *Op. cit.*
350   E. Razavi. *La face cachée des mollahs*. Les éditions du Cerf. 2024. Pág. 31.

las líneas de comunicación entre él, sus seguidores y los líderes de la OLP»[351]. El Sah, por su parte, aunque sin reconocer al Estado de Israel, le había suministrado petróleo e, incluso, mantenía acuerdos económicos entre los dos países, lo que le enfrentó con la OLP. Así: «Arafat encargó a Ali Salameh (Abu Hassan), jefe de operaciones de Fatah, que sirviera de enlace con los dirigentes del movimiento iraní contra el Sah, tanto dentro como fuera de Irán, atendiendo sus peticiones de entrenarse en nuestros campamentos proporcionándoles toda la ayuda militar que pudiéramos»[352]. Una confraternización que resultó muy del agrado de Jomeini.

Tanto es así que, «aunque siempre se había negado a conceder entrevistas a la prensa mientras vivía en Francia, en 1978 concedió a *Al-Hadaf*, la revista del FPLP, una larga entrevista en la que hablaba de una estrategia para derrocar al Sah y cambiar la monarquía constitucional iraní por un sistema islámico que gobernara con justicia, se ocupara de los pobres y desarrollara Irán utilizando los enormes ingresos del petróleo que acaparaban el Sah y su corrupto entorno. Jomeini no fijó una fecha para derrocar el régimen del Sah, pero dejó claro que sería pronto. De hecho, tenía razón»[353].

Arafat fue el primer dirigente en reunirse con el ayatolá Jomeini en Teherán tras el inicio de la Revolución islámica en 1979. Por su parte, Jomeini prometió apoyar la revolución palestina porque la OLP había respaldado su oposición al Sah. Fue entonces cuando se movilizó al pueblo iraní que se manifestó apoyando la causa palestina y «coreando cánticos en apoyo de la revolución palestina en contra de Estados Unidos e Israel»[354]. En noviembre de aquel año de 1979, un grupo de unos tres mil estudiantes iraníes cercaron la embajada estadounidense en Teherán tomando como rehenes a 66 funcionarios.

El 24 de abril de 1980, bajo la presidencia de Jimmy Carter, se organiza la operación Garra de Águila (*Operation Eagle Claw*). Una operación militar finalmente abortada, según se dice, debido a las malas

351   B. Abu Sharif. *Op. cit.* Pág. 62.
352   *Ibid.*
353   *Ibid.*
354   *Ibid.* Pág. 64.

condiciones atmosféricas[355]. Posteriormente, siendo Ronald Reagan Gobernador de California, se contactó con Arafat para liberar a los rehenes con la promesa de que si Reagan llegaba a la Casa Blanca, abriría sus puertas a Arafat. «Los rehenes fueron liberados el 20 de enero de 1981, minutos después de que Reagan jurara su cargo como cuadragésimo presidente de Estados Unidos. Habíamos cumplido nuestra promesa a Reagan —comenta Abu Sharif—, pero el presidente nunca cumplió la suya»[356]. Arafat vivía entonces en Beirut (Líbano).

El Líbano es una denominación, digamos, «moderna». En su época antigua[357] fue un lugar donde nacieron varias ciudades fenicias; entre otras: Tiro y Sidón, conocidas en los Evangelios por ser algunos lugares donde Jesucristo hizo múltiples milagros[358]. Tiro fue la ciudad que fundó Cartago en el Mediterráneo; lugar desde el cual los cartagineses dominaron comercialmente el mar y sus costas hasta ser totalmente destruidos por los romanos al final de las guerras púnicas, que se desarrollaron entre el 264 a. C. y el 146 a. C.[359]. Cartago se encontraba en lo que hoy conocemos como la ciudad de Túnez.

Durante el Imperio Romano, el Líbano pertenecía a Siria, no siendo hasta el Imperio Otomano cuando se le otorgue una suerte de autonomía mediante el gobierno de dos familias: los *maans*[360] (drusos) y los *chehabs*[361] (musulmanes de signo maronita convertidos al cristianismo[362]). Ambas familias controlaron el Líbano hasta el término de la Primera Guerra Mundial cuando el país pasó a depender de Francia, que, en 1920, creó el Gran Líbano[363]. En su proyecto de alcanzar el dominio

---

355   E. T. Russel. U.S. Department of Defense. *Crisis in Iran: Operation EAGLE CLAW.* https://media.defense.gov/2012/Aug/23/2001330106/-1/-1/0/Eagleclaw.pdf.

356   B. Abu Sharif. *Op. cit.* Pág. 67.

357   https://en.wikipedia.org/wiki/History_of_Lebanon.

358   Marcos (7: 24-36).

359   E. Olier. *Les guerres puniques du XXIe siècle. L'affrontement entre les États-Unis et la Chine pour l'hégémonie mondiale.* Éditions L'Harmattan. París, 2022. En esta obra se comparan las antiguas guerras entre cartagineses y romanos con los conflictos actuales entre China y Estados Unidos.

360   https://en.wikipedia.org/wiki/Ma %27n_dynasty.

361   https://en.wikipedia.org/wiki/Shihab_dynasty.

362   https://es.wikipedia.org/wiki/Iglesia_católica_maronita.

363   C. Eddé. Gènese de l'État Libanais (1818-1920). *Difficile apprentissage des dissensions et des négociations «nationales».* Travaux Et Jours 2020. (96), Págs. 21-43. https://journals.usj.edu.lb/travauxetjours/search.

de Siria, Francia había puesto mucho empeño en sus negociaciones con británicos, americanos e, incluso, rusos. Para lograrlo, los franceses utilizaron a la Iglesia maronita del Líbano o, más bien, del Monte Líbano, denominación que se usaría para el nuevo país en ciernes.

Lógicamente, Francia debía convencer también al futuro rey Faisal, al cual se le daría el Estado árabe de Siria con su capital en Damasco. Y en ese trueque, «Faisal reconoció «la independencia y la integridad territorial del Líbano bajo mandato francés». Aunque la definición de las fronteras del Líbano se dejó en manos del congreso de paz, se entendió que «Líbano» significaba —como se ha dicho— Monte Líbano»[364]. Faisal sería proclamado rey de Siria el 7 de marzo de 1920, convirtiendo al país en un reino independiente. El Líbano quedaba de momento, sujeto a «una vaga promesa de tomar en consideración los desiderata nacionales de los libaneses respecto a su país en sus fronteras conocidas antes de la Primera Guerra Mundial a condición de que Líbano evite cualquier influencia extranjera»[365].

La independencia del Líbano, sin embargo, no fue sencilla. Francia quería hacerse con aquella zona en contra de la opinión de los árabes circundantes, lo que logró después de varias conflagraciones con ellos el 1 de septiembre de 1920 para crear, como se ha dicho arriba, el Gran Líbano. Este nuevo territorio incluía el Mutasarrifato de Monte Líbano[366], al que se le anexionaban: «las ciudades costeras de Beirut, Sidón, Tiro y Trípoli, y las cuatro ex-*kazas*[367] otomanas de Hasbaya[368], Rachaiya[369], Baalbek[370] y Akkar[371]. Sus fronteras se fijaron en Nahr al-Kabir[372] al norte; Palestina al sur; el Mediterráneo al oeste, y las

---

364 F. Traboulsi. *A History of Modern Lebanon*. Second Edition. PlutoPress. Londres, 2012. Pág. 77.

365 *Ibid.* Pág. 78.

366 El Mutasarrifato de Monte Líbano era una de las subdivisiones del Imperio Otomano. https://es.wikipedia.org/wiki/Mutasarrifato_del_Monte_Líbano.

367 Se trataba de una subdivisión administrativa dentro del Imperio Otomano. https://en.wikipedia.org/wiki/Kaza.

368 https://en.wikipedia.org/wiki/Hasbaya.

369 https://es.wikipedia.org/wiki/Rachaiya.

370 https://es.wikipedia.org/wiki/Baalbek.

371 https://es.wikipedia.org/wiki/Gobernación_de_Akkar.

372 https://es.wikipedia.org/wiki/Nahr_al-Kabir.

cumbres de la cordillera del Antilíbano[373] al este»[374]. Se decía que la decisión de los franceses había sido una victoria del Patriarca [maronita] Elías Huayik[375] en detrimento de su hermano Sad Allah Huwayik, que pretendía un Líbano laico[376] (Figura 4.1).

Figura 4.1.- Territorios de Francia en 1920
(Irak y Palestina pertenecían al Reino Unido)

Esta corta historia del nuevo Líbano sirve para ponernos en perspectiva de que se trata de un país que, desde su creación por los franceses, tuvo enormes dificultades para consolidarse debido a los múltiples intereses que se daban cita en su diseño. Allí confluían diversos intereses políticos, además de diferentes grupos religiosos que luchaban entre sí, cada uno buscando el dominio sobre el resto.

En 1925, diferentes grupos religiosos de la zona se levantaron en contra de Francia para exigir la independencia y expulsar a los franceses del suelo árabe que habían conseguido al término de la Primera Guerra Mundial. Francia se hizo con el control de nuevo en 1927,

373   https://es.wikipedia.org/wiki/Cordillera_del_Antilíbano.
374   F. Traboulsi. *Op. cit.* Pág. 80.
375   https://en.wikipedia.org/wiki/Elias_Peter_Hoayek.
376   F. Traboulsi. *Op. cit.* Pág. 80.

dejando devastada la región, cambiando su modelo a una política de distensión, promoviendo, tanto en Siria como en el Gran Líbano, una Constitución que, en el caso del Líbano, cambió su nombre pasando a llamarse: República Libanesa. Se creó una cámara de diputados y un Senado, abolido en 1929. Francia, sin embargo, continuaba con el control de la seguridad, las relaciones internacionales y el ejército, y el país lo gobernaban los maronitas[377].

A los pocos años, el Líbano entraba en una seria crisis económica. El puerto de Beirut pierde pie respecto del puerto de Haifa, donde judíos y británicos trabajaban para convertirlo en el eje comercial del Levante Mediterráneo en aquella zona. Palestina, también, se convirtió en el centro aéreo con Europa, con lo cual el Líbano entró en decadencia mientras aparecían los conflictos entre los diferentes grupos religiosos del país.

El 21 de septiembre de 1943, en plena Segunda Guerra Mundial, el Líbano conseguirá la independencia, sumando varios acuerdos con Siria, según los cuales, el Líbano se comprometía a que su territorio no se utilizaría como base o paso de ninguna fuerza extranjera que pusiera en peligro la independencia o la seguridad de Siria, estableciéndose una estrecha colaboración entre ambos países en los ámbitos económico y social[378].

Con la guerra de 1967 (la guerra de los Seis Días), el Líbano no pudo escapar de la conflagración. El problema comenzó en el momento en que diferentes comandos palestinos se establecieron en la región libanesa en la frontera con Siria. El gobierno libanés, que había dejado establecerse a los fedayines en el sur, se encontró entre dos fuegos: el ejército israelí y la presión siria, que cerró su frontera con el Líbano, poniendo a su vez sanciones económicas al país. Desde entonces todo serán idas y venidas entre Siria, por un lado, Israel, por el otro, a lo que se unirán los grupos de Fatah y la OLP con Yasser Arafat con su «pequeño país libanés» en el medio[379].

---

377 *Ibid.* Pág. 90.
378 *Ibid.* Pág. 107.
379 *Ibid.* Pág. 212.

Desde entonces no habrá paz en el Líbano, sin olvidar a Jordania y a Egipto como partes interesadas, sobre todo desde los acuerdos de Camp David, cuando Siria buscaba ocupar el lugar que había ostentado Egipto en el pasado como país aglutinador de los intereses árabes en la zona.

Una situación que aprovechó Israel para lanzar la operación Litani[380] en marzo de 1978 financiando al Frente Libanés para crear una nueva zona fronteriza: «La advertencia de Rabin a Estados Unidos de que los israelíes ocuparían posiciones estratégicas en territorio libanés "tan discretamente como pudieran" se había puesto en práctica»[381]. Será el momento en que la ONU envíe una fuerza internacional al sur del Líbano (UNIFIL: United Nations Interim Force in Lebanon) para controlar la situación, o más bien «como red de seguridad para reforzar el control de Israel sobre la franja fronteriza»[382]. Un hecho que se sucedió en medio de la llamada «Guerra de los Dos Años» (*Two Year War*). Una guerra civil, entre 1975 y 1977, en la cual estallaron los combates entre las milicias cristianas libanesas y las musulmanas, estas últimas aliadas con grupos de la izquierda política apoyadas por fuerzas palestinas.

El conflicto venía de lejos al hilo de los acuerdos de Egipto con Israel al término de la guerra de los Seis Días, momento en que el Estado libanés concedió a las milicias palestinas de Arafat el derecho a portar armas y movilizar sus guerrillas para atacar a Israel desde el Líbano. Una decisión que no se aceptó por parte de los grupos políticos cristianos, pues entendían que se trataba de una amenaza de guerra en el Líbano. Los políticos musulmanes, sin embargo, defendieron la decisión a fin de no oponerse a los árabes radicales que defendían a la OLP[383].

Aquella guerra no estuvo exenta de lo que hoy conocemos de manera tan común: el relato. Cada facción trataba de imponer su criterio. En cuanto estallaron los combates, los bandos enfrentados empe-

---

380   https://es.wikipedia.org/wiki/Operación_Litani.

381   F. Traboulsi. *Op. cit.* Pág. 212.

382   *Ibid.*

383   Y. Nasser. *Violent urbanization and homogenization of space and place: Reconstructing the story of sectarian violence in Beirut.* WIDER Working Paper N.º. 2010/18. United Nations University.
        https://www.econstor.eu/handle/10419/53994.

zaron a culparse mutuamente. Beirut quedó paralizada por la lucha entre la OLP y los falangistas libaneses cristianos. El conflicto llegó a las inmediaciones de los campos de refugiados palestinos. Los muertos se contaban por centenas. Arafat, después de una sesión extraordinaria del Comité Ejecutivo de la OLP, acusaba a los dirigentes del Partido Falangista libanés de ser unas «marionetas en manos de las potencias imperiales y del sionismo mundial, cuyo principal objetivo era provocar crisis y agravar los problemas entre la OLP y los falangistas»[384]. Los «falangistas» por su lado publicaron fotos de civiles masacrados por las fuerzas de Arafat, «negando categóricamente sus declaraciones»[385].

Ayer, como hoy, el Líbano era una sociedad compleja, multirracial y multirreligiosa, con grupos extremistas de difícil control. En los días de aquella guerra civil, hay que decir que sus causas, aparte de la militarización en el país de las facciones de la OLP, existían otras causas. Primero, las continuas crisis políticas debido a esa frágil estructura social y política que había en el país. Segundo, la presencia de Siria como parte del conflicto interno. Tercero, el domino de la OLP, cuyo papel no era solo atacar a Israel desde el Líbano, sino que se había hecho con parte del territorio en el sur del Líbano. Y cuarto, el apoyo árabe libanés a las exigencias de la OLP de Arafat[386].

Después de la guerra civil siguieron los conflictos: la invasión de Israel en 1982; la salida de la OLP del Líbano; la rotura del acuerdo entre el Líbano e Israel firmado el 17 de mayo del siguiente año; el bombardeo por parte de Francia y Estados Unidos de Beirut; la entrada de Irán en el conflicto; y, finalmente, el poder emergente de Hezbolá[387], el «Partido de Dios» en su traducción literal. Comenzaba el uso de la religión en la consecución del poder político.

Fue entonces cuando ese grupo, Hezbolá[388], fue capaz de agrupar un importante contingente paramilitar de musulmanes libane-

---

384   S. Khalaf. *Civil and Uncivil Violence in Lebanon.* Columbia University Press. Nueva York, 2002. Pág. 229.

385   A. J. Abraham. *The Lebanon War.* Praeger Publisher. Westport. US, 1996. Pág. 2.

386   F. el Khazen. *The Breakdown of the State in Lebanon, 1967-1976.* Harvard University Press. Cambridge (Massachusetts, US), 2000. Pág. 5.

387   *Ibid.*

388   A. R. Norton. *Hezbollah: A Short History.* Princeton University Press. New Jersey, 2007. Se trata de un libro relevante para cualquiera que quiera hacerse una idea del

ses chiíes que habían sido entrenados y financiados por la Guarda Revolucionaria iraní. Así continúan hoy. Un grupo también al amparo de Siria desde aquella guerra civil, que se mantiene al lado del actual presidente sirio, Bashar al-Ássad, siempre bajo la atenta «mirada» de Irán.

Vayamos, sin embargo, a las guerras de Israel en el Líbano, pues aquella de 1978 no sería la última. En 1982, a primeros del mes de junio, Israel invadía el Líbano con la idea de echar fuera a los grupos armados de la OLP de la zona desde donde atacaban a las poblaciones del norte de Israel, lo que se conoce como la Galilea israelí. Una acción que llevó a las fuerzas armadas israelíes a un ataque en contra de los destacamentos sirios que se encontraban en el Valle de la Becá[389]. Después de aquello, en pocos días, Israel había cercado Beirut. Detrás había varios objetivos: poner fin a los ataques continuos que se sucedían en Israel por parte de comandos de la OLP y, de paso, acabar con esta organización poniendo un Gobierno libanés que no estuviera en contra de los judíos. Para lograrlo, había un objetivo adicional: expulsar a las fuerzas sirias del Líbano y reducir la resistencia palestina en Cisjordania y Gaza.

En definitiva[390]: (1) establecer un «cordón sanitario» (una zona de unos 40 kilómetros de profundidad que pondría los asentamientos de Galilea fuera del alcance de la artillería de la OLP); (2) controlar la agenda establecida en Camp David (expulsar a la OLP del Líbano y trasladarla a Jordania, donde obtendría cierto control del Gobierno y Jordania aceptaría un «Estado palestino» en su territorio); (3) establecer un «nuevo orden» en el Líbano (situando en el poder al partido

---

rompecabezas que constituye el Líbano, y del papel que en él desempeña Hezbolá, uno de los actores políticos claves en lo que sucede en Oriente Próximo, sobre todo en el contexto de Irán e Israel.

389   https://es.wikipedia.org/wiki/Valle_de_la_Becá.

390   M. Thomas David. *40 Km into Lebanon. Israel's 1982 Invasion.* A National Security Affairs Monograph. National Defense University Press. Washington DC, 1987. Pág. 108-114.
https://apps.dtic.mil/sti/tr/pdf/ADA187040.pdf.
En este trabajo aparece explícitamente, quizás por vez primera, el concepto de «cordón sanitario» (Pág. 108). Una idea que, modernamente, se ha hecho común en ciertos partidos políticos para negar cualquier legitimidad a fuerzas políticas contrarias.

de la Falange libanesa, o a otro grupo libanés simpatizante de Israel, a fin de continuar el proceso iniciado con Egipto después de los acuerdos de Camp David, dando legitimidad legal a Israel para permanecer durante un tiempo en el sur del Líbano); y (4) eliminar definitivamente a la OLP (un serio problema, en tanto que la OLP no tenía un verdadero «centro de gravedad» para atacar Israel, pues sus atacantes se movían de un lugar a otro, independientemente de que Arafat diera la sensación de querer establecer una suerte de fuerza regular en el sur del Líbano).

En principio, los objetivos israelíes se lograron: accedió al Gobierno un presidente afín a Israel (Bashir Gemayel[391], importante miembro de la Falange Libanesa), y las fuerzas de la OLP fueron desplazadas a otros países árabes bajo la supervisión de un contingente multinacional que incluía a marines estadounidenses. Sin embargo, al poco tiempo, el elegido presidente del Líbano fue asesinado supuestamente por un libanés bajo las órdenes de los servicios de inteligencia sirios. Y, aunque Israel destruyó en gran medida la potencia militar de Siria y de la OLP en la zona, no consiguió llevar la paz a Galilea. La OLP se distribuyó en varios lugares cercanos y la situación dio más poder a los grupos terroristas, fundamentalmente a Hezbolá y a la menos conocida Amal[392], una importante organización con enorme popularidad entre los más de 300.000 refugiados chiíes del Líbano en aquellos días[393].

Se puede decir que, en esencia, Israel trasladó sus enemigos a otros lugares, aunque no fue capaz de eliminar totalmente a las fuerzas sirias que operaban en el Líbano, que no salieron del país hasta 2006[394]. Un país —el Líbano— que, desgraciadamente, desde sus inicios, vive sumido en un permanente drama. Un drama en el cual su futuro siempre está determinado por un complejo reparto de poder en su interior, y por unas influencias externas que limitan su desarrollo independiente. Basta acercarse al país, moverse por sus villas, ciudades y

---

391   https://es.wikipedia.org/wiki/Bashir_Gemayel.

392   K. W. Casais. *Israel's Wars in Lebanon, 1982-2006. An Ends/Means Mismatch.* Master of Military Studies. United States Marine Corps Command and Staff College Marine Corps University, Virginia, 2009. https://apps.dtic.mil/sti/pdfs/ADA507993.pdf. Págs. 6-7.

393   https://es.wikipedia.org/wiki/Movimiento_Amal.

394   K. W. Casais. *Op. cit.* Págs. 8-9.

pueblos, para notar esa permanente dificultad de conseguir un destino común en libertad para todos sus habitantes. Algo que comprobamos personalmente en una visita de varios días, incluida la estancia en el destacamento UNIFIL de la ONU y sus puestos de control.

En 1985, Israel se había retirado de todo el territorio del sur del Líbano, excepto de una delgada franja que mantenía como zona de seguridad para evitar los ataques de Hezbolá y las incursiones de diversos comandos por el norte de Israel. Esta zona de seguridad se mantuvo hasta que Israel se retiró completamente del Líbano en 2000.

Antes, sin embargo, en 1987, en Cisjordania y en la franja de Gaza, estallaba la primera Intifada contra la ocupación israelí. Un problema sin final: cuando parecía que se llegaba a un acuerdo, surgía un nuevo conflicto. Y así, hasta hoy en 2024, cuando el Líbano sigue siendo una suerte de Estado fallido, con Hezbolá en el «asiento del piloto», mientras suenan «las sirenas de guerra»[395].

Hezbolá se convertía así en una fuerza determinante en el Líbano. Era un Estado dentro del Estado. Una organización de origen chií incluida en la lista de grupos terroristas de Estados Unidos, vinculada, como se ha dicho, a Irán, con antiguas alianzas con Siria, que, desde 1992, se «sienta» en el Parlamento libanés (con 13 diputados en 2020, de los 128 existentes); a la vez que mantiene una potente organización militar que, según el Instituto Internacional de Estudios Estratégicos (IISS: The International Institute for Strategic Studies[396]), contaba en 2020 «con veinte mil combatientes activos y otros veinticinco mil en reserva, con un arsenal de armas pequeñas, aparte de tanques, aviones no tripulados y varios misiles de largo alcance, constituyendo «el actor no estatal más armado del mundo». Una organización a la que Irán financia anualmente con unos 700 millones de dólares»[397].

395   I. Halawi. *Lebanon on the Brink: Failing the State as War Sirens Blare*. The Tahrir Institute. 11 de enero de 2024.
https://timep.org/2024/01/11/lebanon-on-the-brink-failing-the-state-as-war-sirens-blare/.

396   https://www.iiss.org/en/.

397   Citado en: C. E. Humud. Congressional Research Service. *Lebanese Hezbollah*. 1 de febrero de 2021. https://www.justice.gov/eoir/page/file/1363491/dl

Sorprendentemente, en virtud del Acuerdo de Taif de 1989[398], aprobado por el Parlamento libanés en noviembre de ese año, que dio fin a la guerra civil en el Líbano, Hezbolá fue la única milicia autorizada a conservar sus armas. En dicho Acuerdo se indicaba que «el Líbano es árabe por pertenencia e identidad. Es miembro activo y fundador de la Liga Árabe y está comprometido con sus estatutos»[399]. A la vez que se pactaba que «las fuerzas sirias ayudarán a las fuerzas del gobierno legítimo libanés a extender la autoridad del Estado del Líbano en un plazo determinado no superior a dos años»[400], con lo que Siria, de un lado, y Hezbolá del otro, se mantuvieron en una situación de «vigilancia» sobre el Estado libanés.

Volviendo al eje central del conflicto palestino-israelí, hay que comprender que, desde la ocupación israelí del sur del Líbano en 1978, nunca se detuvieron los ataques de Hezbolá, no solo en Israel, sino contra objetivos judíos en el extranjero, como el atentado con coche bomba contra un centro comunitario judío en Argentina en 1994, en el que murieron ochenta y cinco personas, o el atentado contra la embajada israelí en Londres. Incluso, después de que Israel se retirara oficialmente del sur del Líbano en 2000, siguieron los enfrentamientos con Hezbolá, especialmente en la disputada zona fronteriza de las Granjas de Shebaa[401]. Llegando a desembocar en una guerra de un mes en 2006, durante la cual Hezbolá lanzó miles de misiles contra territorio israelí[402]. Lo denominaron «operación Promesa Verdadera», en

398   Taif Accords. *General Principles.* https://peacemaker.un.org/sites/peacemaker.un-.org/files/LB_891022_Taif %20Accords.pdf

399   Taif Accords. *General Principles* (apartado B).

400   *Ibid. III Other Reforms. Second, spreading the sovereignty of the State of Lebanon over all territories.* Apartado D.

401   https://es.wikipedia.org/wiki/Granjas_de_Shebaa.

402   K. Robinson. *What is Hezbollah?* Council on Foreign Relations (CFR). 14 de octubre de 2023. En este artículo se ofrece un interesante gráfico (*Hitos en la historia de Hezbolá desde 1943 hasta 2020*). Año este de 2020, en el que Hezbolá juró vengarse después de que un ataque estadounidense con un avión no tripulado matara al comandante iraní de la Fuerza Quds (división del Cuerpo de la Guardia Revolucionaria Islámica iraní especializada en guerra híbrida y operaciones de inteligencia militar), Qasem Solemaini. Ese mismo año, un juez comenzó a investigar a funcionarios vinculados a Hezbolá en relación con las explosiones en el puerto de Beirut que causaron centenares de muertos.
https://www.cfr.org/backgrounder/what-hezbollah.
Sobre la Fuerza Quds, se puede ver: https://es.wikipedia.org/wiki/Fuerza_Quds.

referencia a una promesa hecha por el secretario general de Hezbolá, Sayyed Hasan Nasralá[403], de liberar a todos los prisioneros libaneses de las cárceles israelíes[404].

La respuesta al ataque de Hezbolá de 2006 no se hizo esperar por las fuerzas aéreas de Israel, sobre todo a partir del secuestro de dos soldados israelíes, además de la muerte de otros tres. Así, el 12 de julio de aquel año, Israel comenzó a bombardear objetivos en el Líbano. Del lado israelí, esta acción se denominó: operación Cambio de Dirección[405], cuyo objetivo primordial fue «la liberación de los dos soldados cautivos, así como lograr un alto el fuego y la retirada de las fuerzas de Hezbolá de la frontera con Líbano. Sin embargo, la clave de la operación trataba de acabar con Hezbolá como potencia militar»[406]. La Armada israelí bloqueó la costa libanesa para cerrar las comunicaciones entre el Líbano y Siria. El conflicto terminó con un alto el fuego el 12 de agosto de aquel año. Israel no había logrado sus objetivos. Hezbolá, aunque quedó aparentemente debilitada, seguía al mando del Líbano al igual que hoy, mientras que el Gobierno libanés, entonces y ahora, se demuestra incapaz, en sus disidencias, de conseguir dominar la situación. En la trastienda, Irán mantiene un importante poder en la zona. Hezbolá es un pilar de ese poder, aunque no el único.

La figura 4.2[407] muestra la influencia iraní en Oriente Medio. No solo en el Líbano o en las zonas de Palestina fuera del control de Israel, como serían Gaza o Cisjordania, donde hoy la OLP o la Autoridad Palestina poco tienen que decir. Una influencia que constituye un

De Qasem Solemaini, puede consultarse: https://es.wikipedia.org/wiki/Qasem_Soleimani.

403   https://es.wikipedia.org/wiki/Hasan_Nasrallah.

404   https://en.wikipedia.org/wiki/2006_Hezbollah_cross-border_raid.

405   M. N. Schmitt. *«Change Direction» 2006: Israeli Operations in Lebanon and the International Law of Self-Defense.* Michigan Journal of International Law. Vol. 29. Issue 2. 2008. Pág. 127-164.

406   H. T. Nakhleh. *The 2006 Israeli War on Lebanon: Analysis and Strategic Implications.* USAWC Strategic Research Project. US Army War College. Pennsylvania. 2007. El autor era Teniente Coronel del ejército libanés. https://apps.dtic.mil/sti/tr/pdf/ADA468848.pdf.

407   La figura se ha construido en base a la información aportada por el International Institute for Strategic Studies (IISS). An IISS Strategic Dossier. *Iran's Networks of Influence in the Middle East.* Londres, 2019. https://www.iiss.org/publications/strategic-dossiers/iran-dossier/.

poder global que no solo se concentra en Oriente Medio, sino que se expande por otras geografías, en círculos, como indica *Kaveh the Hammersmith*[408]. Según estos autores, el poder iraní se basa en las relaciones internacionales de Irán con otros países, organizándose en círculos que afectan principalmente a las zonas más inestables políticamente de Oriente Medio, Asia Central y África: «Se trata de un doble patrón de influencia. Por un lado, las relaciones económicas y políticas [de Irán] con otras naciones y, por otro, las actividades de desestabilización que se definen —según *Kaveh the Hammersmith*— como una "nebulosa nacional islámica al servicio de la teocracia iraní destinada a eliminar toda oposición al régimen actual"»[409].

A estas influencias hay que incluir al Emirato de Catar: un pequeño país de unos 1500 kilómetros cuadrados, pegado a las riberas del Golfo Pérsico (Golfo Arábigo para los árabes), que es una potencia energética mundial. Catar, con Estados Unidos y Australia, se encuentra entre los mayores exportadores de gas licuado del mundo[410]. Con unos dos millones y medio de habitantes, este país tiene una economía que supera en términos de PIB (Producto Interior Bruto) los 244.000 millones de dólares, y alcanza los 81.500 dólares en renta per cápita[411], cuando la media de la Europa del euro llega a los 45.800 dólares[412].

Un complejo escenario geopolítico, en tanto que Catar mantiene excelentes relaciones con Irán, así como con los grupos talibanes que

---

408   *Kaveh the Hammersmith* es un colectivo opositor al Gobierno iraní que se encuentran detrás de ese seudónimo. Seudónimo que se refiere a una mítica figura de la mitología persa que, según se dice, se puso al frente de una revuelta popular en contra de un invasor extranjero. Los círculos de influencia iraní los refiere *Kaveh the Hammersmith* en su libro: *Global Hezbollah. The Iranian National-Islamist Nebula. Secret*. Networks and worldwide strategy. LAP Lambert Academic Publishing. Saarbrücken, Alemania, 2011.

409   E. Olier. *Op. cit.* Págs. 269-270 y Fig. 8.1: *Les cercles d'influence d'Iran, y compris les pays du Sahel.*

410   Oil & Gas Journal. 2 de abril de 2024. Las exportaciones de Catar alcanzaron, entre 2020 y 2023, los 10,5 miles de millones de metros cúbicos de gas al día, al mismo nivel que Australia, y similares exportaciones de Estados Unidos, el mayor exportador de gas licuado del mundo en ese período.
       https://www.ogj.com/general-interest/economics-markets/article/55001674/eia-us-was-worlds-largest-lng-exporter-in-2023.

411   Datos según el Fondo Monetario Internacional: https://www.imf.org/external/datamapper/profile/QAT.

412   *Ibid.* https://www.imf.org/external/datamapper/profile/EURO.

operan en Oriente Medio y con Hamás, sin olvidar a los Hermanos Musulmanes, bien conocidos por sus acciones en Arabia Saudí. A la vez que considera a Turquía como un aliado estratégico, protector de sus intereses, siendo un suministrador clave de gas en muchos países de la Unión Europea[413].

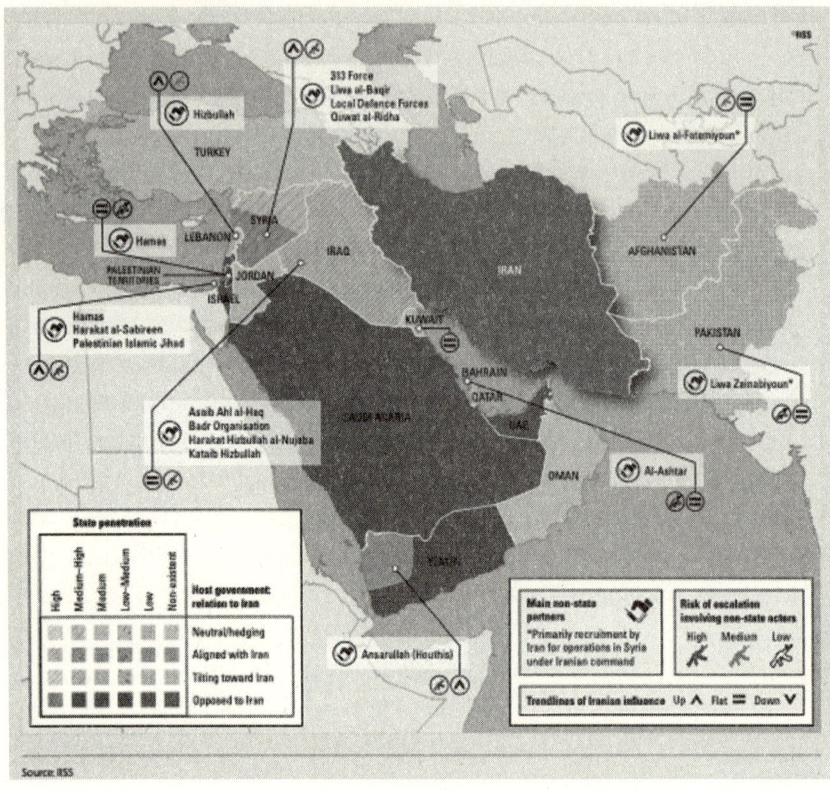

Figura 4.2.- Influencia de Irán en Oriente Medio

413   G. Steinberg. *Qatar's Foreign Policy Decision-making processes, baselines, and strategies.* SWP Research Paper 4. Stiftung Wissenschaft un Politik (German Institute for International and Security Affairs). Berlin. Abril 2023. https://www.swp-berlin.org/publications/products/research_papers/2023RP04_Qatar_ForeignPolicy.pdf.

Este preámbulo pone a Hamás en portada. Se trata de una organización que nació de la intifada ante la ocupación de Israel de la Franja de Gaza y de Cisjordania, así como de las fuerzas laicas dirigidas por la OLP. Hasta aquel momento, el movimiento más importante de la llamada resistencia en contra de las fuerzas israelíes había sido el de los Hermanos Musulmanes, que se mantuvieron al margen de la presencia israelí en aquellas zonas[414].

Los Hermanos Musulmanes[415] comenzaron su existencia hacia 1928 en la ciudad de Ismailía[416] tras la abolición del califato islámico en Estambul en 1924[417]. Estaban en contra de lo que consideraban la occidentalización de la cultura musulmana. Se trataba de una organización, en principio, humanitaria, que apoyaba los servicios sociales locales y realizaba proyectos en beneficio de la comunidad musulmana en Egipto. Aquello les creó un halo de simpatía y adhesión en la población egipcia, necesitada de un calor humano que no tenía.

Pronto se dieron cuenta de que la resistencia solo era eficaz con su acceso al poder. Así comenzó el largo intento de infiltrarse en las esferas del Gobierno. Intentos que, al decir de Nawaf Owaid, fracasaron: «En esencia, el árbol de los Hermanos Musulmanes ha sido incapaz de florecer en una estructura gubernamental viable para el mundo árabe porque sigue alimentándose de sus raíces opositoras»[418].

De 1928 a 1932, los Hermanos Musulmanes ampliaron el número de sus miembros en los alrededores de Ismailía, de manera que, en

---

414   Z. Abu-Amr. *Hamas: A Historical and Political Background.* Journal of Palestine Studies XXII, N.º 4. Summer 1993. Págs. 5-19.
       https://yplus.ps/wp-content/uploads/2021/01/Abu-Amr-Ziad-Hamas-A-Historical-and-Political-Background.pdf.
415   https://es.wikipedia.org/wiki/Hermanos_Musulmanes.
416   https://es.wikipedia.org/wiki/Ismailía.
417   El 3 de marzo de 1924, el primer presidente de la República Turca, Mustafa Kemal Atatürk, abolió constitucionalmente la institución del califato. Atatürk ofreció el califato a Ahmed Sharif as-Senussi, con la condición de que residiera fuera de Turquía.
       https://es.wikipedia.org/wiki/Califato#:~:text=El %203 %20de %20marzo %20de,constitucionalmente %20la %20institución %20del %20califato.
418   N. Owaid. *The Muslim Brotherhood. A Failure in Political Evolution.* Harvard Kennedy School. Belfer Center for Science and International Affairs. Paper. Cambridge, US. Julio 2017. Pág. 1.
       https://www.belfercenter.org/sites/default/files/files/publication/Muslim %20Brotherhood %20- %20final.pdf.

cuatro años, la organización contaba con sedes a lo largo de los bordes oriental y occidental del Delta del Nilo, en las cuales ponía en marcha proyectos combinados de mezquita-escuela, que se constituían en el centro de las actividades de la comunidad. En 1949 había dos mil filiales y entre 300.000 y 600.000 miembros[419].

Con el tiempo los Hermanos Musulmanes se dividieron en distintos grupos terroristas. Son reconocidas sus acciones vinculadas con Al Qaeda, Hamás y el Dáesh[420], por ejemplo. Entre los años 1970 y 1980 protagonizaron constantes enfrentamientos violentos con el Gobierno de Sadam Husein, que «culminaron en febrero de 1982 con la matanza de 30.000 civiles a manos de alauitas y algunos kurdos»[421]. De ellos nació también, como brazo político en Jordania, el Frente de Acción Islámica[422], el cual, hay que decirlo, buscaba soluciones políticas no violentas, lo que no quita para que mantuviera una profunda vinculación con Hamás[423]. Asimismo, los Hermanos Musulmanes dieron origen a la Yihad Islámica Palestina. Una organización ideológica y militar, tal como ellos dicen, que se nutre a través de la financiación y el soporte militar de Irán, lo que incluye a Hezbolá y, por supuesto a Hamás[424].

Dada la complejidad de las múltiples organizaciones no gubernamentales y terroristas en Palestina, así como en otros países aledaños, surge la inevitable pregunta de quién gobierna realmente la Palestina árabe o, por mejor decir, la Palestina de los palestinos. ¿Se trata de la OLP, de la Autoridad Palestina, o más bien de alguno de los grupos que allí operan, particularmente Hamás?

Oficialmente, hoy, la Organización para la Liberación de Palestina (OLP) representa a los palestinos de todo el mundo en los foros internacionales, mientras que la Autoridad Palestina es quien, se supone, gobierna la mayor parte de Cisjordania y la Franja de Gaza. Sin

---

419   *Ibid.* Pág. 5.

420   https://es.wikipedia.org/wiki/Estado_Islámico.

421   N. Owaid. *Op. cit.* Pág. 3.

422   https://en.wikipedia.org/wiki/Islamic_Action_Front.

423   Un detallado análisis de la relación entre el Frente de Acción Islámica y Hamás puede encontrarse en: N. J. Brown. *Jordan and Its Islamic Movement: The Limits of Inclusion?* Carnegie Endowment for International Peace. N.º 74. Noviembre 2006.

424   S. Bartal. *Palestinian Islamic Jihad: Between Nationalism and Religion.* The Journal of the Middle East and Africa. Vol. 14. N.º 2. 2023. Pág. 117-137.

embargo, tal como indica la Palestinian Academic Society for the Study of International Affairs, situada en Jerusalén: la Autoridad Palestina tiene «autoridad municipal» sobre los asuntos de los palestinos en los territorios ocupados por Israel, mientras que la OLP toma «decisiones más amplias» sobre los palestinos de todo el mundo, así como sobre el estatuto de Palestina, si bien no tiene autoridad legal sobre la gobernanza local interna[425].

Según esto, la OLP es de por sí superior a la Autoridad Palestina, aunque esta parece estar ganando cada vez más importancia política a costa de la OLP, pues ha asumido, por ejemplo, funciones diplomáticas paralelas a la OLP, un papel para el que no tiene mandato alguno. Todo lo cual complica aún más la situación en Palestina, en tanto que los organismos legislativos no funcionan: el Consejo Legislativo Palestino de Cisjordania y Gaza no se reúne desde hace siete años, y el Consejo Nacional Palestino no se reúne desde 1998[426].

No hay ninguna duda de que esta situación representa una suerte de «vacío de poder», lo que potencia el poder de Hamás que es, sin duda, quien gobierna *de facto* la Franja de Gaza, mientras que Cisjordania se encuentra en una cierta indefinición, con un poder compartido entre Israel y la Autoridad Palestina: las zonas rurales bajo control de Israel, donde habitan unos 150.000 palestinos y unos 700.000 israelíes, y las ciudades y otras zonas donde palestinos e israelíes comparten la seguridad[427], tal como se fijó en 1993 en los referidos Acuerdos de Oslo.

Una compleja situación a la que hay que sumar Hezbolá en el Líbano, que ataca hoy, en 2024, a las poblaciones del norte de Israel. Dos grupos terroristas —Hezbolá y Hamás— que, con Irán en la trastienda[428], impiden cualquier solución a corto plazo de un problema que

---

425   PASSIA. Palestinian Academic Society for the Study of International Affairs. *PLO vs. PA*. Septiembre de 2014. http://passia.org/media/filer_public/8a/e7/8ae7c030-ac1d-4688-b3f4-606fbd50cd41/pa-plo2.pdf.

426   *Ibid.*

427   K. Robinson. *Who Governs the Palestinians?* Council on Foreign Relations (CFR). 19 de marzo de 2024. https://www.cfr.org/backgrounder/who-governs-palestinians#:~:text=In %20recent %20decades %2C %20the %20Palestinian,both %20 areas %20in %20different %20ways.

428   Sirva esta información entre muchas otras: «Hezbolá lanzó nuevos ataques y amenazó con intensificar el conflicto con Israel: «Que la operación crezca». «Agradecemos el apoyo de Irán, que se enfrenta a muchas amenazas y sus dirigentes siguen

se hace secular. Un conflicto que tiene visos de confrontación religiosa cuando en realidad solo busca el poder político de esa zona en la que, en opinión de los atacantes, sobra Israel. Se vuelve constantemente a 1948, eso sí: cambiando los actores.

siendo claros y decididos partidarios de la causa palestina y de los movimientos de resistencia en la región», declaró Hassan Nasrallah, líder del grupo terrorista libanés». https://www.infobae.com/america/mundo/2024/04/03/hezbollah-lan-zo-nuevos-ataques-y-amenazo-con-escalar-el-conflicto-con-israel-que-la-ope-racion-crezca/.

Capítulo V
DETRÁS, UNA GUERRA DE RELIGIÓN

«Escuchad, reyes, y entended; aprended, gobernantes de los confines de la tierra. Prestad atención, los que domináis multitudes y os sentís orgullosos de tener muchos súbditos: el poder os viene del Señor y la soberanía del Altísimo. Él examinará vuestras acciones y sondeará vuestras intenciones. Porque siendo ministros de su reino, no gobernasteis rectamente, ni guardasteis la ley, ni actuasteis según la voluntad de Dios».

Libro de la Sabiduría (6: 1-4)

RELIGIÓN, POLÍTICA Y GUERRA · MASACRE EN EL LÍBANO: SABRA Y SHATILA · EL INFORME KAHAN · INTIFADA · LA DECLARACIÓN DEL ESTADO PALESTINO · LA GUERRA ENTRE IRÁN E IRAK · UN NUEVO ORDEN MUNDIAL · LA CONFERENCIA DE PAZ DE MADRID · NEGOCIACIONES «ABIERTAS Y CERRADAS» ENTRE ISRAEL Y PALESTINA · ACUERDOS Y FRUSTRACIONES · EL MURO DE LAS LAMENTACIONES Y LA MEZQUITA DE AL-AQSA · LA INTIFADA Y LA YIHAD · TERRORISMO Y DEMOCRACIA.

Después de la guerra del Yom Kippur en 1973, Israel, como dijimos antes, invadía el Líbano en junio de 1982. A decir de Rashid Kalidi —ya citado en otras páginas— detrás de la invasión, aunque esta apreciación sea discutible, el objetivo de los primeros ministros israelíes, Ariel Sharon, Menájem Begin y Yitzhak Shamir, era fundar el Gran Israel, destruyendo militarmente a la OLP para anular su poder en el

Líbano y terminar con la OLP en el West Bank[429], la Franja de Gaza y el Este de Jerusalén[430].

En su libro, *The Hundred Years' War on Palestine*, Khalidi obvia la guerra del Yom Kippur de 1973, clave, según otros analistas, para entender el ataque israelí sobre el Líbano en 1982. Para Khalidi, 1982 se convierte en la «cuarta declaración de guerra» de Israel sobre Palestina, o por decirlo mejor, en contra de los países árabes, según su propia apreciación. La tercera declaración de guerra fue para este autor la de 1967. La primera, tal como lo cuenta en su libro, se desarrolló en un largo período, de 1917 a 1939; y la segunda entre 1947 y 1948. De todas ellas hemos dado cuenta hasta aquí, aunque hay que volver al Líbano.

Para aumentar las perspectivas hacia los tiempos actuales, la invasión del Líbano tuvo un antes y un después, sobre todo por la intensidad de los combates entre la OLP y las fuerzas armadas israelíes. En la zona libanesa —dice Khalidi— fueron más de 19.000 los civiles muertos, y más de 30.000 los heridos[431]; aunque, en la nota correspondiente a estas cifras, el propio Khalidi certifica que: «es comprensible que esas cifras no fueran del todo exactas, dadas las circunstancias de la guerra»[432]. Quedan por tanto dudas de lo que realmente supusieron aquellos ataques. Del lado israelí, según este mismo autor, «la invasión del Líbano y la subsiguiente prolongada ocupación de la zona sur del país —que finalizó en el 2000— supuso [para Israel] el tercer mayor número de bajas militares de las seis guerras más importantes de los últimos 70 años de historia»[433]. De nuevo vuelve a surgir lo que referimos como el «relato» en otro lugar, o la desinformación que inunda este permanente conflicto; especialmente del lado árabe. De un lado murieron civiles armados, del otro militares, con números siempre inciertos.

---

429   En el texto del libro, como vamos viendo, se utiliza indistintamente West Bank o Cisjordania, que se denomina de esta manera por su relación con el río Jordán. Con la Franja de Gaza, Cisjordania constituye el territorio palestino. Se mantiene bajo ocupación israelí desde 1967. Por este motivo, en múltiples ocasiones, ponemos uno u otro entre paréntesis.
https://en.wikipedia.org/wiki/West_Bank. https://es.wikipedia.org/wiki/Cisjordania.

430   R. Khalidi. *Op. cit.* Pág. 142.

431   *Ibid.* Pág. 143.

432   *Ibid.* Pág. 284.

433   *Ibid.* Pág. 143.

Se suele decir que las guerras se producen cuando en una relación política al menos uno de los actores intenta cambiar el *statu quo*; siempre que no haya podido modificarlo por medios pacíficos. Sin embargo, cuando se trata de conflictos de origen religioso, es muy difícil llegar a un conocimiento exacto de lo sucedido, en tanto que la religión, para aquel que trata de imponer sus creencias, lleva siempre aparejada cambios en la estructura social. O lo que es lo mismo: la religión —siempre que sea impuesta— modifica de manera drástica las relaciones de poder entre quienes lo ostentan y la sociedad que debe someterse a dicho poder. Tal fue el caso, por ejemplo, del comunismo en Rusia impuesto por los bolcheviques en su día. Una revolución que tuvo todas las características de una guerra de religión, en el sentido de que, como en cualquier guerra de religión, no cabe la negociación: o se gana o se pierde. Las guerras de religión, cuando se llevan al límite, no permiten acuerdos ni cualquier otro esquema de equilibrios en el poder. La historia está llena de ejemplos en los que las luchas con sustrato religioso buscan lograr el poder para modificar las estructuras sociales en su conjunto. Y esto es lo que subyace en el conflicto árabe-palestino con Israel.

Cuando se trata de analizar política y hecho religioso, viene muy a cuento el discurso que Mahatma Gandhi hizo enfrente de los estudiantes de Madrás el 27 de abril de 1915. Allí, el político indio dijo a sus oyentes que: «Los estudiantes no pueden alejarse de la política. La política es tan esencial para ellos como la religión. La política no puede separarse de la religión. La política divorciada de la religión se envilece»[434]. Una excelente definición de lo que decimos.

Siguiendo a Gandhi, habría que concluir que, en múltiples casos, política y religión van unidas. Es como decir que, en general, un ideario político se asemeja a un ideario religioso, ya que los integrantes de este tipo de formaciones políticas[435] rechazan e incluso buscan ani-

---

434   https://www.gandhipedia150.in/static/data/highlighted_pdfs_output/gokhale_volume13_book_64.pdf.

435   El marxismo y muchos regímenes teocráticos son también un buen ejemplo. Del primero, aunque hay mucho escrito al respecto, se puede ver: M. N. Rothbard. *Karl Marx: Communist as Religious Eschatologist*. Mises Institute. 1990. (57 páginas). https://cdn.mises.org/rae4_1_5_2.pdf. Del Segundo, puede verse: H. Farooq Harum. *Teocratic system of government (Religious Judgement)*. Journal of Historical Ar-

quilar a sus oponentes. Una actitud muy común, no solo en regímenes dictatoriales —religiosos o no—, sino también en muchas democracias actuales: el contrincante político pasa a ser un enemigo al que hay que destruir; eso sí, con los medios «democráticos» que se disponga, o incluso saltándoselos cuando conviene.

Volviendo al caso del Líbano, surge como inevitable considerar una de las acciones más reprobables de aquel conflicto: la masacre de Sabra y Shatila, que sucedió entre el 15 y el 18 de septiembre de 1982, cuando, en medio de la guerra, fueron exterminados miles de palestinos que se encontraban en los campos de refugiados de Beirut, a cuyas causas, conocidas, tendremos que volver.

Decimos que es inevitable, porque los conflictos entre judíos y árabes, incluyendo aquí a los palestinos, tienen todos los visos de una guerra de religión, que lleva al intento de aniquilar al contrario; donde, las negociaciones, como ha ocurrido ya en demasiadas ocasiones, acaban siempre rotas. Unos por miedo a ser exterminados en su propio país, y los otros por el deseo de expulsar del territorio a los que consideran unos infieles intrusos. De ahí, las guerras tan virulentas que vienen sucediéndose en Palestina desde 1948, donde las masacres tampoco están exentas.

Alain Brossat es un filósofo francés, profesor en la Universidad de París, que se ha introducido en el porqué de las masacres. Una de sus reflexiones comienza con esta frase: «La evidencia de una ruptura en el corazón de la historia de las masacres nos golpea cuando nos detenemos a pensar en ciertas imágenes de los "días de muerte" en los campos nazis o estalinistas»[436]. Para continuar algo después con esta afirmación: «La masacre es parte integrante de la guerra, y la guerra es una figura inscrita en el corazón de la hostilidad, la rivalidad y la diferencia. En tal configuración, no hay pudor en odiar (sino más bien en no asumir los motivos, los medios y las consecuencias del odio), y no hay

---

cheology and Anthropological Sciences. Vol. 8. Issue 2. 2023. https://medcraveonline.com/JHAAS/JHAAS-08-00282.pdf.

436   A. Brossat. *Temps des massacres, present des genocides.* Lignes 1997/1. N.º 30. Págs. 131-144. https://www.cairn.info/revue-lignes0-1997-1-page-131.htm.

pudor en convertir el odio en un gesto homicida, posiblemente a escala masiva»[437].

De esto se trata: de odio. Por eso, Brossat alude a los reyes babilonios, para los cuales «la guerra no era una calamidad que había que evitar o un mal menor al que resignarse»[438]. Más bien se trataba de una tarea en la que había que exterminar al enemigo, pues el enemigo en estos casos es, siempre, un criminal o, como dice este filósofo: «peor aún: [es] un sacrilegio»[439]; lo que nos devuelve a la religión. Por lo cual castigar al enemigo de la forma más extrema posible nunca será demasiado cruel, pues se trata de un «hereje». Así se explican los sucesos de la masacre de Sabra y Shatila en el Líbano: odio al enemigo. Un odio al que se suman siempre otras partes interesadas, que buscan, normalmente, un provecho político.

Hagamos una corta historia de lo sucedido en aquellos lugares. Como se recordará, el 6 de junio de 1982, el ejército israelí invadió el Líbano, avanzando hacia la capital, Beirut. Para los árabes, de acuerdo con una de las fuentes de aquel suceso, la invasión fue conocida como «la Sexta Guerra Árabe-Israelí, o la Traicionera Invasión Israelí del Líbano, mientras que los israelíes se refirieron a ella como Paz para la Galilea»[440]. El objetivo era, como ya se dijo, la salida de las fuerzas de la OLP que castigaban las zonas fronterizas del Líbano del norte de Israel con continuos ataques a sus habitantes. Tanto el contingente francés como el ejército israelí vigilaban la salida de los contingentes de la OLP desde el puerto de Beirut. Entretanto, como es sabido, las elecciones en el Líbano habían dado ganador al líder de las falanges libanesas, Bashir al-Gemayel, que fue investido presidente el 23 de agosto de aquel año, y posteriormente asesinado. Desgraciadamente, el resultado fue que la mitad de la población de Beirut estalló de gozo por la elección, mientras que la otra mitad explotó con furia. La figura 5.1 muestra la situación del Líbano antes de la invasión israelí, con los contingentes occidentales que salieron posteriormente.

437   *Ibid.*
438   *Ibid.*
439   *Ibid.*
440   B. Nuwayhed al-Hout. *Sabra and Shatila. September 1982.* Pluto Press. Londres, 2004.
      Pág. 1.

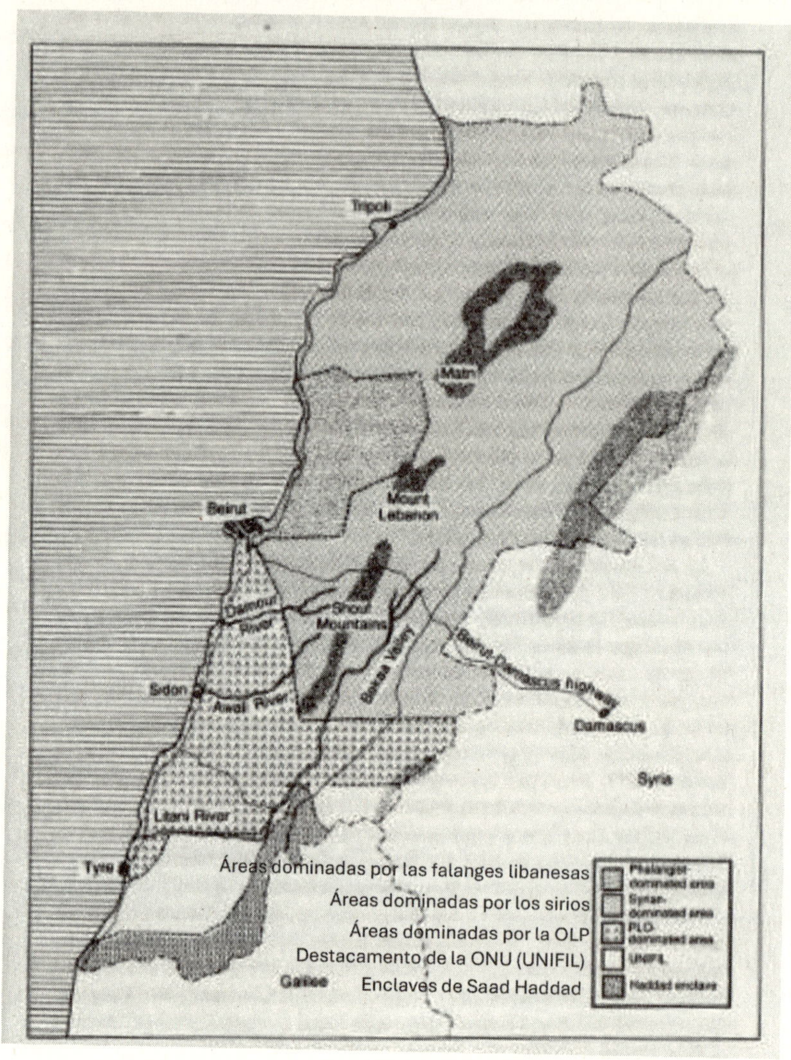

Figura 5.1.- El Líbano antes de la invasión de Israel

Según se dice, «el primer día de septiembre, los combatientes palestinos y sirios habían abandonado Beirut, por mar o por tierra, y poco después, dando por concluida su misión, las fuerzas multinacionales, estadounidenses, italianas y francesas, comenzaron a preparar su propia salida. Las tropas francesas fueron las últimas en partir, el 11 de septiembre. Los combatientes palestinos se habían marchado, el asedio israelí continuaba y Beirut seguía sin agua ni electricidad. Lo sorprendente fue que, durante ese periodo crucial, «nadie de ningún bando expresó su preocupación sobre quién era el responsable de la seguridad en los campos palestinos»[441]. Mientras, el presidente electo, que había comenzado su tarea asegurando que «su intención no era ser un líder de la milicia, ni el líder de un grupo con exclusión de otros, sino el presidente de todo el Líbano»[442], sufrió el 14 de aquel mes un atentado que terminó con su vida, dejando más de 20 muertos y unos 60 heridos entre sus acompañantes. En el ataque, murieron también el ministro de Defensa, el jefe de gabinete del presidente y el director de los servicios de inteligencia, el general Yehoshua Saguy. Los explosivos fueron colocados por un tal Habib Tanious Shartouni[443], vinculado al Partido Social Nacionalista Sirio.

De acuerdo con la historiadora Bayan Nuwayhed al-Hout en la obra que hemos referido, el ejército israelí entró en Beirut y rodeó los campamentos de Sabra y Shatila, pensando que allí se encontraban aún unos 2500 palestinos armados, que no habían salido con el resto de las fuerzas palestinas tal como estaba pactado. Así lo aseguraba el general Saguy el 12 de agosto de 1982 antes de ser abatido en septiembre: «todavía hay terroristas en Beirut —dijo—»[444]. Quizás su información no era correcta, pues tal supuesto, según algunas fuentes, se demostró falso posteriormente, aunque existen fotos de palestinos en aquellas zonas portando fusiles *Kalashnikov*. Sin embargo, es sabido que la masacre en aquellos campamentos de refugiados fue llevada a cabo por las Fuerzas Libanesas, una de las principales milicias cristianas del Líbano. También es conocido que el ejército israelí, que había rodeado aquellos barrios de Beirut, no impidió la entrada de las milicias libanesas en los campamentos de refugiados.

Antes de seguir, conviene situarse en aquel Líbano de 1980, donde eran múltiples las milicias armadas de un signo y de otro. Un informe

---

441   *Ibid.* Pág. 2.
442   *Ibid.*
443   https://en.wikipedia.org/wiki/Habib_Shartouni.
444   S. Zeev; E. Ya'ari. *Israel's Lebanon War.* Simon and Schuster. Nueva York, 1984. Pág. 250.

de la CIA de junio de 1984, accesible parcialmente al escribir estas páginas[445], indica las trece milicias armadas libanesas más relevantes de entonces, dos de las cuales eran cristianas: la Lebanese Forces (Fuerzas Libanesas), que entró en los campamento de Sabra y Shatila, y la Army of South Lebanon. La primera contaba con 5000 efectivos. Su objetivo era mantener la hegemonía cristiana en un país esencialmente musulmán. Y la segunda, con 2000 componentes, se situaba en la zona en la frontera del Líbano con Israel, y tal como se indica en ese informe recibía apoyo económico y militar de Israel.

Enfrente de las milicias cristianas se encontraban once milicias musulmanas: Progressive Socialist Party Militia Druze[446]; Shia Amal Militia[447]; Islamic Amal Militia[448]; Muslim Student's Union Militia[449]; Islamic Unification Movement Militia[450]; Al-Murabitun Militia[451]; Lebanese Arab Army[452]; Arab Cavalier Force[453]; Syrian Social Nationalist Party Militia[454]; Lebanese Communist Party Militia[455];

---

445 Directorate of Intelligence. Office of Near Eastern and South Asian Analysis. *Directory of Lebanese Militias. A Reference Aid.* Approved for Release 2009/06/16. En el texto damos la lista de las milicias libanesas en idioma inglés tal como aparecen en este informe de la CIA.
https://www.cia.gov/readingroom/docs/CIA-RDP85T00314R000100070001-4.pdf.
446 Uno de los principales aliados sirios en el Líbano. The UN Refugee Agency (UNHCR).
https://webarchive.archive.unhcr.org/20230531181029/https://www.refworld.org/docid/3ae6aad56c.html.
447 El Movimiento Amal, ya referido en otra página de este libro. https://en.wikipedia.org/wiki/Amal_Movement.
448 Una organización similar a la anterior.
449 Buscaban establecer un modelo similar al de la Revolución iraní en el Líbano. https://thepublicsource.org/student-movement-mobilizations-lebanon.
450 Establecida para difundir los principios de la Revolución iraní entre los chiíes libaneses. Mantenía grupos para realizar actividades terroristas.
https://en.wikipedia.org/wiki/Islamic_Unification_Movement#:~:text=Controlled %20by %20the %20IUM's %20Military,light %20weapons %20drawn %20from %20Lebanese.
451 https://en.wikipedia.org/wiki/Al-Mourabitoun.
452 Defendía los intereses de Siria en el Líbano. https://en.wikipedia.org/wiki/Lebanese_Arab_Army.
453 Como la anterior estaba controlada por Siria para imponer su política en el Líbano.
454 Trataba de crear la «Gran Siria» mediante la unión del Líbano, Siria, Jordania y lo que correspondía al Estado de Israel. Estaba soportada militar y financieramente por Siria.
455 Milicia perteneciente al Partido Comunista libanés. https://en.wikipedia.org/wiki/Lebanese_Communist_Party.

y Communist Action Organization Militia[456]. Aunque con objetivos diversos y, a veces encontrados, estos grupos paramilitares estaban siempre unidos en contra de Israel. Entre todos ellos tenían más de 16.000 efectivos.

No es de extrañar que en este contexto de múltiples grupos armados que operaban en el Líbano (la mayoría de ellos al margen del Gobierno del país) existiera una situación de enorme riesgo y preocupación, no solo en Israel, sino en la comunidad internacional; máxime cuando el presidente del Gobierno libanés recién elegido había sido asesinado en un acto terrorista. De ahí que, ante la posibilidad de que existieran esos supuestos grupos armados en los campamentos de refugiados, las fuerzas israelíes «miraran hacia otro lado», no impidiendo la entrada de las Fuerzas Libanesas que, según se dice, sumaban entre 1000 y 1500 efectivos de acuerdo con varios testigos[457]. En esta información se habla de las milicias de un tal Saad Haddad[458], jefe del Ejército del Sur del Líbano, que creó el Estado separatista del Líbano Libre, respaldado por Israel. Una situación en la que el odio —un odio de sustrato religioso— acabó por organizar una masacre entre la población civil.

Las declaraciones de los testigos no dejan lugar a dudas: fue una terrible masacre[459], no exenta, sin embargo, de lucha entre las fuerzas de las milicias y algunos residentes armados de los campos de refugiados, que se oponían a las milicias libanesas barrio a barrio[460].

Respecto de las fuerzas israelíes, «diversos testimonios señalan cómo los israelíes presenciaron las operaciones de asesinatos en masa, o bien tuvieron conocimiento de estas y otras atrocidades a través de las denuncias de los residentes. Las reacciones de los israelíes fueron diversas: algunos se negaron a ayudar, mientras que otros, en varias ocasiones, intervinieron para impedir los asesinatos en masa»[461].

---

456 Desempeñó un papel importante en la radicalización política de la comunidad chií durante la década de 1970. https://en.wikipedia.org/wiki/Communist_Action_Organization_in_Lebanon.

457 B. Nuwayhed al-Hout. *Op. cit.* Pág. 75. Otras fuentes hablan de un número mucho menor (entre 300 y 400 efectivos de las milicias). Ver: J. Bulloch. *Final conflict. The war in Lebanon.* Century. Londres, 1983. Pág. 231.

458 https://en.wikipedia.org/wiki/Saad_Haddad.

459 B. Nuwayhed al-Hout. *Op. cit.* Págs. 77-98.

460 *Ibid.* Págs. 98-105.

461 *Ibid.* Pág. 114.

Un hecho que viene a demostrar que las operaciones de las milicias libanesas cristianas en los campos de refugiados no eran totalmente aprobadas por el ejército israelí; en especial, considerando que, aparte del anterior comentario, se produjo otra situación: «Al parecer, los israelíes habían pedido a los asesinos que se marcharan el viernes. Sin embargo, ni los propios asesinos ni las fuerzas israelíes, que estaban sitiando la zona y estaban en condiciones de sacar a las milicias, accedieron a esta petición, suponiendo que se hubiera hecho»[462]. De nuevo una situación confusa: se había pedido salir a las milicias, aunque no se ejecutó. Más bien parece, que las fuerzas israelíes no estaban dispuestas a entablar una guerra con las milicias atacantes pues se suponía que estaban respaldadas por el recién caído Gobierno libanés.

No seguiremos, basta ir a la obra de Bayan Nuwayhed al-Hout que venimos utilizando en estas descripciones, para completar todo el drama. Los muertos, independientemente de las discrepancias en su número[463], pudieron ser unos 1500; aunque con la idea de aprovechar la situación, otras fuentes, por ejemplo desde la OLP, se hablaba, sin precisar, de 5000 o 6000[464]. Otras informaciones dejan el número de muertos —enorme, en cualquier caso— entre 2000 y 3000[465], lo que supuso alrededor del 4 % de la población, pues los residentes de Sabra y Shatila, entonces, eran unas 70.000 personas[466].

Las reacciones en Israel ante lo sucedido en aquellos campos de refugiados no se hicieron esperar. El 25 de septiembre de 1982, unos 400.000 manifestantes protestaron en Tel Aviv en contra de aque-

---

462   *Ibid.*
463   *Ibid.* Pág. 276.
464   *Ibid.* Pág. 277.
465   A. Kapeliouk. *Enquête sur un massacre (L'histoire inmmédiate).* Éditions Seuil. París, 1982.
466   Se hace referencia a este número de habitantes en la Interactive Encyclopedia of the Palestine Question, donde se refiere a Yecid Sayigh, y se estima el número de habitantes en unas 70.000 personas entre ambos lugares (Shatila, en principio, contaba con 20.000 refugiados). Igualmente, se indica que La Organización para la Liberación de Palestina (OLP) asumió el control y la gestión de Shatila en la década de 1970. En esa época, la población aumentó y el campo se extendió fuera del perímetro inicial, difuminando sus límites. Muchos refugiados palestinos de otras regiones del Líbano, así como los que llegaron al Líbano con la OLP, se trasladaron al campo y a sus zonas vecinas. De ahí el crecimiento de la población. https://www.palquest.org/en/overallchronology-grid?synopses= %27A %3D0&nid=36124.

llo. Exigían una investigación sobre los sucedido, dando a conocer el alcance de la responsabilidad de los dirigentes israelíes en aquellos acontecimientos. La manifestación fue orquestada por el movimiento israelí Peace Now[467]. Como resultado, se puso en marcha una comisión en Israel para investigar los hechos. La comisión estuvo presidida por Yitzhak Kahan, presidente del Tribunal Supremo de Israel, al que se sumaron: Aharon Barak, juez del Tribunal Supremo y Yona Efrat, un general israelí retirado. Se llevaron a cabo 60 sesiones en las que participaron 58 testigos[468]. Adicionalmente, se formó un equipo de investigación compuesto por Dorit Beinish, fiscal adjunta del Estado israelí, Edna Arbel, fiscal del Distrito Central, Alex Ish-Shalom, inspector general de la policía de Israel, y David Bartov, juez, que actuaría como coordinador de estos trabajos[469].

El Documento Kahan, haciendo alusión al presidente de la comisión, Yitzhak Kahan, fue publicado por el Gobierno de Israel en 2012 con algunos epígrafes cerrados, lo que sugirió a algunos autores que aquel hecho no hacía sino mostrar la culpabilidad de Israel en la masacre de Sabra y Shatila[470]. Sin embargo, a fuer de ser ecuánimes, se podría argumentar lo contrario, en tanto que, como se ha dicho, se llevaron a cabo decenas de interrogatorios y análisis detallados de lo sucedido, de lo que se podría deducir que las prácticas en los países con una estructura política democrática difiere en mucho de otros países que carecen de ella, los cuales nunca proceden de esta manera, y los epígrafes cerrados podrían haberlo sido por razones de seguridad.

En el documento se analiza el número de refugiados palestinos que habitaban en aquellos días en el Líbano. De acuerdo con la UNRWA

---

467 El Movimiento *Paz Ahora* (*Peace Now*) se creó durante las conversaciones de paz entre Israel y Egipto de 1978, en un momento en que las conversaciones parecían a punto de fracasar. Ante los hechos en el Líbano, el 25 de septiembre de 1982, *Paz Ahora* organizó una protesta masiva en Tel Aviv para presionar al gobierno para que creara una comisión nacional de investigación de las masacres y pedir la dimisión del ministro de Defensa, Ariel Sharon. A la manifestación asistió, aproximadamente, el 10 % de la población israelí de la época. https://en.wikipedia.org/wiki/Peace_Now.

468 A. Ebban (*Introducción*). *The Beirut Massacre: The Complete Kahan Commission Report.* Karz-Cohl Publishing. Princeton; Nueva York, 1982. Pág. 1.

469 *Ibid.*Pág. 2.

470 R. Khalidi. *Op. cit.* Págs. 159-162.

(United Nations Relief and Works Agency), se estimaba que el total de refugiados palestinos era de unos 270.000; aunque otras fuentes, por ejemplo, las fuerzas armadas cristianas, hablaban de 500.000, concluyéndose que no serían más de 400.000 los palestinos refugiados en aquellos años[471]. Esto viene a decir que en Sabra y Shatila viviría alrededor del 17 % de los refugiados palestinos en aquellos momentos. Considerando como se ha dicho en otro lugar, que estas personas no estaban integradas en la sociedad, al igual que ocurría en otros países árabes del entorno: eran simplemente refugiados en países árabes, viviendo en precarias condiciones.

Hay que añadir, además, que años antes de la toma de Beirut por Israel se habían sucedido importantes altercados de los que, normalmente, se hace omisión. Baste apuntar que tiempo antes de la entrada de los israelíes en el Líbano, se habían producido también grandes masacres a cargo de las milicias drusas y musulmanas, amén de múltiples actos terroristas de grupos palestinos, tanto dentro como fuera del Líbano en territorio israelí. Por dar un dato, solo durante la guerra civil del Líbano se habían producido 100.000 muertes. Ahí estuvo, por ejemplo, la destrucción en enero de 1976 de la ciudad cristiana de Damour donde los civiles muertos llegaron a los 600[472]. O también la masacre en el campamento de Tel al-Zaatar[473], en Beirut, donde se habían refugiado terroristas palestinos: se mató a 1600 refugiados[474]. Otras fuentes dan una cifra similar[475]. Como dice Helena Cobban, la guerra civil en el Líbano fue una «orgía de muerte»[476]; muerte en estricto «sentido de odio religioso».

Sin embargo, en el caso de Sabra y Shatila, la comisión Kahan concluyó que el general Amir Drori, jefe de la zona norte, el ministro de Defensa Ariel Sharon, y el general jefe de personal, Rafael Eitan, aun-

---

471   *The Complete Kahan Commission Report. Op. cit.* Pág. 7.

472   https://es.wikipedia.org/wiki/Masacre_de_Damour.

473   https://es.wikipedia.org/wiki/Masacre_de_Tel_al-Zaatar.

474   E. O'Ballance. *Op.cit.* Pág. 57.

475   H. Cobban. *The Palestinian Liberation Organisation: People, Power, and Politics.* Cambridge, University Press. Londres, 1984. Aquí se refieren 1500 muertos en un día. Pág. 73.

476   *Ibid.*

que de manera indirecta, incurrieron en evidentes responsabilidades al no evitar lo que se estaba llevando a cabo[477].

El Líbano mostraba la peor cara de lo que significaba la secular guerra entre árabes y judíos: una historia sin fin. Y ¿cuál era el fundamento de ese problema sin término? Lo que empezó como una solución para acoger en Palestina a los judíos masacrados por el odio nazi, se convirtió desde el principio en una campaña orquestada desde el mundo árabe (aunque no solo, como ya vimos) para destruir al Estado de Israel que, con la anuencia de la ONU, se constituyó en 1948. A partir de aquí, las dos partes en contienda —aunque una de ellas fuera múltiple por la implicación de los países árabes— no han dejado de atacarse con las armas que han tenido en su mano, evitando una y otra vez las vías que se han tratado de poner en marcha una paz duradera.

La evacuación de las fuerzas sirias y de la OLP aquel 1 de septiembre de 1982, que desplazó a las fuerzas del Palestine Liberation Army, controlado por Siria, con miembros del ejército de ese país y otras fuerzas de la OLP al mando de Arafat (que situó su base de operaciones en Túnez) no evitó, como se ha dicho, la masacre de los asentamientos palestinos de Sabra y Shatila. Quizás, sin embargo, para Israel «el mayor logro de la guerra fue la destrucción de la OLP como "un Estado dentro del Estado" en el Líbano»[478], aunque no evitó lo que vino después: un nuevo levantamiento palestino: la Primera Intifada, que estalló en 1987. En esto, quizás el Gobierno israelí no entendió que la situación había cambiado en Palestina y también internacionalmente. A veces, no basta con tener razones, se trata de comunicarlas, de convencer. Un asunto —el relato— fundamental para inclinar la balanza mediática en un sentido o en otro; y en esto los palestinos fueron siempre por delante.

Como decimos, la guerra «militar» de la invasión del Líbano cambió drásticamente con un nuevo movimiento de carácter «popular»: la Intifada; es decir: el «levantamiento» según su definición. Un levantamiento que saltó por vez primera en diciembre de 1987.

477   *The Complete Kahan Commission Report. Op. cit.* Pág. 104.
478   S. Zeev; E. Ya'ari. *Op. cit.* Pág. 306.

En anteriores conflictos, Israel había ocupado los territorios del West Bank (Cisjordania) y la Franja de Gaza, y se había hecho con casi todo el territorio. Un error que, expulsada la OLP y las fuerzas sirias del Líbano, dio pie a dicho levantamiento popular. De esta forma, al debilitar a la Organización para la Liberación de Palestina (OLP) con su salida del Líbano, la ocupación israelí tuvo el efecto de fortalecer un movimiento nacional palestino, además de crear un sentimiento de solidaridad internacional hacia los palestinos. Como se dijo arriba: los efectos de la guerra del Líbano cambiaron de manera drástica la percepción sobre Israel: ya no era un país acosado por los Estados árabes circundantes, se convertía ahora en un Estado dominante, imperialista, que quería —supuestamente— acabar con el pueblo palestino. Percepción que aún se mantiene, por diversos intereses, en muchos lugares.

Seguramente, no se puede pedir a los dirigentes de Israel que conozcan las enseñanzas de Lao Zi, como tampoco se les puede exigir ese conocimiento a sus contrarios, aunque bien se podría reflexionar alrededor del capítulo LXXIV del *Libro del Tao*, cuando dice: «Se debe persuadir con el *dao*[479] a los señores de hombres, y no imponerse al mundo con la fuerza de las armas. Las acciones violentas provocan resultados negativos; donde acampan los ejércitos, todo se cubre de maleza. El hombre de bien se conforma con los resultados obtenidos, no se vale de ellos para imponerse por la fuerza. De sus resultados no se enorgullece, de sus resultados no se jacta, por sus resultados no se muestra altivo, por sus resultados no se muestra altanero. Eso es obtener resultados y ser fuerte. Cuando las cosas se hacen vigorosas envejecen, es la ausencia del *dao*; cuando falta el *dao* pronto llega el fin»[480].

La operación Paz para Galilea que motivó la invasión israelí del Líbano, tuvo como en ocasiones anteriores unos determinados motivos. Se trataba de la permanente guerra que Israel mantenía con la OLP y con las fuerzas de Hezbolá que atacaban constantemente la zona norte del país judío. Sin embargo, después de las masacres de Sabra y Shatila y, particularmente, con las consecuencias de la Comisión

---

479   Lao Zi. *El libro del Tao*. Ediciones Alfaguara. Madrid, 1978. Según se indica en el Prólogo de esta obra, el *dao* en su origen significaba «el camino». También podría significar «enseñanza» o «doctrina» (pág. XXIII).

480   *Ibid*. Pág. 149.

Kahan y sus efectos a nivel internacional, la posición política de Israel quedó muy deteriorada. Nadie se acordaba de los ataques que sufrían permanentemente las localidades israelíes del norte del país, como nadie se acordaba de tantos años de guerras instigadas por los países árabes en contra de Israel.

Del lado palestino se hacía siempre referencia a los deseos imperialistas de Israel en la zona (la creación del *Gran Israel*) y la resolución de la propia Comisión Kahan, haciendo responsable indirecto de aquella masacre al ministro de Defensa Ariel Sharon, y cargando las tintas sobre el presidente Menájem Begin, que había obtenido el premio Nobel de la Paz junto a Anwar Al-Sadat en 1978 por lograr la paz después de la guerra de 1973. El Líbano de 1988 supuso, como se dijo anteriormente, un antes y un después.

Se suele argumentar que la Primera Intifada fue debida a una reacción espontánea de la población, aunque está probado el papel director que tuvo en la misma la Unified National Leadership[481]: una organización secreta muy implantada en pequeñas localidades, ciudades y campos de refugiados de las zonas ocupadas por Israel. Sin embargo, como apuntamos al traer a colación el *Libro del Tao*, a Israel no le bastaba con vencer, necesitaba convencer. Lo que lleva de nuevo al relato que, sin duda, siempre estuvo del lado árabe y palestino apoyado por múltiples organizaciones e intelectuales occidentales, no del lado israelí. Así, por ejemplo, se denunciaron las condiciones de los 50.000 refugiados palestinos de la Franja de Gaza y de Cisjordania dominados por Israel, cuando poco, o nada, se decía entonces de las míseras condiciones de muchos refugiados palestinos que vivían en los países árabes. Como tampoco se habla hoy de este asunto, achacando a Israel las condiciones en que viven los habitantes de Gaza, olvidando el papel de Hamás y los millones de dólares que allí se reciben y no se dedican a mejorar la economía, sino a fortalecer militar y políticamente a esta organización.

Dicho esto, para ser consecuentes con la situación del pueblo palestino en las zonas ocupadas por Israel (independientemente de lo que sucediera en otros lugares), aunque se hablara de una «ocupación suave, «[la ocupación israelí] se hizo más y más dura con la gente [los palesti-

---

481   R. Khalidi. *Op.cit.* Pág. 169.

nos] a medida que pasó el tiempo»[482]. Solo por dar algún apunte de su situación, en ese tiempo: «Los estudiantes fueron obligados a soportar el largo cierre de universidades y escuelas. A los trabajadores que dependían para su subsistencia de trabajos a destajo intermitentes dentro de Israel se les recordaba diariamente su estatus servil: cobraban menos que los trabajadores judíos; no podían sindicarse, tenían que encerrarse por la noche en el interior de la "Línea Verde"[483]. Algunos fueron quemados vivos por esa razón[484], otros se referían a ellos mismos como "esclavos". Existía una proliferación de leyes y normas diseñadas únicamente para reforzar su carácter subalterno, una posición sin derechos de los palestinos bajo la jurisdicción israelí, a fin de frotar sus narices en el suelo, para humillarlos y recordarles que estaban condenados a tener una situación menos que humana»[485].

Independientemente de las razones de Israel para tratar así a los palestinos que habitaban en los territorios ocupados, la situación abrió, en paralelo, un espacio político antes dormido por las actividades terroristas. Así, el Consejo Nacional Palestino (CNP)[486] inició un camino más activo para dar una cobertura política al pueblo palestino poniendo en marcha nuevas acciones que, según ellos, habían quedado «dormidas». Una primera consecuencia fue la reunión que mantuvo el CNP en Argel en noviembre de 1988. Aquella reunión se definió como el Congreso de la Intifada. Y tal como se vivió en aquellos días, «no fue únicamente una revolución palestina, sino la revolución de Abu Amar

---

482   E. W. Said. *Intifada and Independence*. En: Z. Lockman; J. Beinin (Eds.). *Intifada. The Palestinian Uprising Against Israeli Occupation*. South End Press. Washington, US. 1989. Pág. 6.

483   La «Línea Verde» es el nombre que recibe la frontera entre Israel y Cisjordania (West Bank).

484   E. W. Said. *Op. cit.* Este comentario terrible solo lo hemos encontrado en el texto de Edward Wadi Said (https://es.wikipedia.org/wiki/Edward_Said), el cual no da ninguna referencia de donde salen esas trágicas afirmaciones. No aparece nada igual en ningún otro autor de la obra colectiva dirigida por Z. Lockman y J. Benin, y en ninguna de las múltiples obras consultadas para la realización de este libro. Más bien parece una explosión de ira (o de odio) del propio Said en contra de Israel.

485   E. W. Said. *Op. cit.* Pag. 6.

486   https://es.wikipedia.org/wiki/Consejo_Nacional_Palestino.

(nombre árabe de Arafat)»[487], que volvía al centro de la escena política internacional.

Hay que decir que la Primera Intifada cambió la perspectiva de Oriente Medio en su conjunto. Palestina e Israel no serían ya lo que habían sido anteriormente. Tampoco tendrían la misma posición que antes respecto del problema palestino Estados Unidos y otros países de Europa. Incluso, socialmente, cambió la actitud de los propios palestinos, ya que las mujeres comenzaron a tener un papel activo cuando antes no se habían significado, o no les habían permitido significarse.

Desgraciadamente, aquella Intifada no fue solo un asunto político, las actividades terroristas en las zonas ocupadas se sucedieron a diario. Ya fueran con piedras, bombas de gasolina[488], y otros múltiples artefactos en contra de las fuerzas del orden israelíes, motivaron respuestas violentas por parte de Israel. Los manifestantes, en sus ataques, elegían los objetivos con cuidado: «incendio de vehículos militares, autobuses, ataques a comisarías, roturas de lunas e incendio de oficinas bancarias, …»[489]. Por parte israelí, el terrorismo callejero se combatió de manera contundente.

Para mejor entender la respuesta israelí con el terrorismo callejero, viene quizás a cuento recordar la Torá de Israel —*ojo por ojo, diente por diente*— que, de una manera concreta establece el Libro del Éxodo: «Cuando en una pelea entre hombres, uno golpee a una mujer encinta, provocándole el aborto pero sin causarle otras lesiones, el culpable deberá pagar una multa con arreglo a lo que le pida el marido de la mujer y determinen los jueces. Pero si hay lesiones, pagará vida por vida, ojo por ojo, diente por diente, mano por mano, pie por pie, quemadura por quemadura, herida por herida, cardenal por cardenal»[490]. Un criterio, quizás, muy asumido en lo más íntimo del pueblo judío,

---

487   E. W. Said. *Op. cit.* Pág. 14. Así era también conocido por su esposa Soha, hija de Raymonda Hawa-Tawil.

488   Se trata de los conocidos cócteles Molotov (https://es.wikipedia.org/wiki/Cóctel_molotov).

489   A. Vitullo. *Uprising in Gaza.* En: Z. Lockman; J. Beinin (Eds.). *Op. cit.* Pág. 44.

490   Éxodo (21: 22-25).

aunque los practicantes religiosos sean hoy una minoría. Algo así como decir: si me atacan, devolveré con contundencia el golpe.

Volvemos a la religión, sustrato de muchas sociedades aunque en ellas se encuentre oficialmente desaparecida. De esta forma, para considerar otras opciones de la Biblia que atañen igualmente al pueblo de Israel, y van en dirección contraria al antedicho *ojo por ojo*, ahí está esta frase del Levítico: «No te vengarás de los hijos de tu pueblo ni les guardarás rencor, sino que amarás a tu prójimo como a ti mismo»[491]. Otro asunto es saber quién es el prójimo y quiénes son «los hijos de tu pueblo», tema siempre arduo.

Retomemos el hilo perdido con las anteriores disquisiciones. Lo sucedido durante aquellos días de 1988 es incontable, incluyendo la presencia de otras organizaciones que parecían dormidas. Tal fue el caso de los Hermanos Musulmanes llamando a la huelga general para evitar, por ejemplo, que los palestinos recogieran los nuevos documentos de identidad impuestos por Israel[492].

A partir de entonces cambiaría la perspectiva de los territorios ocupados. La represión israelí durante el primer año de Intifada causó unas 390 muertes. Para los palestinos se trata de los «mártires del primer año»[493]. Además, la Intifada de 1988 se enlazó con la declaración del Estado palestino por parte del Consejo Nacional Palestino, Tuvo lugar, como se ha dicho, en noviembre de 1988 en Argel.

Aunque sin definir qué se entendía por Estado de Palestina, en el texto se mencionaba la partición propuesta por Naciones Unidas en 1947. Paralelamente, se atacaba a Israel por haber ocupado unos territorios que no le correspondían. Se reclamaba la Intifada como una explosión del pueblo palestino en contra de la ocupación de su territorio, y se pedía la autodeterminación fuera del control de Israel. Se definía a la Organización para la Liberación de Palestina (OLP) como el único órgano de representación de tal Estado. Añadiendo que el Estado palestino formaba parte integrante e indivisible de la nación árabe, y se obligaba a respetar la Carta fundacional de la Liga Árabe

---

491   Levítico (19: 18).
492   A. Vitullo. *Op. cit.* Pág. 51.
493   Z. Lockman; J. Beinin (Eds.). *Op. cit. Apendix I.* Pág. 317 y siguientes.

de 1945[494]. Era el 15 de noviembre de 1988[495]. Y de nuevo la religión. Aparecía la presencia de Dios en una declaración política que reclamaba la propiedad de una tierra que, tal como se decía, era árabe desde antiguo; tierra de la que formaba parte intrínseca el pueblo palestino.

La Proclamación de Independencia del Estado de Palestina, decidida en la decimonovena reunión del Consejo Nacional de Palestina (Argel, 15 de noviembre de 1988) comienza de esta manera: «En el nombre de Dios, el Compasivo, el Misericordioso»[496]. Para seguir unos párrafos después con lo siguiente: «La llamada salió del templo, de la iglesia y de la mezquita, para alabar al Creador y celebrar compasión, y la paz fue el mensaje de Palestina»[497]. Una frase que es la continuación de otra que resulta clave para entender el nuevo concepto de Palestina: «Alimentado por una multitud de civilizaciones y culturas, inspirado por un patrimonio rico en variedad y género, el pueblo árabe palestino aumentó su estatura consolidando una unión entre sí mismo y su tierra natal»[498].

De nuevo, más adelante, la declaración de independencia determina el derecho a lograr el Estado palestino en nombre de Dios: «El Consejo Nacional Palestino, en nombre de Dios y en nombre del pueblo árabe palestino, proclama por la presente el establecimiento del Estado palestino en nuestro territorio palestino con capital en Jerusalén (*al-Quds al-Sharif*)»[499]. Para terminar con una oración que alude al derecho del pueblo palestino a poseer un Estado propio en su tierra: «En el nombre de Dios, el Compasivo, el Misericordioso. Decimos: "Oh Dios, Maestro del Reino. Diste tu Reino a quien quisiste, y arrebatas el Reino a quien

---

494 The UN Refugee Agency (UNHCR). *Charter of Arab League.* https://www.refworld.org/legal/constinstr/las/1945/en/13854.

495 Los párrafos anteriores incluyen diversas declaraciones incluidas en: Z. Lockman; J. Beinin (Eds.). *Op. cit. Proclamation of the Independent Palestinian State. Apendix III.* Págs. 395-399.

496 *Ibid.* Pág. 395. Así es, por otra parte, como comienza el Corán (Sura 1: 1): *¡En el nombre de Alá, el Compasivo, el Misericordioso!* Lo que identifica, de alguna manera, a los palestinos con el pueblo musulmán. Ver: *El Sagrado Corán* en idioma español de Julio Cortés. Biblioteca Islámica «fátimah Az-Zahra». http://www.jzb.com.es/resources/el_sagrado_coran.pdf.

497 *Ibid.*

498 *Ibid.*

499 *Ibid.* Pág. 397.

quieres. Exaltas a quien quieres, y abates a quien deseas; en tu mano está el bien; eres poderoso sobre todas las cosas"»[500].

Desgraciadamente, en aquella declaración de independencia nada se decía de lo que había sucedido desde 1948 cuando se declaró el Estado de Israel siguiendo lo determinado por la ONU en 1947. Tampoco se aludía a las guerras lanzadas en contra de Israel desde los países árabes. Ni a los múltiples actos terroristas que habían ocasionado la respuesta militar de Israel, a veces excesivamente contundente. Tampoco, aunque se mencionaba la división de Palestina por la ONU en aquellos lejanos años de 1947, se decía si lo que se pretendía era volver a aquella división territorial propuesta por la ONU o si se reclamaba todo el territorio para la nación palestina. De ahí que, explícitamente, se estableciera que: «El Estado de Palestina declara por la presente que cree en la resolución de las disputas internacionales y regionales por medios pacíficos, de acuerdo con la Carta y las resoluciones de las Naciones Unidas. Sin perjuicio de su derecho natural a defender la integridad e independencia de su territorio, por lo que rechaza las amenazas o el uso de la fuerza, la violencia y el terrorismo en contra de su integridad territorial o de su independencia política, igualmente se rechaza el uso por parte de otros Estados de su integridad territorial»[501].

Solo se hablaba de Palestina como parte integrante de la nación árabe, de la cual tampoco se definía ni quién ni quiénes la constituían. No se aludía a los cientos de años en los que el Imperio Otomano dominó aquellas tierras. Y por supuesto se obviaba que, después de la guerra de Yom Kippur, varios países y, en particular, Egipto, habían reconocido el Estado de Israel. Todo indicaba, en aquellos días de 1988, que se pretendía volver a los inicios. Parecía, aunque no fuera esa la verdadera intención, que se buscaba imponer en lugar de negociar. Un difícil camino dadas las circunstancias de entonces y, por supuesto, de ahora.

En aquel contexto, sin embargo, no hay que olvidar la existencia de la guerra entre Irán e Irak: países árabes de distinta orientación religiosa. Un conflicto que había comenzado en 1980. Terminaría

---

500   *Ibid.* Pág. 399.
501   *Ibid.* Pág. 398.

en agosto de ese mismo año de 1988. En esos ocho años se produjeron más de un millón de muertos, un millón de refugiados y miles de prisioneros de guerra. Económicamente, ambos países, prósperos anteriormente por ser importantes productores de petróleo, tuvieron que afrontar un coste cercano a los 500.000 millones de dólares. Irán e Irak quedaron destrozados, y todo Oriente Medio quedó dividido, con el impacto que tuvo para la estabilidad internacional. Una guerra, de origen difícil de determinar, que tuvo sus consecuencias posteriores con la intervención militar de Estados Unidos en la zona.

Para Irak el conflicto comenzó el 4 de septiembre de 1980, cuando las fuerzas iraníes bombardearon ciudades y pueblos iraquíes a lo largo de la región fronteriza entre los dos países. Contrariamente, según Irán, Irak fue el agresor. Sin embargo, las disputas entre ambos se dice que son centenarias, pues, al parecer, ambos se han disputado durante decenios las aguas del río Chat el Arab[502], donde el Éufrates y el Tigris llegan a la ciudad de Al-Qurnah[503], en la provincia de Basora[504].

Los hay también que dicen que la guerra fue la consecuencia de un tratado de 1975 en que Irán promovió una revuelta de los kurdos iraquíes que trataban de desmembrar Irak, a la vez que se pretendía privar a ese país de una de sus principales fuentes de petróleo, lo que Irak evitó cediendo a Irán parte de aquella zona. El asunto cambió cuando Sadam Hussein alcanzó el poder, recuperando aquella zona de nuevo a la caída del Sah, a lo que unió la incorporación de una zona de la provincia de Juzestán[505] a la salida del Golfo Pérsico. Un lugar perteneciente a Irán e, igualmente, rico en petróleo[506]. Sea como fuere, la guerra duró ocho años, obligando a intervenir a Estados Unidos y también a Israel.

No hay que olvidar a este respecto el papel de Israel interviniendo en la geopolítica de la zona. Entonces Palestina no era el problema. Hablamos de principios de los años 1980, en concreto de 1981, cuando

---

502   https://es.wikipedia.org/wiki/Chat_el_Arab.

503   https://es.wikipedia.org/wiki/Al-Qurnah.

504   Basora es la segunda ciudad en importancia de Irak.

505   https://en.wikipedia.org/wiki/Khuzestan_province.

506   Estas consideraciones pueden encontrarse en: W. D. Swearingen. *Geopolitical Origins of the Iran-Iraq War*. Geographical Review. Vol. 78. October 1988. Págs. 405-416.

Israel bombardeó el inacabado reactor nuclear de Osirak en Irak el 7 de junio de 1981 en la denominada operación Ópera[507], que tenía el objetivo de evitar un vecino con armamento nuclear. Una operación posterior a otra similar de Irán en el mismo lugar en la llamada operación Espada Ardiente (Operation Scorch Sword[508]).

El ataque de Israel a Irak seguía la *Doctrina Begin*, según la cual a «cualquier enemigo regional que pretenda destruir el Estado de Israel no se le puede permitir obtener armas de destrucción masiva, principalmente, armas nucleares»[509], haciendo referencia a la política puesta en práctica por el presidente israelí Menájem Begin. El ataque en contra de la instalación nuclear de Irak tuvo lugar una vez comprobada la existencia de ese programa de armamento nuclear, que había tomado diversos nombres[510].

Un tema que lleva también a recordar aquí aquel virus informático —Stuxnet[511]—, descubierto en 2010, que se piensa que fue el responsable de dañar los sistemas de control de programa nuclear iraní. Un *gusano informático*[512] que, según dicen algunas fuentes, se trataba de una colaboración tecnológica entre Estados Unidos e Israel[513] para abortar la posibilidad de que Irán lograra tener armamento nuclear. Circunstancia —la posibilidad de que Irán tenga actualmente o en el próximo futuro capacidad nuclear— que hoy se da prácticamente por hecho[514].

---

507 A. Perlmutter; M. I. Handel; U. Bar-Joseph. *Two Minutes Over Baghdad.* Frank Cass Publishers. Londres. 2003. Pág. 120.

508 https://en.wikipedia.org/wiki/Operation_Scorch_Sword.

509 B. Talbot. *Israel's Begin Doctrine. Preventive Strike Tradition and Iran's Nuclear Pursuit.* Æther. A Journal of Strategic Air Power & Spacepower. Vol. 2. N.º 4. Winter 2023.

510 A. Perlmutter; M. I. Handel; U. Bar-Joseph. *Op. cit.* Pág. 160.

511 Aunque son decenas las informaciones sobre este virus informático, de manera general se puede ver:
P. Mueller; B. Yadegari. *The Stuxnet Worm.*
https://www2.cs.arizona.edu/~collberg/Teaching/466-566/2012/Resources/presentations/2012/topic9-final/report.pdf.

512 https://es.wikipedia.org/wiki/Gusano_informático.

513 Esta información se da en Wikipedia: https://en.wikipedia.org/wiki/Stuxnet.

514 S. Azodi. *Will Iran Get the Bomb in 2024?* 31 de enero de 2024.
https://www.stimson.org/2024/will-iran-get-the-bomb-in-2024/. Ver también, por ejemplo: F. Murphy. *How close is Iran to having nuclear weapons?* Reuters. 18 de abril de 2024.
https://www.reuters.com/world/middle-east/explainer-how-close-is-iran-hav-

No es este el lugar, sin embargo, de hacer la historia de la guerra entre iraquíes e iraníes, sino ver su impacto sobre Israel y, eventualmente, en Palestina. El alto el fuego lo aceptó Irán cuando veía perdida la guerra. Pues la otra opción era mantener el conflicto durante muchos años más. Además, Estados Unidos había decidido implicarse, lo que terminó por complicar mucho más la situación. Finalmente, la Resolución 598 de la ONU[515] (20 de julio de 1987) fue aceptada por Irán, aunque continuaron los contingentes militares de ambos países en las zonas ocupadas, al igual que se mantuvieron los prisioneros de uno y otro lado. Luego vendría la invasión de Kuwait por parte de Irak y la Guerra del Golfo[516] con el derrocamiento de Sadam Hussein.

Aquellos años vieron también la caída del Muro de Berlín en 1989 y, al poco tiempo, en 1991, la disolución de la Unión Soviética, lo que influyó en gran medida en la OLP, ya que los soviéticos, como se ha comentado largamente, fueron un importante soporte de la organización. Una situación que dejó a los Estados Unidos como la única superpotencia capaz de monitorizar el proceso árabe-israelí toda vez que se había proclamado la independencia del Estado de Palestina en Argel en aquel noviembre de 1988, tal como se ha dicho. A lo cual habría que añadir que, durante la Guerra del Golfo, países como Egipto o Siria, se habían unido a la coalición internacional pilotada por Estados Unidos, con la circunstancia de que, sorprendentemente, la OLP decidió ponerse del lado de Irak. Una decisión, al final, en contra de los propios palestinos.

Entra aquí la personalidad de Yasser Arafat. De un lado, su declarada antipatía hacia el presidente sirio Háfez al-Ásad[517]. De otro, el apoyo financiero tradicional de Irak a la OLP, aparte de otras ayudas, sobre todo «militares», que tenían el objetivo de contrarrestar el poder sirio, ya que desde Siria se intentaba, como había sido lo tradicional, «coaccionar, constreñir y dominar a la OLP»[518].

---

ing-nuclear-weapons-2024-04-18/
515   https://peacemaker.un.org/iraqiran-resolution598.
516   https://es.wikipedia.org/wiki/Guerra_del_Golfo.
517   https://es.wikipedia.org/wiki/Háfez_al-Ásad.
518   R. Khalidi. *Op. cit.* Pág. 183.

Irak, por su parte, trataba de hacerse, igualmente, con el control de la OLP, para lo cual disponía de «varios grupos disidentes, tales como el dirigido por la red terrorista de Abu Nidal[519], el Frente de Liberación Árabe[520], y el Frente de Liberación de Palestina[521], liderado por Abbu al-Abbas»[522]. Una situación que llevó a grandes disputas entre Arafat y su jefe de inteligencia, Salah Khalaf[523], que pensaba que era suicida seguir a Sadam Hussein, y que era necesario proteger a la comunidad palestina de Kuwait, donde los palestinos gozaban de más libertad que en otros países árabes. Salah Khalaf fue asesinado en Túnez en enero de 1991, supuestamente por la red de Abu Nidal[524]. Las consecuencias del seguimiento iraquí para la OLP y para la causa palestina fueron desastrosas: perdieron la financiación de los Estados el Golfo y la ayuda de otros países árabes. Todo ello, en un contexto en el que nacía, por otra parte, un nuevo orden mundial de la mano de Estados Unidos, vencedor en la Guerra del Golfo e, indirectamente, de la desaparecida Unión Soviética y, de facto, el país que ya dominaba Oriente Medio. Fue entonces cuando se puso en marcha la Conferencia de Paz de Madrid en octubre de 1991. España, entonces, era alguien en el mundo.

Arabia Saudí y, especialmente, Kuwait, querían resolver el conflicto árabe-israelí cuanto antes. La caída de Sadam era una oportunidad para eliminar una inestabilidad que, como hemos visto, recorría toda la región. El presidente Bush (padre) fue el que presionó al presidente israelí de entonces, Yitzhak Shamir, para que se aviniera a celebrar una conferencia multilateral con los Estados árabes incluyendo a los palestinos. Sin embargo, Israel, por boca de su presidente puso dos condiciones. Primero, que la OLP quedara excluida de las conversaciones. Y, segundo, que no se abordaran los deseos palestinos de independencia y la creación de un Estado propio.

519   https://es.wikipedia.org/wiki/Abu_Nidal.
520   https://en.wikipedia.org/wiki/Arab_Liberation_Front.
521   https://ecfr.eu/special/mapping_palestinian_politics/palestine_liberation_front/.
522   R. Khalidi. *Op. cit.* Págs. 183-184.
523   https://es.wikipedia.org/wiki/Salah_Khalaf.
524   R. Khalidi. *Op. cit.* Pág. 184.

La conferencia de Madrid estuvo destinada a lanzar la nueva iniciativa de paz. Después surgieron negociaciones bilaterales independientes desde Israel, que negoció por separado con Siria, Líbano, Jordania, y con los palestinos. Luego, lo iniciado en Madrid continuó en Washington con la presencia de una delegación palestina cuyos componentes debían ser aprobados por Israel. Los residentes del este de Jerusalén estaban excluidos, pues esta zona formaba parte de Israel. Ante las dificultades de comprensión de unos y otros, los acuerdos no acababan de llegar. La política de Israel consistía en enfriar cualquier entendimiento, pues «tras dejar el cargo, el Primer Ministro Shamir anunció públicamente que su estrategia consistía en alargar las negociaciones de Washington durante diez años, momento en el que la anexión de Cisjordania sería un hecho consumado»[525]. Para los palestinos, su propia división hacía difícil lograr una posición definida.

La llegada de Bill Clinton y la nueva Administración a la Casa Blanca llevó a una situación en la cual —particularmente por la participación de Dennis Ross, coordinador especial para Oriente Medio[526]—: «la característica esencial de las conversaciones [entre judíos y palestinos] fue que [los americanos] solo aceptaban las posiciones públicamente establecidas por Israel como límite de lo que era admisible para la política americana»[527].

Las conversaciones continuaron con la idea de conseguir un estatus independiente para los palestinos que vivían en las zonas ocupadas por Israel, sin embargo, como casi siempre había ocurrido, los palestinos, los de dentro de Israel y los de fuera, no conseguían ponerse de acuerdo entre ellos, tal como había pasado durante décadas con los árabes.

Así lo cuenta Rashid Khalidi, que formaba parte de la delegación que negociaba con Israel en Washington: «...en 1992, la delegación palestina en Washington, promovió la propuesta de una Autoridad Interina de Autogobierno de Palestina (PISGA: Palestinian Interim Self-Government Authority) que se derivaría de las elecciones de los

---

525   Universidad de Michigan. *The Madrid Conference.*
        https://lsa.umich.edu/content/dam/cmenas-assets/cmenas-documents/unit-of-
        israel-palestine/Section2_ %20MadridConference.pdf.
526   https://en.wikipedia.org/wiki/Dennis_Ross.
527   R. Khalidi. *Op. cit.* Pág. 190.

palestinos residentes en el West Bank [Cisjordania], Jerusalén, y la
Franja de Gaza, de aquellos que habían sido desplazados fuera de aquellas zonas en 1967, así como los deportados desde entonces por Israel...
Esa autoridad tendría la completa jurisdicción (aunque no la soberanía
ni el control total de la seguridad) sobre el espacio aéreo, el territorio,
y las aguas de los territorios ocupados, incluyendo los asentamientos
(aunque no los colonos), y sobre todos los habitantes de Palestina... lo
cual llegó muy cerca de ser aceptada la «no soberanía» por Rubinstein[528]
y sus jefes políticos, que eran Yitzhak Shamir[529] y Yitzhak Rabin[530]...
[Sin embargo] Túnez fue otro obstáculo. Aunque los líderes de la OLP
[que vivían en Túnez] aprobaron la propuesta... no la promovieron
internacionalmente en el mundo árabe ni en Israel... Un problema
que exacerbó los ánimos entre la OLP de Túnez y los palestinos de los
territorios ocupados, muchos de ellos veteranos líderes de la Intifada,
que estuvieron oficialmente como miembros de la delegación»[531].

A partir de ahí, con tales disputas entre los palestinos, se abrieron
«dobles negociaciones», unas en Washington nacidas de la conferencia
de Madrid, y otras «secretas» entre Israel y la OLP, que constituían la
clave de los acuerdos finales. Tanto es así que, en junio de 1993, israelíes y palestinos bajo el mando de la OLP sellaban una declaración en
Oslo (Noruega) al margen de lo que iba sucediendo en Washington. El
texto aprobado en Oslo —tal como lo consideraron los negociadores de

---

528 Khalidi se refiere a Elyakim Rubinstein, que tuvo un papel muy influyente en los
    tratados de paz con Egipto y Jordania. https://en.wikipedia.org/wiki/Elyakim_
    Rubinstein.

529 Se le conoce en español como Isaac Shamir, que fue primer ministro de Israel
    en dos períodos (1983-1984 y 1986-1992). https://es.wikipedia.org/wiki/Isaac_
    Shamir.

530 Se trata de Isaac Rabin, que fue primer ministro de Israel entre 1974 y 1977 y, pos-
    teriormente, entre 1992 y 1995. En 1994, recibió el Premio Nobel de la Paz por sus
    esfuerzos para lograr la paz entre el Gobierno de Israel y la OLP, que culminaron
    en los Acuerdos de Oslo. Fue galardonado con el Premio Príncipe de Asturias de
    Cooperación Internacional en 1994. https://es.wikipedia.org/wiki/Isaac_Rabin.

531 Para evitar la copia de un extensísimo texto, hemos tratado de sacar los aspectos
    más relevantes de esta propuesta que se encuentran en R. Khalidi. *Op. cit.* Pág. 194
    y siguientes. Esto llevó a una enorme frustración en la delegación palestina en
    Washington después de más de año y medio de reuniones con la delegación israelí;
    con la circunstancia de que, en paralelo, se conducían negociaciones secretas entre
    Israel y la OLP, según las cuales a la propia OLP (cuadros y fuerzas) se le permitiría
    la entrada en los territorios ocupados para actuar como fuerzas de seguridad, un
    asunto clave en las supuestas conversaciones entre Arafat y Rabin.

Washington— «era altamente restrictivo respecto de la autodeterminación de los territorios ocupados, sin ningún control sobre el territorio, agua, fronteras, y mucho más»[532]. En Oslo se firmó el Acuerdo Gaza-Jericó[533] (Acuerdo de El Cairo), donde se alcanzaron los detalles de la autonomía palestina sobre la Franja de Gaza y el área de Jericó. Acuerdos que no satisficieron a todos. De nuevo, los propios palestinos no tenían un objetivo común, lo cual habla de las frustraciones posteriores de un conflicto que, alcanzados unos determinados pactos, volvía permanentemente al principio. Parecía que lo firmado no servía para lograr una verdadera paz a largo plazo.

Sin embargo, hay que volver a recordar el acuerdo sellado entre Yasser Arafat e Isaac Rabin en Washington en septiembre de 1993. Un acuerdo que, al final, no gustó a ninguna de las partes. Tanto fue así que Rabin fue asesinado[534] el 4 de noviembre de 1995 en Tel Aviv por un judío extremista, y luego, más tarde, seguirían las actividades terroristas de grupos pro palestinos. Yasser Arafat, por su parte, retornó a Palestina en julio de 1994, estableciendo su cuartel general en Gaza. A partir de ahí, comenzaron nuevos problemas sobre la situación de los palestinos en los territorios ocupados. Como en ocasiones anteriores, se alcanzaron nuevos acuerdos, como fue un tratado de paz con Israel y, en octubre de 1994[535], los acuerdos de Oslo II[536], así como el Protocolo de Hebrón en septiembre de 1995[537].

Los acuerdos de Oslo II reconocían la Franja de Gaza como territorio palestino, aunque en la otra zona donde vivían los palestinos, el West Bank (Cisjordania), se dividió en tres aéreas: A, B y C[538]. Una situación que muchos palestinos no aceptaron debido a los existentes controles israelíes para establecer la seguridad de las zonas que ocupaban. Vuelta a lo de siempre: el miedo israelí, de un lado, y la frustración

---

532   R. Khalidi. *Op. cit.* Pág. 199 y siguientes.

533   https://es.wikipedia.org/wiki/Acuerdo_Gaza-Jericó.

534   https://en.wikipedia.org/wiki/Assassination_of_Yitzhak_Rabin.

535   https://es.wikipedia.org/wiki/Tratado_de_paz_israelí-jordano.

536   Naciones Unidas. Asamblea General. Consejo de Seguridad. 5 de mayo de 1997. *Memoria del Secretario General sobre la labor de la Organización.* https://peacemaker.un.org/sites/peacemaker.un.org/files/IL %20PS_950928_Int erimAgreementWestBankGazaStrip %28OsloII %29 %28esp %29.pdf

537   https://www.iri.edu.ar/publicaciones_iri/anuario/A97/A97-DORI.html.

538   https://en.wikipedia.org/wiki/West_Bank_areas_in_the_Oslo_II_Accord.

palestina, del otro, que nunca aceptaba lo que políticamente se acordaba[539]. Siempre idas y venidas en un problema sin solución.

Lo anterior nos lleva de nuevo a Raymonda Hawa-Tawil a quien ya citamos en un capítulo anterior, que muestra la diferencia que existe entre la política y la vida diaria de las personas. Un hecho tradicional en cualquier sociedad, que se hace más dramático cuando los ciudadanos se encuentran en situaciones extremas y su libertad está constreñida debido a que sus dirigentes van por un camino que solo atiende a sus intereses, olvidando las necesidades de los ciudadanos. Los dirigentes políticos tratan de lograr su acomodo dirigiendo al pueblo que tienen bajo su dominio; las personas, sin embargo, buscan satisfacer sus necesidades en libertad. Necesidades que van más allá de las exigencias perentorias de alimento y se incardinan en alcanzar sus expectativas vitales lo más ampliamente posible.

Alcanzados los nuevos acuerdos de Oslo parecía que se abría una esperanza de paz. Así lo refiere Hawa-Tawil: «Este último acuerdo definía los plazos y las condiciones de la autonomía [de Palestina] y preveía una retirada de las tropas israelíes de las localidades palestinas de la Franja de Gaza, Tulkarm, Qalqiliya, Yenin, Nablús, Ramallah, Jericó, Belén y Hebrón, que fueron clasificadas como zona A. En la zona B, colaboraban israelíes y palestinos. La zona C, con mucho la más vasta, quedaba bajo control exclusivo de los israelíes. El acuerdo no preveía el desmantelamiento de las colonias de Gaza y Cisjordania. Las principales ciudades de Gaza y Cisjordania pasaron a ser controladas por la policía palestina»[540]. Sin embargo, como decimos, aquellos acuerdos no acabaron de satisfacer a todos: «Diciembre de 1993. Oslo nos dejó el sabor amargo de la derrota —dice Hawa-Tawil—»[541]. Pero hay que volver a la religión, como casi siempre. Es lo que inunda a los pueblos de las tres religiones monoteístas que viven en Israel y Palestina.

En 1993, el 30 de diciembre, la Santa Sede firmaba un acuerdo con Israel que ratificaba posteriormente el 10 de noviembre de 1997. Se

---

539   R. Khalidi. *Op. cit.* Págs. 201-204.
540   R. Hawa-Tawil. *Op.cit.* Pág 139.
541   *Ibid.* Pág. 143.

acordaba la «personalidad jurídica» de las instituciones católicas que estaban en Israel y, particularmente, en Jerusalén. «Para los palestinos fue recibido como una capitulación»[542]. Para poner las cosas en su sitio —había instituciones católicas en la zona controlada por la Autoridad Nacional Palestina—, en 2000, se acordó también, tras la visita de Yasser Arafat al Vaticano, que la «gestión de los santos lugares incumbe a cada una de las tres religiones»[543]. Para demostrarlo, el papa Juan Pablo II celebró una misa solemne en presencia de Yasser Arafat en la basílica de la Natividad en Belén en marzo de 2000, demostrando también que «el Vaticano era particularmente sensible a la injusta suerte del pueblo palestino»[544]. Se trataba de una declaración religiosa: «la compartición de los santos lugares»; no era, en absoluto, una declaración política.

Desde 1947, debido a los intereses políticos de los países árabes circundantes, israelíes y palestinos vivieron continuamente una frágil paz. Unos —los árabes que vivían en Palestina— no estaban de acuerdo con su suerte, y los otros —los judíos— no se fiaban de aquellos y trataban de imponer su poder en la zona pues, de no hacerlo, peligraba su propia existencia. Quizás, por estas dos razones los acuerdos quedaban siempre en papel mojado. Además, detrás del escenario, los palestinos ansiaban la creación de un Estado independiente sin explicitar a qué se referían realmente. Ya se dijo más arriba cuando se habló de la declaración de 1988 en Argel: todo hace suponer que, detrás de esas declaraciones, se pretendía expulsar a los israelíes de la zona, lo que estos, obviamente, ni aceptaban… ni aceptarán.

El problema, ya lo dijimos, es la distinta situación entre los palestinos bajo la Autoridad Palestina, a la OLP, o al entorno de ambos, que se beneficiaban de aquellos acuerdos, y otros palestinos que tenían

---

542   *Ibid.* Pág. 169.

543   *Ibid.* Así también lo había reconocido el papa Pablo VI en 1967: «Nunca aceptaremos libremente que Jerusalén no sea de todos los pueblos». Lo que certificó igualmente el papa Juan Pablo II en su carta apostólica de 20 de abril de 1984 reconociendo a Jerusalén como «patria de todos los descendientes espirituales de Abraham». Ambas afirmaciones vienen citadas en R. Hawa-Tawil. *Op. cit.* Pág. 168. De nuevo, estas declaraciones hay que tomarlas en sentido de las prácticas religiosas: permitir que los seguidores de cada una de las tres religiones monoteístas puedan, libremente, practicar sus normas.

544   *Ibid.* Pág. 169.

dificultades para moverse de un lugar a otro. Sin olvidar a los que se encontraban bajo el poder de grupos terroristas que no atienden a otras razones que no sean sus propios objetivos. Es aquí cuando surge con fuerza de nuevo el que fuera el rival más relevante de la OLP: Hamás, cuyo argumento era que había que lograr el control de toda Palestina, no solo de las zonas ocupadas por Israel, sino de todo el territorio. Y este es el fundamento de su estrategia, pues no hay otra: expulsar a los judíos de toda la zona. Para Hamás no existe otra solución, por lo que los acuerdos que se habían firmado carecían de valor para ellos. Tampoco los aceptaban otros grupos terroristas afines.

Los acuerdos de la conferencia de Madrid, y los subsiguientes en Washington, desconcertaron a Hamás, que quedó sin ningún papel fuera de la OLP y de la Autoridad Palestina. Un grupo terrorista como Hamás es siempre ajeno a los acuerdos políticos, salvo que la violencia les otorgue al final todo el poder político que ansían. Sin embargo, con el paso de los cinco años de situación interina especificados en el acuerdo original unidos a los acuerdos de Camp David (II) en 2000 que otorgaban permanentemente a Israel el valle del río Jordán y el espacio aéreo palestino, mientras seguía manteniendo las aguas del West Bank, aparte del control de Jerusalén, condujo las negociaciones al desastre. De ahí la fortaleza de Hamás, que asumió como propia la frustración de la población palestina. De la política se pasaba de nuevo a la violencia terrorista para lograr réditos políticos.

Conviene, de nuevo, hacer un alto en el camino y volver a Hamás y su estrecha relación con el islam, comenzando por su Carta Fundacional en su artículo 1: «El islam es el sistema del Movimiento de Resistencia Islámico[545]. Del islam se derivan sus ideas y preceptos fundamentales, su visión de la vida y su entendimiento del hombre y el universo. De acuerdo con el islam juzga sus acciones y el islam le inspira para corregir sus errores»[546]. Para continuar en su artículo 7: «El Movimiento de Resistencia Islámico es un eslabón en la cadena de la *yihad*[547] con-

---

545   Hamás es el acrónimo de *Harakat al-Muqáwama al-*Islamiya, que significa Movimiento de Resistencia Islámica.
546   Carta Fundacional de Hamás. Pág.7.
      https://www.catarata.org/media/catarata55/files/sample-150334.pdf.
547   La *yihad* o «guerra santa» se refiere a luchar por la causa de Alá. Hay decenas de

tra la ocupación sionista»[548]. Para asegurar en ese mismo artículo 7 la siguiente cita: «*La hora del Juicio Final no llegará hasta que los musulmanes luchen contra los judíos y los musulmanes los maten, y hasta que los judíos se escondan tras una piedra o un árbol y la piedra o el árbol digan: Musulmán, siervo de Dios, aquí, detrás de mí hay un judío, ¡ven y mátalo!*»[549]. Sobran los comentarios: cuando la religión entra en la política y se alude al poder del Ser Supremo, cualquier acción queda supeditada a esto.

Y para que no quedaran dudas de los fines de Hamás, está además el artículo 11 de dicha Carta: «El Movimiento de Resistencia Islámico cree que la tierra de Palestina es un *waqf*[550] islámico confiado a todas las generaciones musulmanas hasta el día del Juicio Final. Nadie tiene derecho a entregar todo o parte de ella. No lo tiene ningún Estado árabe, ni todos los Estados árabes unidos, ningún rey y ningún presidente, ni todos los reyes y todos los presidentes, ninguna organización ni todas ellas, ya sean árabes o palestinas, tienen esa autoridad porque la tierra de Palestina es una tierra islámica confiada (*waqf*) a todas las generaciones de musulmanes hasta el día del Juicio Final»[551]. No caben dudas: la lucha de Hamás es el exterminio del pueblo judío y su expulsión total de Palestina: *del río al mar*[552].

---

versículos en el Corán respecto de combate, guerra, lucha o enemigo, como el versículo que dice: «Combatid por Alá contra quienes combatan contra vosotros, pero no os excedáis. Alá no ama a los que se exceden». Ver: El Sagrado Corán (2:190). *Op. cit.* Osama Bin Laden, al parecer, definía la *yihad* de esta manera: «En cuanto a la relación entre musulmanes e infieles, esta se resume en la Palabra del Altísimo: "Renunciamos a vosotros. La enemistad y el odio reinarán para siempre entre nosotros, hasta que creáis solo en Alá"». Ver: M. A. Khan. *Islamic Jihad. A Legacy of Forced Conversion, Imperialism, and Slavery.* iUniverse Books. Nueva York, 2009. Pág. 15. También, para mejor entender la yihad desde la óptica islámica es interesante la siguiente obra: Ibn-Nuhaas (Abi Zakaryya Al Dimashqi Al Dumyati). Traducido por: N. Yamani. *The Book of Jihad.* https://archive.org/details/the-book-of-jihad-by-ibn-nuhass_202106/mode/2up.
https://es.wikipedia.org/wiki/Yihad#:~:text=En %20español %2C %20la %20palabra %20árabe,jihad %20fi %20sabil %20Allah).

548 *Ibid.* Pág. 10.

549 *Ibid.* Pág. 11.

550 *Waqf* es una donación religiosa reconocida por el islam según la cual ciertas personas pueden utilizar sus beneficios de manera inalienable. https://en.wikipedia.org/wiki/Waqf.

551 Carta Fundacional de Hamás. *Op. cit.* Pág.15.

552 *Del río al mar* o *del río hasta el mar*, es una frase que se refiere geográficamente a la zona comprendida entre el río Jordán y el mar Mediterráneo, indicando todo el territorio palestino, lo que hoy incluye a Israel y los territorios que mantiene ocu-

Con la llegada de Arafat a Gaza aquel 1 de julio de 1994 para instalarse definitivamente allí, tuvo que tender la mano a Hamás, dueño, por así decirlo, del lugar. Desde entonces, la presencia de Hamás en los ataques contra Israel serán constantes. Esta vez mediante atentados de combatientes que se inmolaban durante las matanzas. Sirvan dos ejemplos de lo que luego sería habitual: «el 9 de abril de 1995 se sucedieron dos atentados suicidas, reivindicados, uno por Hamás y el otro por la Yihad Islámica, en contra de los colonos judíos en Gaza. Murieron 8 personas»[553]. El 25 de febrero de 1996, «dos *kamikazes* de Hamás, mataron a 25 personas en Jerusalén»[554]. Hay que decir, sin embargo, que los 40.000 efectivos policiales de Gaza controlados por la OLP trataban de evitar aquellas acciones violentas[555].

Israel, en paralelo, ponía al ejército para contener las acciones terroristas de Hamás allá por los años 1990, lo que ha repetido en otras ocasiones. No tenía otro medio. Con lo cual, a veces, usaba fuertes represalias de contención como suelen hacer las fuerzas armadas. Volvemos al miedo que siempre ha existido en esa pequeña nación[556] rodeada de enemigos, unos con fuerzas militares y otros, como eran los grupos terroristas, con acciones en contra de la población judía, poniendo a los propios palestinos de escudo en múltiples ocasiones.

Merece siquiera en este caso, un apunte sobre el uso de la población civil para llevar el «relato» en su defensa. Nos referimos a los «escu-

---

pados: Cisjordania, y la Franja de Gaza. En la década de 1960, la OLP usaba la frase para reclamar un Estado árabe que abarcara la totalidad de Palestina expulsando a los judíos de la zona. En 1969, la OLP volvió a usarla para reclamar un Estado democrático único para árabes y judíos, que sustituyera al Estado de Israel. Hamás, como parte de su Carta Fundacional revisada de 2017, rechazó «cualquier alternativa a la liberación total y completa de Palestina, desde el río hasta el mar», refiriéndose a toda Palestina y, por extensión, al fin de la soberanía judía en la región. La yihad islámica declara igualmente que, «desde el río hasta el mar» (es decir, Palestina), es una tierra árabe islámica donde no caben los judíos. Actualmente, algunas formaciones políticas de izquierda aliadas con las pretensiones de Hamás de acabar con el Estado de Israel utilizan la misma frase en sus ataques verbales a los judíos.
https://en.wikipedia.org/wiki/From_the_river_to_the_sea.

553   J-P. Filiu. *Op. cit*. Pág. 327.
554   *Ibid*. Pág. 331.
555   L. Bucaille. *Gaza: la violence de la paix*. Presses de Sciences Po. París, 1998. Pág. 71.
556   En la actualidad, Israel tiene algo más de 22.000 kilómetros cuadrados.

dos humanos»[557]. Una estrategia utilizada también por otros grupos terroristas del mismo signo, como ha sido el caso de Hezbolá en 2006 en el Líbano, The Islamic Jihad Movement in Palestine, The Popular Resistance Committees, o The Humanitarian Relief Foundation[558]. Una estrategia, como decimos, que encierra el objetivo de poner a Israel en la tesitura de atacar a la población civil, a la vez que aumenta el rechazo en contra de los judíos presentándolos como fuerzas agresivas que atacan a civiles de manera indiscriminada. Una actividad que se encuentra también en el diseño y la construcción de túneles debajo de edificios sensibles como podrían ser los hospitales o las escuelas.

En aquel escenario de violencia de los años 1990, bastó la visita de Ariel Sharon al Monte del Templo[559] el 25 de septiembre de 2000, acompañado de un importante contingente de seguridad. Sharon era a la sazón el líder del partido Likud (sería elegido presidente de Israel en 2001). La visita exacerbó los ánimos de los palestinos y de los árabes, pues el lugar se encuentra en la Explanada de las Mezquitas, conocido también como el Noble Santuario de Jerusalén por los musulmanes, un lugar sagrado para los seguidores del Profeta. Otra vez la religión y sus conflictos tornados en luchas políticas[560].

La visita desató, de nuevo, una terrible ola de violencia, lo que se conoce como la Segunda Intifada, que «quedará grabada en la historia como una época en la que se produjo un importante cambio en las reglas del juego. Desde la conmoción de presenciar cómo decenas de jóvenes se inmolaban voluntariamente hasta la vergüenza de la construcción de uno de los mayores muros de la historia para crear una eterna división entre dos pueblos, ha sido una época en la que ambos bandos, opresor y oprimido, se han visto íntima y dolorosamente afectados por el azote de la ocupación israelí y la consiguiente resistencia palestina»[561].

---

557   NATO Strategic Communications Center of Excellence. *Hamas' use of human shields in Gaza.* 2007. https://stratcomcoe.org/cuploads/pfiles/hamas_human_shields. pdf.

558   *Ibid.*

559   https://es.wikipedia.org/wiki/Monte_del_Templo.

560   N. Matta. D. Rojas. *The Second Intifada. A Dual Strategy Arena.* European Journal of Sociology (57) 1. 2016. Págs. 65-113.

561   R. Baroud. *Th Second Palestinian Intifada. A Chronicle of a People's Struggle.* Pluto

Al día siguiente de la visita de Sharon, ante la enorme ola de violencia, el ejército israelí se vio obligado a actuar enfrente de cientos de palestinos enfurecidos en todos los territorios ocupados. Esto obligó a la entrada de material militar pesado israelí en Cisjordania. Y lo que parecía un acto de represión para acallar las revueltas, se convirtió en un enorme derramamiento de sangre durante cinco años. Los acuerdos que se habían conseguido hasta entonces después de complejas y difíciles negociaciones quedaban como si no hubiera existido: se volvía a la casilla de salida.

Al segundo día de crudas manifestaciones, se produjo la muerte en Gaza de Muhammad al-Durrah. Era el 30 de septiembre de 2000. Él y su hijo de 12 años se encontraron, al parecer, en medio del fuego cruzado entre israelíes y palestinos. El hijo, según las imágenes, fue abatido. La escena, grabada por un palestino que trabajaba para la televisión francesa, dio la vuelta al mundo[562]. La prensa internacional se volcó en contra de los israelíes. Al poco, con Ariel Sharon al frente del Gobierno, se trató de eliminar la resistencia palestina con la fuerza, incluido el asalto al campo de refugiados de Khan Yunis[563]. No fue lo único, se continuó con una fuerte represión mientras las televisiones occidentales servían las imágenes por todo el mundo. Israel era un país genocida para muchos, sobre todo para aquellos que tal situación les otorgaba pingües beneficios políticos.

El caso al-Durrah es interesante en lo que supone respecto de desinformación o, al menos de confusión de la verdad. Un asunto que es interesante desde la óptica de lo que se encuentra detrás del conflicto palestino-israelí, que va más allá de la lucha por un territorio y entra de lleno en los intereses políticos de los actores principales y muchos otros secundarios.

La obra de Nachman Shai[564] es un intento de clarificar lo que realmente sucedió aquel 30 de septiembre de 2000 cuando todos los indi-

Press. Londres, 2006. Pág. XIII.
562 https://es.wikipedia.org/wiki/Muerte_de_Muhammad_al-Durrah.
563 R. Baroud. *Op. cit.* Págs. 23-24.
564 N. Shai. *Hearts and Minds. Israel and the Battle for Public Opinion.* State University of New York Press. Albany, US, 2018. En lo que sigue, las páginas (posiciones) del libro se refieren al formato Kindle.

cios indicaban la muerte de Muhammad al-Durrah en un tiroteo entre israelíes y palestinos, donde los primeros fueron acusados de haber dado muerte al muchacho en manos de su padre. Shai trató de averiguar la verdad «mediante entrevistas con más de 250 personas claves de la sociedad, la política, la defensa, los medios de comunicación, la diplomacia en general y los diplomáticos en particular»[565].

Antes de analizar el asunto de la muerte de al-Durrah, conviene decir que, modernamente, desde la última parte del siglo XX, cuando ciertas entidades no gubernamentales pretenden derrotar a democracias establecidas a las que se oponen, independientemente de lo consolidadas que estén, el uso del terrorismo viene a ser, con sus prácticas de intimidación o sus actividades «guerrilleras» (ya sean secuestros, amenazas, ataques a edificios, comercios, o transportes públicos, amén de «impuestos revolucionarios»), el medio idóneo para conseguir sus fines, ya sea a corto, medio o largo plazo. En estos casos, dado que el poder militar y económico de los terroristas es, generalmente, mucho menor que el de los Estados establecidos, necesitan esparcir el miedo atacando a personas concretas o a grupos de civiles, a los que causan la muerte para doblegar al Estado al que combaten. Los casos son tan reconocibles y numerosos que no conviene explayarse con esto.

Durante la Segunda Intifada (2000-2006) que arranca prácticamente con el caso al-Durrah, «Oriente Medio fue una suerte de laboratorio respecto de una guerra asimétrica entre un Estado occidental de corte liberal y varias organizaciones terroristas»[566]. ¿Qué sucedió realmente?

Según contó el padre, había tomado un taxi con su hijo de 12 años desde su domicilio en el campo de refugiados de Bureij[567] para ir a comprar un vehículo en algún lugar de Gaza. El taxi se vio obligado a llegar a la intersección con Netzarim[568], por lo que el taxista les pidió

---

565   *Ibid.* Posición 89 de la versión Kindle.

566   *Ibid. Introducción.* Posición 362 de la versión Kindle.

567   Se trata de un campo de refugiados en el centro de Gaza. https://es.wikipedia.org/wiki/Campamento_de_Bureij

568   Netzarim era un asentamiento israelí en el interior de la Franja de Gaza. Se había establecido en 1972. En agosto de 2005, los habitantes judíos de Netzarim fueron desalojados por el ejército israelí como parte del plan de retirada unilateral de Israel de Gaza. https://en.wikipedia.org/wiki/Netzarim.

que bajaran del vehículo, ya que, en aquellos días, esa localidad era un pequeño emplazamiento judío rodeado de una población árabe densamente poblada, por lo que era un lugar de frecuentes enfrentamientos entre los palestinos y el ejército israelí que, con unos 30 efectivos, protegía las intersecciones con aquella población. El muchacho trató de cruzar y, según se contó, se vio pillado entre el fuego de unos y otros, falleciendo en brazos de su padre, como ya se dijo. Las imágenes del periodista Talal Abu Rahma que volcó la televisión France 2 dieron la vuelta al mundo. Los israelíes, sin conocer lo que había pasado en realidad, pidieron disculpas por lo sucedido, lo que bastó para imputarles la tragedia, independientemente de que ya habían denunciado en múltiples ocasiones que «los palestinos hacían cínicamente uso de mujeres y niños a los que llevaban a las zonas de los territorios en conflicto»[569].

Con toda la prensa internacional volcada en el suceso al-Durrah, tiempo después, incluso con la petición de perdón por parte de Israel, comenzaron a aparecer informaciones que dudaban de la veracidad de los hechos, demostrando, en ciertos casos, la manipulación de las imágenes[570]. Incluso, el Gobierno israelí se interesó en el caso volviéndose a demostrar enormes dudas sobre lo sucedido[571]. Había pasado tanto tiempo que a nadie le interesaba ya la verdad.

Sin embargo, no hay que decir que unos soldados disparando en contra de civiles no deja de ser una asimetría, particularmente en lo concerniente a las imágenes que muestran los medios de comunicación. Como resulta igualmente impactante ver a personas con sus hijos manifestándose enfrente de carros de combate. En esos casos, no hay duda sobre quién hay que ponerse al lado. Las razones no cuentan, máxime cuando se enfrentan dos formas de expresión. De un lado, las fuerzas representantes de un Gobierno democrático que defiende

---

569   N. Shai. *Op. cit. Chapter 1. Why Are the Jews Shooting at Us?* Posición 409 de la versión Kindle.

570   R. S. Simmons. *La Falsa Muerte de Muhammad al-Dura.* https://aishlatino.com/la-falsa-muerte-de-muhammad-al-dura/. Del libro: S. Simmons. *David & Goliath: The explosive inside story of media bias in the Israeli-Palestinian conflict.* Emesphere Productions. Nueva York, 2012.

571   L. Derfner. *On the Al-Dura Affair: Israel officially drank the Kool Aid.* 22 de mayo de 2013. https://www.972mag.com/on-the-al-dura-affair-israel-officially-drank-the-kool-aid/.

la libertad y se ve acosado por bandas descontroladas (caso de Israel), defendiéndose con los medios de que dispone, a veces llevándolos al extremo. Por otro, organizaciones terroristas (como es el caso de Hamás o Hezbolá) que no atienden a esos principios y atacan sus objetivos para conseguir sus propósitos fuera de cualquier negociación poniendo a personas como escudos humanos. Cuando esto sucede, se vive en un mundo en el que: «la credibilidad no es cuestión de principios, sino de lo contrario. La norma es la propaganda, la distorsión de hechos y de los datos, el envío de mensajes que no tienen ninguna conexión con la realidad»[572]. No digamos si las noticias «vuelan» por Internet y las redes sociales. Un hecho que, sin demasiado éxito, Israel trató de contrarrestar con su política de *hasbará*[573] iniciada durante la Segunda Intifada.

La Segunda Intifada desarrolló una enorme actividad terrorista, sobre todo en Cisjordania. Hacia mayo de 2002, se habían producido en Israel 472 muertos entre civiles y personal de seguridad, a lo que había que añadir casi 4000 heridos en esas mismas poblaciones. Los terroristas atacaban principalmente a la población civil en escuelas, restaurantes, salas de fiesta, autobuses, centros comerciales, y lugares públicos donde se reunía mucha gente[574]. Meses antes, en marzo de aquel año, considerado el «marzo negro», habían muerto de ataques terroristas 135 israelíes y otros 687 habían sido heridos. Solo el día 27 del mes de marzo de aquel año, víspera de la Pascua judía, un terrorista se había suicidado matando a 29 personas y dejando heridas a 150[575]. Hay que comprender el miedo que se había instalado en la población judía.

Aquella situación llevó al primer ministro Ariel Sharon a lanzar una operación de contención denominada *Operation Defense Shield*, que erró en lo más importante: «Israel desplegó su poderío militar en la operación Escudo Defensivo y pronto asestó un golpe mortal a los

---

572   *Ibid.*

573   *Hasbará* es un término hebreo que significa esclarecimiento. Fue utilizado por el Estado de Israel y otros grupos independientes para mejorar la imagen de Israel en el mundo.
      https://en.wikipedia.org/wiki/Public_diplomacy_of_Israel.

574   N. Shai. *Op. cit. Chapter 13. Was There a Massacre?* Posición 3302 de la versión Kindle.

575   *Ibid.*

centros del terrorismo en Cisjordania. Pero se equivocó al no combinar este poder duro con componentes de poder blando, incluidos los medios de comunicación, el frente internacional, la coordinación con ONG (israelíes, judías e internacionales) y la ayuda humanitaria. Todo ello podría haber creado un poder inteligente, una mezcla adecuada de los dos tipos de poder»[576]. De nuevo Lao Zi y el *Libro del Tao*: «Las acciones violentas provocan resultados negativos; donde acampan los ejércitos, todo se cubre de maleza. El hombre de bien se conforma con los resultados obtenidos, no se vale de ellos para imponerse por la fuerza. De sus resultados no se enorgullece, de sus resultados no se jacta, por sus resultados no se muestra altivo, por sus resultados no se muestra altanero». Baste este ejemplo: «Los palestinos y las organizaciones internacionales de ayuda plantearon acusaciones sobre la situación humanitaria en el campo de refugiados»[577], incluido el temor de que Israel estuviera intentando ocultar el número real de víctimas palestinas.

La organización israelí de derechos humanos B'Tselem[578] también describió la angustia humanitaria en aquel campo: «Durante el transcurso de la operación, los enfermos renales solo pudieron llegar al hospital tras muchos esfuerzos para coordinar su paso. Hubo casos de pacientes que murieron antes de que se obtuviera la autorización. Proteger a los enfermos y heridos es uno de los principios básicos del derecho internacional. Este principio también fue violado durante la operación Escudo Defensivo»[579].

La lucha más encarnizada durante la operación Escudo Defensivo tuvo lugar en la población de Yenín[580], «que las fuerzas del ejército israelí habían descrito como "la capital de los terroristas suicidas". Esto se aplicaba principalmente al campo de refugiados anexo a la ciudad, que ya se había hecho famoso como centro de terrorismo en la década

---

576   *Ibid.*

577   Se refiere a Nablús y Yenín.

578   B'Tselem. Operation Defense Shield. Soldiers' Testimonies. Palestinian Testimonies. La organización B'Tselem se fundó en 1989 para vigilar y promover los derechos humanos en los territorios ocupados por Israel. https://www. btselem.org/download/200207_defensive_shield_eng.pdf.

579   N. Shai. *Op. cit. Chapter 13. Was There a Massacre?* Posición 3390 de la versión Kindle.

580   https://es.wikipedia.org/wiki/Batalla_de_Yenín.

de 1980. Tres organizaciones operaban en el campo: La Yihad Islámica Palestina, Hamás y Fatah»[581]. Desde allí los terroristas se aprovechaban de la proximidad a los centros de población de Israel, enviando terroristas suicidas que cometieron 31 atentados, matando a 121 personas (incluida la matanza del Park Hotel) e hiriendo a 643[582]. Sin embargo, durante la batalla los israelíes enviaron bulldozers blindados de 50 toneladas de peso, que cruzaron las calles del campo y detonaron las bombas colocadas a lo largo de la ruta. Tropas de infantería los seguían en vehículos blindados para llevar a cabo su misión. De ahí el informe de B'Tselem y la masacre que se produjo con esta operación militar. No es preciso decir que «la angustia humanitaria» y la «masacre» siguieron resonando en los medios de comunicación, y las Naciones Unidas y el Secretario General Kofi Annan empezaron a ocuparse de esta cuestión. Se solicitó al Consejo de Seguridad de la ONU que encargara una investigación internacional sobre los incidentes de Yenín»[583].

Al final del proceso en la ONU, «Estados Unidos, como de costumbre, estuvo solo en el apoyo a Israel. Muchos otros países, entre ellos Austria, Bélgica, Portugal, España, Suecia, China, Chipre y Francia, denunciaron la operación en Yenín. El tema volvió finalmente a la Asamblea General, que pidió al secretario general que le presentara un informe basado en «todos los recursos e información disponibles». El 1 de agosto de 2002, Annan presentó un informe que se basaba en fuentes israelíes y palestinas, aunque Israel no había participado con este esfuerzo de la ONU. El secretario general señaló que 52 palestinos habían muerto en el campo (la mitad podían haber sido civiles), junto con 23 soldados israelíes»[584]. Al final, ambos bandos consideraron la batalla de Yenín como un punto de inflexión en la guerra para utilizarlo como una ventaja: los palestinos buscando la oportunidad de crear un mito de heroísmo, glorificando su batalla. Israel, por su

---

581   N. Shai. *Op. cit. Chapter 13. Was There a Massacre?* Posición 3339 de la versión Kindle.
582   *Ibid.*
583   *Ibid.* Posición 3442 de la versión Kindle.
584   *Ibid.*

parte, concentrado en destruir las células terroristas en Cisjordania para disuadir del terrorismo futuro[585]. Algo visto ya demasiadas veces.

Será, quizás, que la historia de Israel tiene este sino, donde la religión no deja de formar parte de él, en tanto que, como decía el profeta Ezequiel, aquel sacerdote de Jerusalén, deportado a Babilonia allá por el año 597 a. C.: «Esto dice el Señor Dios: Recogeré a los hijos de Israel de entre las naciones donde han ido, los reuniré de todas partes para llevarlos a su tierra. Los haré una sola nación en mi tierra, en los montes de Israel. Un solo rey reinará sobre todos ellos. Ya no serán dos naciones ni volverán a dividirse en dos reinos»[586]. Una tierra en la que muchos no quieren que estén esos incómodos israelitas.

---

585   *Ibid.* Posición 3642 de la versión Kindle.
586   Ezequiel (37: 21-22).

Capítulo VI
EL OTRO LADO DE ISRAEL

«Lo verá Asquelón[587] y temblará, Gaza se retorcerá de dolor, como Ecrón[588], al perder su esperanza. Se suprimirá al rey de Gaza, Asquelón quedará deshabitada y habitarán bastardos en Asdod[589]. Troncharé el orgullo de los filisteos, quitaré su sangre de la boca y sus abominaciones de entre sus labios».

Zacarías (9: 5-7)

Antisemitismo · El rechazo judío en Europa · ¿Fuego amigo? La economía de Israel · La nación start-up · Idas y venidas de una paz imposible · Los efectos económicos de la Intifada · El papel de la UNRWA · Palestina depende de Israel · Dos ejes fundamentales: economía y defensa · ¿Imperialismo israelí?

La Fundación para el Patrimonio Judío (Foundation for Jewish Heritage[590]) indica que la presencia judía en Europa se remonta a más de 2500 años. El pueblo judío, dadas sus características, dejó en el suelo europeo un enorme patrimonio en forma de sinagogas, juderías, edificios comunales, cementerios y otro tipo de monumentos. En la investigación de esta fundación sobre la influencia judía en Europa ha identificado 3237 edificios de sinagogas que quedan hoy en pie en el continente, cuando, en vísperas de la Segunda Guerra Mundial, había

---

587   https://wol.jw.org/es/wol/d/r4/lp-s/1200010421.
588   https://es.wikipedia.org/wiki/Ecrón.
589   https://es.wikipedia.org/wiki/Asdod.
590   https://www.foundationforjewishheritage.com.

unas 17.000, demostrándose así la destrucción realizada por los nazis en el tiempo en que asolaron Europa; aunque no solo, ya que durante el régimen comunista de Stalin muchas sinagogas fueron igualmente destruidas, siendo muchas menos las que aún quedan en el este respecto del oeste europeo[591]. En España, por citar un dato, de las construcciones antiguas, existen aún dos sinagogas en Toledo, aparte de los barrios de la judería de Córdoba y el *Call* de Gerona.

En 2002 había unos 14 millones de judíos en el mundo, de los cuales, vivían en Europa unos dos o dos millones y medio. En Estados Unidos en aquel año eran unos 6 millones, y en Israel algo más de 5 millones[592]. Una población muy pequeña si se compara con los musulmanes, por ejemplo, que son actualmente unos 2000 millones, algo así como el 24 % de la población mundial. Si se analiza la población total de los judíos en el mundo, sorprenden los movimientos migratorios de este pueblo. Por no irnos muy lejos en la historia, en 1939 había unos dieciséis millones y medio de judíos en el mundo, la mayoría (más del 90 %) viviendo entre Europa (60 %) y Estados Unidos (35 %). Una población que, en 2020, se distribuía básicamente entre Estados Unidos e Israel (cerca del 85 %)[593], siendo marginal en Europa, lo que indica mucho del pensamiento actual respecto de los judíos en el continente. Ya que si, en 1880, el 88 % de la población judía del mundo residía principalmente en Europa, hoy solo llega al 9 %[594].

Sorprende ver cómo una población tan pequeña ha sido objeto durante milenios de la ira de unos y otros, por no decir de un odio generalizado en muchos ambientes. No se trata únicamente del Holocausto o del rechazo tan extendido desde la creación del Estado de Israel, sino de un sentimiento muy antiguo que parece no tener fin.

---

591 https://www.frh-europe.org/cms/wp-content/uploads/2021/01/Europes-Jewish-Architectural-Heritage_Michael-Mail.pdf.

592 D. Graham. *European Jewish Identity at the Dawn of the 21ˢᵗ Century.* Institute for Jewish policy Research. 2004.
https://www.jpr.org.uk/sites/default/files/attachments/__tsclient_C_Users_admin_Downloads_JPR %20reports_EUR %20Graham %202004.pdf

593 S. DellaPergola; L. D. Staetsky. *Jews in Europe ate the turn of the Millennium. Population trends and estimates.* Institute for Jewish Policy Research. October 2020.
https://www.jpr.org.uk/sites/default/files/attachments/JPR_2020.Jews_in_Europe_at_the_turn_of_the_Millennium.pdf

594 *Ibid.*

Un hecho que, de alguna manera, existe también en contra de los cristianos en muchos lugares, sobre todo donde predomina el islam, dando la sensación de una suerte de conexión entre ambas situaciones, que no se da de manera tan generalizada con otras confesiones religiosas o con otras comunidades en el mundo.

El antisemitismo es secular. Un término —antisemitismo— que, según se dice, fue establecido por un periodista alemán, Wilhelm Marr, hacia 1870, que lo asociaba al odio a lo judío y al judaísmo tanto él como otros de su tiempo[595]. De Alemania, el antisemitismo se extendió por Francia, Austria, Hungría, Rusia y otros lugares, donde acusaban a los judíos el no mezclarse con sus conciudadanos en las sociedades donde vivían.

No cabe duda de que el rechazo al judaísmo y a los judíos tiene un origen religioso, pero hay más. Se trata de un rechazo racial; diríamos que se trata de racismo. Ahí estuvo, por ejemplo, en los años de 1880, el hecho de que los judíos no eran aceptados en las comunidades o fraternidades (*Burschenschaften*) universitarias de Alemania y Austria, entre otras cosas porque se les consideraba unos peligrosos competidores en las disciplinas que daban paso a profesiones liberales como el periodismo, la medicina o la abogacía, por ejemplo[596].

Dejando aparte la etapa nazi, aunque durante la época del canciller Konrad Adenauer, de 1949 a 1963, se reconocieron los desmanes alemanes en contra de los judíos, a partir de los años 1960 la izquierda política alemana ha venido rechazando lo que denominan el filo-semitismo del *establishment* alemán, lo que les lleva a demonizar el «sionismo genocida» en contra del pueblo palestino, uniendo antisemitismo y anticapitalismo, tal como decía en 1984 la representante en Europa de los verdes alemanes, Brigitte Heinrich[597]. Según esta apreciación tan extendida hoy, para la izquierda política alemana Israel viene a ser el Tercer Reich, mientras que los palestinos son los «nuevos judíos» de Oriente Medio[598].

---

595   R. S. Wistrich. *Antisemitism. The Longest Hatred.* Pantheon Books. Nueva York, 1991. Pág. XV.
596   *Ibid.* Pág. 58.
597   *Ibid.* Págs. 81-82.
598   *Ibid.*

Esto no se reduce únicamente a Alemania o a la izquierda política europea. El asunto viene de lejos: ahí están, por ejemplo, escritores tan insignes como T. S. Eliot, el cual en su poema *Gerontion* incluía versos como estos: «Mi casa es una casa en ruinas. Y el judío se agazapa en la ventana. Y sigue siendo el dueño...»[599]. Para seguir luego con esto otro: «Las ratas están debajo de los montones. El judío está debajo del bancal»[600]. Era 1919.

Modernamente, conocida la aversión de la izquierda política hacia los judíos, resulta sorprendente cómo los extremos se unen. Véase si no el Frente Nacional francés que, desde la época de su fundador, Jean-Marie Le Pen, van de la mano con la izquierda gala en sus diatribas en contra de los judíos. Allá quedan las declaraciones en la campaña electoral de los años 1980, cuando el Frente Nacional reclamaba «Francia para los franceses», y se ponía en la picota el multiculturalismo, donde, por supuesto, entraban los judíos, lo que aprovechaban para atacar de manera virulenta a conocidas personalidades francesas de origen judío, como eran Simone Veil o el arzobispo de París, Monseñor Jean-Marie Lustiger, objeto directo de sus ataques[601].

En sus más de 1000 páginas Robert Wistrich escribió una enorme obra sobre el antisemitismo: *Una obsesión letal: El antisemitismo desde la antigüedad hasta la yihad mundial*[602], en la cual ha reunido una cantidad asombrosa de datos, describiendo un patrón de hostilidad antijudía que demuestra una suerte de patología mundial en contra de este pueblo.

Independientemente de los hechos históricos, resulta muy descriptivo el análisis de Wistrich sobre la persistente agresividad en contra de los judíos durante el siglo XX, y, sobre todo, cómo desde las Naciones Unidas, que debería ser un árbitro neutral, es un elemento más en contra de los judíos. Véase para esta descripción el entero capítulo trece de esta obra, cuyo título no deja dudas: *La intolerancia en las Naciones Unidas*, y aquella Resolución de 1975, de la que ya hablamos

---

599   *Ibid.* Pág. 107.

600   *Ibid.*

601   *Ibid.* Pág. 139.

602   R. Wistrich. *A Lethal Obsession. Anti-Semitism from Antiquity to the Global Jihad.* Random House. Nueva York, 2010.

en páginas anteriores, en la que se identificaba racismo y sionismo, y lo llevaba a lo peor de los desmanes colonialistas de África[603]; por no hablar de casi todas las resoluciones aprobadas por la Comisión de Derechos Humanos de la ONU, donde una gran cantidad han ido en contra de Israel, obviando las violaciones que, en contra de las personas, se hicieron en otros muchos países. A lo que se suman muchas ONG, como Amnistía Internacional o la Human Rights Watch que no dejan de seguir este mismo patrón. Es entonces comprensible que el pueblo de Israel se encuentre en una cotidiana sensación de peligro, ya sea por los ataques violentos en su territorio o por esa generalizada sensación de que todo el mundo está en su contra, no solo en el mundo árabe, sino en el contexto occidental.

Ciertamente, el mundo árabe profesa desde antiguo esa secular aversión a lo judío. Independientemente de lo reflejado en algunos versos coránicos, el antisemitismo como tal es un fenómeno más bien moderno, muy influenciado por el pensamiento occidental y por las guerras sucesivas en contra de Israel desde la proclamación de su Estado en 1948[604]. Lo cual no quita para que el Corán, como ya dijimos, tenga críticas muy severas en contra de ellos (y de los cristianos). Ahí está por ejemplo esta Sura: «Los judíos dicen: "Uzair[605] es el hijo de Alá". Y los cristianos dicen: "El Ungido es el hijo de Alá". Eso es lo que dicen de palabra. Remedan lo que ya antes habían dicho los infieles. ¡Que Alá les maldiga! ¡Cómo pueden ser tan desviados!»[606].

O estas otras: «Prohibimos a los judíos cosas buenas que antes les habían sido licitas, por haber sido impíos y por haber desviado a tantos del camino de Alá»[607] «por usurear, a pesar de habérseles prohibido, y por haber devorado la hacienda ajena injustamente. A los infieles de entre ellos les hemos preparado un castigo doloroso»[608]. Lo que no quita para que venga una alabanza: «Pero a los que, de ellos, están

603   *Ibid.* Pág. 491.
604   A. G. Bostom (ed.). *The Legacy of Islamic Antisemitism. From Sacred Tests to Solemn History.* Premetheus Books. Nueva York, 2008. Pág. 33.
605   https://en.wikipedia.org/wiki/Uzair.
606   *El Sagrado Corán* en idioma español de Julio Cortés. Biblioteca Islámica «fátimah Az-Zahra». Op. cit. Sura (9:30).
607   *Ibid.* Sura (4:160).
608   *Ibid.* Sura (4:161).

arraigados en la Ciencia, a los creyentes, que creen en lo que se te ha revelado a ti y a otros antes de ti, a los que hacen la azalá, a los que dan el azaque, a los que creen en Alá y en el último Día, a esos les daremos una magnífica recompensa»[609].

Es quizás menos conocida la actitud de Turquía y sus antiguas relaciones con los nazis y su acuerdo de «amistad y pacto de no agresión» firmado el 18 de junio de 1941, que los llevó a reclutar a hombres cristianos y judíos entre los dieciocho y los cuarenta y cinco años, para llevar a cabo las labores más peligrosas de los batallones durante la guerra[610]. Por no hablar de la carta de Anwar el-Sadat de septiembre de 1953, cuando se corrió la voz de que Hitler estaba vivo y desde la revista *Al-Musawar*[611] se le planteó la cuestión de qué le diría en tal caso Sadat a Hitler, para lo cual remitió una carta.

La carta es elocuente. Dice así:

«Mi querido Hitler: Me congratulo desde el fondo de mi corazón. Incluso si todo parece que usted ha sido muerto, en realidad usted es el vencedor. Fue exitoso en *crear disensiones entre Churchill, el viejo hombre, y sus aliados, los Hijos de Satán*. Alemania vencerá, ya que su existencia es necesaria para preservar el equilibrio mundial. Alemania volverá a nacer a pesar de las potencias del Este y del Oeste. No habrá paz hasta que Alemania vuelva a ser lo que fue. El Oeste, al igual que el Este, deberá pagar por su rehabilitación —quiéranlo o no—. Ambos lados deberán invertir una gran cantidad de esfuerzo y dinero en Alemania para lograr que esté a su lado, lo que será de gran beneficio para Alemania. Tanto para el presente como para el futuro. En el pasado, pienso que usted cometió errores, al igual que en muchos frentes de batalla, y la miopía de Ribbentrop *vis-à-vis* la diplomacia británica. Sin embargo, usted confía en su país y el pueblo le perdonará esos errores. *No nos sorprenderá si aparece otra vez en Alemania, o si un nuevo Hitler se levanta a su paso*»[612].

---

609   *Ibid.* Sura (4:162).
610   A. G. Bostom (ed.). *Op. cit.* Pág. 122.
611   https://en.wikipedia.org/wiki/Al-Musawar.
612   A. G. Bostom (ed.). *Op. cit.* Pág. 155.

Detrás, no hay que decirlo, estaba, de nuevo, la destrucción de los judíos.

Se puede decir que, desde los años 1950, el rechazo frontal al Estado de Israel era, por parte árabe, constante. De ahí las sucesivas guerras en contra de los judíos y la constante respuesta de los judíos ante los ataques, que sufrían de una u otra forma, con aparato militar o por medio de acciones terroristas. A esto se unió la extendida publicación de *Los protocolos de los sabios de Sion* por todo Oriente Medio, que lanzaba la idea de que las potencias occidentales habían puesto en marcha una conspiración dirigida por los sionistas para acabar con el islam y con todo el mundo árabe. Un antiguo asunto que ya existía en la propaganda nazi en contra de los judíos[613].

Los protocolos de Sion, según se indica en la Introducción de su edición americana de 1920, dicen:

> «El origen del documento se pierde en la oscuridad. Ya se trate de la obra de un grupo de hombres que se reunieron en una sesión, o de un hombre de genio literario e intelecto magistral, o de una colección de normas y preceptos que se han ido recopilando a lo largo de los siglos, no lo sabemos. Una cosa, sin embargo, es obvia, ninguna pieza tan brillante de psicología, aunque pervertida, podría haber sido escrita con el propósito de desprestigiar a una raza. La diabólica astucia del plan de todo el plan debe haber sido obra de un hombre inspirado por el entusiasmo religioso y guiado por años de estudio y preceptos. Las pruebas internas nos hacen suponer que fue escrito hacia 1893. Es probable que existiera antes de 1905. Se encuentra en el Museo Británico desde 1906»[614].

Aunque se trata, al parecer, de un engaño, pues ya en 1921 un autor americano entró de lleno en ese libro, del cual en el capítulo 1: *The Mysterious Protocols*, dice sin ambages:

---

613   R. L. Bytwerk. *Believing in «Inner Truth»: The Protocols of the Elders of Zion in Nazi Propaganda, 1933-1945. Holocaust and Genocide Studies*, 29, N.º 2 (Fall 2015). Págs. 212-229.

614   *The Protocols of the Wise Men of Zion*. The Beckwith Company. Nueva York, 1920. (https://en.wikipedia.org/wiki/Beckwith_Company). Está traducido del ruso de acuerdo con el autor de la versión, Sergei Nilus, en 1917.

«El método es sencillo. ¿Hubo una revolución en Rusia? Culpa a los judíos. ¿Hubo una revolución en Alemania? Culpen a los judíos. ¿Quién hizo la Revolución francesa? Los judíos. ¿Quién causó la Guerra Mundial? Los judíos. ¿Quién se benefició de la guerra? Los judíos. ¿Hay en alguna parte una crisis industrial? Los judíos son, por supuesto, la causa de ella. ¿La Guerra Mundial ha engendrado el bolchevismo? Los judíos son, naturalmente, sus padres. Primero los judíos organizaron la guerra, y luego movieron los hilos entre bastidores de la Conferencia de Paz. Se aseguraron privilegios especiales en la Mesa de la Paz, porque, según los Protocolos, controlan el oro del mundo, la prensa del mundo, los gobernantes del mundo. Y si, como resultado de la Guerra Mundial, millones de judíos han sufrido agonías indecibles, persecución, hambre y pogromos, ¡sin duda es solo parte de su complot profundamente urdido para ganar el control del mundo para Sion a través de la pobreza y el sufrimiento!»[615].

Sin embargo, aquellas viejas ideas se han asentado de manera consistente desde finales del pasado siglo XX, donde el antisemitismo ha ganado una enorme popularidad entre la izquierda política e incluso entre políticos liberales que, sin considerar lo expresado en la Biblia, niegan la existencia del judaísmo en la antigua tierra de Israel[616]. A esto se ha unido una oleada de rechazo antisemita, especialmente en la Unión Europea, en la cual resulta un caso único la respuesta de la conocida periodista italiana Oriana Fallaci cuando en 2002, escribía: «Me parece vergonzoso que en Francia, la Francia de la libertad, la igualdad y la fraternidad, se incendien sinagogas, se aterrorice a los judíos y se profanen sus cementerios... que en Holanda, Alemania y Dinamarca los jóvenes muestren la kufiya en la calle»[617].

615 H. Bernstein. *The History of a Lie. «The Protocols of the Wise Men of Zion». A Study.* S. Ogilvie Publishing Company. Nueva York, 1921. The Projet Gutengerg eBook. En este libro se hace referencia a Sergei Nilus. https://www.gutenberg. org/cache/epub/19200/pg19200-images.html.

616 R. Wistrich. *Parallel Lines: Anti-Zionism and Antisemitism in the 21ˢᵗ Century.* Capítulo 51. En: E. Ben-Rafael et *al.* (eds.). *Handbook of Israel: Major Debates.* Walter de Gruyter GmbH. Berlin, 2016.

617 Citado en: R. Wistrich. *Anti-Zionism and Antisemitism.* Del libro: M. Fineberg, et *al.* (eds.). *Antisemitism. The Generic Hatred. Essays in Memory of Simon Wiesenthal.* Vallentine Mitchell. Londres, 2007. Págs. 9-13.

Aunque no solo, ya que: «En los últimos años hemos asistido a un aumento del antisemitismo en Occidente, incluidos los países que figuran en este informe. A pesar de las circunstancias únicas de cada país, es posible extraer conclusiones aplicables a todos ellos»[618]. Y en esto, tal como indica este informe, aparecen como ejemplo: Alemania, Francia, el Reino Unido, España e Irlanda. Daremos algunas ideas de lo que sucede.

En 2020, el ministro alemán de Asuntos Exteriores, Heiko Maas, expresó su preocupación sobre la posibilidad de que los judíos dejen Alemania debido al crecimiento del antisemitismo. Así decía: «Casi uno de cada dos judíos en Alemania ha pensado en abandonar el país. Duele aún más... el hecho de que las personas de religión judía no se sientan en casa con nosotros, es una pesadilla... y una vergüenza, setenta y cinco años después de la liberación de Auschwitz...»[619]. Un hecho que se une a los ataques antisemitas llevados a cabo en Alemania durante 2019 y 2020, ya fuera de partidos de extrema derecha como de extrema izquierda[620]. A lo que habría que añadir los 20.445 ataques contra los judíos alemanes en el período 2008-2020[621].

Si se va a Francia, independientemente de la posición del presidente Macron de no olvidar nunca el Holocausto, se ha producido desde el año 2000 un alarmante aumento de los incidentes antisemitas, que tiene una importante vinculación con el terrorismo islámico, que se ha manifestado con ataques contra sinagogas y contra la población judía en el país. Los casos son múltiples, aunque la prensa europea no se suele hacer eco de tal situación, baste simplemente un caso para muestra de lo que no es tan inusual: «Uno de los casos más espeluznantes que conmocionó a la República Francesa en los últimos años fue el asesinato en marzo de 2018 de Mireille Knoll, una superviviente del Holocausto de 85 años que fue apuñalada hasta la muerte en su apar-

---

618   S. Eilam et al. *Contemporary Antisemitism in the Political Discourse of Five Western European Countries: Germany, France, Britain, Spain, Ireland.* The Institute of National Security Studies (INSS). Memorandum 214. June 15, 2021. Pág. 11.
       https://www.inss.org.il/publication/contemporary-antisemitism-europe/
619   *Ibid.* Pág. 20.
620   *Ibid.* Ver Nota 2 en S. Eilam, donde se describen casos concretos de tales ataques.
621   *Ibid.* Figura 1. Pág. 21. La suma total es del autor con los datos de dicha figura.

tamento de París por dos hombres que luego prendieron fuego a su cuerpo»[622].

Un hecho desde luego sorprendente en tanto que el pequeño porcentaje de judíos en Francia no tiene ninguna relación con el dramático aumento de los 7090 ataques antisemitas que se sucedieron de 2008 a 2020[623]. Donde no es ajena la candidata de ultraderecha Marine Le Pen, cuando decía en un *tweet*: «Una buena razón para votar por mí en 2022»[624], refiriéndose al hecho de que Enrico Macías[625] anunciaba que dejaría Francia si ella ganaba las elecciones a la presidencia de la República. A lo que tampoco escapa la ultraizquierda, con el representante del Partido Comunista francés, Sébastien Jumel, que atacaba igualmente a los judíos desde Twitter en 2019, o el comunista Jean-Luc Mélenchon, fundador del partido Socialista Democrático de la Francia Insumisa en 2020[626]. Casi siempre haciendo referencia al control financiero judío en contra de los trabajadores franceses.

En el Reino Unido las cifras de ataques antisemitas han ido *in crescendo* desde 2008, para totalizar incluido 2020, 13.435 agresiones, con la circunstancia de que el 41 % de los judíos británicos consideran abandonar el país; siendo el 14 % los indecisos. Con la circunstancia de que la razón más relevante de aquellos que piensan salir del Reino Unido tiene que ver con el antisemitismo de los partidos políticos (85 %)[627].

En España, el rey Felipe VI, Jefe del Estado de acuerdo con el artículo 56 de la Constitución española, fue contundente en su discurso en enero de 2020, ante el World Holocaust Forum, cuando dijo: «Teniendo un precioso, rico y complejo pasado judío y una vibrante comunidad judía, España decidió crear un sólido marco de normas e iniciativas para luchar sin tregua contra el antisemitismo y toda forma de xenofobia y racismo. Hay, por supuesto, muchas más naciones —tanto las aquí presentes como otras— están haciendo esfuerzos y progresos similares; pero, aunque sigo siendo optimista, sé —todos lo sabemos— que

---

622   *Ibid.* Pág. 38.
623   *Ibid.* Figura 2. Pág. 41. La suma total es del autor con los datos de dicha figura.
624   *Ibid.* Pág. 46.
625   Se trata de un cantante francés nacido en Argelia de origen sefardí. https://es.wikipedia.org/wiki/Enrico_Macias.
626   *Ibid.* Págs. 50-54.
627   *Ibid.* Págs. 57-59.

siempre tendremos que perseverar juntos para que esas palabras que hemos repetido tantas veces, "nunca más", sigan siendo nuestro principio rector e inquebrantable»[628].

Sin embargo, aparte de los ataques concretos en contra de los judíos, son comunes los que se dirigen en contra del Estado de Israel. Un ejemplo muy concreto son los que provienen de los partidos políticos de izquierda españoles a los que hoy, cuando esto se escribe, se suman las declaraciones poco afortunadas del Gobierno español, incluyendo el reconocimiento de un Estado Palestino muy complejo en su estructura. Un Estado cuya autoridad asigna el Gobierno de España a la Autoridad Palestina, que gobernaría un territorio formado por la Franja de Gaza (hoy controlada por Hamás) y Cisjordania (hoy dividida entre judíos y palestinos según los acuerdos de Oslo), además de un «corredor» que atraviese el actual Estado de Israel para unir ambas zonas. Un indefinido corredor que partiría el actual Estado de Israel en dos. A esto, el Gobierno español indica que la capital de tal Estado palestino debería estar en Jerusalén. Una sorprendente propuesta que se suma a los actos en contra de esta nación por los partidos políticos nacionalistas e independentistas. El reconocimiento de ese «nuevo» Estado de Palestina el 28 de mayo de 2024, anunciado al margen de cualquier acuerdo previo de las Naciones Unidas, el representante del Gobierno español lo realizó con la presencia de los correspondientes diplomáticos de Noruega y de Irlanda, dos países de reconocido espíritu antisemita.

Respecto de Noruega habría que ir al mundialmente conocido autor Jostein Gaarder, cuyo *Mundo de Sofía* creó una época en la enseñanza de la filosofía en muchas escuelas de Primaria y Secundaria. Un autor cuya posición en contra de Israel es menos conocida, aunque ahí está, sin embargo, su artículo *God's Chosen People* como muestra de su posición. El texto, desde el comienzo, muestra una enorme carga de animosidad hacia los judíos: «No creemos —dice Gaarder— en la noción del pueblo elegido de Dios. Nos reímos de la veleidad de ese pueblo y lloramos sus fechorías. Actuar como el pueblo elegido de Dios no solo es estúpido y arrogante, sino un crimen contra la humanidad. Lo lla-

---

628   *Ibid.* Citado en la página 71.

mamos racismo»[629]. En su artículo, Gaarder niega incluso el derecho a existir del Estado de Israel, especialmente después de la guerra de los Seis Días de 1967. Un pueblo arrogante, el «pueblo elegido», que ocasionaba «crímenes de guerra» a palestinos y libaneses «inocentes». Por otro lado, nada se hablaba en su artículo de otros desmanes, como los llevados a cabo por Hamás o Hezbolá.

Otros intelectuales noruegos, por ejemplo, Joachim Galtung[630], fundador del Instituto Internacional de Estudios para la Paz en Estocolmo, sugirió en 2012 que el Mossad israelí estaba detrás de la masacre a sangre fría perpetrada en Noruega un año antes por un pistolero solitario, Andrei Breivik[631], contra setenta y siete jóvenes noruegos en un campamento de verano a las afueras de Oslo[632]. Incluso, Galtung llegó a decir que *Los Protocolos de los Sabios de Sion* era un texto serio para entender la política israelí[633]. Por otro lado, en general, en Noruega, «la forma en que se presentan las cosas en gran parte de los medios de comunicación hace que los judíos parezcan malos»[634]. Así, «la emisora nacional noruega NRK[635] era con frecuencia defensora de opiniones políticas "de izquierdas", lo que puede percibirse como una actitud crítica hacia Israel, atribución que a veces se hacía de forma explícita»[636].

El caso de Irlanda, para terminar esta serie de comentarios, su sistema político tiende más a la izquierda, y los partidos considerados de derechas se inclinan más a la izquierda en comparación con partidos

---

629   J. Gaarder. *God's Chosen People*. Emanzipatium Humanum.
      http://emanzipationhumanum.de/downloads/israel.pdf.
      God's Chosen People es la traducción al inglés del artículo de Jostein Gaarder publicado el 5 de agosto de 2006 en la revista noruega Aftenposten bajo el título: *Guds utvalgte folk*.
      https://www.aftenposten.no/meninger/kronikk/i/weW34/guds-utvalgte-folk.
630   https://es.wikipedia.org/wiki/Johan_Galtung.
631   https://es.wikipedia.org/wiki/Anders_Breivik.
632   Citado en: R. S. Wistrich. *Parallel Lines: Anti-Zionism and Antisemitism in the 21ˢᵗ Century. Op. cit.*
633   *Ibid.*
634   V. Moe. *How People Explain Antisemitism. Interpretation of Survey Answers.* Este artículo explora el antisemitismo en la Noruega contemporánea mediante un análisis de los datos de las preguntas abiertas de la encuesta de población: *Actitudes hacia los judíos y los musulmanes en Noruega 2017.* En: C. Hoffmann; V. Moe (eds.). *Attitudes towards Jews and Muslims in Norway 2017: Population Survey and Minority Study.* Center for Studies of the Holocaust and Religious Minorities. Oslo, 2017.
635   https://es.wikipedia.org/wiki/Norsk_Rikskringkasting.
636   V. Moe. *Op. cit.*

similares en Europa, sobre todo en cuestiones sociales, como el aborto, los derechos LGBTQ, etc. Con este esquema político, la mayoría de los ataques antisemitas se relacionan con críticas al Estado de Israel. Sirva de ejemplo Richard Barret, ferviente crítico tanto del Estado de Israel como de la comunidad judía de Irlanda. Se trata de un diputado del partido de izquierdas *People Before Profit*, que se refirió a Alan Shatter, único diputado judío del Parlamento irlandés, como «una vergüenza», cuando este diputado judío solicitó al Parlamento británico en 2007 que denegara al director del canal de televisión de Hezbolá, *Al-Manar*, el derecho a entrar en el país por sus conocidos mensajes antisemitas[637]. En otras ocasiones, Barret había calificado a Israel de «Estado racista y de *apartheid*»; diciendo en otras ocasiones que «desde mi punto de vista personal, Israel no es un Estado normal y no debe ser tratado como tal. Israel es un Estado racista. El Estado debería llamarse Estado de Palestina, en el que deberían vivir musulmanes, cristianos, judíos y personas sin religión»[638].

En la misma o parecida línea, están los tuits antisemitas enviados durante el periodo 2012-2019 por Réada Cronin, miembro del Sinn Fein, diputada del Parlamento irlandés en 2020. En sus tuits, Cronin comparaba la política israelí con la de los nazis, diciendo que Hitler era un «peón» de la familia Rothschild y que el Mossad israelí había intervenido en las elecciones británicas de 2019[639]. En el ángulo opuesto, la extrema derecha irlandesa suele de manera similar atacar a Israel desde diversos frentes, ya sea el National Party, que se opone a la inmigración; el Irish Freedom Party, que apoya la salida de Irlanda de la Unión Europea; o el partido Anti-Corruption Ireland, que también se opone a la inmigración, así como a la «amenaza» que supone el islam para la vida en Irlanda[640].

Dicho lo anterior, existen, sin embargo, autores de origen judío que, podríamos definir como «fuego amigo», que llevan su antisemitismo al extremo, argumentando que «Israel es *apartheid* en sentido estricto», que perjudica de manera ostensible a Palestina. Opinión que no nace

---

637   S. Eilam et *al. Op. cit.* Pág. 84.
638   *Ibid.*
639   *Ibid.* Pág. 85.
640   *Ibid.* Pág. 87.

solo en los tradicionales foros progresistas occidentales, sino en fuentes de origen judío. Tal es el caso de Antony Loewenstein[641], por ejemplo; pues siendo judío de origen australiano, refiere una encuesta de judíos americanos y del periódico israelí *Haaretz*, para concluir que «la reivindicación de que Israel es una democracia floreciente en el corazón de Oriente Próximo está rebatida por los hechos»[642].

Como muestra de la animadversión que Loewenstein tiene en contra de Israel se encuentra el primer capítulo del libro: *Vender armas a cualquiera*[643], que comienza con el golpe de Estado en Chile por parte de Augusto Pinochet y la muerte del presidente Salvador Allende. Independientemente de la reprobación que se deba hacer de aquel golpe de Estado, sorprende que el propio Loewenstein diga: «El papel de Israel en la brutalidad de Pinochet todavía está rodeado de misterio, ya que Israel se niega a revelar el alcance de su papel, pero han salido a la luz suficientes documentos que demuestran una sórdida relación entre Israel y la Junta chilena»[644].

Loewenstein no da las referencias de tales «suficientes documentos»; pero lo más sorprendente si cabe, es la afirmación que asevera: «la embajada de Estados Unidos en Chile reconocía que Israel era un importante proveedor de armas de Pinochet»[645]. Para continuar diciendo: «Otro cable de Estados Unidos del 10 de abril de 1984 citaba al subsecretario de Estado diciendo que Israel todavía era uno de los principales proveedores de armas del régimen»[646].

---

641   Se trata de un periodista y cineasta muy crítico con Israel. Su artículo en Al Jazeera es determinante para definir su posición. Ver: A. Loewenstein. *When it comes to the Israeli-led «war of terror», follow the money.* 19 November 2023.
https://www.aljazeera.com/opinions/2023/11/19/when-it-comes-to-the-israeli-led-war-on-terror-follow-the-money.

642   A. Loewenstein. *El laboratorio Palestino.* Capitán Swing Libros. Madrid, 2024. Págs. 18-19.

643   *Ibid.* Págs. 37-70.

644   *Ibid.* Pág. 40.

645   *Ibid.* Págs. 40-41.

646   *Ibid.* En este caso, Loewenstein se apoya en John Brown y su artículo: *Investigate Israeli's Complicity With Pinochet's Crimes.* Lobe Log, 4 de marzo de 2014. El artículo, curiosamente, tiene una foto de Pinochet y Kissinger dándose amigablemente la mano.
https://lobelog.com/investigate-israeli-complicity-with-pinochets-crimes/.

Pinochet impuso su dictadura el 11 de septiembre de 1973, y todo apunta a que la CIA y el Gobierno americano estuvieron detrás de aquella operación[647]. Además, un mes después, el 6 de octubre de 1973, Egipto y Siria, como es sabido, lanzaron la guerra del Yom Kippur en contra de Israel, por lo que parece extraño que en septiembre de aquel año y tiempo después, Israel estuviera involucrado en el golpe de Estado chileno, cuando, como tantas veces, ponía toda su atención en preservar su territorio y defenderse de las casi permanentes guerras que mantenía con sus vecinos.

Obviamente, no es este el lugar de comentar todos los aspectos de la obra de Loewenstein, pero titularla *El laboratorio Palestino*, indica mucho de cuáles son sus objetivos y con qué intención se hace, pues evita comentar los necesarios aspectos que permiten buscar las causas y los porqués del conflicto palestino-israelí, que dura ya, desgraciadamente, demasiados años.

Terminemos con otra observación adicional. Más adelante, Loewenstein hace la siguiente afirmación: «Es imposible sobreestimar la centralidad de las armas israelíes para la supervivencia económica del país»[648]; para continuar con este aserto: «Es imposible obtener cifras exactas, ya que el Estado nunca las da, pero hoy en día hay más de trescientas multinacionales y seis mil *startups* que dan empleo a cientos de miles de personas»[649]. Ante esto, pensamos que encontrar la información correcta es muy simple. Basta ir a los datos de gasto militar proporcionados por el Stockholm International Peace Research Institute (SIPRI) para ver que Israel, en 1973, estaba concentrado en defender su territorio[650].

Actualmente, así lo estima igualmente Loewenstein, la empresa israelí de equipos militares más relevante, Elbit Systems, vendió, en 2022, 4770 millones de dólares. Era la empresa número 24 del mundo.

---

647   Aunque hay mucha información al respecto, damos esta referencia en español: C. Carrera Espinosa. La intervención norteamericana en Chile, el golpe de Estado y la dictadura militar. *Entretextos*, 12(34), 1–12. https://doi.org/10.59057/ibe-roleon.20075316.20203473.

648   A. Loewenstein. *Op. cit.* Pág. 51.

649   *Ibid.*

650   Las Bases de Datos de SIPRI son elocuentes a la hora de contradecir los postulados de Loewenstein. Ver: https://www.sipri.org/databases.

La mayor, la estadounidense Lockheed Martin Corp., tuvo un negocio de 65.199 millones de dólares. Nada comparable. En 1973, los países en conflicto en la guerra de Yom Kippur dedicaron unos enormes esfuerzos a gasto militar respecto de su PIB: Israel (27,86 %), Jordania (18,67 %), Siria (15,07 %), Egipto (13,51 %), Irak (12,26 %). Aquel año de 1973 Estados Unidos invirtió en Defensa 81.469,8 millones de dólares; Israel, 2574,5 millones. Era el octavo país del mundo en gasto militar. Si se va a 1980, Israel era el país número 14 en gastos de Defensa (4120,8 millones de dólares), muy por debajo de Estados Unidos (143.688,4 millones de dólares), e incluso menos que Irán (4874,9 millones), Argentina (6477,4 millones), o España (5508,4 millones)[651]. Y, por finalizar, respecto de las ventas de material militar, las exportaciones de Israel supusieron entre 2019-2023, el 2,4 % del total mundial, por debajo de Estados Unidos (42 %), Rusia (11 %), Francia (11 %), e incluso de España (2,7 %)[652]. Parece por tanto una exageración dar ese papel a Israel a nivel mundial e, incluso asegurar que: «las armas israelíes constituyen la supervivencia económica del país»[653].

Respecto del comercio, siguiendo los datos del Observatorio de Complejidad Económica[654], las principales exportaciones de Israel en 2022, de un total de 76.900 millones de dólares, fueron (en millones de dólares): diamantes (10.500), circuitos integrados (7830), petróleo refinado (4080), instrumentos médicos (2510), y fertilizantes potásicos (2310), que se dirigieron principalmente a Estados Unidos (20.300), China (5.530), Palestina (4600), Irlanda (3860), y Reino Unido (3180). Lo cual desdice las aseveraciones de Antony Loewenstein, muy particularmente cuando asegura que el objetivo del país es el «politicidio» del pueblo palestino…un proceso que tiene como fin último la disolución del pueblo palestino como entidad social, política y económica

---

651   *Ibid.* Estos datos se pueden encontrar en las diferentes bases de datos de SIPRI.

652   Statista.
       https://www.statista.com/statistics/267131/market-share-of-the-leadings-exporters-of-conventional-weapons/.

653   A. Loewenstein. *Op. cit.* Pág. 51.

654   El Observatorio de la Complejidad Económica (OEC) es una plataforma de visualización y distribución de datos en línea enfocada en la geografía y dinámica de las actividades económicas.
       https://oec.world/es/profile/country/isr.

legítima»[655], lo que tampoco es consecuente con la historia desde 1947. Sigamos con la economía israelí.

Aparte de las declaraciones políticas, existe siempre el rechazo al supuesto poder financiero de Israel y de los judíos que tradicionalmente consideran como los «amos del mundo». Sin embargo, cuando se mira la economía de Israel de manera singular, surge lo sorprendente. Yendo a los datos que ofrece el Fondo Monetario Internacional (FMI), la economía de Israel se ha multiplicado en términos de «dólares corrientes» más de 20 veces en los últimos 44 años, superando hoy los 530.000 millones de dólares[656]. Lo cual, en términos de riqueza personal, es decir, en Producto Interior Bruto (PIB) per cápita, se ha multiplicado más de 7 veces, cuando la población ha crecido en ese período unas dos veces y media, que se corresponde con más de 53.000 dólares por ciudadano israelí, ocupando la posición 22 (en 2024) de los países con más riqueza per cápita del mundo, por delante de países como Francia, Reino Unido, Italia, España, o de la media de los países de la zona euro[657].

Si se compara Israel con los países árabes de su entorno, se comprueba que, actualmente, sus nueve millones de habitantes están rodeados por más de cuatrocientos millones de musulmanes, teniendo en cuenta a Irán, Egipto, Jordania, Turquía, Siria, Irak, y Arabia Saudí[658]. Países que, salvo Turquía y Arabia Saudí, tienen unas economías mucho menores. Y cuando se analiza el contexto de la economía israelí desde la óptica de lo que exporta o importa, se comprueba igualmente el enorme potencial de este pequeño país de 22.000 kilómetros cuadrados, que tiene relaciones comerciales con las principales economías del mundo, incluyendo Estados Unidos, China, India, Turquía, así como con los principales países de la Unión Europea, de los que compra más de 100.000 millones de dólares (2022) y a los que

---

655   A. Loewenstein. *Op. cit.* Pág. 101-102.

656   Cálculos del autor en base a los datos del FMI: https://www.imf.org/external/datamapper/NGDPD@WEO/WEOWORLD.

657   Cálculos del autor en base a los datos del FMI: https://www.imf.org/external/datamapper/NGDPDPC@WEO/OEMDC/ADVEC/WEOWORLD.

658   Ver: https://www.populationpyramid.net.

vende unos 80.000 millones (2022), con un peso muy singular en productos tecnológicos[659].

Analizando el comportamiento anual de la economía israelí vuelven a sorprender los datos. La figura 6.1muestra los crecimientos de la economía de Israel (en términos de PIB nominal) desde 1980. Entre 2002 y 2020 Israel tuvo dos contracciones, la más intensa en 2020 debido a la conocida pandemia. Un comportamiento muy diferente al que han tenido en ese largo período las economías avanzadas que, según el Fondo Monetario Internacional (FMI) son aquellas que constituyen los países más desarrollados del mundo; es decir, aquellos países que tienen un alto nivel de renta per cápita, un grado de industrialización muy significativo, una base de exportación variada y un sector financiero integrado en el sistema financiero mundial. Actualmente, el FMI reconoce 39 países en esta categoría.

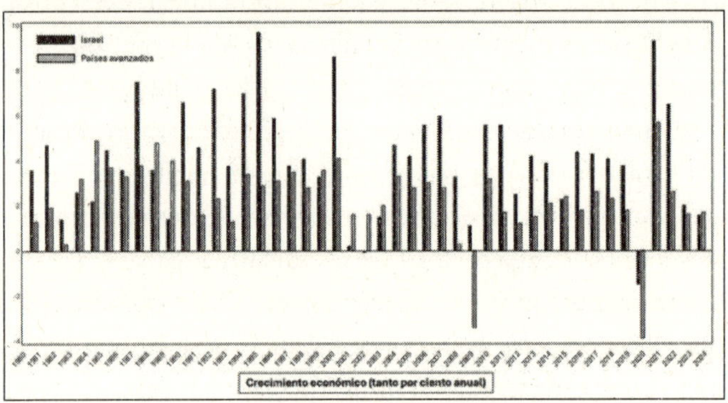

Figura 6.1. Crecimiento económico de Israel
respecto de los países avanzados[660] (1980 – 2024)

En 1947 llegaron judíos en masa a Israel. La ONU había dividido el territorio. Ya sabemos las consecuencias. En 1948 se constituye el Estado de Israel y los países árabes entran en tromba para destruir el nuevo Estado. Vencen, sorprendentemente, los judíos. Los judíos per-

---

659   Los datos se pueden ver en: https://oec.world/en/profile/country/isr?yearlyTrade
       FlowSelector=flow0.
660   Figura del autor en base a los datos del Fondo Monetario Internacional (FMI).

manecen en un país que no tiene nada. La agricultura es precaria; hay una gran extensión de desierto donde es imposible desarrollar ninguna economía productiva; no hay industria. Entre 1949 y 1951 llegan casi 800.000 judíos más a Israel. Con todo, desde 1950 a 1965, antes de la guerra de los Seis Días, la riqueza del país crece una media anual del 11 %, y la población más del 6 %. Estados Unidos apoya financieramente a los judíos y el Estado de Israel comercia con su deuda estatal, lo que facilita un programa exhaustivo de inversiones públicas. Es aquellos momentos, Israel aplicaba una política socialista: el Gobierno conducía la economía[661].

Una de las claves del desarrollo económico israelí tuvo que ver con la gestión del agua, no con el desarrollo de armamento militar, como comentaba Loewenstein. Israel se encuentra entre los países de mayor escasez de agua del mundo, con una población que desde su constitución, en 1948, no ha dejado de crecer. Como dato, baste conocer que el agua renovable per cápita se situaba hace unos 20 años, en Israel, en 276 metros cúbicos anuales, lo que, según los expertos, era casi la mitad de la línea roja de escasez de agua por persona, que se sitúa en los 500 metros cúbicos anuales[662]. Ante esta situación, los diferentes Gobiernos israelíes se propusieron desarrollar una intensa política hídrica para luchar contra una escasez que no habría permitido la vida de tantas personas en una región donde únicamente el mar de Galilea, donde nace el río Jordán, es el único depósito natural de agua dulce, sin olvidar que se encuentra a 200 metros debajo del nivel del mar y que tiene gran cantidad de sólidos en suspensión, con cortas e intensas crecidas que hacen difícil su almacenamiento[663].

De ahí la necesaria gestión del agua puesta en marcha por Israel según una estrategia en varias líneas: reutilización de aguas residuales

---

661   Ver, por ejemplo: N. Halevi. *A Brief Economic History of Israel*. Economic History Association. Se dan en este corto artículo interesantes referencias para ampliar la información.
https://eh.net/encyclopedia/a-brief-economic-history-of-modern-israel/

662   P. Marin et *al. Water Management in Israel. Key Innovations and Lessons Learned for Water-Scarce Countries*. Water Global Practice. World Bank Group. August 2017.
https://documents1.worldbank.org/curated/en/657531504204943236/pdf/Water-management-in-Israel-key-innovations-and-lessons-learned-for-water-scarce-countries.pdf.

663   *Ibid.*

depuradas para el riego; desarrollo de la desalinización del agua de mar a gran escala; desarrollo de una infraestructura nacional de transporte de agua a granel; y utilización de acuíferos como depósitos.

A lo anterior se sumó el masivo desarrollo de la tecnología y, sobre todo, el emprendimiento empresarial. Lo que ha llevado a Israel a ser conocida, tal como dijimos en páginas anteriores, como la *nación startup*: un sorprendente milagro económico. Un hecho que no se dio en su origen, sino que fue consecuencia, entre otras, de la Guerra de Yom Kippur de 1973. Un día, aquel 6 de octubre de 1973, en el que, según todos los indicios, Israel no estaba preparado para la acometida militar de Egipto y de Siria, con la Unión Soviética de «hermano mayor».

Respecto del ataque egipcio, Israel se vio en la necesidad de defender un frente de 190 kilómetros con 56 tanques. Tanques que eran destrozados uno a uno cuando, en realidad, no se veían ni tanques egipcios, ni armas antitanque, ni lanzacohetes. Se trataba, sin embargo, de una nueva tecnología: el *Sagger*[664], gracias al cual Israel perdió durante la guerra un total de 400 tanques, y se quedó con otros 600 inutilizados, aparte de los 180 que quedaron destruidos en el Sinaí de los 290 que se pusieron en su defensa[665].

Sin embargo, gracias a la estructura del ejército israelí y la libertad de decisión que tienen los mandos inferiores (los tenientes) en lo que se conoce como las Fuerzas de Defensa de Israel (Israel Defense Forces – IDF[666]), se descubrieron los puntos débiles de aquellos artefactos. Un hecho que, tiempo después, dio origen a la creación de múltiples empresas de seguridad fundadas por reservistas del ejército que, en base a aquellas y similares experiencias, desarrollaron sistemas y técnicas nuevas con aplicaciones, no solo a la seguridad o la defensa, sino de aplicación al mundo cotidiano. Una explosión de una cultura tecnológica, quizás única en el mundo, donde la innovación está diri-

---

664   *Sagger* es la denominación de la OTAN para este misil, conocido en ruso como *Maliutka*. https://es.wikipedia.org/wiki/9K11_Maliutka.

665   D. Senor; S. Singer. *Start-Up Nation. La historia del milagro económico de Israel*. Un libro del Council on Foreign Relations. Editado por Twelve. Hachette Book Group. Madrid, 2012. Págs. 46-47.

666   Así reza el objetivo de las IDF: *Defense is our mission, security is our goal*. https://www.idf.il/en/.

gida desde abajo, no desde las estructuras políticas del país. Son las personas y no los dirigentes los que ponen en marcha todo un entramado innovador que ha puesto a Israel a la cabeza de muchos desarrollos tecnológicos.

Todo ello en una situación en la que los judíos han sufrido un boicot constante, por no decir el aislamiento, de los países vecinos. No hay que olvidar que, en 1922 o, después, en 1943, las 22 naciones de la Liga Árabe —cada país tenía una «Oficina de Boicot»— prohibían la compra de cualquier producto de origen israelí en la zona de Palestina. Por no decir, como ejemplo, que los fabricantes japoneses de automóviles (salvo *Subaru*) tenían prohibido circular por las carreteras de Israel. Lo que obligó a Israel a buscar el comercio con países muy lejanos, como América Latina, India o China. Por no hablar del ya comentado boicot francés a la venta de armamento a Israel. Toda una circunstancia que, según algunas fuentes, pudo ocasionar en su día pérdidas económicas a Israel superiores a los 100.000 millones de dólares[667].

Sin embargo, contando con los conflictos y los continuos problemas internacionales, amén de olvidados problemas con momentos de hiperinflación y estancamiento económico, Israel mantuvo una estrategia de política industrial que, en el fondo, fue la base de su explosión económica y de su poder militar.

Un primer impulso vino de los *Kibutzim*: la revolución agrícola en tiempos de Ben-Gurión[668]. El segundo impacto vino de la búsqueda de inmigrantes judíos, ya fueran rusos o provenientes de múltiples países, incluso desde África[669], que había nacido en varias iniciativas para traer judíos a Israel, como fueron la operación Moisés[670] de judíos etíopes en 1984, la operación Salomón[671] con la misma iniciativa en 1991, o la operación Josué[672] del mismo tenor en 1985.

A partir de ahí Israel se convertirá en el país de mayores inversiones en capital riesgo per cápita del mundo: un 2,5 % (en 2010 según

---

667   D. Senor; S. Singer. *Op. cit.* Págs. 66-68.
668   *Ibid*. Págs. 118-127.
669   *Ibid*. Pág. 139. Se comenta aquí que Israel es el hogar de más de setenta culturas y nacionalidades distintas.
670   https://es.wikipedia.org/wiki/Operación_Moisés.
671   https://es.wikipedia.org/wiki/Operación_Salomón.
672   https://es.wikipedia.org/wiki/Operación_Josué.

la obra de Senor y Singer que usamos) superior a Estados Unidos[673]. Siendo más cercanamente (2020) el segundo país en inversiones por población detrás de Singapur[674]; alcanzando, según datos de la OCDE, casi 8400 millones de dólares en 2021: cuarto país en este *ranking* detrás de Estados Unidos, Reino Unido y Canadá[675]. De manera que los datos económicos de las empresas tecnológicas de Israel han tenido un importante crecimiento, como muestran, por ejemplo, los datos de 2022 respecto de 2021: 80 % de crecimiento, 82 % en beneficios, y 66 % de año a año, en lo relativo a tecnologías de consumo[676]; lo que supone el 20 % de la economía israelí[677].

En otro orden, las crisis económicas, tal como la que sucedió en 2008, o la de 2020 producida por la pandemia del virus Covid-19, tuvieron efectos mucho menores en Israel. La primera (2008-2009) frenó la economía sin mayores consecuencias, de hecho esta creció por encima del 1 %. Situación muy distinta en los países avanzados, cuyas economías se depreciaron alrededor del 3,5 %. En el caso del Covid-19, Israel en 2020 frenó su economía un 1,5 % contra la caída de un 4 % en los 39 países considerados avanzados por el FMI. Queda, sin embargo, la pregunta, antes de seguir esta exploración, qué pudo suceder en 2001 y 2002, cuando el primer año la economía quedó estancada, para caer, aunque no muy profundamente, en el segundo.

Se podría pensar que la Segunda Intifada tuvo un serio efecto en la economía israelí, pues comenzó en septiembre de 2000 como ya dijimos. Lo cual habría llevado sus efectos a 2001. Sin embargo, lo sucedido en 2000 debió acaecer anteriormente, hacia 1999. Sin embargo, antes de la Segunda Intifada hubo bastante calma entre Israel y Palestina. De hecho, los israelíes se sentían seguros viajando a Cisjordania y Gaza y a través de ellas, y los palestinos inundaban el mercado laboral en

---

673   D. Senor; S. Singer. *Op. cit.* Pág. 257.

674   https://news.crunchbase.com/startups/countries-most-startup-investment/.

675   OCDE. *Venture Capital Investments.* https://stats.oecd.org/Index.aspx?DataSet-Code=VC_INVEST.

676   Datos de la empresa META. https://www.vccafe.com/2023/08/04/the-state-of-consumer-tech-in-israel-in-2023/.

677   https://www.reuters.com/world/middle-east/israel-tech-sector-accounts-20-economy-innovation-authority-says-2024-06-04/.

Israel[678]. Y es que para comprender lo que realmente sucedió entre Israel y Palestina es preciso volver más atrás.

El primer ministro israelí Isaac Rabin fue asesinado en noviembre de 1995. El motivo, como dijimos, tuvo que ver con la firma de los acuerdos de Oslo. Su muerte asestó un golpe igualmente mortal al proceso de paz. Y, a pesar de los intentos por reavivar el proceso con un nuevo acuerdo en octubre de 1998 (el acuerdo de Oslo II, también conocido como el Memorando del río Wye[679]) entre Yasser Arafat y el entonces secretario de Estado y hoy presidente israelí, Benjamín Netanyahu, así como la cumbre de Camp David de julio de 2000, nada impidió el estallido de la Segunda Intifada en septiembre de 2000, que continuaría hasta una efímera tregua el 30 de junio de 2003, después de las decenas de atentados suicidas en Israel, con la denominada masacre de Pascua[680], que obligó a Israel a lanzar la ya referida operación Escudo Defensivo que concluyó con el pleno control militar israelí en Cisjordania, incluidas las zonas A y B, que, como se dijo, estaban destinadas a ser entregadas a la Autoridad Palestina en el marco de los acuerdos de Oslo II. En aquella operación los israelíes sitiaron el complejo de Arafat en Ramala, donde se encontraban las principales oficinas de la Autoridad Palestina con el presidente Yasser Arafat en su interior.

De nuevo, una nueva *Hoja de Ruta* para la paz promovida en aquella ocasión por el denominado *Cuarteto Internacional* (el conocido *Middle East Quartet*): la Unión Europea, Rusia, Naciones Unidas y Estados Unidos[681], que culminó con la Cumbre del Mar Rojo en Aqaba (Jordania) y la firma de un nuevo acuerdo con la presencia del presidente americano George W. Bush, el Primer Ministro israelí, Ariel Sharon, y el Primer Ministro palestino, Mahmoud Abbas. Un plan

---

678   https://www.brookings.edu/wp-content/uploads/2012/04/20031113.pdf. Se trata de un panorama de la economía, la sociedad y la política israelíes tras mil doscientos días de Intifada: una reunión del Saban Center con Sever Plocker, redactor jefe de economía y comentarista del *Yedioth Ahronoth*, el diario más popular de Israel.

679   https://es.wikipedia.org/wiki/Memorando_de_Wye_River.

680   Se trató de un atentado suicida perpetrado por Hamás en el Park Hotel de la ciudad israelí de Netanya el 27 de marzo de 2002, durante el *Séder* de Pascua (fiesta típica del calendario hebreo) de aquel año. En el atentado murieron 30 civiles y 140 resultaron heridos. https://en.wikipedia.org/wiki/Passover_massacre.

681   https://en.wikipedia.org/wiki/Road_map_for_peace.

que se desarrollaría en tres fases, comenzando en 2003 para terminar en 2005, incluyendo el establecimiento de condiciones para crear un Estado palestino: establecer dicho Estado, definir sus fronteras (de manera provisional), y definir sus fronteras definitivas como medio para finalizar definitivamente el conflicto.

El compromiso se volvió a ratificar en la Cumbre de Sharm el-Sheikh en febrero de 2005[682]. Luego, en noviembre de 2007, se volvió a considerar el acuerdo en la Conferencia de Annapolis[683], donde se fijó el compromiso de la ya antigua *Hoja de Ruta*: habían pasado cuatro años. Meses y meses de negociaciones que no llegaban a nada. En 2008 se cerraron las conversaciones. Era el mes de septiembre. Todo acabó cuando el Gobierno israelí tuvo que lanzar una nueva operación en Gaza para tratar de frenar los ataques que Hamás llevaba a cabo con cientos de misiles contra poblaciones israelíes. Fue la denominada operación Plomo Fundido[684], con esto el débil proceso de paz se derrumbó por completo.

Tras el final del mandato del presidente Bush en enero de 2009, la *Hoja de Ruta* pasó a un segundo plano. Las principales cuestiones seguían siendo: el estatus permanente de los territorios ocupados en Cisjordania, la expansión en curso de los asentamientos, el terrorismo palestino y las fronteras definitivas de Israel. Con esto, en enero de 2009 y con el presidente Bush fuera de la Casa Blanca, la *Hoja de Ruta* se desvaneció. Ahí quedaban sin solución aparente el asunto de los territorios ocupados en Cisjordania por Israel, la expansión de los asentamientos israelíes, un terrorismo palestino que parecía no tener final y las fronteras definitivas de Israel y Palestina. Se podría haber logrado la paz, pero, por diversos motivos, no se quería la paz. Y siempre, en la

---

682   https://www.un.org/unispal/document/auto-insert-212545/.

683   https://ecf.org.il/issues/issue/217. La delegación israelí estuvo encabezaba por el Primer Ministro Ehud Olmert; la palestina la dirigía el presidente de la OLP, Mahmoud Abbas, y por Estados Unidos la delegación estaba presidida por el presidente presidente George W. Bush. También participaron representantes de la Unión Europea y de la Liga Árabe.

684   https://www.idf.il/en/mini-sites/wars-and-operations/operation-cast-lead/. La operación militar se puso en marcha el 27 de diciembre de 2008, cuando el ejército israelí puso en marcha esta operación militar en Gaza. Su objetivo era atacar las infraestructuras utilizadas para actividades terroristas y el lanzamiento de misiles desde la Franja de Gaza contra civiles israelíes.

trastienda, la actitud israelí, considerada como extrema. Todo apunta que, ante los ataques contra Israel, este pueblo debía poner la otra mejilla. De no hacerlo, las culpas irían siempre contra él. Lo que abre de nuevo el debate entre las acciones de actores no estatales (terroristas) y la respuesta de los Estados debidamente constituidos ante dichos ataques.

Para no terminar los múltiples conflictos con sus idas y venidas tratando de lograr una paz consistente, en 2006, en medio de toda esa problemática, surge un nuevo conflicto entre Israel y el Líbano. Su causa, otra vez, el terrorismo de Hezbolá.

Bajo el título *La Gloria es efímera*, la RAND Corporation hizo un informe sobre la segunda guerra de Israel en el Líbano[685]. Como viene siendo habitual, la guerra comenzó con la incursión de Hezbolá en la frontera entre Líbano e Israel el 12 de julio de 2006, que se saldó, como ya dijimos, con la captura de dos soldados israelíes, así como varios muertos y heridos. De la misma manera, como viene siendo la norma, ante los ataques de este estilo, Israel reaccionó rápida y violentamente. De nuevo, todo se volvió en su contra. Como tantas veces, una comisión independiente fue la encargada de verificar si la respuesta decidida por el ministro de Defensa israelí y su Estado Mayor estaba justificada. El Líbano recibió un tremendo golpe en su población y en su economía, aparte de las bajas de Hezbolá, causante de la reacción israelí. Por supuesto, Hezbolá reprimió los ataques con misiles y otros artefactos (drones, por ejemplo) que lanzaba en contra de militares y poblaciones civiles. El material le era suministrado por Siria e Irak. De nuevo, los países siempre beligerantes en contra de Israel se encontraban en la trastienda[686], aparte de que el débil Gobierno libanés no fue capaz —o no quiso— parar los ataques.

---

685   R. W. Glenn. *All Glory is Fleeting. Insights from the Second Lebanon War.* RAND Corporation; National Defense Research Institute. Santa Monica, US. 2006. Según se indica en este texto, ante la agresión, el primer ministro israelí comunicó lo siguiente: «Nuestra respuesta será muy comedida», prometió. «Pero muy, muy, muy dolorosa». Un desconcertado gobierno libanés, que no sabía nada de antemano de los planes de Hezbolá, anunció que «desconocía la operación, no se responsabiliza de ella y no la respalda...».
      https://www.rand.org/content/dam/rand/pubs/monographs/2012/RAND_MG708-1.pdf.
686   *Ibid.*

El 14 de agosto de 2006 se acataron las resoluciones 1701[687] y 1703[688] del Consejo de Seguridad de la ONU, dando fin al conflicto, que se saldó con un millón de civiles desplazados, más de mil libaneses muertos, la mayoría civiles, cientos de miembros de Hezbolá muertos, y el Líbano y las poblaciones israelíes con miles de viviendas destruidas, aparte de la infraestructura de transporte libanesa deshecha, ya que fue blanco de la aviación israelí[689].

Quizás nadie recuerda cómo era la Palestina árabe a principios de este siglo. Conviene decir que, en el verano de 2000, las empresas israelíes veían cómo sus clientes se desplazaban alrededor de la *Línea Verde* (la antigua frontera entre Israel y Jordania) para comprar productos de todo tipo en los puntos de venta palestinos, ya fueran frutas o verduras, pero también muebles, repuestos de automóvil, tratamientos de dentista, y un largo etcétera de servicios. Un comercio que sumaba cientos de millones de dólares, lo que disparó la economía palestina como nunca antes lo había hecho. La renta per cápita, por ejemplo, creció desde el año 1996 por encima del 25 % para superar los 2000 dólares: un valor que era el más alto de los países árabes no petroleros de Oriente Medio.

Además, la población palestina creció más del 4 %, y el desempleo cayó al 10 %, cuando antes era del 24 %. Antes de la Segunda Intifada la inversión se había duplicado en aquella zona por encima de los 500 millones de dólares (12 % del PIB) y alrededor de 150.000 palestinos se desplazaban de Cisjordania a Gaza diariamente para obtener salarios mucho más altos de los que conseguían bajo la Autoridad Palestina[690]. Evidentemente, en algunos lugares no había interés en que esta situación se mantuviera. Siempre es mejor mantener a la población en la pobreza para conseguir los objetivos que busquen las élites políticas. Y en el caso de Palestina, de alcanzarse una población mayoritariamente

---

687 https://peacemaker.un.org/sites/peacemaker.un.org/files/IL-LB_060814_ SCR1701 %28esp %29.pdf

688 https://digitallibrary.un.org/record/581386/files/S_RES_1703?ln=es.

689 R. W. Glenn. *Op. cit.*

690 A. Bennett, et *al. Economic Performance and Reform under Conflict Conditions.* International Monetary Fund West Bank and Gaza. Approved by the Middle Eastern Department. September 2003. https://www.imf.org/external/pubs/ft/med/2003/eng/wbg/wbg.pdf

de clase media rompería el curso de la revolución en contra de Israel. Así pensaban, seguramente, los que pusieron en marcha la Segunda Intifada. Quizás viene a cuento esa frase, apócrifa o no, que se atribuye a un político centroamericano de izquierdas: «Cuando sacas a la gente de la pobreza y llegan a la clase media se les olvida de dónde vienen». Es decir: «ya no nos votan en las elecciones». Un criterio muy conocido.

Conviene seguir recordando. En los llamados Acuerdos de París de 1994[691] se establecía que los impuestos sobre las ventas y aranceles de los bienes importados a Palestina los recaudaba Israel y el dinero se transfería a la Autoridad Palestina. Hasta el verano de 2000 se habían transferido 4700 millones de dólares, lo que suponía el PIB de Palestina de 1999. Un dinero que, desgraciadamente, se escapó a cuentas opacas y se distribuyó en gastos de la propia administración política palestina, que creció desmesuradamente[692]. Siempre políticas extractivas que acaban empobreciendo al pueblo que se dice servir[693].

La Segunda Intifada demostró cómo el pueblo palestino a partir del año 2000 volvió a la escasez. En 1999 la economía de Cisjordania y Gaza había crecido el 8,9 %. En 2000, 2001 y 2002, cayó, respectivamente, el 5,4 %, un 15 % y el 14,5 %, lo que supuso una pérdida de riqueza muy importante para sus habitantes, disminuyendo el PIB per cápita en esos años: el 10,7 %, el 20 % y el 20,4 %, respectivamente, cuando en 1999 había crecido más del 4 %. Con esta caída, en 2002, el desempleo superaba el 21 %[694].

La dependencia de Palestina (el West Bank y Gaza) de la economía de Israel, especialmente en lo relativo a la fuerza laboral, lo cual, en

---

691   Se trata del denominado Gaza-Jericho Agreement, que establecía los acuerdos económicos entre la OLP y el Gobierno del Estado de Israel firmado el 29 de abril de 1994. La OLP se consideraba la organización representante del pueblo palestino en aquel momento.
https://unctad.org/system/files/information-document/ParisProtocol_en.pdf.

692   A. Bennett, et *al. Op. cit.*

693   Respecto de estos asuntos, el libro de Daron Acemoglu y James Robinson es clarificador comentando con detalle lo que significan las políticas extractivas. Para el lector que esté interesado damos aquí una referencia de la traducción española. D. Acemoglu; J. Robinson. *Por qué fracasan los países: los orígenes del poder, la prosperidad y la pobreza.* Editorial Deusto. 2012.

694   A. Bennett, et *al. Op. cit.* Tabla 2.1: Selected Macroeconomic Indicators, 1995-2002.

el momento en que se intensifican los problemas políticos en la zona, acaba siendo, como se ha visto, un enorme perjuicio para la población palestina. Sin embargo, lo contrario también es cierto: la economía israelí sufre considerablemente cada vez que se recrudece el conflicto, como ya comentamos al respecto de la figura 6.1.

Cabe preguntarse en este estado de cosas, cómo es posible que desde 1947, guerra tras guerra, conflicto tras conflicto, con acuerdos multilaterales, particularmente con Estados Unidos y Naciones Unidas de por medio, no se llegara nunca a un estado de paz estable, algo que es beneficioso para la población, tanto la palestina como la israelí. Quizás la razón primera tiene que ver con que Israel es un Estado, mientas que enfrente, salvo en los primeros conflictos que consistieron en guerras entre Estados, nunca hubo una institución de esas características. De manera que, al entrar en acción organizaciones terroristas dominando a los palestinos, la paz se ha demostrado imposible.

En el caso de los refugiados palestinos, la organización que se ha venido ocupando de ellos ha sido, desde su fundación, la United Nations Relief and Works Agency (UNRWA) que, en puridad, no es una agencia de refugiados, ni siquiera una organización internacional en el sentido más estricto del término. Nada que ver, por ejemplo, con el Alto Comisionado de las Naciones Unidas para los Refugiados[695] (ACNUR), que cuenta con unos diecinueve mil empleados dedicados a gestionar alrededor de treinta millones de refugiados, amén de decenas de millones de desplazados internos, solicitantes de asilo y apátridas en ciento treinta y cinco países[696]. La UNRWA, por su parte, da trabajo a más de 30.000 palestinos para atender a unos seis millones de personas en Palestina únicamente.

Cuando se analiza el papel de la UNRWA hay que ir a su origen, que data, como se dijo, del año 1949. Se creó con la misión de ayudar a los refugiados resultantes de la guerra que los países árabes sometieron a Israel en 1948. Sin embargo, desde aquel entonces, la actividad de la UNRWA ha sido altamente cuestionada, ya que, en aquel año, se estimaba una población de 700.000 personas que abandonaron sus

---

695   https://www.unhcr.org/get-involved/work-us/careers-unhcr/meet-our-people.
696   https://www.unhcr.org/about-unhcr/where-we-work.

hogares durante la llamada Guerra de Independencia de Israel en 1948, y actualmente, aunque la propia organización habla de 1,9 millones de refugiados que son atendidos con sus servicios sanitarios, a los que se suman otros 438.000 que tienen que ver con el conflicto sirio, y otros 1,2 millones de refugiados en Gaza que precisan de otras ayudas[697], en sentido estricto, de aquellos refugiados de mitad del siglo XX, la cifra se ha reducido drásticamente, pues el concepto de refugiado actual es, de alguna manera, confuso, ya que las personas que atiende la UNRWA no son realmente de refugiados. Piénsese en los residentes en Gaza que se encuentran bajo la autoridad de Hamás después de su sorprendente victoria en las elecciones de 2006[698].

Aquellas elecciones dieron, como decimos, una inesperada victoria a Hamás, que obtuvo el mayor número de escaños con cerca del 44 % de los votos. Lara Friedman, presidenta de la Fundación para la Paz en Oriente Medio, que aboga por el acercamiento y la paz entre israelíes y palestinos, observó recientemente que Hamás no obtuvo la mayoría de los votos en ningún distrito de Gaza[699]. A lo que se une que, en la actualidad, los niños constituyen aproximadamente la mitad de la población de Gaza, lo que significa que solo una fracción de la población actual del territorio ha votado alguna vez a Hamás[700]; eso sí, contando con una enorme financiación que solo desde Estados Unidos fue de 1000 millones de dólares en 2021[701]. Lo cual hace pensar en la cali-

---

697   https://www.unrwa.org.

698   Debido al conflicto entre Al-Fatah y Hamás que comenzó en 2006, Hamás formó su propio gobierno para gobernar la Franja de Gaza en unas extrañas elecciones. En septiembre de 2012 se anunció el nombramiento del segundo primer ministro de Gaza, Ismail Haniya, lo que se convirtió en el segundo gobierno de Hamás organizado igualmente en una complicada situación. Considerar refugiados a los residentes de Gaza parece no ser consecuente. Para más detalles se puede consultar: I. Tharoor. *The election that led Hamas taking over Gaza*. The Washington Post. October 24, 2023. Aquí se hace mención a los comentarios de Lara Friedman. https://www.washingtonpost.com/world/2023/10/24/gaza-election-hamas-2006-palestine-israel/.

699   Es interesante seguir los post en X de Lara Friedman al respecto. Ver: https://x.com/LaraFriedmanDC/status/1714014617720979643

700   The Washington Post. October 24, 2023. *Op. cit.*

701   R. Goldberg. *UNRWA Exposed: Examining the Agency's Mission and Failures*. Foundation for Defense of Democracies. Washington, DC. January 30, 2024. https://www.fdd.org/wp-content/uploads/2024/01/HMTG-118-FA17-Wstate-GoldbergR-20240130.pdf.

dad democrática de esas elecciones, que se llevaron a cabo sin los controles necesarios como se hace en cualquier país de nuestro entorno.

Respecto de la financiación de la UNRWA, sus propios datos son elocuentes. El presupuesto bianual 2024-2025 indica una suma total de 2.219.261 millones de dólares, de los cuales 328.329 millones se dedican a la Dirección Ejecutiva y a los Departamentos de Apoyo; dedicando 1.065.583 millones a programas de educación[702].

En esa información se comprueban los requerimientos económicos de cada oficina de la URNWA, que no se sitúan únicamente en Palestina (Gaza, y Cisjordania o West Bank), sino que se encuentran en el Líbano, Siria, Jordania, aparte de las oficinas centrales que están en Amán (Gaza)[703]. A los cuales dedica, según el presupuesto que comentamos, 1.793.896 dólares, una cantidad no despreciable para el período 2024-2025, que solo en salarios de los directivos o gestores de esta institución, tiene un presupuesto de 1.475.540 dólares: ¡casi millón y medio de dólares! Lo que lleva a pensar, además, que la población palestina que vive en esos países (salvo en Jordania, que es aliada de Israel) es considerada una población de refugiados; es decir, refugiados en países árabes que luchan contra Israel para lograr que la población palestina salga de ese estado de postración[704]. Algo poco comprensible. Una necesidad económica que, según la UNRWA, le sirve para atender casi 6 millones de personas. Cifras que, según el propio Gobierno del Líbano, están «infladas»[705].

Sin embargo, a la UNRWA se le acusa de más graves problemas, donde incluso se dice que varias de sus escuelas han sido utilizadas como bases de plataformas de lanzamiento y almacenamiento de misi-

---

702   United Nations Relief and Works Agency for Palestinian Refugees in the Near East. *Programme Budget 2024-2025*. August 2023.
https://www.unrwa.org/sites/default/files/2024-2025_programme_budget_blue_book.pdf.

703   De acuerdo con Aljazeera, en el Líbano existen 12 campamentos de refugiados, 9 en Siria, 10 en Jordania, 19 en Cisjordania (West Bank) y 8 en Gaza.
https://www.aljazeera.com/news/2024/1/28/which-countries-have-cut-funding-to-unrwa-and-why.

704   United Nations Relief and Works Agency for Palestinian Refugees in the Near East. *Op. cit.*

705   R. Goldberg. *Op.cit.* Pág. 3, donde se hace referencia a la información de *Associated Press* de 22 de diciembre de 2017: *Lebanon census turns up two-thirds fewer Palestinians than expected.*

les de Hamás, aparte de múltiples túneles que se encontraban debajo de tales edificios[706]. Se habla incluso de un funcionario de esta organización, Matthias Schmale, que había declarado a NPR News: «Mucha gente me dijo durante mis cuatro años [de trabajo en la UNRWA] que hay túneles por todas partes y es una suposición segura»[707].

Y lo que resulta más grave aún es la participación de ciertos empleados de la UNRWA en los ataques perpetrados por Hamás el 7 de octubre de 2023 en contra de poblaciones de Israel, con el resultado de 1500 muertos y más de 200 secuestrados. Una información dada por Naciones Unidas que ha despedido a nueve trabajadores. Así lo expresó el portavoz de la ONU, Farhan Haq en agosto de 2024: «Tenemos información suficiente para tomar las medidas que estamos tomando, es decir, el despido de estas nueve personas»[708]. El informe interno de Naciones Unidas no es en este momento público. Sin embargo, el papel de esta agencia de la ONU queda en entredicho.

Toda una situación que induce a pensar que la UNRWA perpetúa el problema de los refugiados palestinos, a lo que se añade que no tiene, incluso con su estructura, autoridad para resolver de forma significativa el problema de esas personas, siendo incapaz de forzar a los Gobiernos vecinos de Israel a resolver el problema de los refugiados en sus países. Además, en la situación actual, la UNRWA se niega a reconocer a Hamás como una organización terrorista y no se opone a que Hamás la manipule en múltiples ocasiones. A lo que se añade la financiación de los actos de Hamás. Siendo conocido además que en sus escuelas se radicaliza a los estudiantes en contra de Israel, que sus instalaciones son refugio para actos terroristas, y que tiene una histo-

---

706   A. Mandell. *UNRWA discovers Hamas tunnel under Gaza schools. The Jerusalem Post.* Jerusalem, June 9, 2017.
https://www.jpost.com/Arab-Israeli-Conflict/UNRWA-discovers-Hamas-tunnel-under-Gaza-schools-496394

707   https://www.npr.org/2021/11/18/1056254276/gaza-united-nations-schmale-palestinians-israel.

708   Aljazeera. *UN says nine employees 'may have been involved' in October 7 Hamas attack.* 5 Aug 2024. https://www.aljazeera.com/news/2024/8/5/un-says-nine-employees-may-have-been-involved-in-october-7-hamas-attack#:~:text=The %20United %20Nations %20says %20nine,that %20they %20have %20been %20fired.

ria de escándalos, mientras que, solo Estados Unidos, le ha aportado en los últimos años 7000 millones de dólares[709].

Con esta estrategia, sorprende que la UNRWA o alguna otra ONG en la zona no hayan dedicado suficientes esfuerzos económicos e industriales a mejorar las infraestructuras de la Franja de Gaza, ni tampoco el comercio o la economía. Es conocido que Israel suministra sin coste alguno el 50 % de la electricidad a Gaza. El otro 50 % se genera localmente mediante una central eléctrica de gasóleo que supone un 25 %, mientras que el resto utiliza (en horas de sol) sistemas fotovoltaicos domésticos, así como generadores diésel locales, que se han financiado por el Programa de las Naciones Unidas para el Desarrollo (PNUD) y otras ONG[710]. Respecto del suministro de agua, los habitantes de Gaza siempre han tenido dificultades para disfrutar de agua dulce. Alrededor del 90 % del suministro procede de la cuenca acuífera costera, que discurre a lo largo de la costa mediterránea oriental desde Egipto hasta Israel, pasando por Gaza. Se trata de agua contaminada debido a la mezcla con el agua de mar, la extracción excesiva y la infiltración de aguas residuales y otros productos químicos, lo cual se trata de paliar mediante pequeños sistemas de desalinización. El resto viene desde Israel[711]. Una dramática situación siempre que estallan los conflictos con Israel.

Con todo lo anterior, Palestina, incluyendo Cisjordania y la Franja de Gaza, son altamente dependientes de Israel, pues no han podido, por múltiples circunstancias, desarrollar una economía propia, no solo por los conflictos armados, sino también por sus débiles estructuras políticas, enfocadas a una permanente agresividad en contra de Israel, muy

---

709   Foundation for Defense of Democracies. https://www.fdd.org/analysis/2024/01/11/10-things-to-know-about-the-un-relief-and-works-agency-unrwa/

710   Técnicamente la deuda se acumula a la Autoridad Nacional Palestina hasta su condonación por Israel. En octubre de 2023 suponía unos 500 millones de dólares. https://besacenter.org/cutting-the-electricity-supply-to-gaza-consequences-and-implications/#:~:text=Gaza %20has %20one %20diesel %2Dfueled, %2C %20 government %20buildings %2C %20and %20hospitals.

711   N. Hall; A. Kirschenbaum; D. Michel. *The Siege of Gaza's Water.* Center for Strategic & International Studies. January 12, 2024.
https://www.csis.org/analysis/siege-gazas-water#:~:text=About %2090 %20percent %20of %20Gaza's,and %20sewage %20and %20chemical %20infiltration.

particularmente en Gaza, y siempre detrás en Cisjordania, incluso con la presencia de Israel en el territorio. En 2022, por ejemplo, la renta per cápita de Gaza era solo una cuarta parte de la de Cisjordania, y las tasas de desempleo y pobreza eran mucho más altas. Lo cual refleja un volumen de inversión mucho menor, así como un crecimiento de la productividad considerablemente inferior, quizás debido a las repetidas guerras con Israel desde 2008[712].

Si se analiza la situación de los últimos 18 años (1994-2022), se comprueba que el ingreso per cápita en Gaza se redujo un 50 %, mientras que en Cisjordania creció el 60 % en ese mismo período; siendo el desempleo joven en la primera superior al 60 %, lo que estimula, sin duda, los extremismos y favorece la permanencia de Hamás. Un asunto que, en el caso de Cisjordania, puede ir en un sentido totalmente opuesto, ya que la estabilidad del territorio tiene tres pilares fundamentales: un gobierno palestino relativamente eficaz que coopera con Israel, sobre todo en cuestiones de seguridad; una población palestina preocupada por la vida cotidiana y que, en su mayor parte, no recurre a la violencia; y una limitada presencia de elementos terroristas[713]. Con todo siempre queda en el ambiente que Israel es un Estado colonial. Un Estado usurpador de los derechos de otros Estados o de otros pueblos. O, por decirlo más crudamente: un Estado imperialista.

Conviene destacar, aunque sea incidir en el mismo asunto, que la situación de la población de Gaza tiene mucho que ver con el esquema político impuesto por Hamás. «La tasa de desempleo en Gaza es del 47 % y más del 80 % de su población vive en la pobreza, según Naciones Unidas. Sin embargo, Hamás ha financiado una fuerza armada de miles de personas equipadas con cohetes y aviones no tripulados y ha construido una vasta red de túneles bajo Gaza. Las estimaciones de su

---

712   IMF eLibrary. *West Bank and Gaza: Selected Issues.* 13 September 2023. https://www.elibrary.imf.org/view/journals/002/2023/327/article-A001-en.xml#:~:text=The %20economies %20of %20both %20the,percent %20of %20GDP %20 for %20Gaza.

713   N. Neumann. *West Bank Economics Are Key to Stabilizing the Palestinian Authority —or Forcing its Collapse.* The Washington Institute for Near East Policy. May 31, 2024.
https://www.washingtoninstitute.org/policy-analysis/west-bank-economics-are-key-stabilizing-palestinian-authority-or-forcing-its.

presupuesto militar anual oscilan entre 100 y 350 millones de dólares, según fuentes israelíes y palestinas»[714]. Respecto de lo cual, «Irán ha sido un constante patrocinador financiero y militar de Hamás desde la década de 1990, mucho antes de que el grupo se hiciera con el control de Gaza. La financiación ha aumentado gradualmente, y en la actualidad asciende a unos 100 millones de dólares anuales, según el Departamento de Estado [de Estados Unidos]»[715]. Sin olvidar, que «entre 2012 y 2021, Qatar proporcionó 1490 millones de dólares en ayuda financiera para apoyar proyectos destinados a civiles palestinos en Gaza, según declaró un funcionario qatarí a NBC News»[716].

Se podría ir a la Biblia e iniciar un camino de miles de años desde aquellos días en que Abrahán iba a tomar posesión de una tierra prometida por el Altísimo. Sin embargo, este asunto nos llevaría fuera del núcleo de lo que tratamos. Aun así, conviene ir algo atrás, por ejemplo, cuando Israel, después de la Guerra de los Seis Días se hizo con un enorme territorio en Palestina.

Aquella tercera guerra entre israelíes y árabes fue quizás el comienzo de un cambio de tendencia como ya dijimos. De un estado projudío se comenzó a transitar hacia un estado proárabe, que no mucho tiempo después se convirtió en propalestino, lo que volvió la vista a los tiempos antiguos de la Biblia para asegurar que Israel fue un país nacido de conquistas de tipo colonial, aunque en la antigüedad ese concepto no existiera. A lo que se añadía ese comportamiento según el cual los judíos no se trataban con otros que no fueran de su pueblo, haciendo contemporánea la relación de Jesucristo con aquella samaritana que iba a sacar agua del pozo donde el Maestro estaba descansando. Una conversación que se iniciaba con la sorpresa de la mujer por que un judío le hablara, ya que los «judíos no se relacionan con los samaritanos».

---

714   D. De Luce; L. Cavazuti. *Gaza is plagued by poverty, but Hamas has no shortage of cash. Where does it come from?* NBC News. Oct. 25, 2023. https://www.nbcnews.com/news/world/gaza-plagued-poverty-hamas-no-shortage-cash-come-rcna121099.

715   *Ibid.*

716   *Ibid.* Informaciones similares pueden encontrarse en múltiples fuentes. Véase, por ejemplo: R. Goldberg. Foundation for Defense of Democracies. *How America and Its Allies Can Stop Hamas, Hezbollah, and Iran for Evading Sanctions and Financing Terror.* Washigtion DC, October 25, 2023.

De ahí que, en tiempos más modernos, se llegara a la conclusión de que el problema palestino-israelí solo tenía tres opciones: dejar a los judíos masacrados en la Alemania de Hitler y en otras zonas de Europa siguiendo una vida imposible; o bien, buscar un acomodo para que los árabes residentes en Palestina, que eran mayoría, pudieran convivir de alguna manera con los judíos que iban llegando en masa a lo que consideraban su antigua tierra. Lo que al final llevó a la partición del territorio palestino en 1947 para conseguir la segunda opción. Una opción que, con los consiguientes acontecimientos, llevó al convencimiento en muchos ambientes de que Israel era, en efecto, un Estado colonialista. Un concepto muy extendido al principio en los pueblos árabes, ya que al asentarse los judíos en Oriente Medio a partir de 1947, su presencia se hacía coincidir con las actividades coloniales del Reino Unido y de Estados Unidos, siendo este último el garante principal de Israel en medio del mundo árabe. Si americanos y europeos eran los colonialistas por excelencia, los israelíes se comportaban de igual manera[717]. Un argumento que, allá por marzo de 1964, la Unión de Estudiantes Judíos de Francia (UEJF) argumentaba de manera contraria: «Ninguna de las características que caracterizan el colonialismo —los militares echando mano de los misioneros para abrir camino a los comerciantes y poder explotar la mano de obra de los colonizados— puede encontrarse en la emigración judía hacia Palestina»[718].

En lo que llevamos hasta aquí en este libro, nada se percibe de acción colonial por parte de Israel, más bien acciones defensivas ante los ataques de países árabes limítrofes, o bien respuestas, a veces excesivas, ante acciones terroristas en su territorio, con el añadido de haber expandido el territorio original proporcionado por Naciones Unidas como consecuencia de las guerras que se han sucedido desde 1948. Ahí queda el ejemplo de Cisjordania o de los Altos del Golán, que merecen un análisis aparte.

De otra manera no serían entendibles todos los procesos y conversaciones de paz que se han venido llevando a cabo desde 1949. La mayoría de los mismos rotos siempre por los árabes, ya fuera por no

---

717   M. Rodinson. *Israel, A Colonial-Settler State?* Monad Press. Nueva York, 1973. Pág. 29.
718   *Ibid.* Pág. 31.

aceptar lo acordado o por iniciar acciones terroristas en contra de Israel. Todo ello sin olvidar el papel esencial de las grandes potencias, especialmente Estados Unidos, la Unión Soviética, el Reino Unido y Francia, que utilizaron su poder de la manera que mejor les convenía en cada momento durante los siglos XIX y XX[719]. Si bien, siempre quedará la idea de que los judíos desde su origen, con sus deportaciones y diásporas, consideraron que Israel era algo suyo[720]. En definitiva, un largo proceso en el que subyace de manera permanente una lucha por el poder de unos y otros que se manifiesta de diversos modos y que deberá ser objeto de un análisis posterior antes de que finalicemos nuestro camino por este aparentemente irresoluble problema.

---

719   *Ibid.* Pág. 91.
720   C. A. Baker (Ed.). *Israel and Empire. A Postcolonial History of Israel and Early Judaism.* T&T Clark. Londres, 2015. Aquí se da una historia de Israel hasta la destrucción por parte de Roma.

Capítulo VII
PALESTINA HOY

«Porque la tierra adonde vais a entrar para tomarla en posesión —dijo el Se-
ñor — no es como la tierra de Egipto de la que saliste, donde sembrabas tu semilla
y la regabas mediante tus pies, como una huerta de vegetales. La tierra donde vais
a pasar para tomarla en posesión es una tierra de montes y valles que recibe agua
del cielo; es una tierra que cuida el Señor, tu Dios, en la que están puestos continua-
mente los ojos del Señor, tu Dios, desde el comienzo del año hasta el fin del mismo».

Deuteronomio (11: 13)

PALESTINA · LOS ALTOS DEL GOLÁN · ISRAEL EN GAZA Y CISJORDANIA ·
LA RESPUESTA DE ISRAEL AL TERRORISMO · LA ÉTICA DE LA GUERRA ·
PROPORCIONALIDAD VS. FUNDAMENTALISMO · ¿QUIÉN MANDA EN PALESTINA? ·
DEMOCRACIA EN UN CALDERO EN EBULLICIÓN · ISRAEL NO DEVUELVE LO CON-
QUISTADO · HAMÁS CONTRA AL FATAH (Y VICEVERSA) · RESOLUCIONES DE
NACIONES UNIDAS · LOS ACUERDOS DE ABRAHAM · OTRA VEZ EL LÍBANO:
GUERRAS Y MÁS GUERRAS · ARABIA SAUDÍ Y LA GEOPOLÍTICA GLOBAL.

Encuentro en mi biblioteca una vieja *Geografía Universal*[721] donde Siria
y Palestina se presentan conjuntamente. En aquel tiempo una y otra
constituían «una estrecha faja de tierras a lo largo del Mediterráneo,
desde el Golfo de Alejandreta hasta la península del Sinaí»[722]. Respecto
del clima se dice que, en aquella zona, es variable y seco, sofocante en
la costa del Mar Mediterráneo y en el valle del Jordán; templado en el

---

721   A. Blánquez Fraile. *Geografía Universal*. Ramón Sopena. Barcelona, 1931.
722   *Ibid.* Pág. 624.

litoral y que, en invierno, los montes se coronan de nieve. Se dice también que en la costa del mar Rojo el termómetro marca en verano, a la sombra, 55 grados; para continuar diciendo que el suelo es, en general, «desnudo, áspero y seco». Obviamente, es un lugar pobre en recursos naturales, donde la población se concentra en los oasis y en algunos valles del interior. Desde luego, un lugar poco apropiado para vivir con holgura.

Respecto de los habitantes, esta *Geografía Universal* dice que, en su mayoría, «son de raza árabe, turcos, aunque también hay sirios, hebreos y cristianos de distintas procedencias; con la circunstancia de que en los valles del Líbano y del Antilíbano[723] viven también drusos y maronitas en frecuentes luchas». Los cuales define de origen incierto: «los primeros, musulmanes no puros, y los otros, cristianos de rito sirio, cuyo jefe es el Patriarca de Antioquía»[724]. Un lugar donde convivían pueblos de diferentes religiones y razas, no sin existir las tradicionales luchas que se dan normalmente entre tribus de distinto origen y costumbres; lo que nos lleva otra vez al Deuteronomio que, hablando de la llegada de los judíos a la tierra prometida después de la salida de Egipto, se encontraron con «…naciones numerosas —hititas, guirgasitas, amorreos, cananeos, perizitas, heveos y jebuseos— siete naciones más numerosas y fuertes…»[725], a los cuales Israel debería derrotar para poder vivir allí. Un lugar en el que siempre hubo múltiples pueblos distintos conviviendo con dificultad, luchando por su supervivencia en una tierra inhóspita y, al parecer, hostil en su geografía.

Recordemos de nuevo que Palestina es una denominación territorial dada por los romanos. La *Enciclopedia Británica* dice que el nombre de Palestina proviene del griego que, a su vez, procede del término hebreo *Pleshet* (tierra de los palestinos), que también se denominaba *Philistia*. Los romanos comenzaron a usar el término «Siria Palestina» en el siglo II a. C. para referirse a la zona sur de la provincia romana de Siria, incluyendo la primitiva región de Judea. Luego, después de la Primera Guerra Mundial, tal como se dijo, los británicos asumie-

---

723   https://es.wikipedia.org/wiki/Cordillera_del_Antilíbano.
724   A. Blánquez Fraile. *Op. cit.* Pág. 625.
725   Deuteronomio (7: 1-3).

ron tal denominación para el territorio que ocupaban al oeste del río Jordán[726].

También, como dijimos, en 1993, se firmó el primero de los Acuerdos de Oslo, que supuso un autogobierno limitado para los palestinos de Cisjordania y Gaza. Después, en 1994, Cisjordania se separó oficialmente de Jordania como parte del tratado de paz entre Israel y Jordania. Allí, en Cisjordania (West Bank), viven hoy más de medio millón de colonos judíos, con la circunstancia de que Israel controla, aproximadamente, el 60 % de la zona, con redes de comunicación que solo pueden utilizar los israelíes, a lo que se unen múltiples puestos de control que dificultan los movimientos de los palestinos. Siempre, es una constante, aparece el miedo de Israel a lo que pueda suceder con los pueblos con los que convive o circundan su territorio.

Respecto de la Franja de Gaza, en 2005, tras años de presión internacional y de continuadas protestas palestinas, los israelíes abandonaron el territorio; aunque al hacerse Hamás con el poder de Gaza en 2007, Israel impuso un bloqueo a la zona, a lo que se sumó inicialmente Egipto. Hoy, sin embargo, parece que Egipto ha mirado hacia otro lado mientras Hamás conectaba los túneles de Gaza con Egipto y transportaba armamento a través de ellos hacia la localidad de Rafah[727].

Respecto de los Altos del Golán, pertenecientes a Israel, un informe de la CIA[728] indica que la anexión israelí el 14 de diciembre de 1981 buscaba controlar con más determinación la región que había arrebatado a Siria en 1967 durante la guerra de los Seis Días. Antes de la anexión, la mayoría de los sirios que no habían huido durante los combates fueron expulsados por los israelíes, muchas aldeas sirias fueron arrasadas, imponiendo el modelo educativo israelí en las pocas escuelas árabes que quedaban.

---

726 Se puede ver todo el texto en la Enciclopædia Britannica. 15ᵗʰ Edition. *Micropædia*. Volume VII. Pág. 693.

727 https://www.reuters.com/article/world/middle-east/arms-smuggling-into-gaza-slower-under-hamas-egypt-idUSL30802281/.

728 National Foreign Assessment Center. *Syria-Israel: The Golan Heights in Perspective*. A Research Paper. January 1983. El informe de la CIA, como en este tipo de casos, existe mucha información no accesible. https://www.cia.gov/readingroom/docs/CIA-RDP83B00851R000400150002-5.pdf.

Históricamente —sigue el informe de la CIA al que hacemos referencia—, los Altos del Golán nunca habían formado parte del Estado judío, y la región, desde hacía más de 3000 años, no había albergado una población judía significativa. El Imperio Otomano, sin embargo, gobernó la zona hasta el final de la Primera Guerra Mundial; luego, como ya dijimos, Francia asumió el control de Siria, mientras que el Reino Unido se hacía con Palestina. En 1922, ambos países establecieron una frontera internacional entre las dos zonas.

Como también es conocido, en 1973, durante la guerra de Yom Kippur, el ejército sirio atacó a Israel por el norte, mientras Egipto lo hacía a través de la península del Sinaí. Siria ocupó entonces la mitad de los Altos del Golán, un lugar que había sido conquistado por Israel en 1967. Con aquella ocupación, el ejército israelí había tratado de establecer allí una «zona tampón», ya que desde las posiciones en las laderas del monte Hermón[729] se podían vigilar los movimientos sirios en las proximidades del Golán, a la vez que se controlaban las guerrillas palestinas en el sur del Líbano.

Sin embargo, contrariamente a lo que se pueda suponer, el Golán tiene para Israel un importante interés más allá de ser una zona estratégica de seguridad. Se trata del agua, pues ese lugar es fundamental para garantizar un suministro adecuado al país, el cual sufre una tradicional escasez de agua, como ya dijimos. Para ello, los israelíes pusieron el foco en dominar dos afluentes del Jordán, el Snir[730] y el Banias[731], pues juntos proporcionan alrededor de un tercio del suministro anual de agua a Israel. No hay que olvidar tampoco que, después del armisticio de la guerra de los Seis Días, Siria trató de desviar la cabecera del río Jordán que fluía a través de los Altos del Golán para dejar a Israel sin una importante parte del agua que llegaba a su territorio.

Después de la Guerra de Yom Kippur, a comienzos del mes de septiembre de 1975, el presidente Gerald Ford comunicó al presidente israelí que: «Estados Unidos no tenía una posición definitiva sobre las fronteras [de Israel]»[732]. Sin embargo, «en caso de que lo haga —decía

---

729   https://es.wikipedia.org/wiki/Monte_Hermón.
730   https://es.wikipedia.org/wiki/Río_Snir.
731   https://es.wikipedia.org/wiki/Río_Banias.
732   D. Gold. *Recognizing Israeli Sovereignty on the Golan Heights.* Congress of the United

Ford— daré gran peso a la postura de Israel de que cualquier acuerdo de paz se fundamente en la permanencia de Israel en los Altos del Golán»[733]. Años más tarde, en los preparativos para la Conferencia de Paz de Madrid de 1991, el Secretario de Estado americano, James Baker[734], confirmó aquel compromiso de septiembre de 1975 respecto de la importancia que tenían los Altos del Golán para la seguridad de Israel; para llegar a los tiempos de Bill Clinton cuando, en septiembre de 1996, Estados Unidos volvió a confirmar las garantías que Gerald Ford había expresado respecto de los Altos del Golán[735]. En paralelo, Israel seguía consolidando su posición en aquella zona, de manera que, en diciembre de 1981, el Parlamento israelí ratificaba la llamada Ley de los Altos del Golán[736], que anexionaba el Golán a Israel, sustituyendo la administración militar por una civil, a la vez que otorgaba ciertos derechos básicos a los residentes del Golán, fueran judíos o drusos[737].

Más cercanamente, las preocupaciones de Israel se han dirigido a considerar el papel de Irán que, supuestamente, trata de convertir a Siria en un Estado satélite donde operen fuerzas iraníes o grupos controlados por los iraníes. Ahí están, por ejemplo, las milicias chiíes que siguen, de alguna manera, el modelo del Hezbolá libanés, donde se encuentran elementos del Líbano, de Irak, de Yemen[738], o de Pakistán,

---

States. House of Representatives. July 17, 2018. Washington DC. https://oversight.house.gov/wp-content/uploads/2018/07/Gold-JCPA-Statement-Golan-Heights-7-17.pdf.

733 *Ibid.*

734 https://en.wikipedia.org/wiki/James_Baker.

735 D. Gold. *Op.cit.*

736 *The Golan Heights Law.* En: Z. Hauser; I. Zarfati. Coalition for the Israeli Golan *Recognition of Israel's Sovereignty over the Golan Heights.* January 2018. Pág. 19. https://www.golancoalition.org/wpcontent/uploads/2018/06/Recognition_of_Israels_Sovereignty_Over_the_Golan_Heights_EN_Policy_Papaer.pdf.

737 National Foreign Assessment Center. *Op. cit.*

738 Aunque se vuelva sobre este particular más adelante, Yemen, un país que se encuentra en el cono sur de la Península Arábiga con riberas en el Mar Rojo, está dominado por un grupo terrorista, los hutíes, que forman parte de la alianza informal liderada por Irán conocida como el *Eje de la Resistencia*, y amenazan cada vez más la seguridad regional en Oriente Medio y, por ende, la de Israel. Debido a esto, Israel tiene igualmente conflictos armados con Yemen. Ver, por ejemplo: K. Zimmerman. *Yemen's Houties and the Expansion of Iran's Axis of Resistance.* American Enterprise Institute. March 2022. https://www.aei.org/wp-content/uploads/2022/03/Yemen's-Houthis-and-the-expansion-of-Iran's-Axis-of-Resistance.pdf.

que tratan de hacerse con el control del sur de Siria; siendo conocida la rama siria de Hezbolá fundada por Irán en 2014[739]. Un objetivo que, según se asegura: «es una pieza iraní para crear un corredor terrestre a través de Irak y Siria hasta el Mediterráneo, lo que les ayudará a unificar sus diversos frentes y establecer su hegemonía sobre Oriente Medio; así como para asegurar a Irán una línea de suministro a Siria y al Líbano a medida que aumente su presencia militar. A nivel local, Irán pretende unir el sur del Líbano con los Altos del Golán»[740].

Lo anterior, aunque no se considere, enlaza con el «enfrentamiento» de Rusia con Europa y Estados Unidos y, por tanto, con Israel, ya que podría darse el caso de que la existente alianza de Rusia con el régimen sirio de Bashar al-Ássad[741], aunque no se vea actualmente factible, volviera a lo que sucedió hace 50 años cuando Siria atacó Israel en 1973 (guerra de Yom Kippur) por el norte del país. Una posibilidad hoy con poca probabilidad de ocurrir, dada la guerra entre Rusia y Ucrania.

En abril de 2024, Irán atacó Israel con cientos de misiles portados por drones, lo que supuso una similar reacción israelí, en contra de los iraníes, en este caso teniendo como objetivo la ciudad iraní donde se encuentran varias instalaciones nucleares de Irán. Los ataques iraníes en contra de Israel se realizaron bajo el apoyo mediático ruso, que defendió los ataques iraníes.

Además, el representante permanente de Rusia ante las Naciones Unidas, Vasily Nebenzia, en una declaración ante el Consejo de Seguridad de la ONU, expresó que tales ataques fueron «una respuesta al flagrante ataque de Israel contra Damasco», ya que —tal como dijo Nebenzia— «Siria está siendo bombardeada constantemente por Israel»[742]. De manera que esta situación se conecta quizás con las operaciones rusas en Ucrania, lo cual supone no solo un desafío para Israel, sino para otros países de Oriente Medio amenazados por las actividades rusas, desde el oeste marroquí hasta los Estados árabes del

---

739   D. Gold. *Op. cit.*

740   *Ibid.*

741   https://es.wikipedia.org/wiki/Bashar_al-Ásad.

742   FDD (Foundation for Defense of Democracies). *Russia Defends Iranian Attack on Israel.* 16 de abril de 2024.
https://www.fdd.org/analysis/2024/04/16/russia-defends-iranian-attack-on-israel/.

Golfo, y muchos de los Estados ribereños del Mar Rojo; países que no verían mal que Israel siguiera conservando los Altos del Golán[743] como eje de seguridad en la zona.

De ahí que, el 25 de marzo de 2019, la Casa Blanca estableciera formalmente lo siguiente: «Ahora, por lo tanto, yo, Donald J. Trump, Presidente de los Estados Unidos de América, en virtud de la autoridad que me confieren la Constitución y las leyes de los Estados Unidos, proclamo por la presente que, los Estados Unidos reconocen que los Altos del Golán forman parte del Estado de Israel»[744]. Una declaración no desmentida por la actual Administración Biden.

Para Estados Unidos y, obviamente, para Israel, los Altos del Golán son actualmente territorio israelí. Un hecho que se confronta con la posición de otras potencias y con la propia ONU, según la cual varios «miembros del Consejo de Seguridad lamentan la decisión de Estados Unidos de reconocer la soberanía de Israel sobre el Golán sirio ocupado. Las medidas unilaterales están condenadas al fracaso, según Francia, mientras otros condenan la anexión forzosa»[745]. Una constante en el problema palestino-israelí: no solo los directamente implicados, sino los países, en teoría, ajenos, nunca se ponen de acuerdo entre ellos. Luchas evidentes de poder en una zona altamente sensible para la seguridad global y la de los pueblos implicados. Con esta situación, hoy por hoy, el mapa del Estado de Israel resulta ser como muestra la Figura 7.1.

Como puede verse en la figura, aparte de los Altos del Golán, Israel mantiene una fuerte posición en Cisjordania aunque salió de la Franja de Gaza en 2005, zona que había ocupado al final de la guerra de los Seis Días. Sin embargo, desde entonces las incursiones de Israel en Gaza han sido numerosas como respuesta a los ataques terroristas por parte de Hamás en contra de poblaciones israelíes.

---

743   D. Gold. *Op. cit.*
744   Foreign Policy. *Proclamation on Recognizing the Golan Heights as Part of the State of Israel.* 25 de marzo de 2019. https://trumpwhitehouse.archives.gov/presidential-actions/proclamation-recognizing-golan-heights-part-state-israel/.
745   https://press.un.org/en/2019/sc13753.doc.htm.

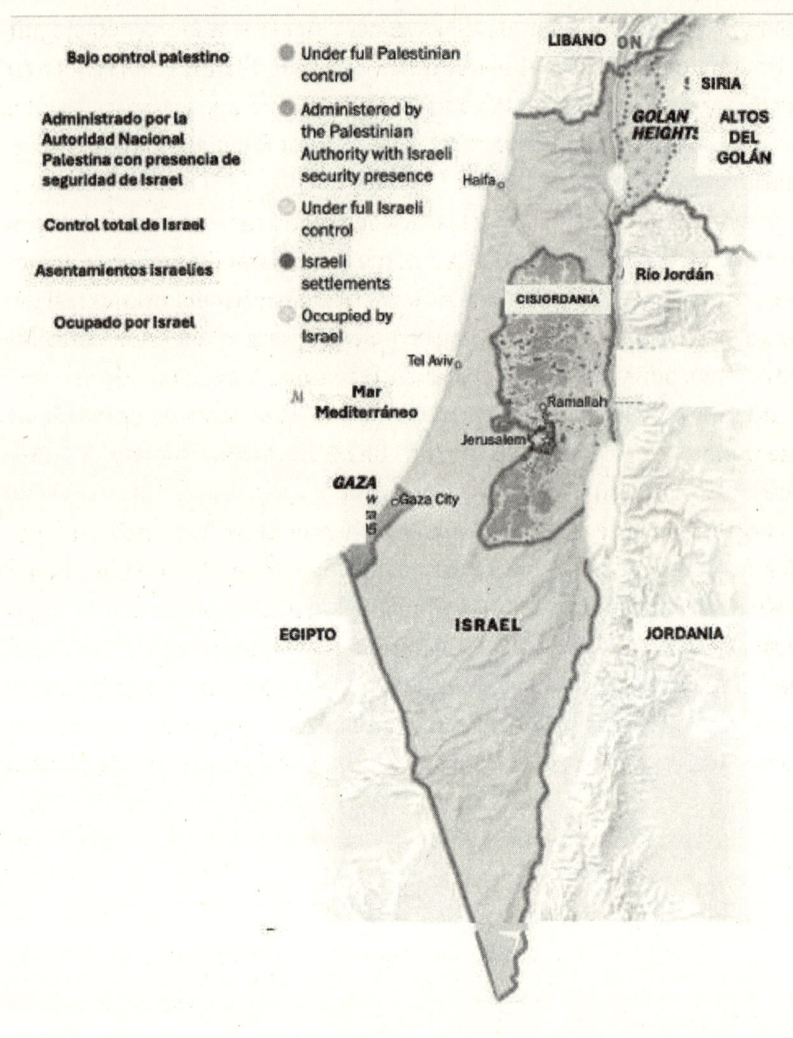

Figura 7.1.- Israel hoy (2024)

La primera de las acciones de Israel en Gaza después de su salida de la zona comenzó el 28 de junio de 2006 bajo el nombre de operación Lluvias de Verano[746]. Se trataba de detener el lanzamiento de misiles

____

746   https://www.idf.il/en/mini-sites/wars-and-operations/operation-summer-

desde el sur de la Franja de Gaza contra Israel y, a la vez, conseguir la liberación del cabo del ejército israelí, Gilad Shalit, secuestrado en Israel por tres terroristas afiliados, respectivamente, a la organización terrorista Hamás, a los Comités de Resistencia Popular y al Ejército del Islam.

Aquel 28 de junio, las fuerzas israelíes entraron en la ciudad de Jan Yunis para localizar a Shalit. La Fuerza Aérea israelí bombardeó objetivos estratégicos en la ciudad de Gaza para permitir el posible traslado del soldado. Además, un contingente de las fuerzas terrestres israelíes tomó el aeropuerto internacional de Dahaniya, conocido ahora como aeropuerto internacional Yasser Arafat, en el sureste de la Franja de Gaza. Este aeropuerto era un punto de observación y control estratégico de Rafah al sur de la Franja de Gaza.

Posteriormente, entre 2008 y 2014, Israel lanzó tres grandes operaciones dentro de la Franja de Gaza: operación Plomo Fundido[747] (2008-2009), operación Pilar de Defensa[748] (2012) y operación Margen Protector[749] (2014). Todas ellas, de acuerdo con las fuentes israelíes, fueron la respuesta a los misiles lanzados desde Gaza por Hamás y otros grupos terroristas que operaban también dentro de la Franja de Gaza. Se trataba, según todos los indicios, de un aumento de actividad

rains/.

747   La operación dio comienzo el 27 de diciembre de 2008, cuando las fuerzas de defensa israelíes (FDI) lanzaron la operación Plomo Fundido en Gaza después de las persistentes actividades terroristas y el lanzamiento de misiles desde dirigidos desde Gaza contra poblaciones civiles israelíes. https://www.idf.il/en/mini-sites/wars-and-operations/operation-cast-lead/.

748   Según el gobierno israelí, la operación comenzó en respuesta al lanzamiento de más de 100 misiles contra Israel durante un período de 24 horas, un ataque de militantes de Gaza contra un *jeep* de patrulla militar israelí dentro de las fronteras israelíes, y una explosión causada por explosivos en el lado israelí por un túnel que pasa por debajo de la barrera israelí de Cisjordania. https://en.wikipedia.org/wiki/2012_Israeli_operation_in_the_Gaza_Strip.

749   De acuerdo con Amnistía Internacional, la ofensiva militar israelí operación Margen Protector, iniciada el 8 de julio de 2014, mató e hirió a decenas de civiles. https://www.amnesty.org.uk/gaza-operation-protective-edge. Sin embargo, en esta nota nada se dice del porqué de los ataques. De nuevo, según Israel, tuvo el objetivo de restablecer la seguridad en el sur de Israel tras numerosos ataques con misiles. Tras casi 50 días de combates, por tierra y aire, se estableció un alto el fuego. https://www.idf.il/en/mini-sites/wars-and-operations/operation-protective-edge/operation-protective-edge/.

por parte de Hamás en contra de Israel una vez que este grupo se hizo con el poder en Gaza después de las elecciones de 2006[750].

Por dar un dato adicional, durante la operación Plomo Fundido «se efectuaron entre 2300 y 3000 vuelos de reconocimiento. Murieron aproximadamente 1400 palestinos, en su gran mayoría civiles, y fallecieron trece israelíes, de los cuales diez eran soldados y tres civiles. Los bombardeos aéreos causaron graves daños a las infraestructuras de Gaza, ya que, según los informes, resultaron dañadas o destruidas 2400 viviendas, 29 escuelas, 121 talleres comerciales e industriales, 60 comisarías de policía y 30 mezquitas»[751]. Un hecho que, como otros tantos, pone sobre la mesa el problema del terrorismo de Hamás y otras organizaciones en contra de Israel, de un lado, y el nivel de respuesta por parte de Israel, del otro.

Que la Gaza palestina está dominada por un grupo terrorista es conocido. Un asunto que convierte la política en acciones violentas indiscriminadas, donde la población civil se usa como escudo de protección en múltiples ocasiones; y en otras, como elemento para mover las conciencias en Occidente. Se trata de un grupo terrorista, junto a otras organizaciones similares, cuyo objetivo es sembrar el terror dentro y fuera de su territorio, siendo difícil separar a la población civil de los enclaves donde se encuentran dichos grupos violentos. Sin embargo, la respuesta israelí ante los ataques de Hamás es usualmente desmedida, con una violencia que arrasa casi todo a su paso.

Esta reflexión nos introduce en los aspectos éticos de las acciones de guerra. Carl von Clausewitz, por ejemplo, viene a confirmar que «la guerra es un acto de extrema violencia llevada al límite; de manera que si una de las partes es quien dicta la ley a la otra [parte], aparece entonces una acción recíproca, lo cual, en lógica, conduce a los extremos»[752].

---

750   La noticia de BBC News del 15 de junio de 2007 dice que «Hamás toma el control total de Gaza». Añadiendo que: «Tras una serie de ataques contra bastiones clave de su rival, Al-Fatah, ha vuelto la calma a la Franja de Gaza, donde Hamás tiene el control absoluto».
        http://news.bbc.co.uk/2/hi/middle_east/6755299.stm.

751   C. Henderson. *Israeli military operations against Gaza: Operation Cast Lead (2008-2009), Operation Pillar of Defense (2012) and Operation Protective Edge (2014)*. American Psychological Association. 7th Edition. University of Sussex. 2018. https://hdl.handle.net/10779/uos.23453543.v1.

752   Clausewitz. *Op. cit.* Pág. 103.

Una reflexión que lleva a este antiguo militar a decir que la aniquilación de las fuerzas enemigas es el «hijo primogénito de la guerra»[753].

Independientemente de que, según Clausewitz (tal con ya dijimos páginas más arriba): «la guerra es la mera continuación de la política por otros medios»[754], o como asegura también: «la guerra no es simplemente un acto político, sino un instrumento político real, una continuación del comercio político, o la realización de tal comercio por otros medios»[755], al entrar la política en el curso de la guerra surge inevitablemente la lucha por el poder, así como la posible trasgresión de los actos éticos que se debieran tener en cuenta. En otras palabras, conocer qué es y qué no es moral en la guerra. Un asunto que, en el caso de este general prusiano, lo asimila al Derecho Internacional, cuando asegura que: «La guerra es, pues, un acto de violencia para obligar a nuestro enemigo a hacer nuestra voluntad. La violencia para contrarrestar la fuerza contraria se dota de los inventos del arte y la ciencia. La violencia está sujeta a ciertas limitaciones autoimpuestas, imperceptibles y apenas dignas de mención, conocidas como derecho internacional y costumbre, pero que apenas la debilitan»[756].

La violencia de Israel se produce como respuesta de un Estado —el Estado de Israel— a los actos terroristas de un grupo no estatal (Hamás) en contra de la población israelí. No se trata de las anteriores guerras que Israel mantuvo con otros Estados, como pudieron ser Egipto, Siria o Jordania, se trata de actos violentos ante ataques terroristas igualmente violentos, cuyas acciones pretenden lograr objetivos políticos; mientras que las acciones de Israel responden a objetivos de defensa. En ambos casos, la violencia, como toda acción política que, siguiendo a Clausewitz, entra en el uso de mecanismos violentos contra objetivos bien determinados, encubre siempre el objetivo de conseguir un nivel de poder mayor del que se disfrutaba; ya sea para lograr expulsar del territorio al ocupante (lo que persigue Hamás), o de terminar con los ataques a la población civil acabando con las organizaciones que las perpetran (lo que busca Israel). Y es aquí donde entra, si

---

753   *Ibid.* Pág. 137.
754   *Ibid.* Pág. 119.
755   *Ibid.*
756   *Ibid.* Pág. 101.

realmente pudiera entenderse, el concepto moral de la violencia ejercida contra el enemigo.

En el caso del terrorismo, a fin de encontrar la presumible justificación de sus autores, viene a cuento la carta de Osama bin Laden publicada el 24 de noviembre de 2002 en los periódicos británicos *The Observer* y *The Guardian*. En ella bin Laden respondía a dos preguntas que él mismo planteaba: «¿Por qué luchamos contra vosotros y qué queremos de vosotros?»[757]. A la primera cuestión aludía a que, Estados Unidos, supuestamente, había atacado Palestina, con lo cual, «la sangre derramada en Palestina debía ser vengada», ya que —continuaba bin Laden— «nuestra religión y nuestro intelecto ordenan que los oprimidos tienen derecho a devolver la agresión»[758], para llegar, otra vez, al nudo de la cuestión, es decir, al hecho religioso tal como lo entendía bin Laden: «Dado que el Todopoderoso ha legislado el permiso y la opción de vengarse»[759]. Con esto, seguidamente, daba al pueblo estadounidense un consejo: «No esperéis nada de nosotros salvo la Yihad, la resistencia y la venganza…, porque si nos atacan, tenemos derecho a contraatacar. Quien haya destruido nuestros pueblos y ciudades, tenemos derecho a destruir los suyos. Quien haya robado nuestra riqueza, tenemos derecho a destruir su economía. Y quien haya matado a nuestros civiles, tenemos derecho a matar a los suyos». Lo que lleva, bajo ese substrato religioso, a justificar moralmente el terrorismo. Lo que conduciría a que la venganza que motiva el terrorismo, según este mismo criterio, sería moralmente aceptable. ¿Y qué se entiende por terrorismo?

Entre las diferentes definiciones del término, nos quedaremos con esta: el terrorismo se concreta en: «la amenaza o el uso de la violencia con la intención de causar miedo en un grupo objetivo para lograr objetivos políticos»[760]. Lo cual, mientras tales objetivos

---

757   Q. Cassam. *Can Terrorism Ever Be Morally Justified? Society.* Springer Link. Volume 61. 29 February 2024. Pag. 176-188.
https://link.springer.com/article/10.1007/s12115-024-00975-9#:~:text=-Thus %2C %20even %20if %20a %20given,acts %20whose %20objective %20 is %20revenge.

758   *Ibid.*

759   *Ibid.*

760   R. J. Beck; A. C. Arend. *Don't Tread on Us: International Law and Forcible State Res-*

políticos no se alcancen, permanecerá la violencia. Por el contrario, en el momento en que la fórmula política lograda sea aceptable, descenderán las acciones violentas y se utilizarán otro tipo de mecanismos de presión. Hay bastantes casos en el mundo que podrían traerse a colación como prueba de lo anterior.

Sin embargo, no hay duda de que el terrorismo no muestra sino un profundo desprecio por la vida de las personas, además de representar un auténtico crimen contra la humanidad. Como decía Juan Pablo II, quien «mata con atentados terroristas cultiva sentimientos de desprecio hacia la humanidad, manifestando desesperación ante la vida y el futuro; desde esta perspectiva, se puede odiar y destruir todo»[761]. Lo que lleva a este Papa a asegurar que: «El fanatismo fundamentalista es una actitud radicalmente contraria a la fe en Dios. Si nos fijamos bien —sigue diciendo el Papa—, el terrorismo no solo instrumentaliza al hombre, sino también a Dios, haciendo de él [del terrorismo, se entiende] un ídolo, del cual se sirve para sus propios objetivos»[762].

Con este criterio, siguiendo a Juan Pablo II, se puede decir que: «existe, por tanto, un derecho a defenderse del terrorismo»[763]. Ahora bien, se trata de «un derecho que, como cualquier otro, debe atenerse a reglas morales y jurídicas, tanto en la elección de los objetivos como de los medios»[764]. Un asunto que conduce a preguntarse lo que puede ser moralmente aceptable como respuesta a actos terroristas. Pues, si bien, parece adecuado contrarrestar estos actos, en tanto que se trata de *un derecho a defenderse,* surge el problema del alcance (la proporcionalidad) y de los medios empleados para tal fin.

En 2012, ante los ataques con misiles de Hamás contra Israel, el Ministro de Defensa israelí, Ehud Barak, afirmaba que los objetivos

---

ponses to Terrorism. Wisconsin International Law Journal. Vol. 12. Págs. 153-219. 1982.

761   Mensaje de Juan Pablo II para la celebración de la XXXV Jornada Mundial de la Paz. 1 de enero de 2002. *No hay paz sin justicia. No hay justicia sin perdón.* https://www.vatican.va/content/john-paul-ii/es/messages/peace/documents/hf_jp-ii_mes_20011211_xxxv-world-day-for-peace.html.

762   *Ibid.*

763   *Ibid.*

764   *Ibid.*

de la operación Pilar de Defensa eran: «reforzar la capacidad de disuasión de Israel, infligir graves daños a la red de lanzamiento de misiles, asestar un duro golpe a Hamás y a las demás organizaciones terroristas y minimizar los daños en el frente interno de Israel»[765]. Entonces, la Unión Europea afirmó que Israel: «tiene derecho a protegerse de este tipo de ataques… pero debe actuar de forma proporcionada y garantizar la protección de los civiles en todo momento»[766]. De manera similar se pronunciaron el presidente Barack Obama y el ministro de Asuntos Exteriores del Reino Unido, este último haciendo responsable a Hamás de la crisis que se había originado. Como también lo hicieron Francia, Alemania o Bélgica, que, reconociendo el derecho a defenderse de Israel, pedían una respuesta mesurada, instando a todas las partes a actuar con prudencia. Cautela que se exigía a los contendientes por otros muchos Estados, entre ellos Rusia, China, e Irlanda[767].

Con lo anterior, es desde luego razonable que Israel se defienda, pues no hay otra opción para proteger a su población ante los ataques terroristas, haciendo mención del Artículo 51 de la Carta de Naciones Unidas, según el cual: «existe el derecho inmanente de legítima defensa, individual o colectiva, en caso de ataque armado contra un miembro de las Naciones Unidas, hasta tanto que el Consejo de Seguridad haya tomado las medidas necesarias para mantener la paz y la seguridad internacionales»[768]. Sin embargo, no es menos cierto que existe el evidente problema de la proporcionalidad a la respuesta que se debe dar a las acciones terroristas.

Considerando el ataque de Hamás a Israel el 7 de octubre de 2023, que luego trataremos con más detalle, ni el Derecho Internacional, ni tampoco Naciones Unidas, establecen lo que se debería hacer en caso de que el ataque provenga de una organización no estatal como es el caso de Hamás; es decir, el nivel de proporcionalidad ante los ataques terroristas. Ya que, en este como en otros casos, Hamás no representa a un Estado, sino que se trata de un grupo que gobierna con los métodos

---

765   https://www.gov.il/en/pages/pillar_of_defense-statement_dm_barak_14-nov-2012.

766   C. Henderson. *Op.cit.*

767   *Ibid.*

768   https://legal.un.org/repertory/art51.shtml.

conocidos la Franja de Gaza; lo cual, independientemente del nivel de respuesta de Israel, abre el problema del derecho de legítima defensa de un Estado ante ataques de actores no estatales. Un aspecto que escapa del Derecho Internacional, pues entra de lleno en el Derecho —también internacional— Humanitario. ¿Sería entonces legítima la destrucción total de un adversario terrorista como es el caso de Hamás, dado que se trata de un agente no estatal?

De acuerdo con una regla no escrita, un Estado solo tendría derecho a repeler un ataque terrorista, y quizás impedir otros, cuando se compruebe fehacientemente que el adversario tiene intención y capacidad de llevar a cabo futuros ataques, sobre todo si eso conlleva un coste desproporcionado para la sociedad civil. Sin embargo, de lo anterior se concluye igualmente que ningún Estado debería extralimitarse en infligir un daño ilimitado para lograr su total seguridad[769].

En este contexto, no obstante, se trata de terrorismo islámico y, quizás, para los europeos desconocedores de esta cultura y de la religión que la sustenta, el islam queda muy lejos, pues no se acaba de entender bien. Un buen conocedor de esta realidad, Emilio Galindo Aguilar, habla de tres tipos de islam: el *islam fundamental*, el *islam fundamentalista*, y el *fundamentalismo islámico*[770]. El primero —el *islam fundamental*— se refiere al «movimiento espiritual brotado de la decisiva experiencia de Dios realizada por Mahoma y conservada cuidadosamente por la rama de Alí y los diferentes grupos y escuelas sufíes»[771]. El *islam fundamentalista*, por su parte, tiene que ver con el anterior, aunque llega al límite de considerar que el «Corán es una ley (*sharía*) que regula la vida en todos sus detalles»[772]. Lo que tiene el peligro —sigue diciendo Galindo Aguilar— «de transformarse en una exégesis puramente dogmática, en una doctrina oficial, sin vida e inoperan-

---

769   Esta consideración la argumenta A. Ahmad Haque en: *Enough: Self-Defense and Proportionality in the Hamas-Israel Conflict. Just Security.* November 6, 2023. https://www.justsecurity.org/89960/enough-self-defense-and-proportionality-in-the-israel-hamas-conflict/

770   E. Galindo Aguilar. *El Islam al final del siglo XX.* Ediciones SM. Madrid, 1996. Págs. 19-21.

771   *Ibid.*

772   *Ibid.*

te»[773]. Para terminar con el *fundamentalismo islámico* que surge cuando «la religión, petrificada por la lectura literaria y *objetivante*[774] del Corán y vencida por el poder, se convierte en *ideología*»[775]. Siendo esta última la que da origen al terrorismo, a la yihad de la que hablaba bin Laden en su referida carta.

De esta manera, el *islam fundamental*, pasó con el tiempo a convertirse en un *islam fundamentalista* «centrado idolátricamente en la Palabra revelada de los orígenes... A partir de ahí las semillas estaban echadas, como en cualquier religión, para la ideologización»[776]. Un islam ideologizado que se transmutaría con enorme facilidad en un *fundamentalismo islámico*. De ahí, como sigue diciendo Galindo Aguilar, Jomeini declararía que: «El primer deber del *faqih*[777] versado en la Ley religiosa islámica (*sharía*), es animar y guiar, con vistas a la exaltación de la Palabra de Dios sobre la tierra y a la Guerra Santa continua para purificar la tierra de los enemigos de Dios... El combate político es un deber religioso»[778].

No quedan dudas: el *islam fundamentalista* se ha transmutado en *fundamentalismo islámico* en muchos lugares; es decir, en ideología de acción violenta, lo que justifica el terrorismo como uno de sus ejes de combate: *hay que combatir al infiel por cualquier medio*, sería el lema que lo sustenta. En definitiva: llevar a cabo acciones violentas como un pilar esencial en la conquista del poder político (nada extraño por otra parte en todos los grupos terroristas que han existido o existen; los cuales, logrados sus objetivos, tienden a integrase en el sistema político alertando siempre sobre la amenaza que representan si no se atienden sus exigencias). Habrá que volver, sin embargo, a los sufíes para ver lo que queda del *islam fundamental*, y cómo este podría ser la solución a tantas desgracias. Ya que, por terminar, ese apartamiento del *islam fun-*

---

773   *Ibid.*
774   La cursiva es nuestra, dado que el concepto no se encuentra en el diccionario de la lengua española.
775   E. Galindo Aguilar. *Op. cit.* Págs. 19-21.
776   *Ibid.* Pág. 27.
777   La cursiva es nuestra.
778   E. Galindo Aguilar. *Op. cit.* Pág. 29.

damental en su forma fundamentalista no es un regreso a las fuentes primitivas del islam, sino una desviación de este[779].

Hay que resaltar, sin embargo, que la victoria electoral de Hamás en las elecciones de 2006 en Gaza dio un vuelco a la débil estabilidad que existía entre Israel y la Autoridad Palestina, dominada por Fatah, pues daba la impresión de que los palestinos estaban masivamente a favor de los postulados agresivos de Hamás. No obstante, cuando se ven los datos con detenimiento, se observa que, en Gaza, en el período que va de marzo de 2005 a diciembre de 2017, el apoyo popular siempre fue mayor en favor de Fatah. De los tres contendientes, Hamás, Fatah y el grupo «Cambio y Reforma» (*Change and Reform*), Hamás, salvo en 2006, se mantuvo siempre detrás de sus dos opositores[780].

Por otro lado, en el caso de Cisjordania (West Bank), la situación no deja dudas: el apoyo a Hamás nunca fue mayor del 30 % en ese período (casi siempre alrededor del 20 %), mientras que el apoyo popular a Fatah se mantenía alrededor del 40 %[781]. Unas cifras que, al considerar las intenciones de paz de la población, eran siempre mayores del 50 % en Cisjordania (oscilando entre 2008 y 2017, entre el 65 % y el 55 %), e igualmente altas en Gaza (oscilando en ese período entre el 75 % en 2008, al 40 % en 2017)[782]. Siendo evidente, como se dijo arriba, la influencia política de un grupo fundamentalista como Hamás, que sin ser dominante respecto de la aceptación de las personas, ha acabado por imponer su poder en la Franja de Gaza. Lo cual viene igualmente a demostrar que, siendo Hamás y Fatah las dos organizaciones que persiguen la liberación de los territorios ocupados por Israel, ambos disputan, con diferentes estrategias, la hegemonía política por lograr un Estado palestino independiente. Una lucha de poder que deja al margen al propio pueblo palestino que sufre, además de otras vicisitudes, estas desavenencias.

---

779   Entrevista en *El País*, 9 de mayo de 1991.

780   M. Kear. *Hamas and Palestine. The Contested Road to Statehood*. Routledge. Nueva York, 2019. Pág. XIV. *Figura 1. Popular Support in Gaza.*

781   *Ibid. Figura 2. Popular Support in Gaza.* Pág. XV.

782   *Ibid. Support for the Peace Process in Gaza and West Bank. Figuras 3 y 4.* Pág. XVI y XVII.

A lo anterior hay que añadir que, desde 1948, en que se fundó el Estado de Israel, a lo que siguieron los acuerdos de Oslo muchos años después, ni israelíes ni palestinos han podido llegar a definir los territorios de uno y de otro, así como sus fronteras. Y mucho menos, en el caso de los órganos directivos de Palestina la conformación de un Estado palestino.

La geografía actual es, sin duda, el resultado de las guerras que allí se han producido y de las desavenencias que existen en la comunidad internacional, aparte de una falta de representatividad del pueblo palestino. Así, se puede ver como Cisjordania quedó constituida en una zona cantonal entre judíos y palestinos después de la ocupación israelí al término de la Segunda Intifada, con la «destrucción casi completa de gran parte de la capacidad institucional de la Autoridad Palestina»[783]. De la misma manera, tras las elecciones en Gaza de 2006, la imposición por parte de Israel de un «asedio político y económico a Gaza con el fin de paralizar la capacidad institucional del gobierno de Hamás»[784] determinó la propia economía y forma de vida de los gazatíes.

Para entender mejor lo que sucede, particularmente desde la posición de Hamás, conviene ir a los datos. Hamás editó un documento en 2017 donde establecía los principios generales y las políticas que perseguía. Como es habitual en este tipo de documentos, su comienzo muestra la intención: «En el nombre de Alá, el Clemente, el Misericordioso»[785]. Para continuar: «Alabado sea Alá, el Señor de todos los mundos. Que la paz y las bendiciones de Alá sean con Muhammad, el Maestro de los Mensajeros y el Líder de los muyahidines, y con su familia y todos sus compañeros»[786]. Como ya hemos venido resaltando, en este caso, como en tantos otros, la religión viene a ser la excusa de la acción política; y a proceder el poder del mismo Dios, nada hay que objetar a dicha acción política.

---

783   *Ibid.* Pág. 27.
784   *Ibid.*
785   Hamás. *A Document of General Principles and Policies.* May 1, 2017.
       https://palestina-komitee.nl/wp-content/uploads/2017/11/HAMAS-A-Docu
       ment-of-General-Principles-and-Policies-May-1-2017.pdf.
786   *Ibid.*

Para certificarlo, basta ir al Preámbulo del documento editado por Hamás: «Palestina es una tierra cuyo estatus ha sido elevado por el Islam, una fe que la tiene en gran estima, que respira a través de ella su espíritu y sus justos valores y que sienta las bases de la doctrina de defenderla y protegerla. Palestina es la causa de un pueblo defraudado por un mundo que no garantiza sus derechos ni le devuelve lo que le ha sido usurpado, un pueblo cuya tierra sigue sufriendo uno de los peores tipos de ocupación de este mundo. Palestina es una tierra arrebatada por un proyecto sionista racista, antihumano y colonial que se fundó en una falsa promesa (la Declaración Balfour), en el reconocimiento de una entidad usurpadora y en la imposición de un hecho consumado por la fuerza. Palestina simboliza la resistencia que continuará hasta que se logre la liberación, hasta que se cumpla el retorno y hasta que se establezca un Estado plenamente soberano con Jerusalén como capital»[787].

Y en este contexto: «El Movimiento de Resistencia Islámica "Hamás"es un movimiento islámico palestino de liberación nacional y resistencia. Su objetivo es liberar Palestina y hacer frente, tal como dicen, al proyecto sionista. Su marco de referencia es el Islam, que determina sus «principios, objetivos y medios»[788].

¿Y qué es Palestina para Hamás?: «Palestina, que se extiende desde el río Jordán al este hasta el Mediterráneo al oeste y desde Ras Al-Naqurah[789] al norte hasta Umm Al-Rashrash[790] al sur, es una unidad territorial integral. Es la tierra y el hogar del pueblo palestino. La expulsión y el destierro del pueblo palestino de su tierra y el establecimiento de la entidad sionista en ella no anulan el derecho del pue-

---

787 *Ibid.*

788 *Ibid.*

789 El cruce de Rosh HaNikra, también conocido como Paso de Ras Al Naqoura, es un paso fronterizo internacional entre Naqoura (Líbano) y Rosh HaNikra (Israel). El lugar está controlado por la Fuerza Provisional de las Naciones Unidas en el Líbano y las Fuerzas de Defensa de Israel. No está permitido el paso de turistas o visitantes. https://en.wikipedia.org/wiki/Rosh_HaNikra_Crossing.

790 Se dice que este lugar estaba habitado, al menos, 7000 años antes de Cristo. Está ubicada en el Golfo de Aqaba, con salida directa al Mar Rojo. Es un puente de conexión entre Asia y África.
https://palestina.int.ar/pueblos-aldeas-y-ciudades-de-la-palestina-historica-umm-al-rashrash/.

blo palestino a *toda su tierra*[791] y no afianzan ningún derecho en ella para la entidad sionista usurpadora. Para determinar que: «Palestina es una tierra árabe islámica. Es una bendita tierra sagrada que ocupa un lugar especial en el corazón de todo árabe y de todo musulmán»[792]. Siendo Jerusalén la capital de Palestina: «Su estatus religioso, histórico y de civilización es fundamental para los árabes, islámicos y el mundo en general. Sus lugares santos islámicos y cristianos pertenecen exclusivamente al pueblo palestino y a la Umma[793] árabe e islámica. No se puede ceder ni renunciar a una sola piedra de Jerusalén. Las medidas emprendidas por los ocupantes en Jerusalén, como la judaización, la construcción de asentamientos y el establecimiento de hechos sobre el terreno, son fundamentalmente nulas»[794].

En este contexto, no queda duda de que, para Hamás, como para tantos otros, Palestina es tierra árabe, de palestinos árabes, una tierra perteneciente al islam que ha sido usurpada por las potencias coloniales y entregada al sionismo, al cual hay que expulsar sin ambages. Y Jerusalén es su capital. Todo bajo el «poder» que da la religión islámica vista desde esta perspectiva ideológica que marca el fundamentalismo islámico. Con esta visión, nada tienen que hacer allí los judíos, lo cual lleva de nuevo a Israel, pues Palestina está dividida con unos muros políticos e ideológicos que separan a unos de otros y parecen imposibles de derribar.

Israel, jurídicamente es un Estado consolidado desde 1948, miembro de Naciones Unidas desde 1949 (aunque excluido durante cinco décadas de los grupos regionales de la ONU y admitido de nuevo en el año 2000[795]), y de otras muchas organizaciones multilaterales. Su extensión actual, sin embargo, nada tiene que ver hoy con la que le otorgó Naciones Unidas en 1947. Se trata, geográficamente, de otro país. Ha consolidado un territorio que se mantiene en disputa con

---

791   La cursiva es nuestra.

792   Hamás. *Op. cit.*

793   Umma es el término utilizado en el Corán y también en la Constitución de Medina para designar a la comunidad musulmana. https://es.wikipedia.org/wiki/Umma_(islam).

794   Hamás. *Op. cit.*

795   https://embassies.gov.il/santo-domingo/AboutIsrael/AmongtheNations/Pages/ENTRE-NACIONES-ONU.aspx#.

las organizaciones políticas palestinas que claman, en el mejor de los casos, por una vuelta atrás para devolverlo a su origen.

No obstante, políticamente no son comparables. Israel es una democracia de carácter occidental, con sus virtudes y sus defectos. ¿Pero qué tipo de democracia opera en Israel? Funcionalmente es una democracia bajo el vigilante control del Tribunal Supremo del país, que existe sin interrupción desde la creación del Estado en 1948. Se trata de un sistema que tiene, al menos, tres características singulares, las cuales no encajan de ninguna manera con el pueblo palestino, como los postulados de este chocan con el modo en que está organizado Israel, histórica y políticamente. Primero, Israel se define a sí mismo como un Estado judío; es decir, un Estado que promueve una identidad específica en sus ciudadanos. Lo cual tiene consecuencias para los que, no siendo judíos, habitan en el territorio, especialmente los de religión musulmana. En segundo lugar, Israel es un Estado de fronteras difusas, pues, como decimos, su territorio actual nada tiene que ver con el original Estado de Israel que se creó en 1948. Véase, por ejemplo, el caso de Cisjordania (West Bank) donde algo menos de dos millones y medio de árabes palestinos conviven con unos 400.000 israelíes, dentro de unas fronteras indeterminadas en las que los israelíes tienen plenos derechos de ciudadanía y los palestinos viven en un complejo sistema de autogobierno bajo la Autoridad Palestina.

Finalmente, en tercer lugar, volvemos a lo ya conocido: el Estado de Israel vive desde su creación en una permanente situación de inseguridad. Lleva desde 1948 en guerras de múltiples tipos con diferentes enemigos, lo cual hace que los poderes militares, de un lado, y la estructura política, de otro, estén en un estado de emergencia permanente; lo que no sucede en las democracias occidentales. Por decirlo de otro modo: Israel es un país volcado en su seguridad, lo cual influye en sus comportamientos, a veces extremos cuando es atacado con virulencia.

Retornemos, sin embargo, a la configuración de la estructura democrática de Israel, cuya mejor definición es el Parlamento[796] nacido

---

796 Se denomina la *Knesset* o Asamblea, que constituye una estructura política unicameral, cuyo origen y el nombre que la define (*Knesset*), según se dice, se remonta al regreso del pueblo judío del exilio babilónico en el siglo V a. C. El número de sus parlamentarios (120) coincide también con el número de miembros que se reunie-

de las elecciones de 2022, que muestra cómo Israel es una sociedad profundamente dividida, aunque dé la impresión de todo lo contrario. Nada distinto de otras democracias. Véase si no Alemania, el Reino Unido, los países nórdicos, Italia, España e incluso Estados Unidos.

Hoy, cuando esto se escribe[797], el Parlamento israelí tiene trece partidos en la Asamblea legislativa[798], de los cuales cinco de ellos son los que mantienen al actual Gobierno presidido por Benjamín Netanyahu. Dichos Partidos se encuentran en la franja política que se podría entender como de extrema derecha: Likud (el partido mayoritario que, con 30 escaños, mantiene al presidente Netanyahu), Shas (9 escaños), United Torah Judaism (7 escaños), Jewish Home (7 escaños), y Religious Zionism (6 escaños). Enfrente están seis partidos, que fueron los que apoyaban al Gobierno saliente. Un Gobierno que se encontraba igualmente dividido donde también surge la religión como eje de la política; lo que nos devuelve de manera casi constante a lo ya dicho sobre el sustrato de un conflicto que tiene todos los ingredientes de una guerra de religión. Comencemos esta descripción con el Partido Shas[799], que tiene como eje fundamental a la Torá y el Talmud, en un modelo de judaísmo ultraortodoxo.

En el caso de la United Torah Judaism[800] se trata de una lista formada por dos partidos igualmente ultraortodoxos: Agudat Israel y Degel HaTorah; si bien, en materia de política internacional se comporta como una organización de corte centrista pues, no en vano, promovieron en su día la salida de Israel de la Franja de Gaza. El Jewish Home se disolvió el 20 de agosto de 2023 para fusionarse con el Religious Zionism Party, formando un nuevo Partido, que está, sin embargo, en la derecha del espectro político.

Cuando se observa con detalle a quienes representan los Partidos israelíes que se encuentran actualmente en la *Knesset* y cuál es su posición respecto de Palestina, solo tres son los que se oponen frontalmente

---

ron en aquella antigua Asamblea. https://es.wikipedia.org/wiki/Knéset.

797   Verano de 2024.

798   Israel's Political Parties 2022. From left-wind to right-wind.
       https://israelpolicyforum.org/wp-content/uploads/2022/09/Israels-Political-cal-Parties-Breakdown-2022.pdf.

799   https://es.wikipedia.org/wiki/Shas.

800   https://en.idi.org.il/israeli-elections-and-parties/parties/united-torah-judaism/.

a la creación de un Estado Palestino en la región: Likud, Religious Zionism y Jewish Home, que representan el 35,4 % de los votos emitidos de acuerdo con la composición del actual Parlamento que salió de las urnas en 2022. Hay que decir que en Israel votan más del 70 % de los electores[801].

Viendo en el otro ángulo del espectro político aquellos partidos que promueven un Estado palestino, que son: Yesh Atid (segundo Partido con 17 diputados en la Cámara), Meretz, Hadash Ta'al, Labor Party, y Ra'am (un partido árabe con raíces en el movimiento islámico y, obviamente, permitido en Israel, algo que sería impensable en el lado palestino), resulta que, en conjunto, representan el 32,6 % de los votos, con lo que, teniendo en cuenta que el resto de los partidos de la *Knesset* tienen una posición ambigua al respecto: Balad, Yisrael Beitenu, National Unity Party (tercer partido de la Asamblea con 14 escaños) Shas, y United Torah Judaism, no deja dudas que ese 32,6 % tiene en su mano parte de la solución. Solo quedaría la voluntad de la otra parte, es decir Hamás y la Autoridad Palestina, amén de la comunidad internacional y de los países beligerantes contra Israel, para volver a la búsqueda de una solución pactada en el conflicto palestino.

Existe, sin embargo, como se suele decir, un pero, que no es sino la imposible vuelta a las fronteras anteriores a 1967 por parte de Israel, ya que, los israelíes entienden que esta situación les pondría de nuevo en una débil situación. Conviene recordar otra vez que, durante 19 años, de 1948 a 1967, ante la negativa árabe de aceptar la partición de la ONU en 1947, Cisjordania (incluyendo el este de Jerusalén), y Gaza, estuvieron bajo el dominio de Jordania y de Egipto. Es evidente que ninguno de estos países pensó nunca en el pueblo palestino.

Dado que la guerra de 1967 tenía como objetivo destruir el Estado de Israel, esta situación ha quedado asumida en lo más profundo de la conciencia de los israelíes. Lo cual, ante las demandas de Hamás y de otros Estados beligerantes en contra de Israel, que mantienen criterios similares, hace que la solución a un Estado palestino, y más concretamente a un Estado palestino según el criterio de Hamás, resulte hoy un imposible. A lo cual se suma el hecho de que aquella situación de

---

801   https://en.idi.org.il/israeli-elections-and-parties/elections/2022/.

agresión a Israel se ha olvidado, quedando este país en muchos lugares como un país imperialista que ocupa un territorio que no le pertenece. Una difícil situación, pues si Israel aceptara retornar al Estado que se formó en 1948 —algo imposible en nuestra opinión—, todo apunta a que volverían los conflictos, pues del otro lado solo cabe la expulsión de los judíos tal como rezan los principios políticos de muchos de los oponentes de Israel.

La línea política de Hamás combina sus acciones terroristas en contra de Israel con otras estrategias en paralelo. Una primera acción se dirigió a «sofocar las operaciones militares de los movimientos militantes contrarios; [para ello] los servicios de seguridad de Hamás llevaron a cabo frecuentes operaciones de detención, encarcelando a líderes y miembros de cualquier grupo que intentara desafiar abiertamente su autoridad en Gaza»[802]. En este sentido, «las fuerzas de seguridad de Hamás tuvieron prácticamente vía libre para tratar a estos grupos de la forma que consideraran más eficaz»[803].

Una segunda línea de acción se dirigió a la comunicación, al relato. En este sentido: «Hamás propagó una narrativa política dirigida tanto al público nacional como al internacional. A nivel internacional, Hamás expuso su distancia ideológica respecto a estos otros movimientos islamistas radicales con la esperanza de reforzar no solo sus credenciales de islamista moderado, sino también la contundencia y eficacia de su estrategia política... Hamás también remodeló su Gabinete para cubrir los puestos vacantes con la esperanza de proyectar a los palestinos y a la comunidad internacional una sensación de profesionalidad y determinación para gobernar con eficacia»[804].

Por último, en tercer lugar: «Hamás se hizo más vehemente a la hora de declarar sus atributos nacionalistas, su compromiso con la liberación palestina y, lo que es más importante, sus credenciales de hermandad [con el pueblo palestino]... Con la decisión de participar en el proceso electoral, Hamás ha intentado cualquier reforma política desde dentro del sistema en lugar de abogar por su derrocamiento

---

802   M. Kear. *Op. cit.* Págs. 154-155.
803   *Ibid.*
804   *Ibid.*

y reconstrucción, queriendo destacar ante los palestinos las diferencias entre su enfoque más pragmático y el planteamiento defendido por los salafistas o yihadistas radicales, otros militantes y [grupos] antisistema»[805].

Sin embargo, surge la eterna pregunta: ¿cómo se puede resolver la cuadratura de un círculo donde los que se arrogan los derechos de los palestinos se encuentran divididos, mientras mantienen como objetivo expulsar a Israel del lugar donde lleva desde 1948? ¿Y cómo se compadece este objetivo con la negativa de Israel a volver a aquellas fronteras de 1948, sabiendo que si llegara ese caso su propia existencia estaría en peligro?

En esta última consideración, Benjamín Netanyahu fue muy explícito ante el Congreso americano en mayo de 2011, alegando que: «Israel sería generoso con el tamaño de un Estado palestino, pero que no volvería a las fronteras de 1967 ni dividiría la ciudad de Jerusalén. Israel será generoso —dijo— en cuanto al tamaño del Estado palestino, pero será muy firme en cuanto a dónde ponemos la frontera con él. Este es un principio importante»[806]. Para continuar diciendo que: «reconocemos que un Estado palestino debe ser lo suficientemente grande como para ser viable, independiente y próspero»[807]. Aunque Netanyahu advirtió en aquella sesión ante el Congreso americano que: «Israel no podía volver a las fronteras «indefendibles» que existían en 1967»[808]. Algo así como determinar que el futuro de Israel, esa democracia que, con sus dificultades, vive en medio de un caldero en ebullición, tiene mucho que ver con la estructura territorial actual.

Aquellas declaraciones tenían que ver con el sempiterno intento de Estados Unidos y otros países de lograr la paz en Palestina. Y tenían que ver con la iniciativa de Hillary Clinton, Secretaria de Estado en la época del presidente Barack Obama, cuando, en 2010, consiguió sentar en la misma mesa al presidente de la Autoridad Palestina, Mahmud Abbas, con el entonces presidente israelí, Benjamín Netanyahu. Unas conver-

---

805   *Ibid.*
806   https://www.france24.com/en/20110524-netanyahu-congress-no-israel-palestine-1967-borders-binyamin-barack-obama.
807   *Ibid.*
808   *Ibid.*

saciones en las que no estuvo Hamás, ni ningún otro grupo similar, ya que, en el caso de Hamás, esta organización es considerada como un grupo terrorista por el Departamento de Estado estadounidense desde el 8 de octubre de 1997[809]. Entonces, allá por 2010, la secretaria de Estado Clinton pretendía cerrar unos acuerdos de paz en los doce meses siguientes.

Consistente con la posición americana respecto de Hamás, Hillary Clinton publicaba años después, en 2023, un artículo en *The Atlantic* bajo el descriptivo título: *Hamas Must Go*, no dejando ninguna duda respecto a la solución de este problema secular, ya que, según sus propias palabras: «El grupo terrorista ha demostrado una y otra vez que saboteará cualquier esfuerzo por forjar una paz duradera»[810]. Un criterio compartido por otros muchos países, si bien cada vez más difícil de llevar a la práctica, en tanto que, después de los ataques que llevó a cabo en contra de Israel el 7 de octubre de 2023, ha aumentado su popularidad en Cisjordania y en Gaza de acuerdo con los resultados de una encuesta que se publicó el 20 de marzo de 2024[811].

Dicha encuesta muestra también que el 80 % de los palestinos no son conscientes de lo que hizo Hamás en aquella ocasión, ya que la emisora de televisión más vista (así lo reconocían el 61 % de los encuestados) había sido Al-Jazeera, propiedad de Qatar. Una cadena que, según se dice, tiene a miembros de Hamás como reporteros de la cadena[812], aparte de que este país del Golfo Arábigo es un buen aliado de este y otros grupos similares, al menos financieramente.

Palestina se ve así dividida entre Gaza y Cisjordania, con dos grupos que quieren representar a todos los palestinos. De un lado, la

---

809   U.S. Department of State. *Designated Foreign Terrorist Organizations.* https://www. state.gov/foreign-terrorist-organizations/.

810   H. Rodham Clinton. *Hamas Must Go. The Atlantic.* Noviembre 14. 2023. https://www.theatlantic.com/ideas/archive/2023/11/hamas-israel-ceasefire-humanitarian-pause-gaza/675992/.

811   Palestinian Center for Policy and Survey Research. *Public Opinion Poll* N.º (91). 20 de marzo de 2024. https://www.pcpsr.org/sites/default/files/Poll %2091 %20English %20press %20 release %2020 %20March %202024.pdf.

812   FDD. Defense of Democracies. *Poll: Hamas Remains Popular Among Palestinians.* March 22, 2024. https://www.fdd.org/analysis/2024/03/22/poll-hamas-remains-popular-among-palestinians/.

Autoridad Palestina en la Cisjordania dividida con Israel; del otro, Hamás dominando la Franja de Gaza. Y entremedias los distintos países que buscan un rédito político de lo que allí sucede, ya sea alimentando el conflicto con armas o con dinero, o echando leña al fuego con propuestas imposibles o con declaraciones en favor de unos o de otros.

Viene a cuento de lo que decimos, la división entre Fatah y Hamás en relación con los ataques de este último a Israel y el secuestro de varios israelíes aquel 7 de octubre de 2023. Después de aquello, Fatah, el Partido del presidente de la Autoridad Palestina, Mahmud Abbas, «acusó a Hamás de "devolver la ocupación israelí a Gaza" con su «aventura» del 7 de octubre, calificándola de catástrofe peor que la causada por el establecimiento de Israel en 1948»[813].

Unas declaraciones que se sumaron al nombramiento, por parte de Abbas, de Mohammad Mustafá como primer ministro en Cisjordania. Ante lo cual, los grupos contrarios a Fatah, la Yihad Islámica (grupo igualmente terrorista en la lista de Estados Unidos[814]), el Frente Popular para la Liberación de Palestina y la Iniciativa Nacional Palestina (Partido político que busca una tercera vía entre Fatah y Hamás), rechazaron tal decisión, pues entendían que se trataba de una decisión no consensuada, que llevaría a más división entre ellos y, sobre todo —decían en su comunicado— «abriría una enorme brecha entre la Autoridad Palestina y el pueblo, sus preocupaciones y sus aspiraciones»[815]. A lo cual respondió Fatah con similares declaraciones: «La verdadera desconexión con la realidad y con el pueblo palestino es la de los dirigentes de Hamás»[816], criticando amargamente a Hamás por no haber «consultado» con el resto de los dirigentes palestinos antes de lanzar su ataque contra Israel[817].

También Fatah acusó a Hamás de negociar con Israel para obtener «garantías para la seguridad personal de sus dirigentes»[818]. Una

---

813   The Times of Israel. Israel at War (day 286). *Fatah slams Hamas for 'returning Israeli occupation to Gaza' with its Oct. 7 'adventure'*. https://www.timesofisrael.com/fatah-hits-back-at-other-palestinian-groups-criticism-over-new-pa-prime-minister/.

814   U.S. Department of State. *Op. cit.*

815   The Times of Israel. *Op. cit.*

816   *Ibid.*

817   *Ibid.*

818   *Ibid.*

permanente ruptura entre los que deberían ponerse de acuerdo para lograr el ansiado Estado palestino, lo cual complica aún más la posible solución. Luchas de poder que siempre perjudican a los miembros del pueblo que dicen representar. Una situación poco comprendida por aquellos Gobiernos occidentales que proponen soluciones al margen de la realidad.

De lo que llevamos visto, la confrontación entre Hamás y Fatah se mueve en una constante lucha de poder, donde la religión juega un importante papel. Todo parece apuntar que el principal objetivo de Hamás es convertirse en una única voz política en el gobierno de los territorios palestinos ocupados por Israel, a la vez que trata de dominar todo el complejo proceso en la autodeterminación palestina; para lo cual utiliza su fuerza «militar»[819], sus acciones terroristas y sus alianzas exteriores para lograr imponer su dominio en la zona, sin importarle lo que realmente piensen los palestinos.

Por el contrario, el objetivo de Fatah es seguir controlando la política palestina, que recuerda la antigua estrategia de Yasser Arafat una vez que comprendió que era la mejor vía para lograrlo. Así, tanto ayer como hoy, Fatah se centra en dirigir las negociaciones del ansiado proceso de paz, a la vez que persigue mantener la hegemonía sobre las instituciones políticas y sociales palestinas. Ante esta situación, es evidente que Palestina se encuentra en medio de un irresoluble conflicto entre Hamás y Fatah, ya que cualquier compromiso entre ambos los llevaría obligadamente a compartir el poder, lo que no aceptan de ninguna manera. Una coyuntura que hace inviable cualquier negociación con Israel, máxime cuando la estrategia primera de Hamás es el uso de la fuerza en contra de Israel.

De nuevo, una desaprovechada ocasión cuando Palestina ha ido aumentando políticamente su aceptación internacional, pues, sin ser un Estado formalmente reconocido, es un «Estado observador no miembro» de la ONU desde el 29 de noviembre de 2012, según acuerdo de la Asamblea General, cuando tal decisión se votó por una abruma-

---

819   Esta información es útil para comprender cómo Hamás ha logrado una importante capacidad bélica. I. Levy. *How Hamas Built an Army*. The Washington Institute. Jan. 2, 2024.
https://www.washingtoninstitute.org/policy-analysis/how-hamas-built-army.

dora mayoría de 138 contra 9 votos. Hay que recordar que, hasta ese momento, Palestina era simplemente una «entidad observadora»[820].

Lo anterior nos lleva a considerar el asunto de Palestina a la luz de las Resoluciones de la Asamblea General y del Consejo de Seguridad de Naciones Unidas, un tema que merecería por sí solo la escritura de un libro, ya que es, seguramente, el elemento más activo de las actividades legislativas que involucran a la comunidad internacional. Desde la primera Resolución, el 29 de noviembre de 1947, hasta la última, el 10 de septiembre de 2024, donde se urgía por la Asamblea General, en una sesión extraordinaria de emergencia, la adhesión de Palestina a las Naciones Unidas[821], se han contabilizado más de 198 Resoluciones[822]. A lo que hay que añadir un número similar de Resoluciones del Consejo de Seguridad de la ONU sobre el problema palestino-israelí[823]. Un hecho sorprendente pues, de una u otra manera, las Resoluciones siempre han acabado por no considerarse o, simplemente, por no llevarse a la práctica.

Pocos años antes, sin embargo, la situación fue distinta. Ciertamente, todo cambió entre Fatah y Hamás con las elecciones de 2006, que dieron a esta última organización el control total de la Franja de Gaza, poniendo a la Autoridad Palestina en un segundo plano. Con todo, de las disputas se llegó a un entendimiento pues, en 2014, ambas facciones acordaron un Gobierno de unidad en 2014. Un año en que Hamás decidió lanzar miles de misiles contra diversos lugares de Israel, lo que determinó una gran ofensiva de los judíos en Gaza (la ya comentada más arriba operación Margen Protector). Una operación militar en contra de Hamás, desarrollada en tres fases[824]: una campaña aérea (del

820   United Nations Association of the UK. *Palestinian UN «observer state» status: what it really means.* https://una.org.uk/sites/default/files/UNA-UK %20briefing %20 - %20Palestinian %20UN %20 %27observer %20state %27 %20status %20- %20 January %202013.pdf.

821   https://press.un.org/en/2024/ga12599.doc.htm.

822   https://en.wikipedia.org/wiki/List_of_United_Nations_resolutions_concerning_Palestine. Ver también: https://www.un.org/unispal/document-category/resolution/page/68/?wpv_view_count=4164.

823   *Ibid.*

824   RAND Corporation. *Lessons from Israel's Wars in Gaza.* 2017. https://www.rand.org/content/dam/rand/pubs/research_briefs/RB9900/RB9975/RAND_RB9975.pdf

8 al 16 de julio), una campaña militar terrestre (hasta el 4 de agosto), y un cese de las operaciones (del 4 al 26 de agosto). Allí, como en 2024, se encontraron varios túneles[825], uno de ellos, de unos 300 metros, que Hamás había construido desde la frontera con Israel hasta la localidad de Abasan al-Zrir[826].

Con la llegada de Donald Trump en 2017 a la Casa Blanca se intentó un nuevo acuerdo de paz involucrando a otros países árabes. De esta manera, el 15 de septiembre de 2020, Trump se asomó al balcón de la Casa Blanca con el primer ministro israelí, Benjamin Netanyahu, y los ministros de Asuntos Exteriores de los Emiratos Árabes Unidos y de Bahréin. Fueron los llamados *Acuerdos de Abraham*. Era la primera vez que dos Estados del Golfo (Emiratos Árabes Unidos y Bahréin) reconocían a Israel. Luego se sumarían Sudán y Marruecos. Una importante ruptura en la vieja política de todos contra Israel, lo que abría una nueva senda para la paz, y acababa con la tradicional reclamación árabe de que Israel volviera a las fronteras originales de 1948. Previamente, Trump había cancelado las ayudas a la UNRWA y había aceptado que Israel ubicara su capital en Jerusalén. No es preciso decir que el líder palestino Mahmoud Abbas (Fatah) y Hamás rechazaron los acuerdos.

Desde Estados Unidos, los *Acuerdos de Abraham* habían venido precedidos por otra iniciativa que tomaba el nombre de *Paz para la prosperidad*, que ofrecía una hoja de ruta para que Israel mantuviera el control permanente sobre Cisjordania. Donald Trump lo bautizó como el «acuerdo del siglo», pues suponía que esta iniciativa resolvía las pretensiones de Israel, a la vez que —según él— se fijaba un modelo final entre un futuro Estado palestino e Israel. Para ello se necesitaba el con-

---

825 E. Hecht. *The Tunnels in Gaza. Testimony before the UN Commission of Inquiry on the 2014 Gaza Conflict.* February 2015. https://www.mideastdig.com/wp-content/uploads/2017/01/testimony.pdf.

826 Techjournalist. Medium. *Tracing Gaza's Terrorist Tunnels with #OSINT.* 24 de octubre de 2023. https://techjournalism.medium.com/tracing-gazas-terrorist-tunnels-with-osint-f1046855b8a2.
Esta información menciona un artículo de *The Wall Street Journal* donde se muestra un mapa con los túneles descubiertos por Israel en Gaza (*Map Shows Labyrinth of Tunnels by Hamas Under Gaza Identified by Israel*). 19 de octubre de 2023. https://www.wsj.com/livecoverage/israel-hamas-war-biden/card/map-shows-labyrinth-of-tunnels-made-by-hamas-under-gaza-identified-by-israel-IieNDixn5Bs78HeUi46v.

curso de los países árabes, particularmente de los más relevantes. Un hecho que la subsiguiente Administración Biden pretendió continuar, para lo cual había que conceder a dichos países árabes unas cesiones que lo hicieran posible. Por el otro lado, desgraciadamente, se incitaba de nuevo a la guerra[827]. Aunque, para consolidar este modelo, faltaba, sin embargo, el país más importante: Arabia Saudí. Luego lo veremos.

Con los *Acuerdos de Abraham*, Israel, aparte de los apoyos internacionales que venía teniendo desde antiguo, se encontraba con importantes reconocimientos en la zona: los que ya se habían firmado decenios antes con Jordania y Egipto, y estos nuevos con los cuatro países mencionados: los Emiratos Árabes Unidos, Baréin, Marruecos y Sudán, sin olvidar que esta iniciativa motivó otro acuerdo, esta vez entre Israel y la República de Corea en forma de un tratado comercial[828]. No hay duda de que algo estaba cambiando de manera drástica en la región. Si bien, la guerra, aunque dormida en ese momento, estaba a punto de estallar de nuevo por iniciativa de Hamás (en el próximo capítulo abundaremos en ello).

La paz empieza nunca fue aquella película española de 1960 dirigida por León Klimovsky, protagonizada por Adolfo Marsillach y Concha Velasco. Aunque tenía como trasfondo la Guerra Civil española de 1936-1939, podría ser una perfecta definición de la historia árabe-israelí y sus continuas guerras. Y para evitar que la senda de los Acuerdos de Abraham se pudiera ampliar surgía de nuevo un conflicto promovido por Hamás en 2023. Vayamos algo antes.

A principios de mayo de 2021, después de que un tribunal israelí fallara a favor del desalojo de varias familias palestinas en Jerusalén Oriental, estallaron las protestas, en las que la policía israelí empleó la fuerza contra los manifestantes. Hamás, con otros grupos palestinos, lanzaron cientos de misiles contra territorio israelí, a lo que Israel respondió con bombardeos de artillería y ataques aéreos, matando a más

---

827   Z. Hassan; M. Muasher. *Why the Abraham Accords Fall Short. Sidelining the Palestinian Is a Recipe for Violence, Not Peace.* Foreign Affairs. June 2022.

828   Free Trade Agreement between the Government of the State of Israel and the Government of the Republic of Korea.
https://www.gov.il/BlobFolder/policy/israel-south-korea-fta/he/sahar-hutz_agreements_fta-korea-il-en.pdf.

de veinte palestinos y destrozando múltiples infraestructuras, incluidos edificios residenciales.

Como tantas veces, se acordó un alto el fuego que, como se verá, duró un suspiro, pues con rapidez saltó el Líbano como problema. Gaza esperaría su turno para poco después. En el caso del Líbano —¡cómo no!: siempre el Líbano—, de la mano de otro grupo terrorista, Hezbolá, se rompía la frágil paz. Sería un 8 de octubre de 2023[829]. Era la respuesta a un previo ataque de Hamás que había tenido lugar días antes. De nuevo misiles y proyectiles de artillería del lado libanés, y la respuesta israelí de similares características, esta vez con las nuevas armas que usan drones dirigidos contra objetivos específicos. La nueva modalidad de la guerra aérea de este siglo.

Como siempre, la población civil sería quien sufriera los embates: decenas de miles de personas de un lado y de otro tuvieron que abandonar sus hogares. La fuerza de la ONU en la zona (UNIFIL) no fue capaz de parar el conflicto. A primeros de diciembre de aquel año de 2023, Hamás anunció su establecimiento oficial en el Líbano. No importaba que se violaran las resoluciones internacionales, ni este atentado a la propia soberanía del Líbano. El Acuerdo de Taif[830], firmado en octubre de 1989, que llevaba la paz al Líbano y finalizaba con la guerra civil, quedaba, con la acción de Hamás, en entredicho. Al igual que lo hacía la presencia internacional del destacamento de la ONU (UNIFIL). En enero de 2024, la llamada Resistencia Islámica de Irak[831] se unía a Hezbolá y amenazaba a Israel en caso de que interviniera militarmente en el Líbano, a la vez que se lanzaban drones militarmente equipados en contra del yacimiento de gas de Karish[832] que Israel explota en el Mediterráneo Oriental y que reclaman los libaneses como propio. Obviamente, Estados Unidos no se quedaba al mar-

---

829   Una descripción bastante detallada de este conflicto y sus ramificaciones se encuentra en:
https://en.wikipedia.org/wiki/Israel–Hezbollah_conflict_(2023–present)

830   https://www.un.int/lebanon/sites/www.un.int/files/Lebanon/the_taif_agreement_english_version_.pdf.

831   https://en.wikipedia.org/wiki/Islamic_Resistance_in_Iraq.

832   https://en.wikipedia.org/wiki/Karish_gas_field.

gen debido a su alianza con Israel y era amenazado por otro grupo terrorista iraquí: Asa'ib Ahl al-Haq[833].

Guerras interminables que nos llevan a preguntarnos sobre la posición de otros países de la zona, por ejemplo, Arabia Saudí, y sobre los apoyos que tienen estos grupos terroristas, de dónde vienen y a quién le interesa mantener esta zona en un permanente conflicto.

Arabia Saudí es la mayor economía de la región (similar en tamaño a Turquía). Es también el mayor exportador de petróleo a nivel global. Ha sido invitado a participar con otros países (Egipto, Argentina, Emiratos Árabes Unidos, Etiopía e Irán) en la federación BRICS (Brasil, Rusia, India, China y Sudáfrica). Una circunstancia que habla de una nueva configuración geopolítica global, donde el Sur Global entra en escena. Asunto que trataremos después. A lo cual se une el hecho religioso, ya que millones de musulmanes de todo el mundo consideran al rey saudí Mohamed bin Salmán (Mohammad bin Salmán bin Abdulaziz Al Saud) guardián de los Santos Lugares (La Meca y Medina). Un aspecto no despreciable en el orden político-religioso.

En relación con Israel, surge el otro oponente: Irán. Un país con el cual Arabia Saudí mantiene un permanente conflicto desde la toma del poder por los ayatolás de Jomeini. Se trata de una lucha por el dominio geopolítico en la región, a lo que no es ajeno el poder religioso sobre gran parte de los musulmanes. De ahí la confrontación entre ambos. Un ejemplo muy descriptivo fue el atentado que sufrió Irán el 22 de septiembre de 2018 durante una ceremonia militar en la ciudad de Ahvaz, donde murieron decenas de personas, incluidos varios miembros de la Guardia Revolucionaria iraní. Las declaraciones del entonces líder iraní, Alí Jameini, no dejaban lugar a dudas: «Este acto cobarde —dijo— fue cometido por los mismos que son salvados por los estadounidenses cada vez que se encuentran atrapados en Siria e Irak y cuyas manos están en los bolsillos de Arabia Saudí y los Emiratos Árabes Unidos»[834]. Igualmente, un alto oficial iraní prometió «ven-

<hr>

833   https://en.wikipedia.org/wiki/Asa%27ib_Ahl_al-Haq.

834   S. Mabon. *Introduction: Saudi Arabia, Iran and the Struggle to Shape the Middle East.* En: The Foreign Policy Centre. Carnegie Corporation of New York. *Saudi Arabia and Iran: The Struggle to Shape the Middle East.*
        https://fpc.org.uk/wp-content/uploads/2018/11/Saudi-Arabia-and-Iran-The-

ganza contra los autores», a los que se refirió como el «triángulo de Arabia Saudí, Israel y Estados Unidos»[835]. No hay ninguna duda: desde Irán se asocia a Arabia Saudí con sus tradicionales enemigos: Estados Unidos e Israel.

Hagamos un importante inciso: ¿Por qué surge Baréin, un minúsculo país, en los *Acuerdos de Abraham*? Viendo su localización geográfica y su tamaño, nos encontramos con un pequeño archipiélago situado en el Golfo Pérsico[836] al lado de Catar y casi en las riberas de Arabia Saudí (a unos 15 kilómetros de sus costas). Se trata de unas 30 islas donde la mayor de ellas, Baréin, tiene únicamente unos 1000 kilómetros cuadrados. Con algo más de un millón y medio de habitantes, Baréin tiene un relevante valor estratégico; no en vano George Bush declaró a este país, en 2001, «aliado esencial de la OTAN».

Aparte de disfrutar de una economía basada en los hidrocarburos, Baréin ha iniciado una transformación económica hacia un «modelo de crecimiento más dinámico, diversificado, basado en el conocimiento, sostenible y liderado por el sector privado»[837]. Sin olvidar un importante detalle: se trata de un reino gobernado por una minoría suní, que domina a una población mayoritariamente chií. De ahí que Irán venga reclamando que este pequeño país sea una parte inseparable de Irán, aludiendo sus conexiones con unas islas que, según sus dirigentes, se remontan al siglo XVIII[838].

En este contexto, surgió el intento de golpe de Estado llevado a cabo por el Frente Islámico de Liberación de Baréin[839] in 1981, así como las

---

Struggle-to-Shape-the-Middle-East-Report.pdf.

835   *Ibid.*

836   Denominado, sin embargo, desde el lado árabe como Golfo Arábigo; aunque se le sigue denominando en Occidente Golfo Pérsico por su antigua conexión con el Imperio Persa. Esta diferencia de criterio entra de lleno en el conflicto de Irán con Arabia Saudí, ya que este último país no acepta la denominación de Golfo Pérsico por considerarla beneficiosa para Irán.

837   La información económica actualizada a esta fecha sobre el Reino de Baréin se puede ver en el apartado dedicado a este país en el Fondo Monetario Internacional: https://www.imf.org/en/Countries/BHR#countrydata.

838   Una excelente descripción de esta conexión se puede encontrar en: S. Mabon. *Saudi Arabia and Iran: Soft Power Rivalry in the Middle East.* I.B. Tauri. Nueva York, 2013.

839   https://en.wikipedia.org/wiki/Islamic_Front_for_the_Liberation_of_Bahrain#:~:text=The %20Islamic %20Front %20for %20the,Iranian %20intelligence %20and %20Revolutionary %20Guards.

subsiguientes acciones revolucionarias en el país[840]. Tal grupo estaba soportado por el Gobierno iraní. Con esta situación, con el deseo de Irán de desestabilizar Baréin, el conflicto entre este país y Arabia Saudí explica la incorporación del archipiélago en los *Acuerdos de Abraham* como una apuesta por su seguridad ante las pretensiones iraníes de hacerse con el país, lo que entra en la compleja geopolítica de Oriente Medio con Estados Unidos como socio indispensable de Israel, en un complejo tablero de ajedrez donde se encuentran piezas de otro color: Irán, China y Rusia. De ahí que Arabia Saudí represente un país clave en este esquema. Del otro lado, Europa parece no tener una política unificada en este sentido, lo que debilita la posición geopolítica de la Europa unida a nivel global.

Es preciso decir que, durante la época de Barack Obama, Arabia Saudí se sintió postergada por Estados Unidos. Un hecho que cambió drásticamente con la llegada de Donald Trump a la Casa Blanca. En este sentido hay que recordar la Cumbre Árabe Islámica Americana que tuvo lugar el 21 de mayo de 2017, en la cual Trump dio las gracias al rey Salman y al reino de Arabia Saudí por acoger la cumbre, además de agradecer la asistencia de los numerosos líderes extranjeros allí presentes[841]. «Nuestra visión es de paz, seguridad y prosperidad en esta región y en el mundo —aseguró Trump—»[842]. «Nuestra meta —continuó— es una coalición de naciones que compartan el objetivo de erradicar el extremismo y ofrecer a nuestros hijos un futuro esperanzador que honre a Dios»[843]. Unas intenciones que se complementaban con unos 400.000 millones de dólares en inversiones, así como la compra por parte de Arabia Saudí de 110.000 millones de dólares en equipamiento de Defensa a Estados Unidos. Un acuerdo que, tal como explicitó Trump: «ayudará a los militares saudíes a desempeñar un papel más importante en las operaciones de seguridad»[844]. Una política que, de acuerdo con algunas opiniones, iría en contra de Arabia

---

840   https://en.wikipedia.org/wiki/2011_Bahraini_uprising.
841   https://trumpwhitehouse.archives.gov/briefings-statements/president-trumps-speech-arab-islamic-american-summit/.
842   *Ibid.*
843   *Ibid.*
844   *Ibid.*

Saudí cuando cambiara el signo de la Administración americana[845], como así ha sido.

Sin embargo, con la llegada al poder la Administración Biden, al decir de Arabia Saudí, únicamente se le ofrecieron «buenas palabras». De esta manera, al no proporcionar al país saudí las requeridas armas que solicitaba para poder hacer frente al poder militar iraní, incluida una necesaria capacidad nuclear, los saudíes no entrarán nunca en el esquema «Abraham». Una «alianza» que se entronca con el poder chino en la zona en un esquema multipolar altamente complejo, donde todos pretenden ganar, lo que se demuestra imposible.

De un lado, la Ruta de la Seda promovida por China (*China's Belt and Road Initiative*[846]). Del otro, el nuevo corredor propuesto en la última reunión del G20 en Nueva Delhi en septiembre de 2023 (IMEC: *India-Midle East-Europe Economic Corridor*[847]). Este último, como contrapartida a la iniciativa china que, compitiendo con ella, pretende la creación de un enlace económico desde la India, pasando por Oriente Medio, para arribar a Europa, concretamente en el sur de Grecia. Un «nudo económico» en el que, según las propias palabras del presidente israelí, Benjamín Netanyahu, sería el mayor proyecto de cooperación de la historia de Israel: «Nuestro país, Israel —decía Netanyahu—, se convertirá en un nudo central en este corredor económico, nuestros ferrocarriles y nuestros puertos abrirán una nueva puerta de entrada desde la India a través de Oriente Próximo hasta Europa»[848]. A lo que se podría añadir un posible reconocimiento de Israel por parte de

---

845   I. Fraihat. *Iran and Saudi Arabia. Taming a Chaotic Conflict.* Edinburgh University Press Ltd. Edinburg, 2020. Pág. 8.

846   Aunque hay mucha información al respecto, puede verse, por ejemplo: International Institute for Strategic Studies. *China's Belt and Road Initiative: A Geopolitical and Geo-Economic Assessment.*
https://www.iiss.org/globalassets/media-library---content--migration/files/publications/bri-dossier/chinas-belt-and-road-initiative---chapter-one-strategy.pdf

847   Ver, por ejemplo: https://www.drishtiias.com/daily-updates/daily-news-analysis/india-middle-east-europe-corridor. También en: N. Suri et *al.* Observer Research Foundation. *India-Middle East-Europe Economic Corridor: Towards a new discourse in global connectivity.*
https://www.orfonline.org/public/uploads/posts/pdf/20240409183803.pdf

848   *The Times of Israel. Greatest cooperation project in our history: PM lauds new US-led transport corridor.*
https://www.timesofisrael.com/greatest-cooperation-project-in-our-history-pm-lauds-new-us-led-transport-corridor/

Arabia Saudí, pues este país podría beneficiarse también de la explotación de gas que tiene asignada Israel en el Mediterráneo Oriental.

Todo un juego geopolítico que, sin decirlo, pretende menoscabar la presencia de China en Oriente Medio. Sin olvidar, por supuesto, los requerimientos saudíes para mejorar su posición militar, algo que una posible vuelta de Donald Trump a la Casa Blanca en 2024 podría de nuevo poner sobre la mesa, pues ya en su día Estados Unidos había aprobado compras por parte de Arabia Saudí del sistema de Defensa Terminal de Área a Gran Altitud (THAAD)[849], así como helicópteros, misiles *Patriot* para sus sistemas de defensa antiaérea, y otras capacidades de defensa.

En este contexto surge la pregunta: ¿dónde queda en este tablero geopolítico la presencia de un posible Estado palestino? No hay que decirlo: este asunto, o bien se considera menor por los jugadores del tablero global, o bien se supone que estará resuelto una vez que todo este complejo entramado se ponga en marcha. En el actual contexto geopolítico Palestina no existe. Queda saber la posición de China y su entramado de alianzas.

---

849   https://www.dsca.mil/press-media/major-arms-sales/saudi-arabia-terminal-high-altitude-area-defense-and-related-support.

Capítulo VIII
LA CONSTRUCCIÓN DE UN ESTADO PALESTINO

«Señor Dios del universo, ¿hasta cuándo estarás airado mientras tu pueblo te suplica? Les diste a comer llanto, a beber lágrimas a tragos; nos entregaste a las contiendas de nuestros vecinos, nuestros enemigos se burlan de nosotros... Sacaste una vida de Egipto, expulsaste a los gentiles, y la trasplantaste; le preparaste el terreno, y echó raíces hasta llenar el país; su sombra cubría las montañas, y sus pámpanos, los cedros altísimos; extendió sus sarmientos hasta el mar, y sus brotes hasta el Gran Río».

Salmo 79 (5-7; 9-12)

LOS JUDÍOS LLEGAN A UNA TIERRA OCUPADA POR OTROS PUEBLOS · EL «PLAN TRUMP» · ¿UNO O DOS ESTADOS? LOS HAY QUE HABLAN DE TRES ESTADOS · EL PROTOCOLO DE PARÍS · LA LUCHA POR EL RELATO · OCTUBRE DE 2023 · BELIGERANTES Y NO BELIGERANTES · LA «INCÓGNITA CATAR» · DE NUEVO IRÁN · LA CUADRATURA DE UN IMPOSIBLE CIRCULO · NADIE SE PONE DE ACUERDO · MUCHOS CONTRA ISRAEL.

Lo hemos repetido varias veces: la división de la Palestina británica en 1947 fue una decisión de la ONU ante las atrocidades del nazismo. Había que ubicar a los judíos perseguidos por la mayoría de los países europeos, y se eligió lo que parecía más natural con su historia; es decir, Palestina. Unos lo asumieron, otros no. Pero no fue una novedad, fue similar a lo que aconteció con Abrahán allá en los comienzos, o como sucedió con la llegada de los israelitas a través del desierto dirigidos por Moisés. Los judíos llegaban a la tierra de Canaán: a un lugar habitado. Los judíos se asentaron en un lugar que no les pertenecía y tuvieron que luchar para conseguirlo, pues los que allí estaban no los querían al lado. Como hoy. Entonces, en tiempos de Abrahán o de Moisés, fue un mandato divino. En 1947, fue la comunidad internacional quien otorgó mayoritariamente a Israel su «tierra prometida». Un territorio que buscaban incesantemente desde hacía años. Y los judíos, con rapidez, siguiendo el mandato de Naciones Unidas, crearon el Estado de Israel en 1948. Los árabes decidieron esperar con la idea de que los expulsarían con prontitud antes de que consolidaran su nuevo Estado.

El Salmo 79 que referimos arriba no puede ser más explícito. Después de múltiples vicisitudes y sufrimientos («Les diste a comer llanto, a beber lágrimas a tragos; nos entregaste a las contiendas de nuestros vecinos, nuestros enemigos se burlan de nosotros...») los judíos obtienen el consuelo: *Sacaste una vid* [es decir, a los israelitas] *de Egipto, expulsaste a los gentiles* [es decir, a los que allí habitaban], *y la trasplantaste* [es decir, allí se asentó el pueblo de Israel]. Parece ser el sino de este pueblo, el pueblo de la Alianza: salen y entran de aquel lugar, ya sea por motivos de supervivencia o por escasez de la tierra, intentando siempre quedarse donde Dios les dijo que estuvieran.

Siempre la religión. Ya sean musulmanes o judíos, Dios aparece detrás de cualquier decisión. Es una manera inigualable de dar autoridad al poder político: si viene de lo Alto, no hay nada que discutir. Y cuando ese poder se refiere a la propiedad de un territorio, no se puede poner en duda el principio de propiedad. Por eso, ambos pueblos, árabes y judíos, tienen pleno derecho a habitar una tierra que les pertenece por derecho divino. Otro asunto es de qué tierra hay que hablar, y cómo lograr una convivencia pacífica en un lugar cuya propiedad, desgraciadamente, debe ser compartida.

En la situación actual, Palestina está dividida, geográfica y políticamente. Los territorios palestinos se asientan entre Gaza, Cisjordania (compartido con Israel), y Jerusalén (igualmente dividido con los israelíes). De Gaza a Cisjordania hay unos 90 kilómetros de distancia. Una distancia que el «Plan Trump» proponía acortar más de 50 kilómetros por medio de un túnel que uniera las dos zonas. Una propuesta irreal al decir de muchos, ya que un túnel de 35 kilómetros, aparte de su complejidad estructural y política, aumentaría los riesgos de una zona de por sí altamente conflictiva[850].

Aquel plan de 2020, desechado por casi todos y arrojado al baúl por la Administración Biden, tuvo muy poco impacto en Occidente. Todo parecía que, viniendo aquella propuesta del presidente Donald Trump, no tenía ningún interés sino todo lo contrario. Sus casi 200 páginas no merecieron ninguna atención, solo Israel parecía estar interesado. A los componentes de los acuerdos de Abraham, impulsado también por Trump, les parecía una solución con mucho sentido. Un presidente que no tiene la aceptación del *establishment* político, ni en Estados Unidos ni en Europa, es un *parvenu*. Un don nadie político, que concita muchos más rechazos que adhesiones en las altas esferas del poder, sobre todo del poder llamado progresista. Entre otras calificaciones se le ha llamado Trump «integrador de la derecha radical»; y además que «su política se alimenta de la ira del individuo»[851].

Con todo, en enero de 2020, la Administración Trump lanzaba: *Peace to Prosperity. A Vision to Improve the Lives of the Palestinian and Israeli People*[852]. Se trataba de «un camino hacia la prosperidad, la seguridad y la dignidad para todos los implicados. Si las partes pueden acordar este marco como base para las negociaciones, el potencial tanto para los israelíes como para los palestinos y la región es ilimitado»[853]. Nunca antes, nadie había propuesto un plan con la idea de crear riqueza a los habitantes de Palestina. Quizás por eso fue abolido antes de iniciarse, pues cuando la gente tiene más de lo suficiente para vivir, no depende del poder político. Aquel plan no trataba de poner en marcha la maquinaria bélica, sino la económica, con el objetivo de mejorar la vida de los

---

850 *The Guardian. Trump's Middle East peace plan: key points at a glance.* 28 Jan 2020. https://www.theguardian.com/world/2020/jan/28/trumps-middle-east-peace-plan-key-points-at-a-glance. Ver también: *El Confidencial*, 31 de enero de 2020. https://www.elconfidencial.com/mundo/2020-01-31/un-tunel-de-35km-y-un-bocado-del-30-de-cisjordania-los_2432727/.

851 Ver como ejemplo: L. Siegel. *Trump has mainstreamed the radical Right.* UnHerd. July 13, 2024. https://unherd.com/2024/07/trump-has-mainstreamed-the-radical-right/.

852 National Archives. *Peace to Prosperity. A Vision to Improve the Lives of the Palestinian and Israeli People.* https://trumpwhitehouse.archives.gov/wp-content/uploads/2020/01/Peace-to-Prosperity-0120.pdf.

853 *Ibid.*

palestinos. Más de 180 páginas, divididas en 22 secciones, que abordan todos los aspectos que se dan hoy en aquel sufrido lugar. La base de la propuesta eran los acuerdos de Oslo, cuyas conclusiones se usaban para alcanzar la paz en la región.

Tal como se dice al comienzo del documento: «los principios expuestos en esta visión para la paz, la prosperidad y un futuro mejor (colectivamente, esta «visión»), están concebidos en beneficio de los palestinos, los israelíes y la región en su conjunto. Esta visión aborda las realidades actuales y proporciona a los palestinos, que aún no tienen un Estado, un camino hacia una vida nacional digna, de respeto, de seguridad y oportunidades económicas y, al mismo tiempo, de salvaguarda para la seguridad de Israel»[854]. Dos elementos esenciales: paz de un lado, y una vida nacional digna, de otro. Un plan concebido «en beneficio de los palestinos» (fuera de guerras y conflictos, diríamos nosotros. Ni antes ni ahora nadie ha promovido algo parecido.

Por supuesto, el plan, tal como asegura en su interior, «trata de dar a los palestinos todo el poder para gobernarse a sí mismos, pero no los poderes para amenazar a Israel»[855]. Lo que promovía aquel plan, en definitiva, era una «solución realista de dos Estados en la que un Estado de Palestina seguro y próspero conviviera pacíficamente con un Estado de Israel seguro y próspero, en una región segura y próspera»[856]. Un plan, por otra parte que beneficiaría a Egipto y a Jordania y a otros países del entorno.

Además, el análisis que se hacía al comienzo del documento no podía ser más realista. La situación entonces (año 2020) estaba muy lejos de ser posible. La división política entre Gaza y Cisjordania era el primero de los problemas. Una, como se sabe, controlada por los terroristas de Hamás[857]; la otra por la Autoridad Palestina, donde la

---

854 *Ibid.*

855 *Ibid.*

856 *Ibid.*

857 En el caso de Hamás, se dice que los más de 300 millones de dólares que gestiona procede de los impuestos a las empresas, así como de países como Irán y Qatar o de organizaciones benéficas. Ver por ejemplo: H. Al Sayegh *et al. Who funds Hamas? A global network of crypto, cash and charities.* Reuters. October 16, 2023. https://www.reuters.com/world/middle-east/hamas-cash-to-crypto-global-finance-maze-israels-sights-2023-10-16/#:~:text=By %20last %20year %2C %20 Hamas %20had,new %20tab %20in %20May %2C %202022.

corrupción es endémica, y donde los miles de millones de dólares que allí arriban nunca llegan a sus destinatarios reales. A lo que se suma que la educación que se da en las escuelas y las leyes que se elaboran incentivan el terrorismo. De ahí la popularidad de Hamás y otros grupos similares.

En el «Plan Trump» se hacía una distribución de tierras que daría al Estado de Palestina un tamaño parecido al que había antes de la guerra de los Seis Días, manteniendo, eso sí, una lógica distribución de agua para facilitar a Israel el uso de esa vital necesidad. Todo lo cual «solo sería posible si acabaran los ataques terroristas en contra de Israel», premisa fundamental para que el plan se pudiera llevar a cabo. Aunque nada sería posible sin un esquema económico que lo hiciera posible. Para lo cual las inversiones eran fundamentales. Unas inversiones pensadas para acabar con la vida de pobreza y sometimiento en la que está permanentemente inmersa la sociedad palestina.

Era la primera vez que un plan de paz en la región se abordaba con una detallada propuesta económica, incluida la creación de una zona de libre comercio entre el nuevo Estado de Palestina y el Reino de Jordania (siempre que este país lo aceptara; ya que nada en el plan era una obligación forzada, se trataba de negociaciones bilaterales). Un esquema al cual Estados Unidos sugería que se sumara Europa y otros países de Oriente Medio. De la misma manera, se proponía que Egipto participara en el acuerdo económico, que sería, evidentemente, aceptado por Israel, donde Gaza, por su preferencial situación, sería un enclave esencial en la economía del nuevo Estado palestino. Eso sí, la estrategia de Irán de cercar Israel con grupos terroristas en el Líbano, Siria y Gaza debería terminar en todos los casos, así como sus influencias en Irak y Siria, sin olvidar el Yemen, donde los hutíes están en contra de Israel y de la mano de Irán.

Ahí está publicado ese plan para todo el que quiera analizarlo. Nunca se había propuesto nada similar, aunque nadie consideró seriamente su viabilidad. Ni siquiera se puso la mirada en el esfuerzo económico que se proponía desarrollar durante 10 años. En subvenciones se proponía una cantidad de 39.070.000 millones de dólares. En capital privado, 11.600.000 millones. Un total de 50.670.000 millones de dólares para cambiar la faz de Palestina y de la nueva región. Una región en paz en una senda de prosperidad. Imaginemos, por ejemplo, que la Franja de Gaza, dada su posición estratégica, pudiera convertirse en el «Singapur del Mediterráneo». Sería no solo beneficioso para los palestinos, sino para Europa y Oriente Medio en su conjunto. Eso, sin embargo, dejaría a muchos sin sus reivindicaciones.

Donald Trump y su plan de paz en Palestina es historia, ya que perdió las elecciones frente a Joe Biden. La región siguió sumida en el caos: Hamás atacando Israel, e Israel defendiéndose con la contundencia tradicional. Por su parte, el terrorismo libanés siguió como siempre en acción. Irán se sumó al caos, e incluso atacó a Israel; tal como hizo en los Altos del Golán, en la región de Arad[858] y en dos bases aéreas en el desierto del Néguev. Una operación que los propios iraníes denominaron, en abril de 2024, operación Promesa Verdadera[859]. A lo que habría que considerar igualmente la actividad de los hutíes desestabilizando la salida del mar Rojo en el Golfo de Adén. No hay duda de que, en la trastienda, existían poderosas razones para abortar un camino al que no se prestó ninguna atención. Algunos «viven mejor» impulsando la *geopolítica del miedo*[860]. Eso sí, la idea de los dos Estados ha continuado desde entonces, como lo fue desde antiguo[861].

Aunque no era la primera vez desde que se puso en marcha una solución al conflicto palestino-israelí, la Conferencia de Paz de Madrid en 1991 buscó dar una forma definitiva al problema con la formación de dos Estados. Incluso parecía que existía un cierto consenso internacional. Gaza y Cisjordania conformando el Estado Palestino, de un lado, y el Estado de Israel, de otro.

---

858   https://es.wikipedia.org/wiki/Arad_(Israel).

859   https://besacenter.org/operation-true-promise-irans-missile-attack-on-israel/.

860   Se trata de inducir en los ciudadanos un estado «emocional» en tiempo real sobre los sucesos del mundo a fin de orientar las conciencias de las personas en una dirección concreta; en esto participan ciertos medios de comunicación dirigidos, tanto por el poder político, como por el poder económico. Este aspecto se describe con detalle en: E. Olier. *Geoeconomía. Las claves de la economía global*. Pearson. Madrid, 2011 (2.ª edición 2013). Págs. 23-24.

861   En este informe se describen todas las acciones referentes a la discusión sobre el asunto de los dos Estados, desde 1967 hasta 2020. Congressional Research Service. *Israel and the Palestinians: Chronology of a Two-State Solution*. June 30, 2020. https://sgp.fas.org/crs/mideast/IF11237.pdf.

Conviene de nuevo recordar, por ejemplo, la Proclamación de Independencia del Estado de Palestina, establecida en la decimonovena reunión del Consejo Nacional de Palestina (Argel, 15 de noviembre de 1988), a la que ya nos referimos en el capítulo 5. Una propuesta que, sin expresarlo taxativamente, daba a entender que solo era posible un Estado en la zona, no dos, compartiendo el terreno con los judíos. En este caso, parecía buscarse un Estado Palestino bajo la premisa *del río al mar*, que sostienen hoy los terroristas de Hamás. Es decir, una Palestina sin el Estado judío en la zona. Una propuesta que no puede aceptar Israel, ya que necesita tener la seguridad de su existencia como un país democráticamente imbricado en el Derecho internacional, que, todo hay que decirlo, no quiere ceder los territorios que ya posee después de las guerras que se han sucedido en la zona, aunque creemos que siempre se podría llegar a un arreglo basado en asegurar su existencia.

Desgraciadamente, en un esquema distinto al «Plan Trump», todas las propuestas respecto de los dos Estados se enfocan desde el punto de vista político, nadie atiende a las imprescindibles necesidades económicas de desarrollo de Palestina. Este sería el caso de las Resoluciones de la ONU, donde, tanto la Resolución 242[862], que declaraba inadmisible «la adquisición de territorio por parte de Israel como consecuencia de la guerra y la necesidad de trabajar por una paz justa y duradera en la que todos los Estados de la zona puedan vivir en seguridad», como la Resolución 338, comentada en el capítulo 4, que hacía referencia a la guerra de Yom Kippur, reclamando a todas las partes que cesaran los combates y pusieran fin a toda actividad militar «a más tardar 12 horas después del momento de la adopción de la presente decisión»[863], dejaban de lado el problema económico del nuevo Estado palestino.

En la Resolución 242 de 1967 se requería, además de la retirada de las fuerzas armadas israelíes de los territorios ocupados en el reciente conflicto, «el reconocimiento de la soberanía, integridad territorial e independencia política de todos los Estados de la zona y de su dere-

---

862   Resolución 242 de 22 de noviembre de 1967. https://peacemaker.un.org/sites/peacemaker.un.org/files/SCRes242 %281967 %29.pdf.

863   Resolución 338 de 22 de octubre de 1973. https://peacemaker.un.org/sites/peacemaker.un.org/files/SCR338 %281973 %29.pdf.

cho a vivir en paz dentro de fronteras seguras y reconocidas, libres de amenazas o actos de fuerza». Algo que hacía referencia a los Estados en conflicto, entre los cuales no existía el Estado palestino, sino Egipto y Siria, principalmente, que habían entrado militarmente en Palestina. En el fondo, el problema de un Estado palestino se centra, de un lado, con la repetida necesidad de seguridad del Estado de Israel, y de otro, con la necesaria definición del propio Estado palestino, en la que los implicados en su definición nunca están de acuerdo; aparte de que, como también dijimos, sea imprescindible la aceptación de los países que proponen una u otra solución[864].

Para ser consecuentes con todo lo dicho, es preciso, sin embargo, traer a colación la propuesta europea de los «dos Estados»[865]. Por su título, puede verse que la estrategia se dirige a Palestina, en cuya conformación se establecen cinco pilares: 1) democracia, Estado de derecho y derechos humanos; 2) reforma de la gobernanza, consolidación fiscal y política; 3) prestación sostenible de servicios; 4) cambio climático, acceso a servicios autosuficientes de agua y energía; y 5) desarrollo económico sostenible. Todos ellos precedidos de un capítulo de temas transversales: igualdad de género, medioambiente y juventud. Un conjunto de propuestas que, como se dice al inicio del documento, «se centra en apoyar a Palestina en la consecución de los Objetivos de Desarrollo Sostenible para 2030»[866].

Se trata de un documento de 100 páginas en las que poco se habla de cómo se configurarían ambos Estados, aparte de referirse a la ocupación israelí y a la distribución de responsabilidades para llevar a cabo este plan donde, por dar dos datos, Italia se ocuparía de la igualdad de género en Palestina, y Suecia de una Agencia de Calidad del medioambiente. En cuanto a la presencia de Hamás en el escenario nada se dice.

---

864   Ver, por ejemplo: E. P. Djerejian; et al. *Two States or One? Reappraising the Israeli-Palestinian Impasse.* Rice University's Baker Institute for Public Policy and Carnegie Endowment for International Peace. 2018.
https://carnegieendowment.org/research/2018/09/two-states-or-one-reappraising-the-israeli-palestinian-impasse?lang=en.

865   The European Joint Strategy in Support of Palestine 2021-2024. Implementation Report. December 2022.
https://www.un.org/unispal/wp-content/uploads/2023/06/EUSTRATEGYRPT_020623.pdf.

866   *Ibid.*

Solo se hace referencia a unas posibles elecciones entre 2021 y 2022 en Cisjordania que fueron postpuestas por las «hostilidades militares entre Israel y Hamás en la franja de Gaza»[867]. Elecciones que fueron ya boicoteadas por Hamás en 2017. Referirse a la inestabilidad permanente que ocasionan los atentados de Hamás como «hostilidades militares» da idea de la forma en que esta iniciativa europea trata de resolver este problema secular. Y tratar de resolver el problema de Palestina mediante los objetivos de la Agenda 2030 dice mucho de dónde se encuentra la Unión Europea en este contexto.

Entrando en la dificultad de que la solución de dos Estados se pueda llevar a cabo «a gusto de todos», los hay que preconizan otra idea: tres Estados. Incluso, algún analista[868] ofrece en este sentido dos posibilidades. La primera, parece inviable, ya que necesita la anulación de Hamás, a fin de evitar los «tres Estados» actuales: el Estado de Israel, la Franja Gaza dominada por Hamás, y Cisjordania bajo la Autoridad Palestina (aunque después de los acuerdos de Oslo II, hay en esta zona múltiples asentamientos israelíes). Según este analista, el primer Estado (Israel) es un Estado de *iure*, mientras que los otros dos son dos Estados *de facto* que deberían consolidarse en uno.

Para obviar la anterior dificultad, aparece una segunda opción para los tres Estados, que consiste en la organización que existió desde el armisticio de la guerra de 1948 y el comienzo de la guerra de Yom Kippur en 1973. ¿Cuál era entonces la situación?

Entonces Gaza formaba parte de Egipto, y Cisjordania de Jordania. Las poblaciones palestinas, aparte de las que habían quedado en Israel, vivían en estos dos países. No hay que decir que esta solución de tres Estados lleva a la inexistencia de un Estado palestino independiente, pues solo estarían Egipto, Jordania e Israel. En esta propuesta, un Estado palestino independiente no tendría sentido, lo que no parece una opción plausible.

---

867   *Ibid.*

868   M. A. Smith. *Last Exit? A Three-State Solution to the Israel-Palestinian Dispute.* E-International Relations. Nov 3, 2023.
https://www.e-ir.info/2023/11/03/last-exit-a-three-state-solution-to-the-israel-palestinian-dispute/#google_vignette.

Por no seguir, pero para dar una idea de lo que se mueve en este complejo mundo de buscar una solución a un problema imposible, surge otra curiosa propuesta (hay varias más). Benjamin Kerstein[869] llega a la conclusión de que, aparte del Estado de Israel, existe, *de facto*, un Estado en la Franja de Gaza gobernado por Hamás, lo cual lleva directamente al problema de Cisjordania (West Bank). Dado que en Cisjordania existe una minoría judía y una mayoría árabe palestina, la solución sería un nuevo Estado, una «especie de Judea-Palestina» que, al decir de esta propuesta, una Judea-Palestina debería ser «una democracia basada en la paridad entre las dos comunidades, con una asamblea legislativa en la que la representación de ambas estuviera garantizada por ley».

No se puede negar la creatividad en las soluciones propuestas, lo que nos devuelve a aquella idea sugerida por España, Noruega e Irlanda, de un Estado palestino (Gaza y Cisjordania) con un «corredor» atravesando el Estado de Israel. Otra forma de proponer tres Estados, aunque uno de ellos esté indefinido, aun cuando esta propuesta da a entender que dicho «corredor» estaría, sin decirlo, compartido entre Israel y Palestina, una llamada a más guerras.

Por terminar, sacamos a colación una idea final en este complejo galimatías, como es una nueva partición de Palestina[870], que nos retrotrae al 15 de noviembre de 1988 y el reconocimiento oficial que se llevó a cabo por parte de Yasser Arafat del Estado de Israel y, de paso, del Estado de Palestina, donde aparece de nuevo lo que existe actualmente; según lo cual, Palestina sería un Estado compuesto por una «constelación de miembros dispersos»[871]. Lo que obligaría, como dice este autor, a crear «corredores *danzig*»[872] en medio del Estado de Israel.

---

869   B. Kerstein. *The Three-State Solution.* Tablet. March 23, 2021.
https://www.tabletmag.com/sections/israel-middle-east/articles/three-state-solution-benjamin-kerstein-peace-israel-palestine

870   G. Mandron. *¿Una nueva partición de Palestina?* New Left Review.
https://newleftreview.es/issues/10/articles/guy-mandron-una-nueva-particion-de-palestina.pdf.

871   *Ibid.*

872   Es lo que en su día se denominó «corredor polaco», un pasillo que definía el Tratado de Versalles (al final de la Primera Guerra Mundial) que se extendía desde la desembocadura del río Vístula, para dar vida al desaparecido reino de Polonia, asegurándole la salida al mar Báltico.

Aunque, tal como él asevera, la «lamentable memoria de este producto del Tratado de Versalles a duras penas anima a repetirlo»[873]. Un comentario que por sí solo «echa por tierra» la propuesta formulada por el tripartito europeo (España, Noruega e Irlanda).

Al traer a colación el «corredor *danzig*», Guy Mandron ofrece como «única solución» lo que él denomina «dos Estados autocontenidos», cada uno con acceso al mar; lo cual, desgraciadamente, resulta igualmente inviable, ya que un Estado quedaría rehén del otro, aunque —según Mandron— sería menos problemático que ese «Estado disperso» que constituye hoy Palestina. Ahí están sus mapas[874] para demostrar su propuesta que, jurídicamente, sería, en su opinión, aceptable por Naciones Unidas.

Con lo anterior, sin necesidad de continuar con otras propuestas, la única solución al problema palestino-israelí pasa por la creación de un Estado palestino al que se le asegure su viabilidad en una región en paz, lo que pasa por dar completa seguridad al Estado de Israel y trazar un plan viable económica, social y políticamente al nuevo Estado palestino. De manera que el esquema que resulta más razonable como principio de discusión sería, en nuestra opinión, el propuesto en su día por la Administración Trump. Es el único que busca aumentar el nivel de vida de los palestinos poniendo en marcha un enorme capítulo de inversiones. No hay que decir que los Estados beligerantes y las organizaciones terroristas deberían asumir la existencia del Estado de Israel, para lo cual el camino trazado por los Acuerdos de Abraham es, de igual manera, una base indispensable, en la cual deberían entrar otros países, particularmente Arabia Saudí.

Hay que volver otra vez la mirada atrás, pues el camino entre judíos y palestinos es siempre de ida y vuelta. Quizás de los errores y aciertos pasados se pueda entender el futuro, no ya el presente. Y aquí viene el

---

https://es.wikipedia.org/wiki/Corredor_polaco. Para el lector que quiera introducirse en este asunto desde la óptica de la novela, existe una obra de Paul Jarvis, *The Danzig Corridor*, que ha publicado él mismo en Amazon. También esta dirección muestra los mapas: https://www.themaparchive.com/the-danzig-corridor-1919-39/.

873   G. Mandron. *Op.cit.*

874   *Ibid.*

Protocolo de París de 1994. También llamado Acuerdo Gaza-Jericó[875]; es decir, el que se firmó entre el Gobierno de Israel y la Organización para la Liberación de Palestina (OLP).

Los propósitos de paz entonces eran evidentes, y la paz aludía a la economía, al igual que lo hacía el «plan Trump»: «Las dos partes —se decía en el Protocolo de París— consideran el ámbito económico como una de las piedras angulares en sus relaciones mutuas con vistas a potenciar su interés en la consecución de una paz justa, duradera y global. Ambas partes cooperarán en este ámbito con el fin de establecer una base económica sólida para estas relaciones, que se regirán en diversas esferas económicas por los principios de respeto mutuo de los intereses económicos de la otra parte, reciprocidad, equidad e imparcialidad»[876].

En aquel acuerdo, Palestina se refería a la Franja de Gaza y al Área de Jericó, es decir, el West Bank (Cisjordania). Y para llevarlo a cabo se establecía un Comité Económico Mixto Palestino-Israelí, en el cual la Autoridad Palestina sería quien representara los intereses de los palestinos. Igualmente, aparte del impuesto de valor añadido (que se fijaba entre el 15 % y el 16 %) y otro tipo de aranceles, se proponía una «autoridad monetaria palestina», que fijaría las políticas monetarias en la zona. Una muy importante decisión para la constitución de un Estado, pues sin moneda propia no se podría alcanzar ningún tipo de independencia económica. Para ello se creaba un nuevo *shequel* israelí que sería, aparte de otras, una de las monedas en circulación.

A partir de ahí, aquel acuerdo de París incorporaba toda una serie de iniciativas. Entre otras: las condiciones para los trabajadores en el área palestina, la regulación agrícola en sus transacciones, la industria, el turismo, los asuntos relativos a los seguros, etc. El acuerdo se firmó entre el ministro de Finanzas del Gobierno de Israel, Avraham Shohat, y Abu Alaa[877], por parte de la OLP. Un protocolo que demuestra cómo

---

875 Gaza-Jericho Agreement. *Protocol on Economic Relations between the Government of the State of Israel and the P.L.O., representing the Palestinian people.* París. April 29, 1999.
https://unctad.org/system/files/information-document/ParisProtocol_en.pdf.
876 *Ibid.*
877 https://es.wikipedia.org/wiki/Ahmed_Qurei.

la economía, aparte de las consideraciones políticas, tiene que ser la base de cualquier princípio en la fundación de un Estado. Aquel protocolo se incorporó a los acuerdos de Oslo II, que fue suspendido por los intereses de los muchos que nunca buscaron una verdadera paz entre Palestina e Israel.

Llegados a este punto, parece que el conflicto palestino-israelí es de imposible solución. Y uno de los elementos tiene que ver con el relato de la situación, algo que oscurece la verdad. Un asunto que hemos sacado a colación en el transcurso del libro, pero que conviene abundar en su análisis, pues resulta ser un importante obstáculo en la resolución del conflicto, ya que «las dos narrativas —la de Israel y la de los palestinos— chocan entre sí, pues contemplan acontecimientos similares desde puntos de vista diferentes»[878].

Ciertamente, los israelitas desde su establecimiento en la Palestina de 1948 estuvieron asediados, rodeados de enemigos; con lo cual, para mantenerse sin ser destruidos, desarrollaron un fuerte aparato de seguridad, lo que se hizo construyendo unas potentes fuerzas armadas. Esa fue desde entonces su máxima prioridad. Israel estuvo siempre preparado para la guerra: «La imagen de David matando a Goliat se convirtió en el punto de partida de la narrativa nacional»[879].

Del lado árabe, sus acciones se consideraron como una lucha por la libertad de su territorio, donde Palestina era su tierra y no debía ser compartida con «los invasores». De ahí que los palestinos aparecieran desde fechas muy tempranas del conflicto como un pueblo débil que debía enfrentarse a grandes potencias, que eran los países que apoyaban a Israel[880]. De manera que este discurso se entrelazaba con el primero. Unos clamando por su seguridad y los otros argumentando que eran masacrados por las grandes potencias en su propia tierra.

Un único argumento en ambos casos: «esta tierra, este lugar, es de mi propiedad». Y este es el problema fundamental del conflicto. Luego, han surgido las diferentes posturas, los desencuentros religiosos y, sobre

---

878   R. I. Rotberg. *Buiding Legitimacy Through Narrative*. En R. I. Rotberg. *Israel and Palestinian Narratives of Conflict. History's Double Helix*. Indiana University Press. Bloomington, 2006. Pág. 3.
879   *Ibid.* Pág. 4.
880   *Ibid.* Pág. 8.

todo, el derecho a poseer una tierra que viene dada de lo Alto. Como dice Mohammed Dajani[881]: «Históricamente, el conflicto comenzó con la afirmación: «Esta tierra es mía», y desde entonces la lucha se centró en la pregunta: «¿A quién pertenece esta tierra?» La forma en que se construye la pregunta es en sí misma conflictiva: «¡La tierra pertenece a uno y no al otro!». Esta suposición dio lugar a narrativas nacionales diametralmente opuestas que presentaban las reivindicaciones de unos frente a las de otros»[882].

Al decir de la profesora Yehudit Auerbach, es un *conflicto de identidad*[883], para lo cual es preciso llevar a cabo el argumentario que lo defienda, y que sirva para atraerse adhesiones. Es, como decimos, «un conflicto en el que al menos una de las partes ve la identidad nacional de la otra como una amenaza o, trasladando esa identidad a la esfera política —es decir, a un "Estado-nación"—, como un peligro para su identidad nacional independiente. Por lo tanto, una de las partes rechaza la definición de la otra como nación o, como mínimo, niega su derecho a realizar esta identidad en el contexto de un Estado nacional»[884]. Lo que lleva a una lucha por la «identidad». De ahí, esos largos años de lucha en que los países árabes se negaron a reconocer el «derecho» de los judíos a establecerse como grupo nacional, como Estado, en una tierra que no les pertenecía[885].

Una situación que, como hemos visto en muchas de las páginas anteriores, conduce a la violencia. De un lado, la violencia para expulsar al intruso, del otro, la violencia para defenderse, que, a veces, se extralimita para tratar de que no vuelva a ocurrir. Dicho de otra manera, para unos destruir al que llegó a un lugar que no le pertenecía; para los otros, la destrucción como argumento de defensa. Y en ambos casos, justificar la violencia ante la agresión de una de las partes; ya que

---

881   https://en.wikipedia.org/wiki/Mohammed_Dajani_Daoudi.

882   M. Dajani. *Israelis and Palestinians: Contested Narratives.* https://www.cccb.org/rcs_gene/mohammed_s._dajani.pdf.

883   Y. Auerbach. *National Narratives in a Conflict of Identity.* En: Y. Bar-Siman-Tov (Ed.). *Barriers to Peace in the Israeli-Palestinian Conflict.* Jerusalem Institute for Israeli Studies. Study. n.º 406. 2010. Págs. 99-135.
       https://jerusaleminstitute.org.il/wp-content/uploads/2019/06/PUB_barriers_eng.pdf.

884   *Ibid.*

885   *Ibid.*

los palestinos aseveran que su respuesta es debida a los ataques de los judíos, y los judíos lo hacen con la misma razón.

Lo anterior lleva a los contrincantes a desarrollar una suerte de «ética» de la violencia, entendiendo que esta se ejerce en respuesta a los ataques recibidos por la otra parte. De ahí surge entonces un relato que se extiende fuera de los propios protagonistas alcanzando los intereses de terceros que lo usan en su beneficio, política y mediáticamente. Una circunstancia que ha sido incluso estudiada científicamente, llegándose a la conclusión de que más del 50 % de los israelíes y un 75 % de los palestinos piensan que el otro bando pretende apoderarse de sus tierras; y, en ambos casos, casi un 70 % considera que el contrario es el culpable del conflicto[886].

Un problema que, de la misma manera, puede aplicarse al Líbano como parte interesada, pues la violencia acaba justificando cualquier objetivo político. Este fue el caso de los chiíes libaneses que recurrieron en su día a la violencia. Primero, estableciendo un pequeño grupo que acabó creando una comunidad capaz de movilizar a la sociedad, a la vez que conseguía una importante fuerza económica. Segundo, transformando aquella fuerza social en una relevante estructura política. Y, tercero, al fallar los consensos internos y no conseguir la aceptación internacional, pasar a usar la violencia como un instrumento que reforzara sus objetivos sociales y políticos; creando así una «cultura de la violencia» mientras no se alcanzaran los objetivos políticos que se perseguían[887]. Un caso aplicable a cualquier organización que acaba imponiendo el terror como medio para conseguir sus objetivos políticos.

En el caso palestino-israelí, la violencia toma además tintes religiosos. De un lado, la Torá, que viene a justificar muchos de los actos que se cometen por parte israelí. Y, por otro, el islam que, con el Corán, viene a dar soporte a las justificaciones políticas y sociales de los ára-

---

886   J. Haushofer *et al. Both sides retaliate in the Israeli-Palestinian conflict.* PNAS. October 19, 2010. Vol. 107. N.º 42. Pág. 17927-17932. https://www.pnas.org/doi/epdf/10.1073/pnas.1012115107.

887   E. Picard. *The Lebanese Shi'a and Political Violence in Lebanon.* En: D. E. Apter (Ed.). *The legitimization of violence.* New York University Press. Nueva York, 1997. Págs. 194-233.

bes y de los palestinos. Una circunstancia que, como ya dijimos, evoluciona de lo religioso a lo ideológico. Por eso nos referimos páginas atrás al *fundamentalismos islámico*[888]. De manera que la violencia puede comenzar en cualquier esquina de un triángulo que une la «violencia directa» con la «violencia estructural» y con la «violencia cultural»; lo que permite pasar con facilidad de una a otra. De esta manera, una estructura violenta que tiende a institucionalizarse, a repetirse, a ser ritual, a asentarse culturalmente, como una permanente venganza[889]; y que puede incluso ser transmitida en las escuelas o en las universidades para inocular esa «cultura de violencia» en el entramado social. Un hecho igualmente comprobable en otros casos donde la identidad nacional o cultural engendra la violencia hacia lo que se considera distinto.

Sin embargo, una vez lanzada la violencia es preciso justificarla y asentarla política, cultural e incluso religiosamente, lo que induce en múltiples ocasiones a tergiversar la verdad, cuando no a utilizar directamente la mentira como un arma adicional; lo cual contraviene en un caso o en otro, lo que se suele utilizar como argumento: los postulados religiosos. Un contrasentido, en tanto que los «libros sagrados» se oponen en todos los casos al uso de la mentira.

Así, por ejemplo, el Libro de los Proverbios de la Biblia denuncia frecuentemente ese uso. «De boca honrada —dice— brota sabiduría, la lengua tramposa será cercenada. Labios honrados destilan agrado, de la boca del malvado brota el engaño»[890]. O también: «El Señor detesta los labios mentirosos; le agrada, en cambio, el hombre sincero»[891]. Para concluir con este otro ejemplo: «Aparta de tu boca la maledicencia, aleja la mentira de tus labios; mira siempre de frente, que no se desvíe tu mirada»[892]. Y, en el caso del Corán, baste decir que el texto que

---

888 Algunos analistas, como es el caso de Maxime Rodinson, achacan al sionismo israelí haber originado el rechazo árabe en contra del Estado de Israel. Algo, en nuestra opinión, muy discutible después de todo lo que llevamos visto hasta aquí. En cualquier caso, para los lectores interesados en esta postura damos la referencia: M. Rodinson. *Israel, A Colonial Settler-State?* Monad Press. Nueva York, 1973.

889 Hemos tomado estas ideas de: J. Galtun. *Cultural Violence.* Journal of Peace Research. Vol. 27. N.º 3. Aug. 1990. Págs. 291-305.

890 Proverbios (10: 31-32)

891 Proverbios (12: 22)

892 Proverbios (4: 24-25)

hemos consultado denuncia la mentira, al menos, en 35 ocasiones, en algunas de ellas con sentencias como estas: «Alá no ha instituido ni bahira, ni saibas ni wasila, ni hami. Son los infieles quienes han inventado la mentira contra Alá. Y la mayoría no razonan»[893]. Y también esta otra: «Atribuyen a Alá lo que detestan y sus lenguas inventan la mentira cuando pretenden que les espera lo mejor. ¡En verdad, tendrán el Fuego, e irán los primeros!»[894].

Después de esta larga disquisición teórica, vayamos a lo concreto y a lo más cercano, como fue lo sucedido el 7 de octubre de 2023. Un hecho, iniciado violentamente, como en tantas ocasiones, por Hamás en contra de Israel. Un conflicto que aún continúa, cuando esto se escribe, en forma de una guerra en la Franja de Gaza y de otras acciones fuera de allí.

Aquel día, un grupo de combatientes de Hamás arrasaron varias aldeas israelíes colindantes con Gaza, matando a unas mil cuatrocientas personas y secuestrando a unas 250, a la vez que algunos de ellos se grababan con niños judíos en el kibutz Holit[895], lindante con Gaza. Pueden verse algunas imágenes en un canal de *Telegram* que se colgaron seis días después del atentado[896].

En uno de los vídeos, «un combatiente [de Hamás], vestido con uniforme de camuflaje, venda el pie de un niño israelí de corta edad y luego lo coloca en su regazo mientras zarandea al bebé, que llora, de un lado a otro en un cochecito. Una cámara enfoca el rostro confuso del niño mientras un combatiente invisible, que habla un inglés entrecortado, le ordena que repita la palabra árabe *bismillah* que significa "en el nombre de Dios"»[897]. En un momento del vídeo, «otro combatiente enmascarado sostiene a dos niños y se dirige a la cámara: "Mira la misericordia en nuestros corazones. A estos niños no los matamos como vosotros" (unos seis niños murieron por el disparo de cohetes

---

893   Sura (5: 103)

894   Sura (15:62)

895   https://es.wikipedia.org/wiki/Holit.

896   D. D. Kirpatrick; A. Rasgon. *The Hamas Propaganda War*. The New Yorker. October 30, 2023. https://www.newyorker.com/news/news-desk/the-hamas-propaganda-war.

897   *Ibid.*

el 7 de octubre, y el Canal 12 de Israel ha dado el nombre de al menos otros diecinueve asesinados por militantes de Hamás)»[898].

Ante estos ataques, el 11 de octubre de 2023, la Liga Árabe condenó «la matanza y los ataques contra civiles en ambos bandos» —incluidos los perpetrados por Hamás—, pero el 24 de ese mes, con la opinión árabe volcada en favor de Hamás, los ministros de Asuntos Exteriores árabes de casi toda la región denunciaron el coste humano de los ataques aéreos israelíes, evitando condenar entonces el papel que Hamás había desempeñado en provocar el conflicto. Una política que, en aquel caso, se dirigía en contra de Israel, cuando el «relato» en contra de los israelíes había comenzado antes de que los atacantes de Hamás intervinieran fuera de la Franja de Gaza[899]. Adicionalmente, la potente cadena *Al-Jazeera*, propiedad de Catar, fue difundiendo las imágenes del destrozo producido por las fuerzas aéreas israelíes en Gaza. Presentando las actividades de Hamás como «combatientes de la resistencia» que luchaban contra un «ejército de ocupación».

Sin embargo, otras cadenas árabes, como *Al Arabiya* de Arabia Saudí o *Sky News Arabia* de los Emiratos Árabes Unidos, eran críticas con las actividades de Hamás; fundamentalmente porque después de los Acuerdos de Abraham, Arabia Saudí parecía decidida a sumarse a ellos reconociendo al Estado de Israel; lo que Irán y sus satélites no aceptaban de ninguna manera. De ahí que, el 8 de octubre de 2023, el periodista de *Sky News Arabia*, Nadim Koteich[900], director general de la emisora, justificara las represalias israelíes comparando la matanza de Hamás con el ataque de Al Qaeda contra Estados Unidos el 11 de septiembre de 2001. El asalto de Hamás, en palabras de Koteich: «fue un golpe premeditado contra el plan de paz árabe-israelí»[901]. Lo cual ha sido denunciado en otros medios afines a Hamás, involucrando a los Emiratos Árabes Unidos en el suministro de armamento a Israel[902].

---

898   *Ibid.*
899   *Ibid.*
900   https://www.arabnews.com/node/2436726/media.
901   D. D. Kirpatrick; A. Rasgon. *Op. cit.*
902   *Through Serbia: How is the UAE Supplying Israel with Weapons to Kill Palestinians?* https://www.alestiklal.net/en/article/through-serbia-how-is-the-uae-supplying-israel-with-weapons-to-kill-palestinians.

Unos pactos —los Acuerdos de Abraham— que, quizás, se relacionaban también con una sorprendente visita que Benjamín Netanyahu había hecho dos años antes (el 26 de octubre de 2018) al sultán de Omán[903], Qabus bin Said[904] (fallecido en enero de 2020). Una «extraña» visita en tanto que la última de un premier israelí había sucedido en 1996 en el marco de las reuniones de paz con Palestina. Una visita que se entendía por algunos como una estrategia de Israel para «fortalecer las relaciones con los países de la región»; como también como una medida para explorar las posibilidades de ayuda en los problemas de Yemen con los hutíes, o de estrechar los lazos con Estados Unidos, habida cuenta de las antiguas relaciones entre Omán e Irán que parecían no estar totalmente aseguradas[905]. Una estrategia que, quizás, podría haber explorado la posible entrada del sultanato de Omán en los Acuerdos de Abraham que se estaban entonces gestando.

Para no olvidar lo sucedido aquel octubre de 2023, sirva esta corta cronología de los cuatro días que siguieron al ataque de Hamás[906]: 7 de octubre, comienzo de la operación Diluvio de Al-Aqsa, mediante la cual Hamás lanzó más de 5000 misiles sobre Israel, a la vez que combatientes de Hamás iniciaban incursiones en las localidades israelíes cercanas con los resultados antes comentados. Ante esto, Israel lanzó la operación Espadas de Hierro con un bombardeo masivo en la Franja de Gaza. 8 de octubre, Hezbolá lanzó ataques localizados en la frontera del Líbano con Israel, lo que llevó a las represalias israelíes en las zonas fronterizas del Líbano. 9 de octubre, el Estado de Israel lanza un asedio en contra de Hamás e indica tener controlada su zona en la frontera con Gaza. 10 de octubre, del lado israelí se contabilizan 900 muertes, en el lado palestino, 700, aparte de miles de heridos. Un periodista israelí del periódico Ha'Aretz, que vivía en el kibutz Nahal Oz, el más próximo a la Franja de Gaza, comenta lo sucedido según sus

---

903   https://es.wikipedia.org/wiki/Omán.
904   https://es.wikipedia.org/wiki/Qabus_bin_Said_Al_Said.
905   A. Amir-Aslani. *Benjamin Netanyahu à Oman. Le nouvel Economiste.* N.º 1943. 16-22 de noviembre de 2018.
906   *Courier international. Israël. L'état de choc.* N.º 1719. 12-18 octobre 2023. Se trata de un número de *Courier international* con un reportaje extraordinario sobre la nueva guerra Israel-Hamas comenzada en octubre de 2023. Págs. 10-17.

propias vivencias[907]. De ahí que Israel se haya visto forzada a lanzar una contundente operación en contra de Hamás, lo que nos devuelve a lo ya comentado en el capítulo anterior sobre la proporcionalidad ante este tipo de ataques. Sin embargo, queda una pregunta, independientemente del relato que se pretenda desarrollar en este conflicto sin fin: ¿Por qué Hamás decidió en esta ocasión lanzar un ataque tan virulento en contra de Israel? ¿Cuáles fueron las razones?

Vayamos a un periodista palestino que vive en Londres[908]. En su opinión, el movimiento islámico que sostiene a Hamás había decidido pasar al ataque debido a que «se encontraba en dificultades en Gaza y necesitaba recuperar su imagen». De ahí que, para este cronista, esta guerra le parezca diferente a las anteriores. Primero, porque la iniciativa había partido de Hamás, y segundo, porque el territorio israelí había sido invadido por tropas de Hamás, lo que nunca había sido llevado a cabo con anterioridad[909]. Unas consideraciones que le llevaban a predecir las consecuencias de esas acciones, teniendo en cuenta que, si bien la resistencia palestina es, para este cronista, heroica, su «liberación» no es cosa de mañana. Además, el cronista que referimos piensa que los ataques de Hamás podrían ser un pretexto para que Israel diera libre curso a su violencia en contra de los palestinos, e incluso «limpiar» de colonos Cisjordania; lo que podría llevar a que la Franja de Gaza acabara separada políticamente de Cisjordania para formar un Estado palestino independiente, ya fuera bajo el dominio de Hamás o de la Autoridad Palestina[910]. Una situación que llevaría, en nuestra opinión, a la idea apuntada más arriba de los «tres Estados».

Por parte de Israel, su respuesta a los ataques de Hamás del 7 de octubre de 2023 fue la ya conocida: involucrar a sus fuerzas armadas en una operación altamente destructiva. A lo que sumó cualquier negativa para volver a las conversaciones sobre el asunto de los dos Estados. El ataque de Hamás, y la combinación con las agresiones de

---

907   *Ibid. Ha'Aretz. Nous sommes en train de vivre notre pire cauchemar».*
908   *Ibid. Al Majalla. Pourquoi le Hamas a décidé d'attaquer Israël sur son sol?* Esta publicación es propiedad de la Saudi Research and Publishing Co. Está dirigida por el hermano del rey saudí. Se distribuye en todo el mundo árabe salvo en Libia.
909   *Ibid.*
910   *Ibid.*

sus aliados, llevó al Gobierno de Benjamín Netanyahu, ante el clamor de los familiares israelíes que reclamaban justicia, a responder con la rotundidad acostumbrada. Pues, como siempre, se trata del uso de unas fuerzas armadas de un país establecido, miembro de Naciones Unidas, como respuesta a las agresiones llevadas a cabo por grupos no estatales, como pueden ser Hamás o Hezbolá.

Lo anterior viene demostrado por la manera en que tradicionalmente actúa Israel, pues, fuera de cualquier estrategia de *storytelling*, tan usual en sus oponentes, utiliza sus instrumentos democráticos. Así, el 25 de diciembre de 2023, se reunía el *Knesset* (el Parlamento israelí), donde el presidente, Benjamín Netanyahu, daba este mensaje: «Tenemos que seguir hasta el final». Explicando que los propios comandantes de sus batallones le habían urgido a considerar que «necesitaban tiempo»[911]. Unas declaraciones que iban en la misma dirección que la de otros políticos cuando, en la misma sesión de la «Cámara», apoyaban una guerra «dura» en contra de Hamás. Uno de ellos fue el ministro de Defensa israelí, Yoav Gallant, uno de los supuestos aspirantes a sustituir a Netanyahu, que dijo: «Esta es una guerra larga y dura. Tiene costes, costes elevados, pero su justificación es la más elevada que puede haber». Y aseguró que Israel castigará a Hamás por sus brutales ataques «aunque lleve meses o años»[912].

Se trata de dos formas de presentar los hechos. Por parte de Hamás, la estrategia del relato y la búsqueda de adhesiones internacionales ante los «destrozos» de Israel, que actúa de otro modo, utilizando, primero, sus instrumentos democráticos internos para justificar sus actos de respuesta, y después, como es habitual, buscar el apoyo de su principal socio, Estados Unidos, para que apoye sus acciones, lo que pone a este último país en una difícil tesitura.

En cualquier caso, las fotos y reportajes sobre cómo está quedando Gaza después de los bombardeos no dejan lugar a dudas: quien inició el conflicto pasa de agresor a víctima: es el vencedor del relato y es el ganador de la contienda ante la población palestina y ante sus aliados.

---

911   J. Dettmer. *For Israel, Gaza is a preventative war*. *Politico*. December 29, 2023. https://www.politico.eu/article/israel-gaza-preventative-war/.
912   *Ibid.*

En este sentido, por ejemplo, los ataques aéreos de Israel llevaron al Secretario General de la ONU, Antonio Guterres, a decir en una ocasión (noviembre de 2023) que los ataques convertían a Gaza en un «cementerio de niños»[913]. A lo cual, algún otro analista en favor de la causa de Hamás comentaba[914] que: «Israel persigue activamente la destrucción del conocimiento histórico y de la educación. Esto se debe a que es difícil perpetuar la limpieza étnica —al mismo tiempo que se pretende ser una democracia— sin controlar también la memoria colectiva de la población y blanquear la brutalidad de los registros históricos»[915]. Una circunstancia que, aunque referida aquí por tratar de ser consecuentes con lo que dijimos de dar voz a todas las partes, no se justifica en absoluto después de ver la historia real del conflicto árabe-palestino-israelí y de todo lo sucedido desde 1948. En ningún caso, parece que Israel haya pretendido destruir, ni la historia árabe, ni la cultura palestina, sino tratar de defenderse cuando considera que su existencia está en peligro.

Lo anterior es un ejemplo más de un proceso de *storytelling* que dificulta, como tantas veces, la resolución de este «secular» enfrentamiento, en el cual los miembros de Hamás y otras organizaciones similares, aparte de Irán, bien conocen el efecto acción-reacción de Israel que, finalmente, será reprobado por gran parte de la comunidad internacional debido a sus extremas acciones de represalia.

¿Qué sucede, sin embargo, cuando los ataques y la muerte de niños ocurren en Israel? Véase un caso no tan lejano, como fue el supuesto ataque de Hezbolá con un cohete Falaq-1[916] de fabricación iraní, lanzado el 27 de julio de 2024 en un campo de fútbol en la villa de Majdal Shams[917] que se encuentra en los Altos del Golán muy cerca del sur del Líbano. Aquel misil mató, al menos, a 12 personas, la mayoría niños. Respecto del relato, Hezbolá negó el lanzamiento del misil, aunque

913   J. Hagopian. *Israel's War on Gaza is Also a War on History.* The Progressive Magazine. November 27, 2023. https://progressive.org/latest/israels-war-on-gaza-is-also-war-on-history-hagopian-231127/.

914   https://iamaneducator.com/about/about-jesse/.

915   *Ibid.*

916   https://en.wikipedia.org/wiki/Falaq-1.

917   https://es.wikipedia.org/wiki/Majdal_Shams.

está probado que era de fabricación iraní y que fue enviado desde una zona situada al norte de la aldea de Chebaa[918] en el sur del Líbano.

Después del ataque al campo de fútbol de Majdal Shams, vino, como si hubiera alguna conexión, la reacción de Irán: «Mojtaba Amani, embajador de Irán en el Líbano, refiriéndose al atentado, declaró: "No esperamos que Israel inicie una guerra contra Líbano y la región; teniendo en cuenta el equilibrio de poder, creemos que la probabilidad de que se produzca es muy baja"»[919]. A lo que se sumó Mohsen Rezaei, excomandante en jefe de la Guardia Revolucionaria iraní, que escribió en X: «Netanyahu, por desesperación o locura, cree que iniciando una aventura en el Líbano puede escapar del atolladero de Gaza; sin embargo, está dando un paso hacia un obstáculo más profundo y formidable»[920]. Estas declaraciones sonaban a una amenaza o a una incitación. No hay que decir, sin embargo, que Israel avisó de una respuesta contundente a aquel ataque, que se concretó pocos días después cuando la aviación israelí sobrevoló Beirut «eliminando en un suburbio de la capital al comandante militar de más alto rango de la organización terrorista Hezbolá, Fuad Shukr[921]; "mano derecha" del líder de Hezbolá, Hassan Nasrallah[922], que, según se dice, fue responsable de operaciones como el ataque que mató a 12 niños y adolescentes e hirió a varias personas el sábado en Majdal Shams»[923].

No seguiremos la descripción de estos hechos que pueden consultarse en múltiples medios de comunicación, la dejamos a la consideración del lector. Aunque todo apunta que, desde el ataque de Hamás en octubre de 2023, los países contrarios a Israel pretenden encender la mecha para que salte una escalada de violencia en la zona, lo que

---

918   https://en.wikipedia.org/wiki/Shebaa. Ver también: https://es.wikipedia.org/wiki/Granjas_de_Shebaa.

919   IRAN International. *Soccer field bloodshed stokes fears of Israel-Hezbollah full-fledged war.* 28 de julio de 2024. https://www.iranintl.com/en/202407273146.

920   *Ibid.*

921   https://www.swissinfo.ch/spa/quién-es-fuad-shukr %2C-el-comandante-de-hizbulá-muerto-en-el-ataque-de-israel-en-el-líbano %3F/85508003.

922   https://es.wikipedia.org/wiki/Hasan_Nasrallah.

923   NPR. *Israel says it killed a Hezbollah commander in Beirut it blames for a deadly strike.* July 30, 2024.
https://www.npr.org/2024/07/30/nx-s1-5057520/israel-strikes-beirut-lebanon-retaliation.

lleva a considerar la posibilidad de que el conflicto se extienda a toda la región, lo que sería, sin duda, uno de los objetivos buscados por Hamás y sus aliados más cercanos, particularmente, Irán.

Sabemos que aquel octubre de 2023, aparte de Hezbolá, Irán lanzó varios ataques con misiles en contra de Israel. Todo parecía una operación combinada como tantas veces en el pasado, a la que se sumaron Hezbolá y otros países, como fue el caso de Yemen.

Israel y, por supuesto, los palestinos, sin un Estado que les represente, se encuentran en una zona especialmente convulsa. De los países circundantes, cinco de ellos (Egipto, Jordania, Sudán, Turquía, Baréin y los Emiratos Árabes Unidos) mantienen relaciones diplomáticas con Israel, al que reconocen como tal. Arabia Saudí, como dijimos, tiene —previsiblemente— en curso la aprobación de una relación similar, aunque ahora parece que esta posibilidad está cerrada[924]. Otros, como es el caso de Omán, mantienen con Israel relaciones comerciales. Más allá, Marruecos, lejos de Oriente Medio, tiene igualmente estrechas relaciones con Israel. A Turquía, país perteneciente a la OTAN, nos referiremos más adelante. La figura 8.1 muestra el entorno geográfico que rodea Israel y Palestina.

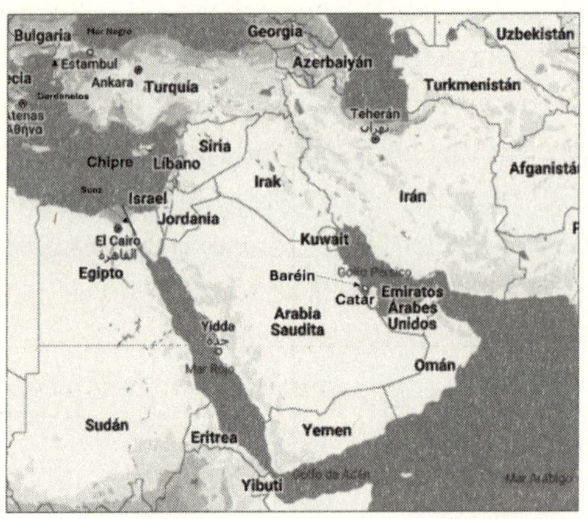

Figura 8.1.- El entorno geopolítico regional de Israel

---

924   https://www.reuters.com/world/middle-east/saudi-arabia-says-there-will-be-no-diplomatic-relations-with-israel-without-an-2024-02-07/.

Irak o Yemen, aunque no se involucran de forma directa en el conflicto armado actual, guardan una permanente hostilidad hacia Israel; siendo Irán, Siria y el Líbano, los tres países involucrados en esta guerra sin fin; a lo que se suman otros «actores no estatales» relacionados con Irán que existen en Baréin, Yemen, Siria e Irak, aparte del Líbano y los territorios palestinos[925]. Con el paradigmático caso de Catar, que merece algo de atención.

Catar es una pequeña nación de unos 300.000 habitantes que constituye el tercer país de reservas de gas natural del mundo, detrás de Rusia e Irán, con el que «comparte» un importante yacimiento de gas. Se dice que esta bolsa de gas es la mayor del mundo[926]. Una situación que, dada la potencia militar de Irán, recomienda a Catar —creemos nosotros— mantener buenas relaciones con este país, altamente beligerante, como se sabe, en contra de Israel. Catar, por otro lado, mantiene antiguas relaciones con los talibanes de Afganistán[927].

Con respecto a Israel, las relaciones de Catar son igualmente antiguas. Hay que recordar que, en 1995, con motivo del asesinato del primer ministro israelí Isaac Rabin, el entonces ministro de Información catarí, Ahmed al-Aziz al-Kuwari, asistió al funeral en Jerusalén vestido con el traje tradicional árabe. Posteriormente, se estableció una oficina comercial de Israel en Doha, la capital de Catar, si bien, el contrario nunca se llevó a cabo. Aun así, los israelíes pueden visitar Catar con sus pasaportes nacionales. Un asunto que enlaza con las relaciones estadounidenses, cuya presencia militar en la zona necesita el apoyo de Catar, circunstancia que choca con la ayuda catarí a Palestina y la animadversión continua de Al-Jazeera en contra de Israel y Estados Unidos. Un medio de comunicación muy influyente en el mundo musulmán que, sin embargo, matiza sus informaciones en idioma inglés, no así en lengua árabe.

---

925   R. Berg *et al. Why have Israel and Iran attacked each other?* BBC. 19 April 2024. https://www.bbc.com/news/world-middle-east-68811276.

926   https://es.wikipedia.org/wiki/Yacimiento_de_gas_natural_South_Pars-North_Dome.

927   https://en.unav.edu/web/global-affairs/catar-la-puerta-de-afganistan-para-occidente.

Con sus otros vecinos, Catar mantiene tensas relaciones. Por ejemplo, en 2017, Arabia Saudí, los Emiratos Árabes Unidos, Baréin y Egipto, embargaron comercial y diplomáticamente a Catar, alegando que el país apoyaba el terrorismo. Arabia Saudí levantó la sanción en 2021. Otro conflicto entre ellos proviene de los reactores nucleares que tanto los Emiratos, como el que tiene previsto desarrollar Arabia Saudí, tienen sus emplazamientos muy cerca de Catar[928].

Un complejo escenario que los cataríes gestionan con verdadera maestría, incluyendo sus relaciones con varios países de la Unión Europea donde mantienen importantes inversiones. Véase como ejemplo la inversión catarí de 10.000 millones de euros en Francia para el período 2024-2030[929]; o las inversiones en España (Iberdrola, la filial brasileña del Banco Santander, o la participación en IAG, grupo al que pertenecen Iberia y Vueling)[930].

Consideremos de nuevo a Irán por un momento en este escenario. Durante los días 13 y 14 de abril de 2024, el régimen iraní y sus aliados lanzaron más de 300 proyectiles, incluidos unos 170 drones, 120 misiles balísticos tierra-tierra, y alrededor de 30 misiles de crucero de ataque terrestre contra Israel, principalmente desde territorio iraní, aunque con pequeños ataques adicionales con proyectiles lanzados desde Irak, Siria, Líbano y Yemen. El ataque dañó levemente la base aérea israelí de Nevatim en el Néguev, donde se encuentran los avanzados cazas F-35 de Israel, causando unos doce heridos[931]. Se trataba, aparte de los ataques de Hamás y Hezbolá en contra de Israel, de una suerte de guerra combinada desde varios lugares, lo que hacía recordar tiempos ya olvidados. Los misiles iraníes, según se aseguraba, eran la respuesta a un ataque aéreo atribuido a Israel que había sucedido el primero de abril de ese año contra las instalaciones consulares

928   Una visión global puede verse en: https://www.washingtoninstitute.org/policy-analysis/qatars-relations-washington-and-israel-are-being-tested.

929   https://www.france24.com/en/europe/20240227-qatar-pledges-€10-billion-for-key-sectors-of-french-economy-on-state-visit.

930   https://www.elindependiente.com/economia/2022/05/18/de-iberdrola-a-la-cultural-leonesa-los-petrodolares-de-qatar-en-espana/.

931   J. Ruhe; A. Cicurel. *Unprecedented Iranian Regime Attack Against Israel*. JINSA. The Jewish Institute for National Security in America. April 14, 2024. https://jinsa.org/wp-content/uploads/2024/04/Unprecedented-Iranian-Regime-Attack-Against-Israel-NatSec-Brief-4-14-24-5.pdf.

de Irán en Damasco (Siria). Allí murieron siete oficiales del Cuerpo de Guardianes de la Revolución islámica.

Los ataques iraníes de octubre de 2023 habían sido precedidos por otros similares contra objetivos estadounidenses en la región, así como contra militares estadounidenses en Jordania[932]. Una circunstancia que habla de que algo está cambiando en la zona, pues se trata, al decir de ciertas fuentes: «de la mayor operación militar del régimen iraní desde los años ochenta; lo cual ayuda a pensar en un "cerco" a Israel, a las bases estadounidenses y a los socios árabes de Oriente Próximo, mediante un "anillo de fuego" de drones, misiles de crucero y misiles balísticos cada vez más potentes, precisos y de largo alcance»[933]. Lo cual lleva a una nueva recomposición geopolítica en la zona que trataremos en el siguiente capítulo pero que, ahora, nos lleva a considerar otro aspecto: la supuesta capacidad de armamento nuclear de Irán.

Según la Agencia Nacional de Inteligencia de Estados Unidos «Irán no está llevando a cabo actualmente las actividades clave de desarrollo de armas nucleares que serían necesarias para producir un dispositivo nuclear comprobable»[934]. Aunque, «desde el asesinato del científico nuclear Mohsen Fakhrizadeh en noviembre de 2020, Irán ha acelerado su programa nuclear, y ha emprendido actividades de investigación y desarrollo que lo acercarían a producir el material fisible necesario para completar un dispositivo nuclear»[935]. Sin embargo, la House of Commons británica, cree que el logro de una capacidad nuclear por parte de Irán está mucho más cerca. Aunque en 2022 varios analistas consideraban que en un año Irán podría disponer de esa capacidad, el Organismo Internacional de Energía Atómica[936] estimaba, sin embargo, que «Irán había adquirido suficiente uranio altamente enriquecido que, si se enriquecía aún más hasta el 90 % (grado armamentístico), sería teóricamente suficiente para fabricar tres arte-

---

932   *Ibid.*

933   *Ibid.*

934   Office of the Director of National Intelligence. *Iran's Nuclear Weapons Capability and Terrorism Monitoring Act of 2022*. June 2023. https://www.dni.gov/files/ODNI/documents/assessments/Iran-Nuclear-Weapons-Capability-and-Terrorism-Monitoring-Act-of-2022.pdf.

935   *Ibid.*

936   https://www.iaea.org/es.

factos explosivos nucleares»[937]. Un hecho que abre una enorme incertidumbre de lo que podría pasar en un futuro, teniendo en cuenta que Israel es una potencia nuclear armamentística.

El hecho de poseer armamento nuclear no significa, en principio, que se use para defensa o ataque, sino que se trata de una estrategia disuasoria: no es lo mismo tener capacidad nuclear que no tenerla. En el caso de Irán, esta posibilidad lo convertiría en un país más peligroso respecto de sus adversarios. De un lado, le haría inmune a las posibles represalias que se llevaran a cabo en su contra. De otro, las organizaciones terroristas apoyadas por Irán (principalmente Hamás y Hezbolá, aunque no solo) llevarían a cabo sus acciones con menos reparo a sufrir respuestas en su contra. Dos aspectos que elevarían la tensión con Israel, incrementaría los conflictos, y pondría sobre la mesa un riesgo que hoy no existe: la posibilidad de una confrontación nuclear en la zona[938]. Una circunstancia que dejaría sin efecto los acuerdos firmados en 2015 por Irán con China, Francia, Alemania, Rusia, el Reino Unido y Estados Unidos para limitar el programa nuclear iraní a cambio de eliminar las sanciones en contra del país. Un plan refrendado ese año por el Consejo de Seguridad de Naciones Unidas, con la Resolución 2231[939]. No es descartable, por tanto, que estando Irán cerca de conseguir tal capacidad nuclear, haya impulsado las acciones de Hezbolá y, principalmente, Hamás, en contra de Israel desde octubre de 2023. Sería una demostración de esa fortaleza.

Aunque el 22 de octubre de 2023[940], el presidente estadounidense Biden, el primer ministro Trudeau de Canadá, el presidente Macron de Francia, el canciller Scholz de Alemania, la primera ministra Meloni de Italia y el primer ministro Sunak del Reino Unido, hubieran reiterado su apoyo a Israel y su derecho a defenderse del terrorismo, solicitando,

---

937   C. Mills. House of Commons. *What is the status of the Iran nuclear deal?* Research Briefing. Number 9870. 24 April 2024. https://researchbriefings.files.parliament.uk/documents/CBP-9870/CBP-9870.pdf.

938   Las frases se han extractado de este informe de C. H. Kahl; *et. al. Risk and Rivalry. Iran, Israel and the Bomb.* Center for a New American Security. June 2012.

939   https://main.un.org/securitycouncil/en/content/2231/background.

940   The Withe House. *Joint Statement on Israel.* October 22, 2023. https://www.whitehouse.gov/briefing-room/statements-releases/2023/10/22/joint-statement-on-israel-2/.

eso sí, que se respetara el derecho internacional humanitario, incluida la protección de civiles, así como un acceso continuo y seguro a alimentos, agua, atención médica y demás asistencia necesaria para satisfacer las necesidades humanitarias, evitando la extensión del conflicto a todo Oriente Medio, no es menos cierto que un año y medio después, con Gaza en estado de *shock*, no han parado los ataques de los dos bandos, a los que se han sumado, como hemos comentado, otros actores.

Lo que lleva a preguntarse si no se estará asistiendo a la imposible cuadratura de un círculo en una región donde el riesgo de una guerra en varios frentes comienza a ser una posibilidad cuando esto se escribe. Lo que nos lleva a Turquía, que dejamos en espera páginas más arriba. Un país con una antigua tradición de entendimiento con Israel que se orienta hoy de manera distinta. A lo que se une la respuesta de Israel ante los ataques que viene sufriendo desde aquel 7 de octubre de 2023, donde las acciones terroristas de Hamás, de un lado, Irán, de otro, y su apéndice, Hezbolá, en paralelo, obligan al ejército israelí a actuar fuera de Gaza.

Ya se ha comentado el ataque de la fuerza aérea israelí en Beirut como represalia a los asesinatos en el campo de fútbol de Majdal Shams, dando muerte al comandante militar de Hezbolá, Fuad Shukr. Y no hay que olvidar, tampoco, el ataque en Teherán, la capital iraní, que acabó con la vida del líder de Hamás, Ismail Haniyeh[941], el 30 de julio de 2024. De un lado, una incursión militar de Israel en el Líbano, de otro, aunque no reconocido por Israel, en Irán. Este último condenado expresamente por Turquía, Rusia y la Autoridad Palestina, cuyo presidente, Mahmud Abbas, calificó el «asesinato» de Haniyeh, como un «acto cobarde y peligroso»[942]; y la agencia de noticias rusa Tass como un «asesinato político totalmente inaceptable»[943].

Turquía es un país clave en el contexto de todo lo que sucede en Oriente Medio y, por supuesto, en la guerra de Ucrania, aunque no

---

941 https://es.wikipedia.org/wiki/Ismail_Haniya.
942 The Guardian. *Hamas leader Ismail Haniyeh killed in raid on Iran residence, says Palestinian group.* 31 de julio de 2024.https://www.theguardian.com/world/article/2024/jul/31/hamas-leader-ismail-haniyeh-death-raid-iran-home-israel-gaza-war.
943 *Ibid.*

sea este —de momento— nuestro propósito. Ya que todo lo que rodea el conflicto palestino-israelí acaba siempre en la construcción de un Estado palestino de una forma o de otra. Lo que induce a configurar la región de acuerdo con uno u otros intereses.

De acuerdo con Jacob Abadi[944], profesor del Middle East Institute[945]: «Las relaciones diplomáticas entre Israel y Turquía existen desde la creación del Estado judío en 1948. Sin embargo, han permanecido encubiertas hasta hace poco. Los contactos entre ambos países han continuado a pesar de la condena de Israel por Turquía en la ONU y otros organismos oficiales»[946]. Por su parte, Randy Smith en su tesis de 2000, yendo en la misma línea que Abadi, indica que, independientemente de las condenas que Turquía haya llevado a cabo contra Israel en Naciones Unidas, al ser un país dominante en el contexto de Oriente Medio, «debe sofocar —decía Smith en 2000— su terrorismo interno y adquirir suficiente poder para resolver con éxito o disuadir adecuadamente las reivindicaciones irredentistas, las disputas por el agua y los intereses en conflicto. Además, Turquía debe ser capaz de ejercer la fuerza necesaria para disuadir y, en caso necesario, repeler cualquier acción hostil emprendida contra ella por un adversario potencial»[947]. Por lo que: «no es casualidad que estos sean exactamente los tipos de protocolos que se han firmado entre Turquía e Israel»[948].

Un asunto que guarda relación con la posición de Turquía respecto de Irán, sobre lo cual Smith asegura que: «tras el final de la guerra entre Irán e Irak y el colapso de la Unión Soviética, la competencia y la desconfianza turco-iraníes hicieron aflorar las tensiones. Las disputas turco-iraníes se centran en la ideología, el terrorismo y la lucha

---

944 J. Abadi. *Israel and Turkey from Covert to Overt Relations.* https://file.setav.org/Files/Pdf/israel-and-turkey-from-covert-to-overt-relations.pdf. Jacob Abadi es profesor de Historia de Oriente Medio y del Islam en la Academia de las Fuerzas Aéreas de Estados Unidos en Colorado Springs.

945 Fundada en 1946, el Middle East Institute es la institución más antigua, con sede en Washington, dedicada al estudio de Oriente Próximo. Es un *think tank* no asociado a ninguna organización política que ofrece análisis políticos especializados, servicios educativos y de desarrollo profesional, así como un centro de contacto con las artes y la cultura de la región. https://www.mei.edu/about.

946 J. Abadi. *Op.cit.*

947 R. J. Smith. *The Pragmatic Entente: Turkey's Growing Relations with Israel.* Thesis. Master of Arts. Princeton University. January 2000. Pág. 56.

948 *Ibid.*

por la influencia [en la región]»[949]. Así, continúa Smith: «la cuestión dominante que divide a Turquía e Irán es la cosmovisión islámica fundamentalista de Teherán, que Ankara percibe como hostil a su propio *establishment* laico[950] —recordemos que se hablaba en 2000— y sirve para crear un vasto abismo ideológico entre ambos Estados»[951].

En el otro sentido, la necesidad de Israel en sellar acuerdos con Turquía nace de la importancia que tiene la seguridad en la supervivencia del Estado de Israel, «rodeado» de enemigos. Con esta necesidad, «aunque la relación de Israel con Estados Unidos es sólida, sería poco realista creer que Israel no necesita también amigos regionales. Con este fin, Israel ha firmado varios acuerdos con Turquía para posicionarse mejor ante las amenazas actuales y futuras»[952].

Dicho lo anterior, las relaciones entre Turquía e Israel tienen sus claroscuros. Por ejemplo, tras la decisión del entonces presidente de Estados Unidos, Donald Trump, de reconocer Jerusalén como capital de Israel en 2017 y el traslado de la embajada estadounidense a la ciudad en 2018, las protestas que tal decisión generó en Gaza y la reacción de Israel ante ellas, llevaron al presidente turco, Erdoğan, a renovar sus diatribas contra Israel. Además, los embajadores de ambos países, junto con el cónsul turco en Jerusalén y el cónsul israelí en Estambul, fueron enviados de vuelta a sus países. En consecuencia, las relaciones diplomáticas se redujeron a los encargados de negocios, aunque no se cerraron ni se disminuyeron las embajadas. Siguieron dos años de intensas tensiones entre Ankara y Jerusalén, con numerosos puntos de fricción y una congelación general de las actividades políticas entre ambos países. Lo cual se hizo más relevante con el apoyo de Turquía a Hamás o a Mohamed Morsi y sus Hermanos Musulmanes[953], lo que fue visto por Israel como una «agresión», al menos diplomática, que se vio

---

949   *Ibid.* Pag. 52.

950   El laicismo turco nunca ha tenido una separación completa entre religión y política, sino más bien una práctica política de controlar la religión y alinear su esfera con sus propios deseos. Ver por ejemplo: *The Wire. How Religion Still Means Power in Secular Turkey.* 22 Aug 2023. https://thewire.in/world/how-religion-still-means-power-in-secular-turkey.

951   R. J. Smith. *Op. cit.* Pág. 52.

952   *Ibid.* Pág. 63.

953   https://es.wikipedia.org/wiki/Mohamed_Morsi.

igualmente del otro lado con el acercamiento israelí a Grecia, China, el Egipto de Abdelfatah el Sisi[954], o a los Emiratos Árabes Unidos[955].

Sin embargo, a partir de 2020 Turquía empezó a enviar señales positivas a Israel. Recep Tayyip Erdoğan[956] habló de la posibilidad de normalizar las relaciones turco-israelíes, afirmando que los «problemas con los dirigentes» eran el principal obstáculo en el proceso, una señal del impacto de las malas relaciones interpersonales entre Netanyahu y Erdoğan. Aunque el ciclo de violencia de mayo de 2021 entre Israel y los palestinos ralentizó el proceso, el acercamiento entre ambos países se renovó tras las elecciones de un nuevo Gobierno y presidente israelíes. Erdoğan centró sus esfuerzos en este último, Itzhak Herzog, con quien ha mantenido contactos regulares, y visitando Ankara el 9 de marzo de 2022. Tras una serie de contactos bilaterales, ambos países intercambiaron embajadores en el verano de 2022[957].

Hoy, en el verano de 2024, sin embargo, las relaciones están absolutamente deterioradas. Tanto es así que el ministro de Asuntos Exteriores de Israel instó el 29 de julio de 2024 a la OTAN a que expulsara a Turquía de la organización después de que su presidente, Tayyip Erdoğan, amenazara con que su país podría entrar en Israel, como había hecho en el pasado en Libia. «A la luz de las amenazas del presidente turco Erdoğan de invadir Israel y de su peligrosa retórica, el ministro de Asuntos Exteriores Israel Katz dio instrucciones a sus diplomáticos... para que se pongan en contacto urgentemente con todos los miembros de la OTAN, pidiendo la condena de Turquía y exigiendo su expulsión de la alianza regional»[958]. Un hecho que influye igualmente en las relaciones comerciales que, en 2022, representaban para Israel unas exportaciones de 2330 millones de dólares, mien-

---

954   https://es.wikipedia.org/wiki/Abdelfatah_El-Sisi.

955   Este texto se basa en: R. Daniel. *Turkey, Israel and the Tumultuous 2011-2021 Decade in the Arab World*. Global Relations Forum Young Academic Program. Policy Paper Series N.º 15. December 2022.
https://www.gif.org.tr/files/Turkey_Israel_Arab_World_Remi.pdf.

956   https://es.wikipedia.org/wiki/Recep_Tayyip_Erdoğan.

957   R. Daniel. *Op.cit.*

958   The Times of Israel. *Foreign minister urges NATO to expel Turkey after Erdogan threatened to invade Israel*. 29 July 2024.
https://www.timesofisrael.com/foreign-minister-urges-nato-to-expel-turkey-over-threats-to-invade-israel/

tras que para Turquía hacia Israel eran de 7000 millones de dólares[959]. Cantidad esta última nada despreciable.

Aunque algunos piensen que la solución se encuentra en la existencia de dos Estados con un nuevo Estado de Palestina[960], la situación actual lo hace imposible, en tanto que el conflicto palestino-israelí está fuera de esas fronteras, siendo más bien la forma de cuadrar un círculo en una región donde, aparte de Israel, hay tres países que pretenden el dominio o, al menos, una posición de superioridad en esa conflictiva área: Turquía, Irán y Arabia Saudí, teniendo en cuenta que Siria, Irak y el Líbano son satélites de Irán; mientras que Jordania y Egipto están en la senda de Israel, aparte de los Emiratos Árabes Unidos, Somalia, y Baréin, como ya dijimos.

Un esquema en el que nadie se pone de acuerdo o, por mejor decirlo, nadie quiere un acuerdo. Así se puede observar cómo la separación entre Turquía e Israel tiene que ver con el nuevo acercamiento del Gobierno turco hacia los países del Golfo, especialmente con Arabia Saudí y los Emiratos. Dos países que siempre vieron a Irán como la principal amenaza de la región y, por tanto, en contraposición con Turquía que, como se dijo, se aproximaba a los Hermanos Musulmanes y a Hamás, y, por tanto, a Irán.

Ya se han olvidado los ataques de Hamás a Israel el 7 de octubre de 2023, ahora las miradas están en la guerra de Israel en Gaza. Más bien en la destrucción de Gaza por parte de las fuerzas armadas israelíes, lo que se conoce como las Fuerzas de Defensa de Israel (FDI). Efectivamente, no hay duda de que los israelíes quieren terminar con Hamás; sin más ambages. Quieren destruir a ese grupo que les hostiga hoy y mañana también. Es difícil que lo consiga, particularmente porque la comunidad internacional mira para otro lado; más bien quieren parar este desastre pidiendo a Israel que vuelva a sus cuarteles de invierno. Que pare la guerra.

---

959   https://oec.world/en/profile/bilateral-country/isr/partner/tur?depthBalanceProductSelector=SectionDepth.

960   Ver, por ejemplo: M. Indyk. *The Strange Resurrection of the Two-States Solution. How an Unimaginable War Could Bring About the Only Imaginable Peace.* Foreign Affairs. March/April 2024.
       https://www.foreignaffairs.com/israel/martin-indyk-palestine-strange-resurrection-two-state-solution.

Pero esto no es todo. Ahí está Irán con sus apéndices. Siria de un lado y el Líbano del otro, sin olvidar al Yemen y, por supuesto, a Irak, que parece que no existiera en este escenario. Un país desde el cual el número de atentados diarios que las milicias iraquíes respaldadas por Irán en contra de Israel han venido intensificando desde abril de 2024. Ahí están los ataques de la Resistencia Islámica en Irak (IRI), una «marca paraguas» que los grupos terroristas designados por Estados Unidos: Kataib Hezbollah[961], Harakat Hezbollah al-Nujaba[962] y otros grupos terroristas más pequeños que se atribuyen la autoría de los atentados: un total de 82 atentados diarios en de mayo a noviembre de 2024[963]. No es preciso recordar que el Gobierno iraquí no condenó el ataque de Hamás del 7 de octubre de 2023, sino que se manifestó en apoyo a la causa palestina, condenando posteriormente la operación israelí en la Franja de Gaza. Para los funcionarios iraquíes, no se trataba del inicio de un nuevo conflicto, sino de la continuación de la ocupación de tierras palestinas, que dura ya 75 años, pues Irak fue el único Estado que nunca firmó un acuerdo de armisticio con Israel después de la guerra de 1948[964].

¿Dónde queda en todo este conflicto el Estado de Palestina? Todo parece indicar que los grupos involucrados, ya sean Hamás, Hezbolá, los huties, o tantos otros, siempre con Irán detrás, solo quieren expulsar a Israel del territorio. Primero de los territorios ocupados, luego *desde el río al mar*. Una situación en la que cualquier proceso de negociación es, hoy, cuando esto se escribe, imposible. Nadie quiere la paz. Israel tampoco, pues quiere terminar con aquellos que desean destruirlo. Un imposible en nuestra opinión. Hablamos de casi doscientos millones de habitantes entre Irán, Siria, Irak, el Líbano, Yemen y la Franja de Gaza (no contamos Cisjordania), y enfrente Israel con unos nueve millones y medio de almas. Un imposible, aunque tecnológicamente Israel sea

---

961   https://es.wikipedia.org/wiki/Kataeb_Hezbolá.

962   https://es.wikipedia.org/wiki/Harakat_Hezbolá_al-Nujaba.

963   M. Hnights. *The Anti-Israel Surge by Iraqi Militants: Metrics and Trends.* The Washington Institute. May 25, 2024.
       https://www.washingtoninstitute.org/policy-analysis/anti-israel-surge-iraqi-militants-metrics-and-trends.

964   https://www.iiss.org/publications/strategic-comments/2024/03/iraqs-response-to-the-conflict-in-gaza/.

un país muy avanzado con unas potentes fuerzas armadas. A lo cual se une gran parte de la comunidad internacional en su contra. Basta ver el mapa mostrado por Al Jazeera[965]. Son, según esta información, 143 países a favor de Palestina; los últimos: España, Noruega e Irlanda. Si esto es así, si de los 193 países de Naciones Unidas, 143 reconocen Palestina, ¿cómo es posible que el Estado de Israel no haya desaparecido y creado el Estado de Palestina?

Quizás, da la impresión de que el antisemitismo es más influyente que la creación de un Estado palestino. Y cuando se habla de este Estado, las miradas y la política se dirigen, primero, a atacar a Israel. De ahí que el antisemitismo se «vista» de protección a los derechos humanos, donde se apoyan muchas organizaciones políticas y las ONG que tienen esos objetivos, señalando a los judíos como un pueblo racista y, en general, sobre todo desde la izquierda global, negándole el derecho a existir.

Es interesante el cambio que se ha producido en estos casi 80 años desde 1947: de unas gentes perseguidas y masacradas, en el momento en que se constituyó el Estado de Israel, poco a poco, pero sin pausa ni descanso, se han cambiado las tornas. Hasta la década de 1980, el problema en Palestina se entendía como un conflicto árabe-israelí, después de perdidas aquellas guerras todo parece que sería más provechoso para la causa árabe concentrando el problema en la supervivencia del pueblo palestino.

A partir de esta forma de plantear el conflicto todo cambió de signo: «Israel llegó a ser percibido como un símbolo de opresión y una amenaza para la paz mundial»[966], convirtiéndose en un país que, como hemos dicho, viola sistemáticamente los derechos humanos. Basten algunas fotos que no dejan lugar a duda. Y sirva esta de muestra de lo que decimos: «Los bebés y los niños son los más afectados por la hambruna que asola Gaza. Se calcula que 27 niños han muerto a causa de

---

965   https://www.aljazeera.com/news/2024/5/22/mapping-which-countries-recognise-palestine-in-2024.

966   Y. Ben-Dror. *Industry of Lies: Media, Academia, and the Israeli-Arab Conflict*. ISGAP (The Global Institute for the Study of Global Antisemitism & Policy). Nueva York 2017. Y. Ben-Dror. *La industria de las mentiras*. Deusto. Barcelona, 2024. Pág. 23.

la hambruna, y se teme que muchos más sufran secuelas de por vida, a pesar de la promesa israelí de aumentar la ayuda»[967].

No hay duda de que hay mucha manipulación detrás de muchas informaciones, sin embargo, «cuando estas mentiras circulan en un entorno antiisraelí, construidas a su vez con falsedades similares de otros conferenciantes y periodistas, se convierten en verdad. En teoría, las mentiras descaradas son muy fáciles de refutar, pero la realidad es que a menudo se aceptan como la pura verdad»[968]. Lo cual se suma con rapidez a que Israel busca el *apartheid*[969]. De esta manera, las informaciones sesgadas sobre el conflicto árabe-israelí, cuya contribución relativa a la violencia y al número de refugiados en el mundo es bastante menor que en otros lugares (piénsese en Cuba, Venezuela, Corea del Norte, incluso China o Irán), han convertido a Israel en el país, quizás, más peligroso para la paz mundial.

¿Cuál sería la solución? El presidente de Naciones Unidas, Antonio Guterres, lo expresaba de manera taxativa delante del rey de Jordania (Abdalá bin Al Hussein) y del presidente egipcio (Abdelfatah el Sisi): «La única manera de avanzar es mediante una solución política que abra un camino hacia una paz sostenida, basada en dos Estados, Palestina e Israel, que convivan en paz y seguridad, sobre la base de las líneas anteriores a 1967 y las resoluciones pertinentes de las Naciones Unidas, los acuerdos anteriores y el derecho internacional, con Jerusalén como capital de ambos Estados»[970]. Vuelta a los dos Estados, y vuelta a 1967, algo que no deja de ser una entelequia. ¿Es esto posi-

---

967   B. McKernan. *'It's death there': babies and children hit hardest as famine tightens hold on Gaza.* The Guardian. 15 Apr. 2024. https://www.theguardian.com/world/2024/apr/15/babies-children-gaza-famine.

968   Y. Ben-Dror. *Op. cit.* Pág. 24.

969   B'TSELEM. The Israeli Information Center for Human Rights in Occupied Territories. *A regime of Jewish supremacy from the Jordan river to the Mediterranean Sea: This is apartheid.* 12 January 2021.
https://www.btselem.org/publications/fulltext/202101_this_is_apartheid.
B'Tselem, lucha por un futuro en el que los derechos humanos, la libertad y la igualdad estén garantizados para todas las personas, palestinos y judíos por igual, que viven entre el río Jordán y el mar Mediterráneo. Está establecido en Jerusalén.

970   A. Guterres. *Secretary-General's remarks to Call for Action: Urgent Humanitarian Response for Gaza.* https://www.un.org/sg/en/content/sg/speeches/2024-06-11/secretary-generals-remarks-call-for-action-urgent-humanitarian-response-for-gaza %C2 %A0.

ble actualmente? ¿Aceptaría Israel volver a aquellas antiguas fronteras previas a 1967, antes de la guerra de los *Seis Días*? ¿Aceptarían los árabes esta propuesta?

La propia existencia de Israel va en contra de la idea del Estado-nación que los llamados globalistas que propugnan una gobernanza global no aceptan su existencia; en esencia, porque se trata de un estado judío, lo que tiene para muchos concomitancias religiosas, no democráticas. De aquí que la gobernanza global se dirija a la protección de los derechos humanos, llevando el control a organismos internacionales como puede ser el Tribunal de Derechos Humanos[971]. Recuérdese como la Corte Internacional de Justicia declaró a Israel responsable del *apartheid*[972]. Por decirlo de alguna manera existe actualmente un nuevo modo dirigido desde la izquierda global, que lleva inexorablemente a recrudecer las acciones agresivas que pueden llegar a un conflicto global en la región, ya que, en puridad, nadie quiere la paz, y lleva el problema de un posible estado palestino a una difícil encrucijada.

Véase para terminar estas disquisiciones lo que ocurre en Estados Unidos, país que apoya política y militarmente a Israel sin fisuras, lo que no quita para que grupos universitarios de las más relevantes universidades americanas (Harvard, Yale, la Universidad George Washington, la Universidad de Nueva York, etc.) hubieran criticado a Israel por responder al ataque de Hamás del 7 de octubre de 2023, negándose a condenar el asesinato de israelíes. O que la sección neoyorquina de los Socialistas Demócratas de América copatrocinara una concentración propalestina en Times Square (Nueva York); o la sección de Connecticut de la DSA aplaudiera la «lucha anticolonial

---

971 Ver, por ejemplo: J. Fonte. *Sovereignty or Submission: Will Americans Rule Themselves or Be Riled by Others?* Encounter Books. Nueva York, 2011.

972 Human Rights Watch. 19 de julio de 2024. La Corte Internacional de Justicia emitió una opinión consultiva para la protección de los derechos humanos en Palestina. El dictamen tenía su origen en una petición que la Asamblea General de la ONU hizo al tribunal en diciembre de 2022 para que examinara las consecuencias jurídicas de las prácticas de Israel en los territorios ocupados. https://www.hrw.org/es/news/2024/07/19/la-corte-internacional-de-justicia-declara-israel-responsable-de-apartheid.

sin precedentes», respaldando en algunos casos la consabida frase: *¡Del río al mar, Palestina será libre!* [973].

973 A. Seitz-Wald. *The left faces a reckoning as Israel divides Democrats.* NBC News. Oct. 13, 2023.https://www.nbcnews.com/politics/politics-news/left-faces-reck-oning-israel-divides-democrats-rcna120076.

Capítulo IX
GEOPOLÍTICA DE UNA GUERRA SIN FIN

«El ángel me dijo: «¿Por qué te has asombrado? Yo te explicaré el misterio de la mujer y de la bestia que la lleva: la de las siete cabezas y los diez cuernos. La bestia que has visto era pero no es[974]*, va a subir del abismo para ir a su ruina. Los habitantes de la tierra cuyos nombres no están escritos desde la creación del mundo en el libro de la vida se sorprenderán al ver que la bestia que era y no es se presenta de nuevo. ¡Aquí se requiere inteligencia y sabiduría! Las siete cabezas son siete colinas*[975] *donde está sentada la mujer, y siete reyes: cinco cayeron, uno es, el otro no ha llegado todavía y cuando llegue durará poco tiempo. La bestia que era y no es, aunque aparece como octavo, es al mismo tiempo uno de los siete, y va a su ruina. Los diez cuernos que has visto son también diez reyes, los cuales no han recibido todavía el reino, pero recibirán autoridad por breve tiempo, asociados a la bestia. Estos se han puesto de acuerdo para entregar su poder y su autoridad a la bestia».*

Apocalipsis (79: 7-13)

ISRAEL AYER Y HOY · GEOPOLÍTICA DEL ISLAM · GEOPOLÍTICA GLOBAL: UN NUEVO ORDEN MUNDIAL · RUSIA EN ORIENTE MEDIO · CHINA OBSERVA, PERO NO ES AJENA · A RÍO REVUELTO APARECEN LOS HUTÍES · LA ENCRUCIJADA DE ORIENTE MEDIO · SE EXPERIMENTA UN CONFLICTO GLOBAL · PEQUEÑA HISTORIA DE UNA GUERRA EN CIERNES · LA POSICIÓN DE LA INDIA · LA POCA CAPACIDAD DE EUROPA · EL ORDEN MUNDIAL PASA POR PALESTINA.

---

974   La bestia que *era y no es* indica la debilidad temporal de este poder corrosivo. Biblia de la Conferencia Episcopal Española. *Op. cit.* Pág. 2093.

975   Las siete colinas y los siete reyes son una alusión a las siete colinas de Roma y a los siete emperadores, desde Calígula hasta Domiciano, en cuya época se escribe el Apocalipsis. *Ibid.* Pág. 2094.

309

El Libro del Apocalipsis es el último libro de la Biblia[976]. Es un texto enigmático, lleno de símbolos extraños. Según se dice, este tipo de obras solía «alimentar la fidelidad del pueblo hebreo» en sus creencias. Se trata de un tratado «que refleja los avatares del tiempo, que son, en su caso, la acometida del Imperio Romano contra la Iglesia naciente; en variadas formas de persecución o relegación»[977]. ¿Qué tiene que ver este texto con la geopolítica de Oriente Medio, o con la propia geopolítica de Israel y la de esos Estados que tienen intereses globales en la zona?

Dijimos hace bastantes páginas que la Biblia no es un libro de Historia, pero contiene historias que se han sucedido en el pasado. Además, Israel y, hoy, Palestina, así como los pueblos musulmanes que rodean la región, no dejan de usar de una u otra manera la religión y sus antiguas creencias como base de sus propósitos. Lo mismo sucedió en la Roma imperial con sus ataques a judíos y cristianos, y al igual que cayó Roma, no es descartable que caigan algunos países que hoy vemos con enorme fortaleza. Y, siempre, habrá que ir a Oriente Medio y, especialmente, a Palestina, para entrever lo que puede suceder y los conflictos e intereses globales que allí confluyen.

El caso de Roma, además, no es el único que se cita en los textos sagrados de la Biblia, pues muestran una geopolítica bíblica que conviene no olvidar; ya que el pasado, incluso el más remoto, tiene siempre claves del presente y del futuro. Lo cual nos permite traer a colación un pasaje del Libro de Daniel, cuando dice: «Vendrá después un cuarto reino de hierro mezclado con barro de alfarero, representan un reino dividido, aunque conservará algo del vigor del hierro, porque viste hierro mezclado con arcilla. Los dedos de los pies, de hierro y barro, son un reino poderoso y débil. Como viste el hierro mezclado con la arcilla, así se mezclarán los linajes, pero no llegarán a fundirse uno con otro, lo mismo que no se puede fundir el hierro con el barro»[978]. Una referencia a la división que lleva, como en el pasado, a

---

976   *Ibid.* Págs. 2075-2101.

977   *Ibid.* Pág. 2073.

978   Profecía de Daniel (2: 40-43). El reino dividido se refiere al imperio griego dividido a la muerte de Alejandro Magno; y la mezcla de los linajes alude a las alianzas matrimoniales realizadas entre seléucidas y lágidas, que no consiguieron la paz

la caída de las naciones. Y es que, al final, la propia Historia marca que nada es perecedero, que «…las naciones son gotas en un cubo; pesan lo que el polvo en la balanza. Mirad, las islas pesan lo que un grano»[979].

A lo anterior se une el hecho según el cual Israel se encuentra desde los tiempos bíblicos, geográficamente, en una encrucijada: en las rutas que unen África y Asia. Un pueblo, aislado, sin una verdadera relación con sus vecinos, sin aliados concretos, que debía enfrentarse constantemente a los habitantes de una región en la cual iban cambiando, ayer como hoy, los equilibrios de poder. De ahí que los textos bíblicos vengan hoy a cuento para considerar los frágiles equilibrios geopolíticos que existen en esa compleja zona del mundo.

Basta ir a los mapas cambiantes desde la época de Abrahán, o incluso antes, para percibir esos difíciles equilibrios de los que hablamos: hititas, babilonios, egipcios, asirios, fenicios, filisteos, y otros pueblos que rodearon Israel, se encontraron siempre en lucha con los israelitas en su propia tierra[980]. Es interesante en este sentido hacer una corta disquisición yendo de nuevo a la Biblia para ver que, en lo esencial, las relaciones de Israel con sus vecinos no han cambiado de manera drástica en tres mil años de historia.

Ya vimos cómo, después de crear un gran reino, Salomón acabó destruyéndolo. Su hijo Roboam se quedó con el pequeño reino de Judá (también los dominios de la tribu de Benjamín), mientras que un general del ejército de Salomón, Jeroboán, se apropió de lo que sería el reino de Israel. Sorprendentemente, este reino, aunque no tenía la capital en Jerusalén, lindaba con el mar Mediterráneo, se centraba en el comercio y orientaba su política hacia el norte de lo que hoy es Israel, y hacia el oeste, es decir, hacia los pueblos mediterráneos. El reino de Judá, por su parte, estaba encajonado, sin salida al mar, mirando hacia el este y al sur por el desierto. No hay que decir que, con esta división, la riqueza del reino original de Salomón desapareció.

entre ellos. Biblia de la Conferencia Episcopal Española. *Op. cit.* Pág 1466.
979   Libro del profeta Isaías (40: 15).
980   https://www.historyinthebible.com/supplementary_pages/geopolitics-bible-maps.html.

Es sorprendente que lo que sucedió entonces, casi mil años antes de Cristo[981], tenga paralelismos con la situación de hoy. No es preciso decir que Cisjordania tiene mucho que ver con aquel antiguo reino de Judá donde viven hoy los colonos israelíes en una zona que comparten con los palestinos dirigidos por la Autoridad Palestina. La otra parte de Israel, que se encuentra entre Tel Aviv y Haifa, es más próspera económicamente y está abierta al mar Mediterráneo. Se trata de una población más cosmopolita, menos atada a las antiguas tradiciones religiosas y más abierta al mundo que los colonos de Cisjordania, que constituyen una población más conservadora en todos los sentidos. El caso de Gaza, que podría ser también una zona próspera por su apertura al mar Mediterráneo, se ve limitada por Hamás, cuyos objetivos no se centran en mejorar la vida de los gazatíes sino en expulsar a los israelitas de la región.

El Israel actual, como decimos, se funda en la coexistencia de dos comunidades bien diferenciadas. Dos «Israeles» que se dan cita en el Parlamento —el *Knesset* —, cuyas resoluciones fluctúan según las mayorías que lo dominan. Lo cual induce unas estrategias distintas, en las que se encuentra la evidente brecha que existe entre los judíos ortodoxos y los que no lo son. Un hecho que nos lleva a las luchas que mantuvieron los grandes profetas ante la secularización del pueblo y a la aparición de ídolos a los que adoraban, o a las culturas paganas que seguían, rompiendo la tradición de sus ancestros, cuyas profecías parece que se refieren al nuevo Israel nacido en 1948.

Hoy por hoy, la geografía de Israel y de Palestina (mejor diríamos, los territorios de los palestinos) se parece a la que existía en el pasado bíblico. No hay mucha diferencia entre ambas. Como tampoco parece haber mucha diferencia entre los pueblos que rodean Israel y los frágiles equilibrios que ahí se dan; con la diferencia de que, en este siglo, Israel se encuentra inmerso en un conflicto geopolítico que va más allá de su territorio, como son las dificultades de entendimiento entre China y Estados Unidos, y las alianzas de parte que toman otros

---

981   Para no acudir de nuevo a la Biblia, y para mayor facilidad del lector, damos estas referencias: https://es.wikipedia.org/wiki/Roboam, y https://es.wikipedia.org/wiki/Jeroboam_I.

Estados, como podría ser Rusia, siempre con la permanente animadversión de Irán hacia Israel. Un hecho que incide en la dificultad política interna de Israel, con dos comunidades representadas —tal como hemos dicho— por partidos políticos que no suelen estar en la «misma onda».

Un hecho que se ve con las opiniones que existen en Israel al respecto de las acciones de represalia que toma el país ante los ataques a los que es sometido por los países beligerantes que le rodean. De ahí que, como en la historia bíblica, la política internacional de Israel precise un esquema de acuerdos internos que permitan gestionar sus conflictos externos. Como dice Dovs Zakheim: «Al sistema político judío no le va bien internacionalmente cuando está dividido internamente, ya sea por razones políticas, económicas o religiosas. Las Escrituras también enseñan que las voces de la razón se encuentran a menudo fuera del gobierno, y que el extremismo se encuentra con la misma frecuencia dentro de él. Los Profetas fueron realistas consumados: Isaías predicaba la neutralidad independiente cuando era oportuno; Jeremías predicaba la sumisión a la superpotencia cuando la correlación de fuerzas externas había cambiado»[982].

Al considerar el Estado de Israel en su relación con Hamás o Hezbolá, y sus otras luchas con grupos similares, antes de adentrarnos en este problema, conviene siquiera por un momento considerar qué es realmente la geopolítica. En este sentido, nos quedamos con la definición de Patrice Gourdin: «la geopolítica es el estudio de las rivalidades de poder y/o de influencia que se dan sobre un territorio dado»[983]. Pero al hablar de territorio, no hay que pensar únicamente en la geografía física. El territorio incluye todo lo que ahí se incluye: los recursos naturales, la economía, la tecnología, el comercio, así como las influencias en otros países y las propiedades que se posean en otros lugares.

En el caso de los judíos, la tierra tiene para ellos un fuerte significado, tanto político como religioso. Baste recordar que *Eretz Yisrael*,

---

982   D. Zakheim. *The Geopolitics of Scripture*. The American Interest. Volume 07. Number 6. June 10. 2012.

983   P. Gourdin. *Géopolitiques. Manuel pratique*. Choiseul Éditions. París. 2010. Pág. 19.

la Tierra de Israel, fue entregada por Dios —como ya dijimos páginas atrás— a Abrahán. No se trataba de Israel como tal, sino de la tierra de Canaán, de una tierra de «derecho divino», lo que tiene unas consecuencias existenciales para ese pueblo. Y no solo eso. Dios prometió a Abrahán que sería el padre de un gran pueblo. De donde se deduce no solo un carácter religioso, sino también político. La tierra prometida inunda, por así decirlo, los primeros libros de la Biblia, ya sea el Pentateuco (Génesis, Éxodo, etc.), o los llamados Libros Históricos (Josué, Jueces, Crónicas, Libro de los Reyes, etc.), así como todos los libros de los profetas, repletos de alusiones a la tierra o, mejor, al territorio judío.

Cuando los romanos expulsaron a los judíos en el año 135, ellos nunca aceptaron esta situación. La diáspora judía fue algo antinatural para este pueblo que se dispersó por toda Europa y muchos otros lugares. Así vivieron alrededor de diecisiete siglos hasta que los sionistas comenzaron a pensar en la vuelta a Israel en el siglo XIX. Todo esto ya lo dijimos, al igual que la vuelta de los judíos a Israel después del Holocausto y lo que sucedió después; resultando que, para los judíos, su «tierra» constituye algo que se encarna en su propia existencia como pueblo. Un pueblo que, independientemente de sus creencias religiosas, considera el territorio de Israel como parte de su ser desde hace milenios.

En el caso del islam, la situación es distinta. Para el islam no existe un concepto de territorio concreto, sino que la tierra del islam es el mundo entero, que está dividido entre la «casa del islam» (Dar al-Islam) y «la casa de la guerra» (Dar al-Harb), que constituye ese lugar donde no se aplica la ley islámica[984]: una tierra de infieles. Un territorio sin ley de Dios, se podría decir. Sin embargo, para ciertos ulemas[985], y para la mayoría de los musulmanes, Israel o, mejor, Palestina, constituye para ellos la tierra de guerra real (Dar al-Harb Fi'lan), lo que lleva a la necesidad de dominar este lugar e incorporarlo a la «casa del islam»; pues, según esta concepción, Dar al-Harb es la tierra de los

---

984   O. Filipec. *Territoriality in Judaism and Islam: Early Concepts and Modern Application.* Studia Religiologica. 50 (3) 2017. Págs. 189-201.
985   https://es.wikipedia.org/wiki/Ulema.

infieles y de la ignorancia, y constituye una amenaza para el «orden musulmán» establecido[986].

Con esto, es comprensible que judíos y musulmanes, al considerar unos Israel y otros Palestina, no están hablando de lo mismo. Para los primeros, Israel es la tierra prometida cuya centralidad se encuentra en Jerusalén. Es un territorio que conecta el lugar físico con Yahvé, con Dios. Tiene por tanto un profundo sentido religioso[987]. Para los segundos —los musulmanes— este lugar tiene igualmente una importante base religiosa: forma parte del imperio musulmán que debe inundar la tierra.

Palestina, al contrario que el Israel de los judíos, pertenece a algo mucho mayor. Por eso, aunque no se diga taxativamente por muchos musulmanes, Palestina forma parte de un mundo árabe mucho más extenso que el lugar donde se encuentra geográficamente. De ahí que los esfuerzos árabes se concentren en unir Palestina con el mundo árabe musulmán. Un objetivo muy distinto al que ha seguido Israel desde su conformación como Estado, que no ha sido sino «agarrarse» a su tierra como algo propio. Dos visiones distintas que se entrelazan hoy con la geopolítica global, y las introduce en la lucha por el dominio mundial. El problema palestino-israelí no es, por tanto, un problema local, sino que escapa de la región donde se encuentran esos territorios, independientemente de la extensión de ambos.

Para describir de otra manera lo que decimos, hagamos por un momento, si se nos permite, un ejercicio de Historia «ficción», y supongamos que, en lugar de que Israel hubiera vencido a sus enemigos en 1948, hubiera perdido aquella guerra. En nuestra opinión, nada habría sido igual desde entonces. Creemos que se habrían acabado los conflictos en la zona; al menos entre árabes e israelíes, pues no es seguro que no hubiera habido luchas entre los propios países árabes por el dominio regional.

Si hubieran perdido la guerra de 1948, con bastante probabilidad, los judíos se habrían esparcido nuevamente por el mundo, y Palestina

---

986   O. Filipec. *Op. Cit.*

987   W. D. Davis. *The Territorial Dimension of Judaism.* University of California Press. 1982. Págs. 3-7.

se habría repartido entre los vencedores; es decir: Egipto, Siria y Jordania. De ninguna manera existiría un territorio palestino ni, por supuesto, un Estado palestino, pues esa población se habría integrado como árabe que era en aquellos países musulmanes, pues, entonces, en ningún lugar árabe se hablaba por aquellos días de un pueblo palestino ni, desde luego, se defendía un Estado palestino independiente separado de los países que iniciaron la guerra contra Israel. Los palestinos, los habitantes de la Palestina de entonces, eran árabes que vivían en aquellos lugares. La historia real, como hemos descrito páginas atrás, ha ido conformando, sin embargo, un escenario bien distinto. Las guerras sucesivas con Israel crearon el «problema palestino»: un problema inexistente en su origen. Y, a partir de ahí, surgió un esquema de confrontaciones que hoy, en este primer tercio del siglo XXI, sale del propio «conflicto palestino-israelí». Así, lo que en origen fue un conflicto «local», se ha convertido en un problema geopolítico global.

Volvamos de nuevo al mapa de la figura 8.1, y veamos dónde se encuentra Israel. El país está ubicado en la parte oriental del Mediterráneo, donde se asentaron los pueblos semitas en la antigüedad. Hacia el norte, se ve la isla de Chipre, justo debajo de Turquía. Un país este que hace frontera con la salida rusa al Mediterráneo a través del Estrecho de Dardanelos, que conecta el mar de Mármara con el mar Egeo. Una zona de alta complejidad geoestratégica, pues permite la salida de los buques rusos hacia el Mediterráneo. Del otro lado, está el canal de Suez, que permite el tráfico marítimo hacia Europa; y, por el sur, se da salida al mar Rojo hacia el Golfo de Adén a través del Estrecho de Bab-el-Mandeb[988], donde se encuentran frente a frente el pequeño país de Yibuti con el Yemen, dominado hoy por los hutíes, que forman parte del «contexto iraní». Dos enclaves —Suez y Bab el-Mandeb— que sumados representan casi el 20 % del petróleo que diariamente cruza por esos dos lugares[989].

---

988   https://es.wikipedia.org/wiki/Bab_el-Mandeb.

989   Energy Information Administration. *Volumen diario de tránsito de petróleo y otros líquidos por los puntos de estrangulamiento marítimos mundiales (millones de barriles diarios) en 2023*. Esos «puntos de estrangulamiento» son también conocidos como *chokepoints*.
https://www.eia.gov/international/analysis/special-topics/World_Oil_Transit_Chokepoints.

Del otro lado de la Península Arábiga, en el mar Arábigo, se enfrentan geográficamente Arabia Saudí e Irán. Otro lugar de importante tráfico marítimo. Por el Estrecho de Ormuz que sale al Mar Arábigo desde las aguas del Golfo Pérsico, circula el 20 % del petróleo mundial diariamente[990]. Un lugar que, según información de la CIA de 1984[991], había sido minado por Irán en algunas zonas del Golfo Pérsico. Minas que los iraníes habrían colocado durante la guerra con Irak. Según se decía en aquel informe, hoy accesible en parte, «Irán tiene una capacidad limitada para sembrar minas, pero creemos que los pocos cientos de minas de contacto que tiene ahora en su arsenal son suficientes para llevar a cabo una campaña de este tipo en el Golfo. La armada iraní ha practicado el uso de helicópteros para colocar minas, y la Guardia Revolucionaria ha entrenado a personal en la guerra de minas en los últimos seis meses»[992]. Una amenaza que volvió a ponerse sobre la mesa en 2009.

Se trataba de una información que aseguraba que el Estrecho de Ormuz era «un punto de estrangulamiento estratégico en el Golfo Arábigo por el que pasa el noventa por ciento de todas las exportaciones del Golfo, lo que equivale al cuarenta por ciento de todo el petróleo comercializado diariamente en el mundo»[993]. A lo que se añadía que «el cierre del Estrecho de Ormuz demostraría el poder iraní e impediría a Estados Unidos la posibilidad de utilizarlo… negando a Estados Unidos y a sus aliados el acceso a los puntos críticos del Golfo Arábigo y disparando el precio del petróleo»[994]. Por lo cual, «cerrar el Estrecho de Ormuz podría ser una victoria estratégica mayor para los iraníes que poseer una bomba nuclear»[995]. Un hecho que parece cierto, en tanto que, en 2019, John Bolton, asesor de Seguridad Nacional de Estados

---

990   *Ibid.*
991   CIA. *The Iranian Mine Warfare Threat. An Intelligence Assessment.* 1 October 1984. https://www.cia.gov/readingroom/docs/CIA-RDP85T00314R000300100002-7. pdf.
992   *Ibid.*
993   S. Khan. Iranian *Mining of the Strait of Hormuz. Plausibility and Key Considerations.* Institute for Near East & Gulf Military Analysis (INEGMA). Special Report N.º 4. 2009. https://www.inegma.com/admin/content/file-29122013113155.pdf.
994   *Ibid.*
995   *Ibid.*

Unidos, aseguraba a la vista de los daños sufridos por varios petroleros en la zona del Golfo Pérsico, que: «minas navales, casi con toda seguridad procedentes de Irán, fueron las causantes de los daños sufridos por los petroleros en el Golfo de Omán a principios de mes»[996]. Una afirmación negada por Irán.

Es evidente que Irán está directamente involucrado en el conflicto palestino-israelí. Permítasenos ir hacia atrás en el tiempo y considerar lo sucedido en su día con la denominada «Primavera Árabe», que tuvo lugar casi al unísono en casi todos los países de la región. Un movimiento de protestas violentas y de guerras civiles que comenzaron en Túnez el 18 de diciembre de 2010 y se extendieron por todo el mundo árabe. Según la opinión más extendida, las protestas se produjeron en contra de los gobiernos autoritarios que inundaban la región, lo cual se unía a una crisis económica generalizada: desempleo, pobreza, alta inflación, etc. Un estado de ánimo según el cual: «el pueblo quería derrocar a aquellos regímenes»[997].

Las respuestas variaron de país a país. Sin embargo, los conflictos acabaron por tener una enorme influencia en las relaciones internacionales de la región y, por supuesto, en el permanente enfrentamiento palestino-israelí[998]. Aunque, como es habitual, también en aquellos días, a este respecto, surgió la polémica. De un lado, un artículo en el *Wall Street Journal* era muy crítico con el hecho de que se considerara a Palestina una de las claves de la Primavera Árabe: «En política —decía el comentarista— las teorías chapuceras nunca mueren. En Oriente Próximo, una de las más antiguas es que Palestina es la cuestión regional «central». Este zombi debería haber sido enterrado al comienzo de

---

996 BBC. *Estados Unidos afirma que es casi seguro que los petroleros hayan sido dañados por minas navales iraníes*. 29 de mayo 2019. https://www.bbc.com/news/world-middle-east-48443454.

997 Aunque son decenas los análisis sobre este asunto, se puede ver, por ejemplo: A. Qadir Mushtaq; M. Afzal. *Arab Spring: Its Causes and Consequences*. University of the Punjab. 2017.
https://pu.edu.pk/images/journal/HistoryPStudies/PDF_Files/01_V-30-No1-Jun17.pdf.

998 A. Shlaim. *Israel, Palestine and the Arab Uprisings*. En: F. A. Gerges (Ed.). *The New Middle East. Protest and Revolution in the Arab World*. Cambridge University Press. 2014. Págs. 380-401. Este libro aborda en sus diferentes capítulos la Primavera Árabe, aunque hemos considerado aquí el capítulo dedicado a los efectos que tuvo en el conflicto palestino-israelí.

la Primavera Árabe, que ha puesto de relieve el verdadero conflicto central: los oprimidos contra sus opresores. Pero los muertos siguen caminando»[999]. Lo cual era contestado en otro artículo donde se criticaba la posición del *Wall Street Journal*: «El tema de los mensajes publicados aquí el otro día fueron las actitudes de "negación" con respecto a la cuestión de Palestina. Nada podría ilustrar esto mejor que un artículo de opinión de hace un par de días de un "erudito" con un cómodo trabajo en un *think tank* de derechas... Su tema era desacreditar la idea de que las revueltas en el mundo árabe tuvieran algo que ver con el conflicto entre Israel y Palestina»[1000].

Lo anterior demuestra que el problema palestino-israelí origina en cualquier momento opiniones encontradas, que se tornan agresivas a la hora de discutir planteamientos contrarios. En este sentido, el historiador Avi Shlaim[1001] indicaba que: «Palestina era relevante para los manifestantes árabes que tomaron las calles en los primeros momentos de 2011. En primer lugar, la simpatía y el apoyo a la causa palestina fue una característica común en las manifestaciones populares ondeando banderas y pañuelos palestinos, así como eslóganes en los pronunciamientos de los diferentes portavoces. En segundo lugar, en las reivindicaciones, que se inspiraban directamente de las expresadas durante la primera y segunda Intifadas. Finalmente, por la importancia que ha tenido Palestina como un símbolo de los nacionalistas árabes en contra del imperialismo occidental y del Estado de Israel»[1002].

Esto viene a recordar lo expresado por Benjamín Netanyahu en un libro que publicó en 1993, donde criticaba el comportamiento árabe argumentando que: «La violencia es ubicua en la vida política de los países árabes. Es el primer método a la hora de relacionarse con los

---

999   J. Joffe. *The Arab Spring and the Palestinian Distraction. Arab peoples aren't obsessed with anti-Americanism and anti-Zionism.* It's their rulers who are. Wall Street Journal (WSJ). April 26, 2011. https://www.wsj.com/articles/SB10001424052748704677404576284653239512520.

1000 J. Klein. *Bad timing for 'WSJ' author who says Arab Spring won't leap the Sinai.* Mondoweiss: News & Opinion about Palestine, Israel & the United States. April 30, 2011. https://mondoweiss.net/2011/04/bad-timing-for-wsj-author-who-says-arab-spring-wont-leap-the-sinai/.

1001 https://es.wikipedia.org/wiki/Avi_Shlaim.

1002 A. Shlaim. *Op.cit.* Pág. 383.

oponentes, ya sean extranjeros o no, ya sean árabes o no»[1003]. A lo que añadía que: «El terrorismo es la quintaesencia de las exportaciones de Oriente Medio; y sus técnicas en cualquier lugar son esas que han inventado los regímenes y organizaciones árabes»[1004]. Una forma de pensar que Netanyahu volvió a exponer dos años después con más detalle en otra segunda obra[1005], en la cual el hoy presidente de Israel argumentaba que no podía existir terrorismo a nivel internacional sin que existiera el apoyo de Estados soberanos. Estados que pueden considerarse, según su propia argumentación, ellos mismos, Estados terroristas.

Se dice en la Física que la entropía es la medida del desorden de un sistema. Cuanto mayor sea la entropía, mayor será el desorden. Una piedra, como cualquier otro cuerpo sólido, tiene muy baja entropía, ya que todas sus moléculas están fuertemente unidas. No así el gas que sale de una espita conectada a un tubo sin cerrar. Sus moléculas están bastante más libres, por eso se expande en el ambiente. Es lo que dicen que sucede en el universo donde las galaxias se separan unas de otras a la velocidad de la luz: ahí la entropía no deja de aumentar. Con disculpas por esta disquisición, no hay que decir que el conflicto palestino-israelí tiene una gran entropía, pues su desorden es enorme. No hay ninguna cohesión entre las partes, ni entre los directamente involucrados, ni entre los países que defienden una u otra postura. Todo se mueve con intereses distintos, y los que parecen ser coincidentes no dejan de ser algo transitorio.

Si se consideran los países que intervienen en el conflicto palestino-israelí, se pueden ver con claridad los intereses geopolíticos que confluyen en esa zona del mundo. Ante los ataques de Irán a Israel en abril de 2024, por ejemplo, la reacción de Naciones Unidas, la Unión Europea, Estados Unidos, Gran Bretaña, Francia, México, Chequia, Dinamarca, Canadá, Japón y los Países Bajos, fueron los primeros en

---

1003 B. Netanyahu. *A Durable Peace. Israel and Its Place Among the Nations.* Nueva York, 1993. Pág. 400.

1004 *Ibid.* Pág. 401.

1005 B. Netanyahu. *Fighting Terrorism. How Democracies can Defeat Domestic and International Terrorists.* Farrar, Straus and Giroux. Nueva York, 1995. (hay una 2.ª edición de 2001).

condenar las acciones. Lo cual no quiere decir que todos los miembros de la Unión Europea o de Naciones Unidas fueran unánimes en la condena. Como tampoco los condenaron los países que persiguen «destruir» a Israel, ya sean Irán, Irak, Siria, o el Líbano. Un problema que siendo aparentemente local, viene a certificar, sin embargo, que el mundo está dividido en dos grupos en conflicto, lo que se comprueba también con la guerra en Ucrania. Las partes en conflicto son siempre las mismas: es decir, una parte de Occidente en contra de una parte de Oriente, y viceversa.

La guerra en Ucrania no está tan alejada del problema de Palestina, ya que tiene actores parecidos. De un lado, lo que algunos definen como un *eje convulso* o un *eje de agitación*[1006], donde estarían la Federación de Rusia, China, Corea del Norte e Irán. Del otro los países occidentales comandados por Estados Unidos, donde la OTAN y la Unión Europea son los principales exponentes.

En el denominado *eje de agitación* las relaciones entre ellos no son tan estrechas como pudiera parecer, tienen enormes fisuras, pero se unen en un objetivo común: abatir a Estados Unidos, a la Unión Europea y a sus aliados; lo que incluye a Israel. Un hecho que ha crecido en intensidad a medida que ha progresado la guerra en Ucrania a partir de la invasión rusa en febrero de 2022 y, posteriormente, desde octubre de 2023, cuando se desataron los ataques de Hamás en contra de Israel. Ese *eje de agitación* es, simplemente, una alianza basada en debilitar al enemigo; donde cada miembro de este heterogéneo grupo trata de lograr sus objetivos particulares. En definitiva: socavar el orden mundial que ha imperado hace más de veinte años, desde la caída de las Torres Gemelas y, muy especialmente, desde la constante ampliación de la OTAN hacia el este. Ahí están las últimas incorporaciones con Macedonia del Norte en 2020, Finlandia en 2023, y Suecia en 2024. Un proceso que no se detiene.

Ante este escenario, es muy perceptible que Rusia busca convertirse en el núcleo de un nuevo contexto geopolítico que interesa a los

---

1006   A. Kendall-Taylor; R. Fontaine. *The Axis of Upheaval. How America's Adversaries are Uniting to Overturn the Global Order.* Foreign Affairs. April 23, 2024. https://www.foreignaffairs.com/china/axis-upheaval-russia-iran-north-korea-taylor-fontaine.

países de este *eje convulso*, extraño en sus principios, pero lógico en la consecución de sus objetivos. De ahí las ayudas, por ejemplo, a Rusia desde Corea del Norte, mediante el suministro de municiones o misiles; o, el aprovisionamiento a Rusia desde Irán de unos 6000 aviones no tripulados del tipo Shahed 136[1007], así como la ayuda iraní para que este tipo de armas sean producidas en Rusia. Unas transacciones que Rusia pagaba a los iraníes mediante lingotes de oro[1008], dadas las sanciones occidentales a los bancos de ambos países. En cuanto a China, aparte de la información proporcionada a Rusia con sus satélites militares (imágenes satelitales), está la compra de gas y petróleo ruso entre otras actividades conjuntas.

Además, en el caso de Corea del Norte, Rusia proporciona a este país su capacidad tecnológica en algunos campos como son los motores de aviación, los sistemas de propulsión o la tecnología submarina, que son útiles a los coreanos del norte en sus desarrollos de misiles balísticos de largo alcance. Y respecto de Irán, además de las denuncias sobre los ataques de Estados Unidos e Israel en contra de este país, Rusia le suministra sistemas de defensa aérea o capacidades cibernéticas para contrarrestar el poder estadounidense o israelí[1009].

Todo apunta a que, como decimos, el mundo se ha dividido en dos bloques sin nadie que sea capaz de actuar como «tampón» en esa aguda división. Siempre se pensó que Europa podría jugar ese papel. Sin embargo, la Unión Europea está inclinada desde antiguo hacia la baza anglosajona y su dependencia de la OTAN, con lo que su papel de catalizador de esta «ruptura Oriente-Occidente» es hoy imposible.

Se dirá que Rusia no es una gran potencia económica, lo cual se puede mirar de dos formas. Su Producto Interior Bruto (PIB) en 2024, según los datos del Fondo Monetario Internacional (FMI) en dóla-

---

1007 https://es.wikipedia.org/wiki/HESA_Shahed_136.

1008 O. Yaron. *Gold for Drones: Massive Leak Reveals the Iranian Shahed Project in Russia.* HAARETZ. Feb. 21, 2024.https://www.haaretz.com/israel-news/security-aviation/2024-02-21/ty-article-magazine/gold-for-drones-massive-leak-reveals-the-iranian-shahed-project-in-russia/0000018d-bb85-dd5e-a59d-ffb729890000.

1009 A. Kendall-Taylor. *The Axis of Upheaval: How the Convergence of Russia, China, Iran and North Korea Will Challenge the US and Europe.* International Center for Defence and Security. May 29, 2024. https://icds.ee/en/the-axis-of-upheaval-how-the-convergence-of-russia-china-iran-and-north-korea-will-challenge-the-us-and-europe/.

res corrientes, la situaba como el undécimo país del mundo con 2,06 billones de dólares, por detrás de Francia, Alemania, Italia, o Brasil, por ejemplo[1010]. Sin embargo, su PIB medido en términos de paridad de poder adquisitivo, situaba a Rusia en la sexta posición, con casi 5,5 billones de dólares, también con los datos del FMI[1011]. Una realidad económica que se une a su capacidad manufacturera, que ha sido impulsada de manera muy importante debido a la guerra que mantiene con Ucrania y las potencias que ayudan a este país[1012].

Además, la Federación de Rusia se considera a sí misma como «uno de los centros de influencia en el mundo de hoy»[1013]. A lo que une su estrategia de seguridad[1014]. Un esquema que: «posiblemente sea la declaración estratégica más importante del Kremlin —que abarca no solo cuestiones de seguridad nacional, sino toda una serie de otros asuntos, desde la economía al medio ambiente, los valores sociales y la defensa—. Se trata de un manifiesto para una era diferente: en la que existe una confrontación cada vez más intensa con Estados Unidos y sus aliados; la necesidad de un retorno a los valores tradicionales rusos; y la importancia que tienen para el futuro de Rusia cuestiones como la tecnología o el clima»[1015].

Rusia está decidida a ejercer el papel de gran potencia en contraposición con el actual eje que dirige Estados Unidos y marca el actual

---

1010   https://www.imf.org/external/datamapper/NGDPD@WEO/WEOWORLD.

1011   https://www.imf.org/external/datamapper/PPPGDP@WEO/OEMDC/AD-VEC/WEOWORLD.

1012   CNN. *Russia producing three times more artillery shells than US and Europe for Ukraine*. March 11, 2024.
https://edition.cnn.com/2024/03/10/politics/russia-artillery-shell-production-us-europe-ukraine/index.html

1013   The Ministry of the Foreign Affairs of the Russian Federation. *Foreign Policy Concept pf the Russian Federation* (Approved by President of the Russian Federation Vladimir Putin on November 30, 2016). Apartado 3, c. Russia Matters. https://russiamatters.org.

1014   Указ Президента Российской Федерации от 02.07.2021 n.º 400. «О Стратегии национальной безопасности Российской Федерации» (Decreto del Presidente de la Federación Rusa de 02.07.2021 N.º 400. «Sobre la Estrategia de Seguridad Nacional de la Federación de Rusia»).
http://publication.pravo.gov.ru/Document/View/0001202107030001.

1015   D. Trenin. *Russia's National Security Strategy: A Manifesto for a New Era*. Carnegie Endowment. July 6, 2021. Este artículo comenta la estrategia rusa de seguridad. https://carnegieendowment.org/posts/2021/07/russias-national-security-strategy-a-manifesto-for-a-new-era?lang=en.

orden mundial, que impone sus reglas incluso en los modos sociales. Un modelo social cuyos principios son rechazados por Rusia, así como por China y otros países «no alineados». A lo que se suma la política financiera y la política tecnológica que, según la posición rusa, les ha ocasionado un freno a su lugar en el mundo[1016]. De manera que hoy, China, Rusia e India, con otros países «satélites», se alinean de manera distinta a Occidente, utilizando entre ellos otros esquemas multilaterales, como pueden ser: la Organización de Cooperación de Shanghái[1017] o los BRICS[1018] (Brasil, Rusia, India, China y Sudáfrica, grupo original aumentado con otros países). Un esquema de alianzas que tiene un impacto global.

En cuanto a China, se trata de la mayor potencia de ese grupo: económica y geopolíticamente. En términos de PIB en dólares corrientes, China es la segunda economía del mundo después de Estados Unidos, aunque resulta ser la primera si se mide su PIB en paridad de poder adquisitivo (supera los 35 billones de dólares contra los 28 billones de Estados Unidos[1019]). Y su alianza con Rusia, «desempeña un papel cada vez más importante en el esfuerzo de China por esbozar su propia visión del orden en Asia Oriental»[1020].

De manera que, «aunque muchos analistas occidentales consideren a Rusia un Estado en declive y un socio menor de China, el acceso de China a los recursos rusos contribuye a aumentar su poder económico, y el apoyo ruso a las posiciones chinas en Asia Oriental refuerza los esfuerzos de China por una «transición ordenada» en un nuevo orden

1016   E. Olier. *La debacle de Occidente. Las guerras del siglo XXI*. Sekotia. Madrid, 2023.
       «Una nueva Rusia, si se puede hablar así, estrechamente ligada a un renacimiento
       espiritual, que se une a una Rusia fuerte internamente y potente en el contexto
       internacional, oponiéndose a las ideas liberales que hoy operan en Estados Unidos
       y en Europa». Pág. 187.

1017   https://eng.sectsco.org. https://eng.sectsco.org/20220907/911928.html. https://
       en.wikipedia.org/wiki/Shanghai_Cooperation_Organisation.

1018   A. Afota *et al. Expansion of the BRICS: what are the potential consequences on the global
       economy?* Bulletin de la Banque de France. January/February 2024. https://www.
       banque-france.fr/en/publications-and-statistics/publications/expansion-brics-
       what-are-potential-consequences-global-economy.

1019   https://www.imf.org/external/datamapper/PPPGDP@WEO/OEMDC/
       ADVEC/WEOWORLD.

1020   E. Wishnick. *The Sino-Russian Partnership and the East Asian Order.* Asian Perspec-
       tive 42 (2018). Págs. 355-386.

mundial. Y aunque es posible que China hoy no tenga aún la capacidad de desafiar el poder de Estados Unidos, el liderazgo chino ofrece, no obstante, un posicionamiento alternativo a la gestión de las grandes potencias, lo que implica reglas y prácticas diferentes»[1021]. Baste referirse en este sentido, aparte de los ejercicios navales de China y Rusia en las cercanías de Japón, «a las exportaciones militares rusas a China, como son los sistemas antiaéreos S-400, que mejoran la capacidad de China para defender su zona de defensa aérea en el mar de China Oriental, aumentando a la vez su cobertura aérea»[1022]. Una alianza que se suma a la creciente influencia rusa en África, situando al continente africano en otro centro de la creciente pugna geopolítica entre el Kremlin y la Casa Blanca[1023]. Un hecho que se suma a la tradicional presencia china en el continente africano, lo cual debilita la posición europea y estadounidense en muchos países del continente. Piénsese, por ejemplo, en Sudáfrica, país miembro de los BRICS. Y, para no extendernos, la presencia china y rusa en el Ártico, un nuevo enclave de confrontación[1024].

Se trata de un *do ut des*, en tanto que el aumento de las capacidades tecnológicas chinas benefician también a Rusia. Lo cual se une a la visión que ambos países tienen de las relaciones internacionales, que son muy perceptibles en su coincidencia en muchas de las decisiones que se toman en el Consejo de Seguridad de Naciones Unidas[1025]. Ahí estuvo, por ejemplo, el veto de China y Rusia a una resolución del Consejo de Seguridad de la ONU a la propuesta de Estados Unidos sobre el alto el fuego en Gaza el 22 de marzo de 2024[1026].

1021 *Ibid.*

1022 *Ibid.*

1023 M. Ferragamo. *Russia's Growing Footprint in Africa.* Council on Foreign Relations (COFR). December 28, 2023. https://www.cfr.org/backgrounder/russias-growing-footprint-africa.

1024 https://rusi.org/explore-our-research/publications/commentary/why-russia-and-china-wont-go-distance-high-north.

1025 M. R. Freire. *Chinese Expansion: A Considerable Dilemma. China-Russia Relations in a Framework of Strategic Containment.* Universidade NOVA de Lisboa. Relaçoes Internacionais. Spacial Issue. 2021. https://ipri.unl.pt/images/publicacoes/revista_ri/pdf/risi2021/RI_si21_a04.pdf.

1026 https://news.un.org/es/story/2024/03/1528516.

Otra estrategia de este *eje de agitación* tiene que ver con la desinformación. De acuerdo con el Institute for Strategic Dialogue[1027], China, Rusia e Irán tenían cientos de cuentas en las redes sociales «vinculadas a funcionarios, representantes diplomáticos y medios de comunicación de estos países para impulsar sus objetivos geopolíticos en relación con el conflicto entre Hamás e Israel, en las cuales se glorificaba la violencia, se promovía el odio y se difundían falsas afirmaciones al tratar sobre el conflicto en la región»[1028], donde entran, como ya dijimos, los países aliados de Irán, particularmente, Siria e Irak, aparte del Líbano.

Un conflicto en el que Rusia participa de manera indirecta. Donde surge la tradicional alianza con Siria y su base aérea en la provincia siria de Lakatia, que comparte también varias instalaciones en el aeródromo del aeropuerto internacional Bassel Al-Assad[1029], lo que permite expandir su poder en el Mediterráneo Oriental. Un hecho que se suma al posible desenlace de la guerra en Ucrania, ya que la Federación de Rusia pretende quedarse con el sur de este país, lo que añadiría a la Península de Crimea y a la ciudad autónoma de Sebastopol, creando una indudable potencia militar en el Mediterráneo, cerrando además la salida de Ucrania al mar. De manera que el desenlace de la guerra en Ucrania no es de ninguna manera ajeno al conflicto en Gaza, que se va extendiendo al Líbano, a Siria y al propio Irán.

Con este panorama de la geopolítica mundial en el que existen dos bloques enfrentados, Oriente y Occidente, los conflictos allá donde se den, ya sea en Ucrania, en Oriente Medio o en otras zonas, vienen a ser escenarios de un mismo desajuste global donde siempre están los mismos actores involucrados, ya sea directa o indirectamente.

Todo está conectado en el mundo convulso de hoy, donde el problema palestino-israelí es una de las piezas de este complejo tablero geopolítico. No se trata, como en el pasado, de que la OTAN domine el este europeo frente a Rusia, o que Estados Unidos e Israel logren frenar el poder iraní, se trata en ambos casos de mantener el actual

---

1027 https://www.isdglobal.org.

1028 https://www.isdglobal.org/isd-in-the-news/china-russia-and-iran-are-exploiting-the-israel-hamas-conflict-for-their-advantage/.

1029 https://en.wikipedia.org/wiki/Khmeimim_Air_Base.

modelo de gobernanza mundial o de establecer uno nuevo. Un orden mundial que se mueve de la geopolítica a la geoeconomía, y viceversa; pues el modelo actual de economía global entra de lleno, por supuesto, en esa contienda, donde la supremacía del dólar está igualmente en cuestión.

De este modo, al ser Israel un elemento del mundo occidental, mientras que Palestina lo es del oriental, el conflicto palestino-israelí forma parte del problema de confrontación global; al igual que sucede en Ucrania. Un país que pretende ubicarse en Occidente, mientras Rusia hace lo posible por evitar que esto suceda. Y cuando decimos Rusia, habría que sumar a Irán y, en la trastienda, a China, aparte de otros países.

Volvamos a concentrarnos de nuevo en Oriente Medio con la perspectiva del conflicto entre palestinos e israelíes, que siempre tiene la posibilidad de convertirse en una turbulencia que afecte a toda la región. De ahí las alianzas que existen cuyo objetivo se concreta en buscar el control, por un lado, del Golfo Pérsico, y, por otro, de dominar lo que se entiende como el Levante; donde confluyen diversos modelos, no solo sociales o políticos, sino religiosos.

Véase, por ejemplo, las discrepancias entre el modelo chií representado por la República Islámica de Irán que se confronta con el wahabismo suní de Arabia Saudí, o también con la Turquía islámica democrática. Tres modelos en los cuales el judaísmo israelí, aunque aceptable políticamente por algunos países, no deja de ser extraño, sobre todo al modelo chií de Irán. Existiendo naciones como, por ejemplo, Egipto, cuya Constitución, independientemente de que el 90 % de su población sea musulmana de práctica suní, concede los derechos políticos a todos los ciudadanos, independientemente de su religión, sexo, raza, etnia o cualquier otra distinción de este tipo.

Un complejo escenario que incluye los intereses occidentales en la zona, principalmente los de Estados Unidos, que se confrontan con la Federación de Rusia y China, que tratan de bloquear y socavar los planes occidentales, más que implicarse ellos mismos en el conflicto. Con otros países que forman parte de la «constelación iraní», como es la presencia de Yemen en el conflicto.

Como todo en Oriente Medio, Yemen es el resultado del proceso de colonización llevado a cabo, fundamentalmente, por el Reino Unido y por Francia. Páginas atrás hablamos de Irak, de Jordania, de Palestina, de Siria, del Líbano, y Yemen en esto no es una excepción. Un país que, según se dice, se encuentra en el corazón de la literatura del islam[1030], que buscó su identidad durante mucho tiempo hasta conseguir formar un nuevo Estado: la República de Yemen[1031] en 1990, después de enormes vicisitudes, incluida su pertenencia al Imperio Otomano como el resto de los países de la región y su propia división interna entre Yemen del Norte (la zona yemení al oeste) y Yemen del Sur (la zona al oeste en la frontera con Omán).

Según se cuenta en la literatura islámica, Yemen llegaba en el pasado «formando una parábola» a través de la Península Arábiga, desde el Océano Índico al Mar Rojo[1032]; si bien hoy se encuentra, una vez que se unieron el norte y el sur yemení, en la parte occidental al sur de tal península haciendo frontera con Omán que ocupa una similar localización hacia el este. Se trata de un país que, desde su creación, no ha tenido suficiente tranquilidad para consolidarse[1033]. Entre 1970 y 1990, por ejemplo, las disputas entre el norte y el sur dieron origen a una situación con «dos países»: el sur con alianzas con el bloque soviético, y el norte sin alinearse con nadie. Mientras, las explotaciones de petróleo caían bajo dominio saudí[1034]. El mundo rural, por su parte, vivía un modelo cuasi feudal. Un país multicultural con muy distintas capacidades económicas que vive y, ha vivido, con crisis constantes[1035].

1030 P. Dresch. *A History of Modern Yemen.* Cambridge University Press. Cambridge, 2002. Pág. 1.

1031 https://es.wikipedia.org/wiki/Yemen.

1032 P. Dresch. *Op. cit.* Pág. 11.

1033 European Council on Foreign Relations. Mapping the Yemen Conflict muestra con detalle la evolución y las divisiones de Yemen desde 1962 en que se constituyó el país.
https://ecfr.eu/archive/page/-/Mapping_Yemen_(1).pdf.

1034 P. Dresch. *Op. cit.* Pág.120.

1035 M. Montgomery. *A Timeline of the Yemen Crisis, from the 1990s to the present.* Arab Center Washington DC. Feb. 19, 2021. Este artículo tiene una relación de sucesos desde 1990 hasta marzo de 2024.
https://arabcenterdc.org/resource/a-timeline-of-the-yemen-crisis-from-the-1990s-to-the-present/.

En 1984 se descubría petróleo en Yemen. Sin embargo, hoy, a medida que el control de los hutíes se ha ido extendiendo por el país, el sector energético se ha visto afectado de manera muy relevante. Las empresas extranjeras que operaban en Yemen abandonaron sus operaciones y evacuaron a su personal. En 2015, se cerró casi toda la producción de los yacimientos de petróleo y gas natural de Yemen. La producción total de petróleo y otros líquidos cayó de una media de 125.000 barriles diarios (b/d) en 2014 a un mínimo de 18.000 b/d en 2016. En 2019, la producción de petróleo y otros líquidos volvió a aproximadamente 61.000 b/d en 2019[1036]. Un producto que constituye alrededor del 60 % de las exportaciones del país en 2022, con China acaparando más del 30 % del crudo exportado por Yemen (Tailandia es el segundo importador con el 20 %)[1037].

¿Quiénes son los hutíes? Hay que volver a la historia de Yemen, al menos a la historia reciente, para ponerlo en contexto. Una historia de guerras civiles en los últimos 60 años, sin contar las que se sucedieron en el pasado más lejano. Y es que Yemen, como decimos, es un Estado con permanentes crisis. La sociedad vive en la pobreza, la marginación y el fracaso político constante. Un sistema político extractivo que genera en paralelo mucha violencia, cuya economía en 2024 no llega en términos de PIB (dólares corrientes) a los 17.000 dólares según datos del Fondo Monetario Internacional. Es un país subdesarrollado: el más pobre de Oriente Medio.

En 2011, al hilo de la Primavera Árabe, parecía que Yemen podría encontrar una senda de tranquilidad después de decenas de años de conflictos internos. Sin embargo, en 2014, surgieron los hutíes que ocuparon la capital, Saná, y se hicieron con el poder. Ante esto, una coalición liderada por Arabia Saudí con países del Consejo de Cooperación del Golfo[1038] convirtió aquella toma de poder de los hutíes en una guerra civil. Se trataba de un grupo que se había originado en la tribu hutí, conocida como los *Partidarios del Dios*, formada por gentes de orientación chií, al igual que los dirigentes iraníes y en contraposición con los

---

1036 https://www.eia.gov/international/analysis/country/YEM.
1037 https://oec.world/es/profile/country/yem.
1038 https://es.wikipedia.org/wiki/Consejo_de_Cooperación_para_los_Estados_
       Árabes_del_Golfo.

wahabíes de Arabia Saudí. Un grupo que, si bien surgió políticamente en los años 1990, tiene un origen muy antiguo[1039]. Como puede verse, la religión, en esta convulsa región, está siempre en el substrato de la política.

En este contexto, la rivalidad de Irán y Arabia Saudí, con sus diferentes aliados (sin olvidar en este grupo a los Emiratos Árabes Unidos), ha puesto a Yemen del lado de Irán y en contra de todo lo que significa Israel y Estados Unidos, y ha forzado a la vez a los saudíes a proteger su frontera sur. Un desequilibrio político que se une al bien conocido conflicto palestino-israelí, con el hecho de que, según se asegura, los hutíes han reclutado a más de 200.000 combatientes para sus acciones en el mar Rojo en contra de Israel y en apoyo de los palestinos[1040], ayudando a las pretensiones de Hamás, que son las de Irán.

Irán suele argumentar que su apoyo a los hutíes tuvo que ver con la entrada de Arabia Saudí en la guerra civil de Yemen, aunque hay pruebas de que «el apoyo había comenzado en 2012, cuando la mayoría de los yemeníes estaban plenamente comprometidos con la aplicación de la Iniciativa del Consejo de Cooperación del Golfo»[1041]. Además, en el transcurso del conflicto, una coalición internacional de buques de guerra que patrullaban en el Mar Rojo interceptaron varios cargamentos de armas iraníes destinadas a los hutíes; por ejemplo, misiles antibuques soviéticos Scuds[1042] suministrados por Irán[1043]. Una circunstancia negada por el país iraní aunque hay pruebas que respaldan esas afirmaciones, ya que las fuerzas pertenecientes al Cuerpo de la

1039 F. Medina Gutiérrez. *El movimiento* ḥūṯī *(Anṣār Allāh) y la guerra en Yemen.* Universidad Externado de Colombia. https://www.scielo.org.mx/scielo.php?script=sci_arttext&pid=S2448-654X2020000100079.

1040 J. Salhani. *Houthis are recruiting record fighters. How will this affect Yemen?* Aljazeera. 23 Feb 2024.https://www.aljazeera.com/features/2024/2/23/houthis-are-recruiting-record-fighters-how-will-this-affect-yemen.

1041 G. M. Feierstein. *Yemen the 60-year war.* Middle East Institute. Policy Paper 2019-2. February 2019. Pág. 21. https://www.mei.edu/sites/default/files/2019-02/Yemen %20The %2060 %20Year %20War.pdf.

1042 Se trata de misiles de fabricación soviética. https://en.wikipedia.org/wiki/Scud_missile.

1043 C. J. Chivers; E. J. Schmitt. *Arms Seized Off Coast of Yemen Appear to have Been Made in Iran. The New York Times.* Jan. 10, 2017. https://www.nytimes.com/2017/01/10/world/middleeast/yemen-iran-weapons-houthis.html.

Guardia Revolucionaria Islámica[1044] «entrenan y asesoran a las fuerzas hutíes tanto dentro, como fuera de Yemen»[1045]. De nuevo, un eje «externo» que entra en el conflicto palestino-israelí, que involucra a Irán y a los hutíes de Yemen, utilizando misiles de fabricación rusa.

Viene esto a recordar la antigua relación entre la Unión Soviética con Yemen del Sur antes de la unificación. Una relación que se sustanciaba económicamente (unos 30 millones de dólares hacia 1968[1046]), aparte de ayuda militar, incluyendo unos 2500 militares rusos en el país[1047], para acabar, en 1979, con un Tratado de Amistad y Cooperación por 20 años entre ambos países[1048]. Una relación que, según un informe de la CIA, supuso 880 millones de dólares en equipamiento militar entre 1979 y 1980[1049]. Sin embargo, aunque siempre se mantuvieron las relaciones diplomáticas entre Yemen y Rusia después de desaparecida la Unión Soviética, ha sido con la guerra en Ucrania cuando ha cambiado la política internacional rusa respecto de Oriente Medio y, en consecuencia, con Yemen. Una realidad que confirma, como venimos diciendo, la conexión entre el conflicto palestino-israelí y el conflicto ruso-ucraniano, con la OTAN en el escenario. Se trata de distintos escenarios de un mismo conflicto global.

El hecho que llevó a Rusia a involucrarse en la guerra civil de Siria en 2011 ha visto cómo Rusia ha aparecido de manera indirecta en múltiples escenarios de Oriente Medio. Sin embargo, las relaciones con Yemen siempre se han mantenido en un segundo plano. Incluso, ante la insistencia de Yemen de que Rusia estableciera una base militar en el país, esta decisión nunca se llevó a cabo. Se puede decir que, si bien la política rusa hacia Yemen tiene una rica historia, y ocupó un impor-

---

1044 https://en.wikipedia.org/wiki/Islamic_Revolutionary_Guard_Corps.

1045 K. Zimmerman. *Yemen's Houtis and the Expansion of Iran's Axis of Resistance.* American Enterprise Institute. March 2022. Pág. 22. https://www.aei.org/wp-content/uploads/2022/03/Yemen's-Houthis-and-the-expansion-of-Iran's-Axis-of-Resistance.pdf.

1046 G. M. Feierstein. *Op. cit.* Pág. 22.

1047 *Ibid.*

1048 *The New York Times. Soviet and South Yemen Sign 20- Year Friendship Pact.* Oct. 26, 1979.https://www.nytimes.com/1979/10/26/archives/soviet-and-south-yemen-sign-20year-friendship-pact.html.

1049 National Foreign Assessment Center. *The URSS and the Yemens: Moscow's Foothold on the Arabian Peninsula.* July 1981. https://www.cia.gov/readingroom/docs/CIA-RDP06T00412R000200350001-0.pdf.

tante lugar en la política de la Unión Soviética en Oriente Medio, tras la formación de la República de Yemen en 1990 y el colapso de la Unión Soviética al año siguiente, las relaciones han ido enfriándose[1050].

Con respecto de China, aunque, dada la posición estratégica de Yemen del Norte en la salida del Estrecho de Bab el Mandeb, sobre todo de petroleros que cruzan la zona, el país asiático ha mantenido una relación neutral aunque ha llevado a cabo reuniones con el Gobierno yemení y con los huties para tratar de lograr la paz entre ambos, cerrando eso sí, cualquier relación con ese grupo desde 2017, aunque ha venido manteniendo la ayuda humanitaria[1051]. Una situación que contrasta con las relaciones que China mantiene con Arabia Saudí y los esfuerzos en lograr el entendimiento entre saudíes e iraníes[1052], instando a que se cumpliera cuanto antes el acuerdo de desarrollo nuclear con Estados Unidos[1053], establecido en el Joint Comprehensive Plan of Action (JCPOA)[1054]. Esta relación entre China y Yemen, con los huties de por medio, tiene que ver con el importante posicionamiento de China en Yibuti, un país estratégico para China donde ha llevado a cabo fuertes inversiones industriales y financieras[1055].

En este complejo juego de ajedrez, donde las blancas y las negras se entremezclan, se ha puesto en marcha un conflicto que podría extenderse a la región, si no inmediatamente, sí en un próximo futuro, cuando algún *cisne negro* rompa los frágiles equilibrios que existen.

1050 L. Issaev. *Russia's Policy towards the Middle East: The Case of Yemen.* The International-al Spectator. 2020. https://www.researchgate.net/publication/343146701_Russia's_Policy_towards_the_Middle_East_The_Case_of_Yemen.

1051 B. Kelemen. *China's Shifting Role in Yemen.* STIMSON. January 31, 2024. https://www.stimson.org/2024/chinas-shifting-role-in-yemen/.

1052 A. Jash. Saudi-Iran Deal: *A Test Case od China's Role as an International Mediator.* Georgetown Journal of International Affairs. June 23, 2023. https://gjia.georgetown.edu/2023/06/23/saudi-iran-deal-a-test-case-of-chinas-role-as-an-international-mediator/

1053 Aljazeera. *China-brokered Saudi-Iran deal driving 'wave of reconciliation'.* https://www.aljazeera.com/news/2023/8/21/china-brokered-saudi-iran-deal-driving-wave-of-reconciliation-says-wang.

1054 U.S. Department of State. *Join Comprehensive Plan of Action.* https://2009-2017.state.gov/e/eb/tfs/spi/iran/jcpoa/.

1055 I. Saxena; *et. al. China's Military and Economic Prowess in Djibouti: A Security Challenge for the Indo-Pacific.* Journal of Indo-Pacific Affairs. Nov. 18, 2021. https://www.airuniversity.af.edu/JIPA/Display/Article/2847015/chinas-military-and-economic-prowess-in-djibouti-a-security-challenge-for-the-i/.

Aunque ya está más que relatado en las páginas de otros capítulos, permítasenos un pequeño resumen para llegar al nudo de este posible enfrentamiento regional.

Volvamos a octubre de 2023 cuando Hamás atacó Israel, mató y secuestró a un importante número de israelíes. Como contrapartida, siguiendo la estrategia habitual, Israel lanzó una guerra total en Gaza. El objetivo era acabar con la organización de Hamás y con sus infraestructuras. En concreto, destruir sus túneles y su capacidad armamentística. Una guerra entre un ejército y un grupo de combatientes de carácter terrorista, que había vencido en las elecciones de 2006, pero que no ha vuelto a repetirlas.

Desde el Líbano, otro grupo de similares características, Hezbolá, atacó con cohetes las zonas fronterizas del Líbano e Israel: una actividad casi constante desde hace años. Recordemos que Ariel Sharon, ministro de Defensa de Israel decidió, de acuerdo con su Gobierno, echar fuera del Líbano a la OLP que había estado usando el sur del país para atacar a la población fronteriza israelí, lo que llevaba haciendo desde los años 1960[1056]. Ya sabemos lo que sucedió. Lo relatamos en el capítulo 5. Sin embargo, aquellas acciones tuvieron su respuesta: Israel se creó un nuevo enemigo: el *Partido de Dios*: Hezbolá. El grupo se ubicó en principio al norte de Israel en la frontera con el Líbano. Al contrario que la OLP, Hezbolá respondía a principios religiosos, se trataba de musulmanes chiíes que ya estaban establecidos desde hacía años en el Líbano[1057]. A la muerte de Musa Sadr[1058] en 1978, fundador del Consejo Supremo Chií del Líbano. Hezbolá encontró a un mártir a quien vengar, lo que se unió con la revolución iraní en 1979. No hay que decir que desde entonces la conexión Irán-Hezbolá ha sido un elemento de seria perturbación para la política israelí en la zona.

Con el apoyo iraní, pero con su propia estrategia, las fuerzas de Hezbolá mantuvieron las agresiones a Israel en una doble versión. De un lado, acciones guerrilleras de tipo terrorista contra poblaciones determinadas en acciones de corta duración. De otro, con lanzamiento

---

1056 H. Jaber. *Hezbollah. Born With a Vengeance.* Columbia University Press. Nueva York, 1997. Pág.7.
1057 *Ibid.* Pág. 8
1058 https://es.wikipedia.org/wiki/Musa_Sadr.

de misiles y cohetes en áreas más amplias usando las técnicas de una guerra más convencional; siempre tratando de tomar por sorpresa a las fuerzas israelíes[1059]. Desde entonces no han cesado las ofensivas de Hezbolá y la respuesta contundente de Israel. Sin embargo, desde los ataques de Israel en Gaza en contra de Hamás desde finales de 2023 como respuesta a los asesinatos y secuestros que produjeron los combatientes de esta organización, diversos grupos respaldados por Irán procedentes del Líbano, Yemen, Irak y Siria se han visto implicados en la guerra de Israel contra Hamás en Gaza. Una coalición no organizada, pero con los mismos objetivos: debilitar la capacidad militar de Israel atacando incluso a la población civil.

En paralelo con el conflicto de Israel con Hamás y Hezbolá, surge el 31 de julio de 2024 en Teherán, la capital iraní, un atentado que da muerte a Ismail Haniyah, líder de Hamás. Un asesinato sin autoría reconocida, aunque en algunos ambientes árabes se dijera que Israel estaba detrás del atentado. Las reacciones no se hicieron esperar. El portavoz del Ministerio de Asuntos Exteriores iraní habló de martirio: «El martirio de Haniyeh en Teherán —dijo— reforzará el vínculo profundo e inquebrantable entre Teherán, Palestina y la resistencia»[1060]. De igual manera, Qatar, aparte de condenar enérgicamente el asesinato, consideró el acto como «un crimen atroz y una peligrosa escalada, así como una grave violación de las leyes internacionales y humanitarias». De forma que, añadía, «los temerarios y continuos ataques de Israel contra civiles en Gaza empujarán a la región a un círculo de caos, además de limitar las perspectivas de paz»[1061].

También Mijail Bogdánov, ministro de Asuntos Exteriores de Rusia, se expresó en términos similares: «Se trata de un asesinato político absolutamente inaceptable, que provocará una nueva escalada de tensiones». Y, por supuesto, China, a través de Lin Jian, portavoz del Ministerio de Asuntos Exteriores chino: «Estamos siguiendo de cerca el incidente —dijo—. China se opone firmemente y condena el asesinato y está profundamente preocupada por que el incidente pueda

---

1059 H. Jaber. *Op. cit.* Pág. 41.
1060 SWI. Swissinfo.ch. *Reaction to killing of Hamas chief Ismail Haniyeh.* https://www.swissinfo.ch/eng/reaction-to-killing-of-hamas-chief-ismail-haniyeh/85537559.
1061 *Ibid.*

sumir a la región en una mayor agitación. China ha estado pidiendo que se resuelvan las disputas regionales a través de la negociación y el diálogo y que se establezca un alto el fuego rápido, completo y permanente en Gaza, y que no se produzca una nueva escalada del conflicto y la confrontación»[1062].

Unas condenas que siguieron con Mohammed Ali Al-Houthi[1063], jefe del Comité Revolucionario de Yemen, que en la misma línea dijo: «Atentar contra Ismail Haniyeh es un atroz crimen terrorista y una flagrante violación de las leyes y los valores ideales»[1064]. También, Turquía o Malasia expresaron su rechazo, en concreto, apuntando a Israel. El primero de los cuales, por medio del Ministro de Asuntos Exteriores, ofreció las condolencias de su país al pueblo palestino «que ha dado cientos de miles de mártires como Haniyeh para vivir en paz en su propia patria, bajo el techo de su propio Estado», añadiendo que: «Se ha revelado una vez más que el Gobierno de Netanyahu no tiene ninguna intención de lograr la paz»; pues «este ataque pretende también extender la guerra en Gaza a nivel regional. Si la comunidad internacional no actúa para detener a Israel, nuestra región se enfrentará a conflictos mucho mayores»[1065]. Y, quizás, más relevante por su significación como potencial aliado de Israel, fueron las declaraciones de Arabia Saudí, diciendo que: «el asesinato del líder de Hamás en Teherán es una "violación flagrante" de la soberanía de Irán»[1066].

Con todo, como es lógico, las reacciones más contundentes vinieron de Irán. El líder supremo del país, Ali Jameini, indicó que: «Consideramos la venganza como nuestro deber»; para continuar: «Israel ha preparado un *severo castigo* para sí mismo al matar a un querido huésped en nuestra casa»[1067]. Unas declaraciones asumidas por el ministro de

---

1062   GT Global Times. *China condemns assassination of Hamas political chief Haniyeh.* July 31, 2024.
      https://www.globaltimes.cn/page/202407/1317120.shtml.
1063   https://es.wikipedia.org/wiki/Mohammed_Ali_al-Houthi.
1064   SWI. Swissinfo.ch. *Op. cit.*
1065   *Ibid.*
1066   The Times of India. *Saudi Arabia says Hamas leader's killing in Tehran 'flagrant violation' of Iran's sovereignty.* https://timesofindia.indiatimes.com/world/middle-east/israel-iran-war-live-hezbollah-launches-drone-attack-on-northern-israel-benjamin-netanyahu-ismail-haniyeh-latest-updates/liveblog/112327630.cms.
1067   H. Bachega. *Iran keeps region guessing as it mulls revenge attack.* BBC News. 9 agosto

Asuntos Exteriores en funciones de Irán, Baqeri Ali Bagheri Kani, que dijo que «su país no tenía más remedio que responder, y que lo haría en el momento oportuno y de la forma adecuada». Describiendo la reacción iraní como «una defensa de su propia soberanía y seguridad nacional, y también como una defensa de la estabilidad y seguridad de toda la región»[1068].

Pasar de las palabras a las amenazas suele ser, en ocasiones, el prólogo de la conflagración. En este caso, sin embargo, una «guerra total» en Oriente Medio traería una situación catastrófica para el mundo. Un mundo que consume diariamente 104,46 millones de barriles diarios de petróleo[1069], cuya mayor parte circula por los mares que rodean la península Arábiga, no puede permitirse entrar en una escalada que solo se sustentaría con el uso final de armamento nuclear. Sería una destrucción impensable. Nada comparable con la guerra en Ucrania, que no es sino un conflicto, digamos, «local», en el que Rusia tiene enfrente, no solo a Ucrania, sino a Estados Unidos y a sus aliados. Una guerra cuyo prólogo se tuvo en 2014 con la anexión de Crimea por parte de Rusia, que pretende, como dijimos, hacerse oír como una gran potencia global, aparte de dominar la salida al Mediterráneo dejando a Ucrania «encerrada» al lado de la Unión Europea, pero sin formar parte de la OTAN.

El «supuesto ataque» de Israel en Teherán con la muerte de Haniyeh, se conectaba seguramente con la agresión con cientos de drones y misiles que Irán había lanzado contra Israel aquel 13 de abril de 2024. En total, Israel, con la ayuda del Reino Unido, Francia y Estados Unidos fue capaz de interceptar unos 170 aviones no tripulados, 120 misiles balísticos y 30 misiles de crucero. Esa acción defensiva tuvo, según se dijo, una eficacia del 99 %, lo que habla de la capacidad tecnológica de Israel y de sus principales aliados[1070]. Sin embargo, la presente esca-

---

2024. https://www.bbc.com/news/articles/cvgewyx7pn5o.

1068 *Ibid.*

1069 Se trata de un crecimiento en el uso del petróleo del 130 % desde 2005. Lo que demuestra que el «oro negro» sigue siendo vital para la economía y la vida en el mundo. Ver: Statista. *Demand for crude oil worldwide from 2005 to 2023, with a forecast for 2024.* https://www.statista.com/statistics/271823/global-crude-oil-demand/.

1070 R. S. Cohen. *The Iran-Israel War Is Just Getting Started.* RAND Corporation. Apr. 25, 2024. https://www.rand.org/pubs/commentary/2024/04/the-iran-israel-

lada de es parte de lo que decimos, un nuevo acto en este «teatro» bélico. Las declaraciones posteriores de unos y otros, han sido parte de lo mismo, de manera que, mientras Israel e Irán sigan enfrentados, continuará el intercambio de «golpes», directa o indirectamente, independientemente de que Estados Unidos y otros aliados puedan aconsejar a Israel evitar por todos los medios una escalada mayor. En última instancia, si Estados Unidos y Europa desean prevenir la posibilidad de una guerra regional en Oriente Medio, tendrán que convencer a Irán de que frene a sus aliados en sus acciones en contra de Israel y, a partir de ahí, convencer a Israel de que se siente en una mesa para alcanzar un acuerdo por débil que sea, lo que incluye, por supuesto, detener el programa nuclear de Irán. De lo contrario, el conflicto continuará en espiral[1071].

Un conflicto que, en una escalada regional, nadie asegura que no pueda estallar en el futuro. Sin embargo, en esta ocasión, la acción diplomática se puso en marcha para detener lo que parecía inevitable. De un lado, el recién elegido presidente de Irán, Masoud Pezeshkian, «pidió al líder supremo de Irán, Alí Jamenei, que frenara el ataque a Israel, advirtiéndole de su devastador impacto en su presidencia... evitando una escalada de tensiones que desembocara en una guerra no deseada»[1072]. De otro, Estados Unidos, involucrando a Egipto y Catar, trató de evitar esa guerra «no deseada», toda vez que Yahya Sinwar, artífice del atentado del 7 de octubre de 2023 en contra de Israel, hubiera sido nombrado nuevo líder de Hamás en sustitución del fallecido Ismail Haniyeh[1073]. Argumentando, a su vez, que «Irán reconsiderara su reacción respecto de la explosión que mató a Ismail Haniyeh, ya que su muerte fue el resultado de una bomba teledirigida que había sido colocada en su casa de huéspedes de Teherán en una

---

war-is-just-getting-started.html.
1071   Este párrafo es una adaptación de los comentarios de R. S. Cohen. *Op. cit.*
1072   IRAN International. *Iran's president implores Khamenei to avoid war with Israel.* 7 Aug. 2024.
       https://www.iranintl.com/en/202408073123.
1073   IRAN International. *Hamas names new leader after Haniyeh's assassination in Iran.* August 7, 2024.
       https://www.iranintl.com/en/liveblog/region-on-edge-shadow-of-conflict-looms-over-bustling-middle-east.

operación encubierta, y no como parte de un ataque militar de mayor envergadura»[1074].

Con estas aproximaciones diplomáticas, parecía que «Irán está cada vez más de acuerdo con el pensamiento de Washington, aunque inicialmente lo negara»[1075]. Un hecho al que se sumó Vladimir Putin, que pidió al líder supremo iraní, Alí Jamenei, que «respondiera con moderación al asesinato del líder de Hamás, Ismail Haniyeh»[1076]. Aunque «había condenado el asesinato como un acto «muy peligroso», instando a la cautela para evitar un conflicto más amplio en Oriente Próximo»[1077]. Lo cual no evitó que, para prevenir lo indeseable, Estados Unidos trasladara desde el portaaviones USS Theodore Roosevelt situado en una base regional varios escuadrones de F-18 y F-22 a fin de ayudar a Israel a repeler un posible e inminente ataque de Irán en contra del país judío[1078]. Una crítica situación en la que se produjeron ataques aéreos británico-estadounidenses contra los huties de Yemen apoyados por Irán en la localidad yemení de Taiz[1079] como respuesta a la destrucción por las fuerzas británicas de un vehículo aéreo no tripulado y dos misiles antibuques lanzados por los huties desde Yemen al Mar Rojo[1080].

Las acciones de Israel, independientemente de su involucración, o no, en la muerte de Haniyeh, se añadieron al ataque en contra de Fuad Shukr[1081] en los suburbios de Beirut, que se encontraba en un importante bastión del grupo chií. En esta ocasión Israel fue el causante directo de su muerte.

Shukr, un relevante comandante de Hezbolá y asesor cercano del líder de la organización Hasán Nasrallah[1082], fue abatido por un ata-

---

1074 E. Banco et al. *Iran might be second-guessing its Israel attack.* POLITICO. 7 de agosto de 2024. https://www.politico.com/newsletters/national-security-daily/2024/08/07/iran-might-be-second-guessing-its-israel-attack-00173112

1075 *Ibid.*

1076 IRAN International. *Hamas names new leader after Haniyeh's assassination in Iran. Ibid.*

1077 *Ibid.*

1078 *Ibid.*

1079 https://es.wikipedia.org/wiki/Taiz.

1080 IRAN International. *Hamas names new leader after Haniyeh's assassination in Iran. Op. cit.*

1081 https://www.aljazeera.com/news/2024/7/31/who-isfuad-shukr.

1082 https://es.wikipedia.org/wiki/Hasan_Nasrallah.

que perpetrado por el ejército israelí. Además, existía una recompensa ofrecida por el Gobierno estadounidense de 5 millones de dólares por su captura, ya que era considerado el jefe del Estado Mayor de Hezbolá a cargo de toda la infraestructura militar del grupo. Desde 2019, se le consideraba un terrorista global por Estados Unidos[1083].

La reacción de Hezbolá no se hizo esperar. Hasán Nasrallah dijo que la guerra con Israel entraba en una nueva fase, con una respuesta que sería «real y estudiada» en lugar de simbólica[1084]. Este hecho cobraba importancia, pues se unía a la muerte del líder de Hamás, Ismail Haniyeh, independientemente de que Israel no hubiera estado involucrado en este homicidio. Ambos sucesos se consideraban una acción política arriesgada (*brinkmanship*) por parte de Israel o sus aliados, pues podría romper definitivamente las tenues líneas de contención entre los judíos y el llamado *eje de la resistencia* liderado por Irán, lo que podría conducir a la región a un conflicto global, tal como se asegura en un análisis político con una visión, quizás no muy coincidente con Israel[1085].

En este sentido, con esta visión, se consideraba que las acciones israelíes venían justificadas por los ataques recibidos, si bien se consideraba que había detrás, al menos, cinco consideraciones para tener en cuenta[1086]. «En primer lugar, aunque Israel afirmara que el asesinato de Shukr se produjo en represalia por el incidente de Majdal Shams, la operación tenía como objetivo restablecer la disuasión israelí, que se había visto socavada desde el 8 de octubre de 2023. En segundo lugar, dado que Shukr figuraba en la lista de terroristas de Estados Unidos con una recompensa por su cabeza, esta acción pudo servir para refor-

1083 SWI. Suissinfo.ch. *¿Quién fue Fuad Shukr, el comandante de Hibulá muerto en el ataque de Israel en el Líbano?* 30 julio 2024.
https://www.swissinfo.ch/spa/quién-es-fuad-shukr %2C-el-comandante-de-hizbulá-muerto-en-el-ataque-de-israel-en-el-líbano %3F/85508003.

1084 Aljazeera. *Hezbollah chief says response to Israeli assassination 'inevitable'.* 1 Aug 2024. https://www.aljazeera.com/news/2024/8/1/hezbollah-chief-says-response-to-israeli-assassination-inevitable.

1085 H. Suleiman. *Beyond the Assassinations of Shukr and Haniyeh: The Repercussions of Israel's Brinkmanship.* 11th Abu Dhabi Strategic Debate. https://epc.ae/en/details/brief/beyond-the-assassinations-of-shukr-and-haniyeh-the-repercussions-of-israel-s-brinkmanship.

1086 Se trata de un extracto de las consideraciones hechas en este artículo de Hani Suleiman. *Ibid.*

zar la afirmación de Netanyahu en su discurso ante el Congreso [de Estados Unidos][1087] de que Israel está luchando contra los enemigos de Estados Unidos, defendiendo tanto a Israel como a su aliado estadounidense»[1088].

«En tercer lugar, el asesinato de Haniyeh tenía varios objetivos, entre ellos intimidar y desmoralizar a Hamás eliminando a su máximo dirigente político; aunque también pretendía interrumpir las negociaciones para una tregua y el intercambio de detenidos y prisioneros, en consonancia con la negativa declarada de Netanyahu a sucumbir a las presiones para detener la guerra en Gaza. En cuarto lugar, Israel parecía haber utilizado estos asesinatos para reforzar su posición política interna, proyectando una imagen de líder fuerte capaz de proteger a Israel y enfrentarse a sus enemigos, aumentando así su popularidad y apoyo político en casa. Finalmente, en quinto lugar, a pesar de que Israel no tenía la intención de intensificar el conflicto con Hezbolá, se dice que Netanyahu pretendía provocar a Irán, a Hezbolá y al frente más amplio de la "resistencia"[1089] en un conflicto regional de mayor envergadura. Tal escalada podría implicar a Estados Unidos, que se ha comprometido a defender a Israel. Esta opinión se vio respaldada por las declaraciones del Secretario de Defensa estadounidense, Lloyd Austin, tras el asesinato de Shukr, en las que afirmaba que Estados Unidos defenderá a Israel si es atacado por Hezbolá en respuesta al ataque israelí»[1090].

Como se ha comentado arriba, parece que, de momento, se ha «detenido» una conflagración global en la zona; sin embargo, queda la pregunta sobre qué sucedería si tal conflagración estallara. De un lado, es evidente que Israel no estaría solo, le acompañarían, seguramente, Estados Unidos y el Reino Unido. Del otro lado está Irán y sus llamados *proxies* o aliados, que son (en Oriente Medio): Hamás, Hezbolá,

1087 The Guardian. 24 July 2024. *Netanyahu tells Congress Israel's 'fight is your fight' amid boycotts and protests.* https://www.theguardian.com/world/article/2024/jul/24/netanyahu-israel-gaza-congress-speech-.
1088 H. Suleiman. *Op. cit.*
1089 Lo que se ha definido más arriba como *eje de la resistencia.*
1090 H. Suleiman. *Op. cit.*

los hutíes, las Brigadas Al-Ashtar de Baréin, la Resistencia Islámica de Irak y, de manera indirecta Siria[1091].

¿Y Rusia y China, entrarían en un conflicto global en Oriente Medio en contra de Estados Unidos e Israel? En ambos casos, de momento, se llama a la distensión. Quizás no es su momento. Rusia necesita imperiosamente terminar su guerra en Ucrania, siempre con ventajas territoriales y políticas. China tiene el objetivo del dominio mundial mediante una estrategia diferente y un conflicto global en Oriente Medio rompería esta estrategia. Sin embargo, en lo relativo a sus objetivos en contra de Estados Unidos están, como se dice, «en la misma página».

La alianza de Rusia con Siria y, de paso, con Irán y, de alguna manera, con Hezbolá, ha venido usándola Rusia para la venta de armas, por un lado, y como plataforma para expandir su poder en el Mediterráneo oriental, por el otro. Rusia ha seguido suministrando armas a Egipto y Arabia Saudí; amplió su influencia en Libia, y ha colaborado estrechamente con Arabia Saudí para controlar a la denominada OPEP+[1092], creada para hacer frente a las ventas de petróleo de Estados Unidos procedente del *fracking*[1093]. Adicionalmente, Rusia mantiene lazos con Israel, cuyo primer ministro, Benjamín Netanyahu, ha ensalzado sus relaciones con el presidente Vladimir Putin[1094].

Y, en esta política de relacionarse y tratar de influir a todos, una delegación de Hamás —con quien mantienen cercanas relaciones— se reunió en Moscú con el viceministro de Asuntos Exteriores, Mijaíl Bogdánov, el 26 de octubre de 2023 (19 días después de los ataques en Israel), para tratar de la liberación de los rehenes, sobre todo de los seis que tienen nacionalidad rusa, según Moscú[1095]. Se trata, como puede

---

1091 Deccan Herald. *Who are Iran's proxies & allies in the Middle East.* https://www.deccanherald.com/world/explained-who-are-irans-proxies-allies-in-the-middle-east-2978585.

1092 J. A. Roca. *¿Qué es la OPEP + y en qué se diferencia de la OPEP?* El periódico de la energía. 21/12/23. https://elperiodicodelaenergia.com/que-es-la-opep-y-en-que-se-diferencia-de-la-opep/.

1093 https://es.wikipedia.org/wiki/Fracturación_hidráulica.

1094 C. W. Dunne. *Russia, China on Gaza: Sidelining, Lurking-or Winning?* Arab Center Washington DC. Dec. 20, 2023. https://arabcenterdc.org/resource/russia-and-china-on-gaza-sidelined-lurking-or-winning/.

1095 *Ibid.*

verse, de una estrategia en 360 grados para seguir con su política de ser «uno de los centros de influencia en el mundo de hoy», tal como se dijo arriba.

China, sin embargo, sigue una política más tradicional respecto de la crisis de Gaza, pidiendo una «solución justa, duradera y global»; enfatizando que China sigue siendo un «buen amigo y hermano de los países árabes y musulmanes» que «siempre ha apoyado firmemente la justa causa del pueblo palestino para restaurar sus legítimos derechos e intereses nacionales»[1096]. Y, a nivel internacional, durante la reunión del Consejo de Seguridad de Naciones Unidas, presidido en aquel momento por el Ministro de Asuntos Exteriores de China, Wang Yi, se hizo hincapié en que Pekín está firmemente a favor de un alto el fuego y de avanzar hacia una solución de dos Estados en Palestina. Para respaldar su mensaje, Wang presentó un plan de paz chino de cinco puntos[1097], pidiendo la aplicación de todas las resoluciones pertinentes de la ONU sobre el conflicto y una conferencia internacional organizada por el organismo mundial que conduzca a una solución con dos Estados, todo ello supervisado por el Consejo de Seguridad de la ONU.

Bajo estas suposiciones, un conflicto global en el cual se involucraran China y Rusia no parece en este momento probable. De darse sería una conflagración entre Irán y sus *proxies* en contra de Israel y Estados Unidos con el seguro apoyo del Reino Unido, lo que llevaría a la destrucción de los países alineados con Irán. Una vez terminada la guerra en Ucrania, con los posibles cambios políticos en Estados Unidos en 2024, y la posición de China en el futuro, la situación podría cambiar.

El caso de la India es el otro gran país para tener en cuenta en la geopolítica global. Se trata de un país orientado hacia Israel, al que reconoció en 1950, y con el cual mantiene relaciones diplomáticas desde 1992. Sin embargo, en 1974 fue el primer país fuera de la órbita

---

1096 *Ibid.*

1097 Los cinco puntos se referían a un alto el fuego completo y el fin de los combates, la protección efectiva de los civiles, la garantía de la ayuda humanitaria, la mejora de la mediación diplomática y la consecución de un acuerdo político. Ver: *China's position paper on resolving Palestinian-Israeli conflict.*
https://news.cgtn.com/news/2023-11-30/Full-text-China-s-position-on-resolving-Palestinian-Israeli-conflict-1p92MfzY3v2/index.html.

árabe en considerar a la OLP como representante legítimo del Estado palestino, un Estado al que reconoció en 1988. Actualmente la India promueve que se inicien conversaciones para acabar el conflicto actual en Gaza, lo que combina con el suministro de diverso armamento a Israel[1098]. Una política que, desde Indira Gandi, pone a la India en una posición determinada en alianzas concretas. Para los dirigentes indios solo cuentan los intereses de la India.

Por su parte, Europa, desgraciadamente para los europeos, carece de la capacidad de ser un instrumento geopolítico creíble y eficaz, por lo que su posible involucración en el conflicto palestino-israelí para ayudar en una solución no es factible. Lo mismo sucede a nivel geopolítico global o en asuntos que afecten a la seguridad, incluida la propia Unión Europea, dependiente en su conjunto de la OTAN. Los instrumentos europeos a este respecto son extremadamente limitados, y algunas iniciativas, como fue el lanzamiento de la Brújula Estratégica[1099], no han servido para cambiar la posición europea como un elemento determinante en la geopolítica mundial.

Uno de los problemas esenciales de la Unión Europea es, además, la diferencia de objetivos políticos de sus Estados miembros que actúan siempre de acuerdo con sus intereses nacionales o, por decirlo mejor, según los intereses de sus Gobiernos de turno. Cuando se considera la posición de la Unión Europea respecto del conflicto palestino-israelí se comprueba una fuerte división entre los países proisraelíes y aquellos que aluden al respeto del Derecho internacional que, normalmente, oscurece otras intenciones que se dirigen en contra de Israel. Un caso paradigmático fue la inauguración de la embajada del aún sin constituir Estado de Palestina en Madrid el 29 de mayo de 2023[1100]. Unas decisiones que llevaron a Israel a retirar a su embajadora en Madrid, con el añadido de que el Gobierno israelí ha prohibido al Consulado español en Jerusalén prestar servicios a los palestinos.

1098 https://thediplomat.com/2024/02/in-gaza-and-the-middle-east-indias-risk-appetite-has-increased/.

1099 https://www.eeas.europa.eu/eeas/strategic-compass-security-and-defence-1_en.

1100 https://www.lemonde.fr/en/international/article/2024/05/29/palestine-officially-inaugurates-its-embassy-in-madrid_6672989_4.html.

Una situación en la que no solo en España, sino en otros países europeos, ha llevado en a desatar de nuevo una ola de antisemitismo, por la cual, según una última encuesta[1101] de la Agencia de los Derechos Fundamentales (FRA) que entrevistó a más de 8.000 judíos de 13 países de la Unión Europea, entre ellos Alemania y Francia, resultó en que el 96 % afirmó haber sufrido antisemitismo en su vida cotidiana. Una conclusión que la directora de esta organización, Sirpa Rautio, comentó diciendo que Europa se enfrenta a una «oleada de antisemitismo impulsada en parte por el conflicto de Oriente Medio»[1102]. Todo lo cual dificulta grandemente a Europa participar en una solución de un problema que afecta a la geopolítica global de esos dos bloques enfrentados. Máxime cuando en pleno verano de 2024, Josep Borrell, responsable (en funciones) de la Política Exterior de la Unión Europea, condenó las declaraciones de los ministros israelíes sobre el recorte de la ayuda humanitaria a la Franja de Gaza, urgiendo a que las sanciones en contra de Israel deberían estar en la agenda de la Unión Europea[1103].

No era la primera vez que el comisario de Política Exterior de la Comisión Europea entraba en conflicto con Israel. Su actitud política era contestada en marzo de 2024 por Fiamma Nirenstein, que había servido como miembro del Parlamento italiano entre 2008 y 2013, siendo vicepresidenta del Comité de Asuntos Exteriores de la Cámara de Diputados italiana. Así se expresaba la política italiana: «Es fácil, la puerta está abierta. Dado que ahora se llama a Israel genocida, colonialista e imperialista de forma rutinaria; dado que las turbas persiguen a los judíos en los campus universitarios y en las calles; el Alto Representante de la Unión Europea para Asuntos Exteriores, Josep Borrell, no debería tener ningún problema en unirse a la diversión»[1104].

1101   European Union Agency for Fundamental Rights (FRA). EU Survey on Jewish People. *Jewish People's Experiences and Perception of Antisemitism.* Viena 2024. https://fra.europa.eu/sites/default/files/fra_uploads/fra-2024-experiences-per-ceptions-antisemitism-survey_en.pdf.

1102   https://www.bbc.com/news/articles/c147w9572dvo.

1103   https://es.euronews.com/my-europe/2024/08/12/josep-borrell-condena-las-declaraciones-israelies-sobre-el-recorte-de-la-ayuda-a-gaza.

1104   F. Nirenstein. *The lies of Josep Borrell. Libeling Israel for Hamas's crimes has become standard procedure.* Jewish News Syndicate. March 20, 2024. https://www.jns.org/the-lies-of-josep-borrell/.

Nirenstein continuaba diciendo: «Borrell, sin embargo, seguramente sabe que está mintiendo. En estos momentos, están entrando en Gaza un 80 % más de camiones cargados de alimentos que antes de la guerra. Antes del 7 de octubre, había 70 camiones al día; ahora hay 126 de media y el número va en aumento. Israel no pone límites a la ayuda y ha abierto nuevas rutas para entregarla»[1105]. Para acabar con estas fuertes palabras: «Si Borrell no es un mentiroso, entonces carece de toda claridad moral. Parece que ni siquiera sabe cómo es realmente el exterminio inducido por el hambre. A pesar de su aparente responsabilidad en asuntos exteriores, no parece haber visto las desgarradoras imágenes de Sudán, donde las milicias islamistas exigen esclavos a cambio de alimentos. Unos 250.000 niños sudaneses mueren de hambre por capricho de los bárbaros. Sus padres deben arrodillarse ante estos monstruos y entregar a sus hijos a una esclavitud impensable. Pero no se oye ni una palabra sobre ellos»[1106]. Fuertes declaraciones que hablan de las disensiones que existen en el seno de la política europea.

El ataque de Hamás a Israel el 7 de octubre de 2023 no ha de verse, sin embargo, como una acción aislada: se encuentra en el contexto de la geopolítica global en la cual se está tratando de diseñar un nuevo orden mundial. Este ataque no está desconectado de la guerra en Ucrania, como tampoco está desconectado de otros conflictos económicos y políticos que suceden en otros lugares, principalmente en el espacio Indo-Pacífico. No es Oriente Medio, es el mundo en su complejidad donde se está diseñando un nuevo tablero global. Se trata, como hemos apuntado, y en nuestra opinión, de dos modelos en confrontación, dos modelos económicos, políticos y sociales que enfrentan a Oriente con Occidente.

Lo primero que demuestra el ataque de Hamás en aquel octubre es que la política de Occidente en Oriente Medio está en ruinas. Occidente no tiene ninguna aportación determinante salvo el uso de la fuerza de Estados Unidos, ya que la Unión Europea, como hemos visto, no puede ejercer ningún tipo de influencia. La Unión Europea, salvo en sus esquemas económicos, nada tiene que ofrecer. Un capítulo

---

1105 *Ibid.*
1106 *Ibid.*

que tampoco está exento de dudas. Baste decir que, a finales de 2023, la deuda de la Unión Europea en su conjunto era el 81,7 % del PIB europeo global, con un índice de préstamos intergubernamentales (IGL) del 1,3 % según datos de Eurostat. Siendo la deuda en la zona euro del 88,6 % y el IGL el 1,5 %, con países como Grecia, Italia, España, o Bélgica, muy por encima del 100 % del PIB[1107].

Volviendo a Oriente Medio y la guerra en Gaza y otros lugares, forma parte del cambio geopolítico global que se está produciendo a nuestros ojos. El mundo multipolar del que se hablaba hace años ha desaparecido, como ha desaparecido la globalización tal como la entendíamos desde comienzos del siglo XXI. El dominio occidental tampoco existe como fue en el pasado, como tampoco existen sus defendidos valores, hoy desaparecidos en una cultura *woke*, donde la democracia se ha convertido en una entelequia: solo existen diferentes modelos de poder político y económico, donde la mentira se ha hecho la dueña de un nuevo modo de ejercer dicho poder. Al hilo de esta «debacle de Occidente», ha surgido un llamado «Sur Global» que nada espera de Occidente y se alinea con aquellos que hoy lo combaten. Un «Sur Global» que ansía un reparto de poder, político y económico, más justo y equitativo.

Ante la aparente debilidad occidental, nuevos actores tratan de lograr el poder que no tuvieron. La guerra en Ucrania es una demostración de lo que decimos, como lo son los ataques de Hamás, Hezbolá e Irán (con sus otros *proxies*) a Israel. En el este europeo, con la debilidad de la Unión Europea en defensa de sus valores y el inexistente poder militar de la Europa unida, Rusia, buscando dominar la parte de Ucrania que le interesa, se muestra igualmente débil, de ahí su acercamiento a China y a otras potencias, incluida la India. Y de ahí su «mirar para otro lado» en el conflicto en Gaza, mientras que Irán ha considerado, quizás, que era la ocasión para activar ese *eje de agitación* del que antes hablábamos, cuyo efecto ha sido, desde luego, romper el camino iniciado por los Acuerdos de Abraham de 2020.

Respecto de China, el camino emprendido con la *Nueva Ruta de la Seda* y su decidida intención de tomar, tarde o temprano, el con-

---

1107 https://ec.europa.eu/eurostat/web/products-euro-indicators/w/2-22042024-bp.

trol de Taiwán forma parte de las mismas consideraciones anteriores. Occidente —por no decir Estados Unidos— no puede atender los conflictos que, simultáneamente, se suceden en el mundo. Pone su atención en lo más perentorio. Hoy, Oriente Medio. Lo cual entiende también Alemania que, además de mirar el problema al que se enfrenta desde Ucrania, mira con preocupación la situación en Gaza e Israel. Para verlo, hay que ir al 12 de octubre de 2023 y leer con atención el discurso del Canciller de la República Federal de Alemania y comprobar la importancia geopolítica de sus manifestaciones.

«La mañana del 7 de octubre —decía Scholz—, Israel se despertó en medio de una pesadilla. Ese día, fiesta judía, Hamás disparó miles de misiles contra Israel desde la Franja de Gaza. Al mismo tiempo, terroristas palestinos fuertemente armados cruzaron Israel y asesinaron a su paso por ciudades y pueblos. Más de 250 hombres y mujeres jóvenes fueron lo que solo puede llamarse ejecutados por los terroristas en un festival de música cerca de la Franja de Gaza. Las imágenes son de una brutalidad inhumana. Decenas de israelíes, incluidos ancianos y niños pequeños, fueron secuestrados y llevados a la Franja de Gaza. Muchos de ellos sufrieron graves lesiones mentales y físicas a manos de sus secuestradores y fueron humillados de la forma más repugnante. Hasta la fecha, más de 1000 ciudadanos israelíes han sido víctimas de los atentados terroristas. Otros miles han resultado heridos, algunos de ellos de gravedad, y ahora luchan por su vida en los hospitales del país. En un país de nueve millones de habitantes, esto significa que prácticamente todo el mundo conoce a una de las víctimas. En estos momentos, todo Israel llora a los muertos y teme por los heridos y secuestrados. Queridos amigos de Israel, lloramos y tememos con vosotros»[1108]. «Nuestros corazones —continuaba Scholz— están apesadumbrados ante el gran sufrimiento que el terror, el odio y el desprecio por la vida humana han traído a vuestro país, a Israel. Condenamos la violencia de los terroristas en los términos más enérgicos posibles. Y decimos muy claramente que Israel tiene derecho, consagrado en el derecho inter-

---

1108 *Policy statement by Olaf Scholz, Chancellor of the Federal Republic of Germany and Member of the German Bundestag, on the situation in Israel.* Berlín. 12 Octubre 2023. https://www.bundesregierung.de/breg-en/news/policy-statement-by-olaf-scholz-2230254.

nacional, a defenderse y a defender a sus ciudadanos contra este bárbaro ataque. Hay que restablecer la seguridad en y para Israel, y por eso Israel debe poder defenderse. Solo hay un lugar para Alemania en este momento, y es al lado de Israel. A esto nos referimos cuando decimos: La seguridad de Israel forma parte de la razón de ser de Alemania»[1109]. Y para mejor entenderlo, Scholz aseguraba que: «Nuestra propia historia, nuestra responsabilidad derivada del Holocausto, nos impone el deber permanente de defender la existencia y la seguridad del Estado de Israel. Esta responsabilidad nos guía»[1110].

De Olaf Scholf no se puede decir que sea un *neocon*; pertenece al Partido Socialdemócrata de Alemania (SPD). Basta ver su impresionante currículo político[1111] para entender lo que dice en ese discurso. Sin embargo, siendo Alemania la economía más relevante de la Unión Europea, no deja de tener la necesidad de que sea la OTAN quien asuma la defensa del país y de la Europa comunitaria. Lo que incide en las carencias geopolíticas de Europa, ya que no puede existir poder geopolítico sin tener un potente *hardpower*.

De manera que ha de ser siempre Estados Unidos quien defienda las posiciones occidentales, lo que aprovechan los componentes de ese «eje de resistencia» dominado por Irán para convertirse en el representante y eje fundamental de la causa palestina, dejando a los países árabes que buscan el entendimiento con Israel fuera de ese juego que, más que un juego de ajedrez, se convierte en un «juego de damas», no por defender ninguna causa femenina, sino por ir saltando pieza a pieza para tratar de eliminarlas a todas cuando se dé la circunstancia más conveniente. Y en ese juego, ya sea económicamente o por medio de la disuasión, China observa y espera su turno para determinar, si pudiera, definitivamente, un nuevo orden mundial.

1109 *Ibid.*
1110 *Ibid.*
1111 https://es.wikipedia.org/wiki/Olaf_Scholz.

Capítulo X
VISIONES Y SENTIMIENTOS

«Entonces toda la comunidad empezó a dar gritos y el pueblo se pasó llorando toda la noche. Los hijos de Israel murmuraban contra Moisés y Aaron y toda la comunidad les decía: "¡Ojalá hubiéramos muerto en Egipto; o si no, ojalá hubiéramos muerto en ese desierto! ¿Por qué nos ha traído el Señor a esta tierra, para que caigamos a espada, y nuestras mujeres e hijos caigan cautivos? ¿No es mejor volvernos a Egipto?" Y se decían unos a otros: "Nombraremos un jefe y nos volveremos a Egipto"».

Libro de los Números (14: 1-4)

UNA PAZ IMPOSIBLE · LA VENGANZA DE LA GEOGRAFÍA · GEOPOLÍTICA REGIO-NAL: TURQUÍA Y EGIPTO · EL PAPEL DE CHINA EN ORIENTE MEDIO · LOS MUSULMANES ISRAELÍES · LA IZQUIERDA GLOBAL NECESITA AL ISLAM · TODO EMPEZÓ CON LA ESCLAVA AGAR · LOS SUFÍES · CÓMO RESOLVER LA CUADRA-TURA DEL CÍRCULO.

Cuántas veces no habrán pensado así muchos judíos después de creado el Estado de Israel, ¡volver a su lugar de origen!; al menos para aquellos que estaban permanentemente acosados por sus vecinos; maltratados por todos lados, con sus tierras destrozadas y sus familiares muertos. Incluso, después de los ataques de Hamás el 7 de octubre de 2023, seguramente habrá en Israel muchos que piensen así: ¡mejor ir a Estados Unidos, nuestra segunda casa!

Hoy, «nadie tiene ni idea de cuántos de los 116 rehenes que quedan en Gaza y que fueron secuestrados en Israel el 7 de octubre siguen con vida»[1112]. Son declaraciones de Osama Hamdan, alto cargo de Hamás a la CNN. Eso sí, añadió: «Creo que deben tener problemas mentales, se debe a lo que Israel ha hecho en Gaza». Al parecer, «eran golpeados diariamente y sufrían desnutrición»[1113].

De esto nadie se acuerda. No es noticia. Solo se reprocha la actitud de Israel. ¿Qué debería hacer Israel? ¿Qué debería haber hecho ante los ataques de Hamás el 7 de octubre de 2023, o de los permanentes ataques de Hezbolá desde el Líbano lanzando cohetes en contra de las poblaciones israelíes? Una pregunta que muchos se hacen fuera de contaminaciones ideológicas.

En algunos ambientes se habla de que Israel debería haber entablado conversaciones antes de atacar Gaza con su potencial militar. Ciertamente. Después de unos primeros ataques, eso es lo que se hizo. Pero ya se ha olvidado igualmente; aunque hay que recordar que se intercambiaron prisioneros de uno y otro lado. Exactamente, en noviembre de 2023, 150 palestinos se cambiaban con 50 rehenes israelíes que se «liberarían por etapas»[1114]. Catar fue el país que ayudó en la intermediación. Hoy, sin embargo, hay una guerra en marcha y nadie tiene ni idea —como dijo Osama Hamdan— de cuántos rehenes israelíes quedan en Gaza; tampoco se sabe si siguen con vida.

La guerra no cesa. Hezbolá participa también muy activamente. A la hora en que esto se escribe, Irán medita sobre cuándo será el mejor momento para actuar. Israel, por su lado, mantiene la guerra con sus fuerzas militares en todos los frentes a medida que se abren; y aunque no se abran, ejerce la guerra preventiva cuando lo considera necesario. Va en ello su seguridad y la cohesión del pueblo israelí, no vaya a ser, como dijimos al principio, que suceda lo que le pasó a Moisés y a Aaron. Por detrás, Estados Unidos vigila y actúa, militar y diplomáticamente allá donde tiene influencia. Europa, en su división, facilita

---

1112   T. Staff. *'No one has any idea' how many hostages are still alive, Hamas official says*. The Times of Israel. 14 June 2024. https://www.timesofisrael.com/no-one-has-any-idea-how-many-hostages-are-still-alive-hamas-official-says/.

1113   *Ibid.*

1114   J. Federman; J. Jeffery. *Qatar announces Israel-Hamas truce-for-hostages deal that would pause Gaza fighting, bring more aid*. AP News. November 22, 2023. https://apnews.com/article/israel-hamas-war-news-11-21-2023-39f5ae0bdb4e-32f0e69115aa43446132.

la escalada bélica: nadie se pone de acuerdo y cada uno marcha por su lado. Más lejos, Rusia se concentra en su propio conflicto con Ucrania y los apoyos que este país recibe de los aliados de la OTAN; y China mira expectante cómo sacar ventaja, esperando su hora al modo confuciano. En esta hora nadie busca realmente la paz; mientras, la situación se deteriora irremisiblemente.

Como siempre, los que más sufren son los que no tienen ninguna capacidad de decisión. Lo que recuerda una frase atribuida al piloto alemán Erich Hartmann que, supuestamente, dijo: «La guerra es un lugar donde jóvenes que no se conocen y no se odian se matan por decisión de ancianos que se conocen y se odian, pero no se matan». En los conflictos actuales, obviamente, no se trata de «ancianos», se trata de aquellos que detentan el poder político.

Del lado israelí, hay que resaltar la posición de algunos ministros del Gobierno, en especial el ministro israelí del Gabinete de Guerra, Benny Gantz, y el observador del Gabinete de Guerra, Gadi Eisenkot, que dimitieron en junio de 2024 del gobierno de «unidad de emergencia» con el primer ministro Benjamin Netanyahu al frente. Trataban de que Netanyahu convocara elecciones lo antes posible (en octubre de 2024), argumentando que era imprescindible convocar elecciones «para establecer un gobierno que se gane la confianza del pueblo y pueda hacer frente a los desafíos». «No permita que nuestra nación se desgarre», se dice que añadió Gantz.

No solo desde entonces, sino desde el inicio de 2024, la posición de Netanyahu era apoyada únicamente por 64 miembros del *Knesset* de un total de 120, lo que demostraba la división política existente en Israel. Una división que no ha impedido que los miembros más extremistas del Gabinete, como podría ser el ministro de Finanzas, Bezalel Smotrich, líder del Partido Sionista Religioso[1115] (RZP), estén decididos a impedir la creación de un Estado palestino[1116]. A lo que se unían otras declaraciones del ministro de Seguridad Nacional, Itamar Ben Gvir, que, en una línea similar, decía que Israel debería «concen-

---

1115 https://en.wikipedia.org/wiki/National_Religious_Party–Religious_Zionism.
1116 The Jerusalem Post. 12.06.2024. https://www.jpost.com/spanish/omg/article-805919.

trarse en fomentar la migración de los residentes de Gaza», a fin de «controlar permanentemente la franja de Gaza»[1117].

Con esta disposición se ha llegado a un túnel sin salida. Israel pretende «acabar» con sus oponentes cueste lo que cueste, y estos pretenden terminar con cualquier vestigio judío en Palestina. Objetivamente, no son admisibles declaraciones como las realizadas por Gvir y Smotrich. Son un canto a la guerra continua y, no solo a la desesperación de los palestinos, sino de muchos judíos, que les gustaría que esto acabase y pudieran tener una vida en paz. Tampoco son admisibles las declaraciones y acciones de Hamás y sus aliados. Buscan igualmente mantener el conflicto.

Esto último, «una vida en paz», nos lleva a un relato de Susan Nathan[1118] donde se comenta un aspecto que quizás pueda extrañar a muchos: el hecho por el cual un judío, viva en el país que viva, si decide ir a Israel, independientemente de su nacionalidad hasta ese momento, consigue de manera instantánea la ciudadanía israelí. Una circunstancia que no es posible en ningún otro lugar.

«Siendo judía —dice Susan Nathan— tengo el derecho a ser ciudadana israelí en virtud de mi etnia»[1119]. Únicamente, al igual que sucedió con Golda Meir en su día, al serle dado su documento de identidad judío, fue requerida por el funcionario a que cambiara su nombre a uno judío. «Mis amigos —continúa— me sugirieron que tomara el nombre de Shashana o Vered, el nombre de dos flores, sin embargo en el último minuto decidí mantener el de Susan»[1120]. Lo que lleva otra vez a pensar que «ser judío» implica pertenecer a un pueblo distinto de los demás. Y cuando eso se lleva al extremo, con el miedo a ser destruido, la reacción toma a veces una profunda agresividad, llegándose al límite de pretender eliminar completamente a los oponentes. Quizás lo mueva el instinto de supervivencia que tiene todo ser humano.

Esta es la reacción, a nuestro modo de ver, de Bezalel Smotrich y de Ben Gvir, y la de tantos otros, que acaban actuando como lo hacen sus

---

1117 Euronews. 04/01/2024. https://es.euronews.com/my-europe/2024/01/04/los-paises-de-la-ue-condenan-el-llamamiento-de-los-ministros-israelies-de-extrema-derecha-

1118 S. Nathan. *The Other Side of Israel. My Journey Across the Jewish-Arab Divide.* Harper Perennial. Londres, 2005.

1119 *Ibid*. Pág. 39.

1120 *Ibid*. Pág. 40.

enemigos sin salir de un círculo vicioso en el cual la violencia llama a más violencia; donde el fanatismo de unos —ya sea Hamás, Hezbolá, o grupos similares— se identifica con el fanatismo de los otros, que impulsan a sus fuerzas armadas a destruir todo a su paso, caso de los israelíes. Mientras, el pueblo se ve sin ningún poder para cambiar la situación, inmerso en una suerte de «liderazgo de los fanáticos»; fanáticos de un lado y del otro. Fanáticos que argumentan sus razones con la sinrazón.

En este estado de cosas, la paz se hace imposible, y las llamadas al entendimiento propuestas por personas razonables caen en el desinterés. Cada parte en el conflicto palestino-israelí lleva a cabo una lucha sin fin. Pues la violencia, como decimos, genera más violencia, y la venganza engendra más venganza. Algo similar a las guerras napoleónicas que son el trasfondo de la novela de Tolstói, *Guerra y Paz*, cuando se dice al principio de la novela: «¿No conoce al abate Morio? Es un hombre muy interesante… Sí he oído hablar de sus proyectos de paz perpetua; eso es muy hermoso, pero no me parece posible…»[1121]. Y en otro lugar, más adelante, se dice… «creo que la paz perpetua es posible, pero no sé cómo decirlo, … en todo caso, no mediante un equilibrio político…»[1122]. La «paz perpetua», una entelequia.

Hay que ir con esto a los liderazgos. En el caso del premier Netanyahu, es conocida su postura de que la única solución pasa por acabar con Hamás. Ya lo dijo alguna vez: «Cualquiera que quiera frustrar el establecimiento de un Estado palestino deberá apoyar a Hamás y transferir dinero a Hamás»[1123]. Otro tema es la Autoridad Palestina y la situación en Cisjordania. Esto, para Israel, es más aceptable, siempre dentro de unas determinadas reglas. Ahí sí caben la negociación y el entendimiento.

Del otro lado, la situación no es distinta. Hamás «personaliza el fanatismo egoísta palestino»[1124]. Sus dirigentes (algunos de los cuales,

---

1121   L. N. Tolstói. *Guerra y Paz*. Austral. Barcelona, 2019. Pág. 22.
1122   *Ibid.* Pág. 41.
1123   U. Abulof. *Peace is Possible for Israel and Gaza-If Their Leaders Want It.* TIME. November 15, 2023. https://time.com/6334832/peace-plan-israel-gaza/.
1124   *Ibid.*

según se dice, gozan de una enorme riqueza[1125]), no tienen en cuenta las míseras condiciones en que viven la mitad de los casi dos millones y medio de sus conciudadanos. Y en la misma línea de fanatismo, el anterior líder de Hamás, Jaled Meshal[1126], comentó que: «Una vez que Hamás acabe con Israel, que es aún más débil que la tela de araña... marcharemos más lejos e impondremos la sharía de Mahoma en esta Tierra»[1127]. Para Hamás, Israel debe ser aniquilado, y todo lo que se haga para conseguirlo estará justificado[1128].

Cuando se dan este tipo de posturas irreconciliables, siempre surgen otros conflictos. Es como un cáncer que se expande en decenas de metástasis y, al final, todo se une y forma parte de la misma enfermedad, pues la búsqueda de soluciones se queda en declaraciones huecas, ya que todo es una lucha por el poder; de un poder que no se puede compartir. Sin embargo, como hemos ido viendo en estas páginas, hubo momentos en que la paz fue posible. No una «paz perpetua» como hablaba Tolstói, sino una paz contenida, aunque viable. Desgraciadamente, siempre sucedió algo que rompió las esperanzas.

En el año 2000, tras fracasar en el intento de alcanzar un acuerdo de paz, se dice que Ehud Barak[1129], primer ministro de Israel, hablaba entonces de que «no existía un socio palestino para la paz»[1130]. Luego, en 2005, Ariel Sharon, sucesor de Barak como primer ministro, inició la retirada completa de las fuerzas armadas israelíes de la Franja de Gaza. Desalojó —por la fuerza— a sus propios conciudadanos, los colonos israelíes que allí habitaban, y muchos en Israel pensaron que llegaría la paz y que, incluso, como dijimos páginas atrás, «una Gaza libre podría convertirse en la versión de un Singapur mediterráneo»[1131]. No hay que decir que la llegada de Hamas al poder en 2006 desbarató cualquier posibilidad de ir en aquella dirección. Su objetivo —ya hemos

---

1125 https://isnet.co.il/fr/9271/.

1126 Le sucedió en 2017 Ismail Haniyah, muerto en el atentado sufrido en Teherán el 31 de julio de 2024. https://es.wikipedia.org/wiki/Jaled_Meshal.

1127 U. Abulof. *Op. cit.*

1128 *Ibid.*

1129 https://es.wikipedia.org/wiki/Ehud_Barak.

1130 R. K. Peer. *Understanding Israel's War in Gaza.* Friedrich Naumann Foundation for Freedom. November 2023. Pág. 4.

1131 *Ibid.*

leído las declaraciones de sus dirigentes— era la destrucción total de Israel.

Esto nos lleva de nuevo a la política israelí; ya que, si bien, la mayoría de los israelíes no están de acuerdo con una permanente situación de guerra, acaban por aceptarla como un mal necesario para preservar su seguridad, lo cual llevan a cabo con más eficacia los partidos a la derecha del espectro político que los situados a la izquierda, que no son capaces de lograr una paz estable con los grupos enemigos; llegándose además a la conclusión de que las palabras y los acuerdos se rompen con gran velocidad.

Esto ha llevado a pensar a la mayoría de los ciudadanos israelíes que es más importante la seguridad que la paz. Un hecho que se hizo patente después de los brutales ataques del 7 de octubre de 2023 perpetrados por Hamás. Contra esos ataques sin sentido, parecía que el uso de la fuerza era la única solución para salir del atolladero. De ahí nació la «coalición Netanyahu»: una combinación de partidos ortodoxos de derecha radical cuyo Gobierno lanzó casi al llegar al poder un «paquete legislativo» para reformar el sistema judicial de Israel y reducir su peso en la balanza: sería entonces el poder ejecutivo con el poder legislativo quienes impusieran las reglas[1132]. En definitiva: se trataba de acabar con la democracia en Israel. Una circunstancia no muy alejada de otras democracias, donde políticos autoritarios quieren eludir cualquier control.

Sin embargo, al contrario que en otras democracias adormecidas, en Israel «la reacción pública a la reforma judicial no se hizo esperar: las calles se llenaron de protestas masivas y las rutas de transporte se bloquearon con frecuencia en todo el país. Las protestas marcaron una clara línea roja para el gobierno: respetar las reglas de la democracia israelí»[1133]. Sin embargo, aquel 7 de octubre de 2023 puso al país en la dirección marcada por el Gobierno de Netanyahu. Venía a la memoria de los judíos los tiempos del Yom Kippur: había que defender Israel fuera como fuese.

1132   S. A. Cook. *Israel Judicial Reforms: What to Know.* Council on Foreign Relations. July 26, 2023. https://www.cfr.org/in-brief/israels-judicial-reforms-what-know.
1133   R. K. Peer. *Op. cit.* Pág. 5.

Todo parece indicar que los dirigentes de Hamás eran muy conscientes de la reacción que vendría de Israel, y con ella del mundo, ya que, olvidados aquellos ataques del 7 de octubre de 2023, la mayoría se pondría de su parte facilitando la consecución de sus objetivos. Y esto fue lo que sucedió de manera general, ya fuera en los campus universitarios de medio mundo o en Gobiernos de izquierda, todos denunciaron las acciones de Israel. En el primer caso, baste el ejemplo de la dimisión de la rectora de la Universidad de Columbia en Nueva York, Minouche Shafik, una reconocida científica que, como otros dirigentes universitarios, no ha podido mantener la presión[1134].

Los subsiguientes ataques de Hezbolá, o de la propia Irán, iban en esa dirección: poner a Israel contra las cuerdas, como se suele decir. Era volver a los tiempos de la *Nakba*, la catástrofe palestina. Por parte de Netanyahu, sin embargo, se trataba de una estrategia política que sería asumible para los judíos: «ganar juntos, discutir después», lo que le daba tiempo en sus horas más bajas[1135].

Las acciones de Israel son a menudo reprochables, sin embargo, a fuer de ser consecuentes con la verdad, es entendible que el pueblo judío no admita vivir permanentemente acosado. Además, hay que saber que la mayoría del pueblo judío no quiere la masacre de sus vecinos palestinos, solo desea vivir en paz. Por ello, aunque no se les dé publicidad en los medios occidentales, las acciones bélicas de Israel tratan de evitar al máximo las muertes de civiles. Antes de los ataques aéreos, siempre se avisa y se mantienen corredores humanitarios, y la entrada de ayuda humanitaria nunca se ha detenido, siendo conocido que Hamás hace todo lo posible para impedir la huida de los civiles[1136]. Sus objetivos son las fotos de la destrucción de Israel en Gaza, no una salida de la guerra, que como toda guerra tiene sus tristes consecuencias.

1134 M. S. Sisak; P. Marcelo. *Columbia's president resigns after months of turmoil punctuated by clashes over Israel-Hamas war.* AP. August 15, 2024.
https://apnews.com/article/columbia-university-president-minouche-shafik-resigns-2497a023eecdd267f3f9189e9f010fce
1135 *Ibid.* Pág. 7.
1136 *Ibid.* Pág. 9.

Saltando a otro asunto igualmente relacionado con estos conflictos, aunque con otras perspectiva, la llamada *fossa regia*[1137] —como dice Robert Kaplan— sigue siendo relevante para explicar la actual crisis de Oriente Medio[1138]. Entre tales crisis Kaplan habla del Yemen, el núcleo demográfico de la Península Arábiga, «cuyos intentos de unidad interior se han visto asolados por una topografía desparramada y montañosa, que ha debilitado el Gobierno central y, en consecuencia, favorecer el crecimiento de estructuras tribales y grupos separatistas»[1139]. De ahí que, según esta perspectiva, la geografía marca de alguna forma el devenir de la estructura social y, por tanto, política.

Algo similar le resulta a Kaplan lo que sucede con Siria y otras zonas de aquella región, dominada en lo esencial por Arabia Saudí, siempre amenazada por el Yemen, de menor extensión pero con una población parecida en número. Enfrente, sin embargo, está Irán, un país cohesionado a pesar de la Revolución islámica, al igual que Turquía, que tiene la pretensión de ser el líder de la región, cuya contención resulta improbable en el medio y largo plazo debido a sus alianzas y al dominio que tiene sobre los grupos extremistas que atacan Israel; a lo que suma sus alianzas con Estados Unidos, con Arabia Saudí, además de su pertenencia a la OTAN, que juega según sus intereses. Y es en este contexto donde, rememorando a Robert Kaplan, surge, añadido al conflicto palestino-israelí, la *venganza de la geografía*; pues la geografía resulta ser un factor clave en todo este contexto.

Arabia Saudí se encuentra entre dos mares. Es una península que depende para su desarrollo económico (el 80 % de sus exportaciones dependen del petróleo) de la salida de su producción petrolera por el Mar Rojo y el Golfo Arábigo (Golfo Pérsico). Pero no solo; como dijimos, el ataque de Hamás de octubre de 2023 «rompió» el posible acer-

---

1137 La fossa regia fue establecida por Escipión el africano hacia el 146 a. C. Era el límite entre los dominios de Cartago antes de ser abatido y el reino Númida. Puede consultarse:
https://es.wikipedia.org/wiki/Fossa_regia. También: Hanen Abda. *Fossa regia: une frontière culturelle?* OmniScriptum. Riga, 2012.

1138 R. D. Kaplan. *The revenge of geography*. Random House. Nueva York, 2012. Pág. xxi.

1139 *Ibid.*

camiento con Israel, eliminando a su vez un esquema de seguridad marítima que pretendía, en paralelo, con Estados Unidos.

Con el «plan Abraham» surgía Estados Unidos como «gendarme» de la región de Oriente Medio, después de que Barack Obama pusiera sus intereses fuera de allí. Donald Trump trató de volver al control de aquella zona esencial en la geoestrategia global. Perdidas las elecciones, Joe Biden ponía el foco en el tradicional enemigo, Rusia, moviendo la OTAN hacia sus fronteras, y se concentraba igualmente en la región Indo-Pacífico para contener a China, para lo cual era imprescindible la salida americana de Afganistán. Una salida más bien caótica, que dejaba a los aliados sin un criterio del porqué de aquella decisión. Son los vaivenes de la política.

Si Estados Unidos hubiera dado las suficientes garantías de seguridad a Arabia Saudí en su día, hoy el mundo no estaría asistiendo a la posibilidad de un importante conflicto en aquella problemática región. Israel estaría más seguro. Quizás se podría haber establecido el Estado de Palestina en torno a la Autoridad Palestina en Cisjordania. Además, Irán estaría más debilitada y no habría impulsado las accionés de Hamás y de Hezbolá en contra de Israel.

En este contexto, Egipto se habría sumado seguramente al «esquema Abraham» y habría contenido las acciones de Hamás en Gaza. Pues no hay que olvidar que: «Irán, siendo menor en población que China o la India, tiene en su mano las claves geográficas de Oriente Medio en términos de situación, población y recursos energéticos, por lo que supone de poder geopolítico global» [1140]: de nuevo *la venganza de la geografía*.

No cabe ninguna duda de que la acción de Hamás, de la que Irán no era ajeno, trataba de impulsar un conflicto regional de mayor envergadura, aprovechando la debilidad europea y la fragilidad americana por su pérdida de interés en Oriente Medio al estar centrado en Rusia y China. De ahí, seguramente, la intención de la visita y las declaraciones al Congreso estadounidense de Netanyahu el 24 de julio de 2024: llamar la atención de Estados Unidos y todo lo que se juega en aquella región si Israel es abatido.

1140 *Ibid.* Pág. 269 (*The Iranian Pivot*).

Aun así, «Israel —al decir de Kaplan— parece tan antinatural formando parte de Oriente Medio, y sin embargo no deja de ser una contundente realidad»[1141]. De manera que, independientemente de la ocupación del territorio por Israel desde el siglo XX, «la base de todo ello reside en la geografía»[1142]. Y continúa Kaplan: «Mientras que el sionismo muestra el poder de las ideas, la lucha por la tierra entre israelíes y palestinos —entre judíos y musulmanes, así como desearían turcos e iraníes— se trata de un caso de absoluto determinismo geográfico»[1143].

En el caso de Irán, aunque se trata de un país multiétnico y de diversas orientaciones religiosas, el dominio del país está en las manos de la mayoría chií (más del 95 % de la población tiene esa orientación religiosa). Una población que se concentra en el centro del país, mientras que la producción de petróleo está mayoritariamente en el suroeste; es decir, en las riberas del Golfo Arábigo o, mejor, Golfo Pérsico visto desde la ribera iraní. En el este, Irán se encuentra con dos poderosos países que le hacen frontera: India y Paquistán, a la vez que Afganistán, de donde capta combatientes expertos para sus guerras híbridas. De ahí el potencial que consigue Irán para atacar Israel con fuerzas expertas en terrorismo y guerra de guerrillas. De nuevo el poder de la geografía, que otorga a Irán un potencial del que carece Israel y, por supuesto, Estados Unidos y sus aliados en aquella compleja región, pues han de trasladar su poder desde posiciones lejanas con gran coste económico y logístico.

Hay, por tanto, como vimos en el capítulo anterior, una geopolítica global que busca el dominio económico, político y militar, así como el poder social en Oriente Medio, pero existe también una geopolítica regional que solo busca el poder de su zona de influencia: que lucha por lograr el poder únicamente en la región. Un poder más local, si se prefiere este término.

En la geopolítica global, juegan las grandes potencias y otras potencias menores que tratan de incorporar esta región como eje de su poder mundial. Actualmente, sin embargo, solo existen dos superpo-

---

1141   *Ibid.* Pág. 313.
1142   *Ibid.*
1143   *Ibid.*

tencias: Estados Unidos y China. Las otras realidades que pretenden ejercer una influencia mundial quedan muy lejos de conseguirlo: véase la Unión Europea, con algunos de sus países más relevantes (Alemania o Francia) o Rusia; sin olvidar al Reino Unido, siempre de la mano americana, o la India, que espera su momento en este siglo.

Considerando, sin embargo, la lucha por el dominio regional en Oriente Medio, es patente que existen potencias regionales que tratan de ejercer su poder al margen de las potencias globales, aunque, siempre, apoyándose de alguna manera en ellas. Para entenderlo, permítasenos volver a la figura 8.1 o, al menos, a tenerla *in mente* para ver la realidad política de Oriente Medio. Aunque antes, en este momento en el que estamos casi al final de nuestro trayecto en este libro, vayamos a una aclaración geográfica y lingüística sobre Oriente Medio, un término que, en muchos lugares, se entiende como Oriente Próximo.

Para este autor, Oriente Próximo le resulta un término algo difuso. Tradicionalmente podría entenderse como el área geográfica donde se encuentran unos 17 países (Egipto, Siria, Israel, Jordania, Turquía, el Líbano, Arabia Saudí, Yemen, Omán, Emiratos Árabes Unidos, Baréin, Catar, Kuwait, Irán, Irak, Siria y la realidad de Palestina: Gaza, Cisjordania y parte de Jerusalén). Sin embargo, en múltiples casos Oriente Próximo viene a incluir los países del Norte de África, así como algunos países de Asia Central, lo que algunos denominan el «Gran Oriente Próximo». Y para complicarlo más, surge el término MENA[1144] (*Middle East and North Africa* en inglés); término muy usado igualmente, que se refiere a los 22 países del Norte de África y Oriente Medio. Por este motivo, en este texto, desde el inicio del mismo, hemos decidido utilizar la traducción más directa del término inglés *Middle East*, y seguir adelante con el término Oriente Medio.

Volvamos de nuevo al camino emprendido, que nos lleva a la geopolítica de las potencias «locales» de Oriente Medio que tratan de conseguir el dominio regional. ¿Cuáles son estas y qué pretenden? Hemos hablado bastante de Irán y de Arabia Saudí, pero quedaría considerar dos realidades adicionales: Turquía y Egipto. Israel, uno de los núcleos de nuestro relato, siempre presente, no busca el poder regio-

---

1144 https://en.wikipedia.org/wiki/Middle_East_and_North_Africa.

nal, le basta mantenerse en su geografía local que incluye lo ya «conquistado». Vayamos, por tanto a Turquía y Egipto, pues ambos países tienen intereses en lo que suceda en la región e influyen para que el futuro vaya en una u otra dirección.

Turquía fue en el pasado el imperio más duradero: el Imperio Otomano, que existió desde el año 600, aproximadamente, hasta la conclusión de la Primera Guerra Mundial en 1918. Fue el dueño de Palestina hasta su desaparición, como ya dijimos. Es a partir de su desaparición cuando empieza realmente la historia del conflicto palestino-israelí. La posesión de aquel enorme imperio hace de Turquía un país distinto de los demás. Turquía siente el poder de su historia en el mundo.

Un antiguo libro[1145] habla desde el principio de los turcos, no de los otomanos. Así comienza su discurso: «La rapidez con la que un pueblo cuyo origen está envuelto en la oscuridad, entró en la escena de la historia, y por la extensión de sus conquistas, causó cambios tan decididos y permanentes en Europa, que sitúa a los turcos ante nosotros como una nación extraordinaria»[1146]; que «reivindican su ascendencia de Turc, el mayor de los hijos de Jafet, a quien se representa como progenitor de los tártaros y los hunos»[1147].

Por su posición geográfica, existió desde antiguo una gran rivalidad entre Turquía y Rusia. Al decir de Deans: «Las guerras de Rusia y Turquía, siempre atizadas por Rusia por la influencia de una idea tradicional de conquista, y cubiertas por el manto de la religión —de nuevo la religión—, han sido invariablemente dirigidas por la crueldad más gratuita»[1148]. En este sentido, hay que volver otra vez al pasado, a los tiempos de Catalina la Grande, desde los cuales Rusia ha tratado de «mantenerse constantemente a la vista para justificar la correcta comprensión de todas las guerras [de Rusia] contra Turquía, que, desde entonces, casi nunca cesaron»[1149]. Una justificación que, yendo más allá

1145 W. Deans. *History of the Ottoman Empire. From the Earliest Period to the Present Time.* A. Fullarton & Co. Londres, 1854.
1146 *Ibid.* Pág. 1.
1147 *Ibid.* Pág. 8.
1148 *Ibid.* Pág. 7.
1149 *Ibid.* Pág. 132.

del permanente conflicto turco-ruso al que alude este historiador, se hace contemporáneo, cuando William Dans asegura que «casi cualquier ruso tiene la convicción de que su país está destinado para conquistar el mundo algún día»[1150].

Terminadas las guerras con Rusia, los otomanos no acabaron con sus desgracias: «Así, Bagdad, Basora, Alepo, Acre, Albania y otras, desoyeron a los firmanes de la *Sublime Puerta*[1151], mientras que los wahabitas de Arabia lograban ocupar todo el territorio sagrado desafiando las órdenes y amenazas de la corte otomana. Así pues, la paz acordada con Rusia distaba mucho de curar todos los desórdenes que aquejaban al imperio otomano»[1152].

Más tarde seguirá otra vez la guerra con Rusia en 1828, que continuará en los siguientes años. Dejamos al lector, si es su interés, que siga estas vicisitudes al lado de William Deans. Por nuestra parte terminamos este recorrido con una última consideración de este autor: «Una de las grandes causas de la debilidad del Imperio Otomano es, de hecho, que no se trata de un Estado en el sentido europeo del término. Se trata más bien de un conjunto de Estados separados, que solo deben una lealtad nominal al poder central y solo le prestan apoyo efectivo cuando el vigor o la capacidad del sultán gobernante no les deja otra alternativa que prestarlo»[1153]. De ahí, en nuestra opinión, su caída definitiva en 1918, cuando Francia y el Reino Unido se repartieron Oriente Medio y entraron en Turquía, lo que dio origen a un movimiento nacionalista que llevó a la creación de la República de Turquía en 1923. Una república cuyo primer presidente fue Mustafa Kemal, conocido como Kemal Atatürk, que inició una serie de reformas que convirtieron a Turquía en una república parlamentaria, con un nuevo alfabeto con escritura latina y una constitución laica, aboliendo la sharía y dando derechos a las mujeres.

1150 *Ibid.*
1151 El nombre tiene su origen en la antigua práctica de los gobernantes orientales de anunciar sus decisiones y edictos en la puerta de su palacio. Era una práctica habitual durante el Imperio Bizantino.
https://es.wikipedia.org/wiki/Sublime_Puerta.
1152 W. Deans. *Op. cit.* Pág. 171.
1153 *Ibid.* Pág. 309.

Desaparecida la Unión Soviética y terminados los constantes conflictos con Rusia, el país se encontró con un poder geográfico inigualable: el control de los ríos Éufrates y Tigris que llevan el agua a Siria e Irak, lo que le otorga una considerable influencia en la política árabe[1154]. Sin embargo, Turquía al estar entre la zona oriental del Mediterráneo y al sur del Mar Negro, tiene poca capacidad en producción de gas y petróleo, lo que le hace dependiente de los grandes suministradores, lo cual le fuerza a un papel geopolítico determinado en la región, pues se ve en la obligación de importar sus necesidades de hidrocarburos del exterior, independientemente de su corta producción de gas y petróleo que tiene en su territorio. De hecho, los mayores suministradores de gas hacia Turquía son Azerbaiyán y Rusia, de los que importó, en 2023, el 22 % y el 45 %[1155], respectivamente. Aunque Turquía, por ser un enclave geográfico que une Asia Central, Rusia e Irán con Europa, se ha convertido en un centro clave de transporte de energía a través de los gasoductos y oleoductos que cruzan el país[1156].

Desde 2014 es presidente de Turquía Recep Tayyip Erdoğan, que fue previamente primer Ministro entre 2003 y 2014: más de 20 años en el poder. Supera quizás al primer presidente de la República de Turquía, Kemal Atatürk, que estuvo de presidente entre 1923 y 1939, ya que no ostentó nunca el lugar del primer Ministro. Con esta perspectiva, independientemente de las relaciones con las grandes potencias, «Turquía, al igual que otros países de Oriente Medio, trata de reducir su dependencia de Occidente y ser más autosuficiente»[1157]. En esta línea Turquía lleva años manteniendo unas excelentes relaciones con Catar. Unas relaciones diplomáticas que llevan más de 50 años en marcha, con profundas relaciones económicas: Turquía exportó en 2022 1270 millones de dólares a Catar, contra 664 millones de Catar a

---

1154 R. D. Kaplan. *Op. cit.* Pág. 285.

1155 OSW. *Turkey: opportunities and challenges on the domestic gas market in 2024.* https://www.osw.waw.pl/en/publikacje/analyses/2024-06-03/turkey-opportunities-and-challenges-domestic-gas-market-2024.

1156 https://www.eia.gov/international/content/analysis/countries_long/Turkey/turkey.pdf.

1157 A. Aydıntaşbaşş. *Hedge Politics: Turkey's Search for Balance in the Middle East.* European Council on Foreign Relations. July 2022. https://ecfr.eu/wp-content/uploads/2022/07/Hedge-politics-Turkeys-search-for-balance-in-the-Middle-East_Aydintasbas.pdf.

Turquía (la mayoría, un 58,5 % en aluminio en bruto, con un 6,67 % en productos de refino de petróleo)[1158]. Una exigua cantidad, dado que aquel año de 2022, las exportaciones de Turquía alcanzaron la cifra de 262.000 millones de dólares contra unas importaciones de 299.000 millones de dólares[1159].

En 2014, a partir de la creación del Comité Estratégico Supremo de Turquía[1160], se estableció una cooperación de alto nivel entre ambos países, lo que se complementó con el establecimiento de una base militar turca en Catar, con 3000 efectivos de ambos países; eran los tiempos en que se produjeron las sanciones ya comentadas de Arabia Saudí, Emiratos Árabes Unidos y Baréin a Catar. Una base que amplió sus capacidades con elementos aéreos y navales turcos, así como la participación financiera catarí en la fábrica estatal turca de orugas para tanques[1161]. Sin embargo, esa relación ha quedado de alguna manera modificada al entrar Turquía en el Consejo de Cooperación del Golfo (CCG), con el cual firmó en 2008 un Mecanismo de Diálogo Estratégico, siendo el primer país no perteneciente al Golfo en ser admitido en el CCG[1162].

De 2013 a 2020, la economía turca se desplomó un 25 % de acuerdo con los datos del Fondo Monetario Internacional, para crecer un 53 % desde 2020 hasta 2023[1163]. Sin embargo, debido a las actividades de perforación en 2021 no autorizadas en el Mediterráneo Oriental cerca de las costas griegas, y las violaciones de Turquía del espacio aéreo de Grecia en 2023, la Unión Europea decidió poner en marcha sanciones económicas en contra de Turquía[1164]. Lo que hizo que Turquía abriera sus relaciones con Egipto, Israel y otros países de Oriente Medio. Aun así, el asunto de los kurdos en su propio país y las difíciles relaciones

---

1158   https://oec.world/en/profile/bilateral-country/tur/partner/qat.

1159   https://oec.world/en/profile/country/tur?yearlyTradeFlowSelector=flow1.

1160   https://www.mfa.gov.tr/turkiye-qatar-relations.en.mfa.

1161   N. H. Battaloglu. *Reflecting on the Turkey-Qatar Partnership, Fifty Years Later.* Gulf International Forum. 22 May 2023. https://gulfif.org/reflecting-on-the-tur-key-qatar-partnership-fifty-years-later/.

1162   https://www.mfa.gov.tr/korfez-arap-ulkeleri-isbirligi-konseyi_en.en.mfa.

1163   https://www.imf.org/external/datamapper/NGDPD@WEO/WEOWORLD.

1164   European Commission. Joint Communication to the European Council. High Representative of the Union for Foreign Affairs and Security. *State of play of EU-Türkiye, political, economic and trade relations.* Brussels 29.11.23.

con los Emiratos Árabes Unidos, a lo que se unen las relaciones de interés con Rusia o con Siria, hacen que la geopolítica de Turquía en la zona se mueva, como dice algún autor, entre el oportunismo y la disonancia[1165]. Sin embargo, dada la menor influencia de Estados Unidos a nivel geopolítico global, con la inoperancia de la Unión Europea en el contexto global, la presencia de Turquía, con su pertenencia a la OTAN y el nivel de su economía, su posición geoestratégica y su tamaño como país, es un elemento a tener en cuenta en el juego geopolítico regional de Oriente Medio. Un asunto que, desde luego, aprovechará Israel en cuanto pueda.

Considerar a Egipto hoy es más que hablar de sus pirámides y de sus dinastías de faraones. Se trata del país más poblado de Oriente Medio (unos 113 millones de personas en 2023[1166]) y un PIB en 2024 de unos 348.000 millones de dólares, lo que supone poco más de 3000 dólares per cápita, muy lejos de Israel (unos 53.000 dólares), Arabia Saudí (33.000 dólares), Turquía (12.800 dólares), e incluso Irán (5300 dólares)[1167]. A lo que suma ser uno de los mayores importadores de trigo a nivel mundial, cuando en la época del Imperio Romano era conocido como el granero del imperio, un problema que algunos achacan al cambio del clima[1168]. Hoy Egipto produce alrededor del 1 % de la producción mundial, lo que le obliga a importar unos 6 millones de toneladas al año, principalmente de Países Bajos y Estados Unidos[1169]; si bien, menos que Turquía, que con menor población importa unos 9 millones de toneladas anualmente[1170].

Egipto es un país mediterráneo introducido en África, regado por el Nilo. Es un país cuyas exportaciones se sustentan en los hidrocar-

<hr>

1165   A. Adar. *Turkey's Geostrategy: Opportunism and Dissonance*. Internationale Politik Quaterly. Jan 10, 2024. https://ip-quarterly.com/en/turkeys-geostrategy-opportunism-and-dissonance.

1166   https://www.populationpyramid.net/egypt/2023/.

1167   Datos del Fondo monetario Internacional. https://www.imf.org/external/datamapper/NGDPDPC@WEO/OEMDC/ADVEC/WEOWORLD.

1168   S. R. Huebner. *Climate Change in the Breadbasket of the Roman Empire—Explaining the Decline of the Fayum Villages in the Third Century CE*. University of California Press. Studies in Late Antiquity. 4 (4). Págs. 486-518.

1169   https://oec.world/en/profile/country/egy?yearlyTradeFlowSelector=flow0.

1170   FAO. Statistical Yearbook. *World Food and Agriculture 2023*. https://openknowledge.fao.org/server/api/core/bitstreams/6e04f2b4-82fc-4740-8cd5-9b66f5335239/content.

buros (alrededor del 30 % del total). Tiene una posición geoestratégica relevante, por ser el propietario del Canal de Suez y por disponer de múltiples instalaciones de explotación de gas en el Mediterráneo Oriental, lo que confronta a Egipto con otros países, en concreto con Turquía[1171], que, como hemos visto, necesita resolver sus problemas energéticos en el futuro.

En el contexto geopolítico, Egipto mantiene relaciones con Israel y fue un aliado esencial de Estados, aunque debido al enfriamiento de aquellas relaciones se dirigió a su antiguo aliado, Rusia, para la compra de armamento[1172]. Quizás esta situación y las dificultades de entendimiento entre Egipto y Turquía hacen que las conexiones con Rusia y con Irán sean, en principio, más fáciles.

La complejidad de entendimiento entre Egipto y Turquía son antiguas. Nacieron en tiempos de la caída del Imperio Otomano. La creada República de Turquía buscó sus conexiones con Occidente y mantuvo lazos con el Reino Unido en tiempos en que los ingleses controlaban el dominio del Canal de Suez; incluso los ingleses ayudaron a la creación de una suerte de Estado árabe allá por 1955 de acuerdo con sus intereses[1173].

Sumado a los problemas energéticos, las relaciones turco-egipcias tienen otros componentes que afectan a la estabilidad de la región. En concreto, la instalación de una base militar turca en Libia, que se complementa con los acuerdos de jurisdicción marítima y cooperación militar firmados entre los dos países en 2019, lo que detuvo las conversaciones diplomáticas que, hasta ese momento, mantenían Turquía y Egipto[1174]. Un hecho conflictivo en tanto que «el portavoz del Gobierno de Unidad Nacional, Mohamed Hamouda, negó las acusaciones de que el puerto marítimo de Al-Khums fuera a ser cedido a

---

1171   F. Sánchez Tapia. *Geopolítica del gas y militarización del Mediterráneo Oriental.* Instituto Español de Estudios Estratégicos. 2019. https://www.ieee.es/Galerias/fichero/docs_analisis/2019/ DIEEEA05_2019FELIPE-Mediterraneo.pdf.

1172   A. L. Rhoades et al. *Great Power Competition and Conflict in the Middle East.* RAND Corporation. 2023.

1173   F. Taştekin. *Deep Dive: Why normalization with Egypt is harder for Turkey than Iran.* Ambaj Media. Apr. 13, 2023. https://amwaj.media/article/why-is-it-harder-for-turkey-to-normalize-with-egypt-than-iran.

1174   *Ibid.*

un país extranjero para fines militares»[1175]. Aun así, las relaciones con Egipto no parece que disfruten de un buen momento, ya que las noticias llevan a la confusión y presuponen, según algunas fuentes, que exista un acuerdo encubierto respecto de tal puerto marítimo[1176].

En lo que aquí interesa, que tiene que ver con la lucha por el poder regional de los diversos actores locales, surge en este esquema Israel. Una potencia militar que, como dijimos, no tiene intereses globales, sino que actúa en defensa de su territorio, aunque este territorio sea la consecuencia de las guerras habidas, no del Estado que se creó en 1948.

Y en este complejo escenario, donde no se identifican sino conflictos entre los propios países que buscan el liderazgo en la región, surge el distanciamiento entre Israel y Turquía, país de la OTAN que tiene su propia agenda internacional. Lo cual, como si fuera una rueda que va siempre al mismo lugar, surge el ataque de Hamás a Israel el 7 de octubre de 2023, que llevó a la muerte del líder de Hamás, como se comentó en el capítulo precedente.

Por un lado, hay que recordar que Turquía ha venido apoyando a Hamás desde los inicios de este siglo. Por otro, es conocido que Ismail Haniyeh, líder de Hamás muerto en aquella operación, estaba invitado a dirigirse al Parlamento turco por expresa invitación del presidente Erdogan. De ahí que Turquía se sumara el 1 de mayo de 2024 a la demanda presentada por Sudáfrica el 29 de diciembre de 2023 ante la Corte Internacional de Justicia para procesar a los responsables políticos de Israel por presunto genocidio en Gaza[1177].

Una acción que Turquía ha sumado a otras en contra de Israel: acciones desde la OTAN; sanciones comerciales y limitación del espa-

---

1175 https://libyaobserver.ly/news/libyan-government-denies-leasing-port-khoms-turkey-warns-protesters-legal-consequences.

1176 K. Mahmoud. *Hidden agenda? Turkey's naval ambitions create chaos in Libya*. Raseef. 9 August 2023. https://raseef22.net/english/article/1094451-hidden-agenda-turkeys-naval-ambitions-create-chaos-in-libya.

1177 Los países que se han sumado a esta iniciativa, aparte de Turquía y Sudáfrica, han sido hasta la fecha (todos en 2024): Nicaragua (8 de febrero); Bélgica (11 de marzo); Colombia (5 de abril); Libia (10 de mayo); Egipto (12 de mayo); Maldivas (13 de mayo): México (24 de mayo); Irlanda (28 de mayo); Chile (2 de junio); Palestina (3 de junio); y España (6 de junio). https://www.aljazeera.com/news/2024/6/6/which-countries-have-joined-south-africas-case-against-israel-at-the-icj.

cio aéreo; posibilidad de suspender cualquier relación diplomática con Israel; y la amenaza de desplegar una flotilla anclada en Estambul preparada para salir hacia Gaza[1178], lo cual abriría un conflicto de consecuencias imprevisibles, mucho más grave que los potenciales choques entre Irán e Israel con Estados Unidos expectante y en vigilancia cerca de la zona de conflicto.

Sin embargo, como en cualquier escenario geopolítico, siempre existen intereses ocultos no despreciables. Ahí estaría el futuro de Gaza y la posibilidad de que, acabada la guerra actual, se emprendiera un nuevo escenario volviendo a la idea de un «Singapur mediterráneo» en la Franja de Gaza. De nuevo los Acuerdos de Abraham metidos, de momento, en un cajón. Todo dependerá de la nueva política de Estados Unidos en la zona. De ser así, sin embargo, Turquía tendría mucho que ganar, geopolítica y económicamente.

¿Y dónde queda Egipto en este escenario? No hay que olvidar que Gaza hace frontera con Egipto. Ni tampoco hay que despreciar que los túneles construidos por Hamás han conectado a Egipto con Gaza, especialmente desde la ya mencionada localidad de Rafah y el denominado Corredor Filadelfia[1179], frontera entre Gaza y Egipto, hoy en manos del ejército egipcio toda vez que Israel abandonó su control con su salida de Gaza en 2005; lo que podría llevar, según algunas fuentes, a ser recuperado por Israel[1180]. No hay que decir que esta situación ha tensado las relaciones entre Egipto e Israel, países que, desde la guerra de Yom Kippur, han mantenido la paz entre ellas, llevando a cabo con Estados Unidos importantes acuerdos de cooperación en seguridad mutua.

Con todo, no se percibe con claridad un líder regional en la conflictiva zona de Oriente Medio. Desacuerdos y disputas están a la orden del día. De ahí que Rusia de un lado, Estados Unidos, por otro, y China

1178 S. Cagaptay. *Israel-Turkey Relations Nearing a Rupture*. The Washington Institute for Near East Policy. Aug 9, 2024. https://www.washingtoninstitute.org/policy-analysis/israel-turkey-relations-nearing-rupture.

1179 https://es.wikipedia.org/wiki/Corredor_Filadelfia.

1180 Ambassador Hesham Youssef. *Five Factors Shaping the Future of Egypt-Israel relations*. United States Institute of Peace. June 13, 2024.
https://www.usip.org/publications/2024/06/five-factors-shaping-future-egypt-israel-relations.

detrás, sean quienes tengan en su mano el futuro de lo que ahí suceda, toda vez que la Unión Europea carece de cualquier influencia geopolítica global, ya sea económica o militar.

¿Dónde está China en este caleidoscopio? Tratemos de desentrañar el papel de China en Oriente Medio, sobre todo con los principales actores. Primero, Arabia Saudí. Como es habitual, la geopolítica de China se transmuta en geoeconomía, el dominio del espacio geopolítico por medio de la economía. Menos *hardpower*, menos poder duro militar, y más poder económico. Y, en este caso, con Arabia Saudí, China practica la política del «1 + 2 + 3»: Es decir, cooperación en tres aspectos: «1», energía; «2» infraestructuras, comercio e inversión; y «3», energía nuclear, satélites espaciales y energías renovables. Todo ello bajo el marco de la *Nueva Ruta de la Seda*, la iniciativa *Belt and Road*[1181].

Primero, la energía como clave del crecimiento de China, donde los países del Golfo aportan alrededor del 50 % de las necesidades de hidrocarburos de China, que produce localmente unos 5 millones de barriles diarios, pero consume más de 14 millones de barriles todos los días. Es comprensible, por tanto, que Arabia Saudí sea un país estratégico para China, y viceversa, ya que, en 2022, Arabia Saudí vendió, aproximadamente, casi 70.000 millones de dólares en hidrocarburos[1182], alrededor del 25 % de sus exportaciones totales en 2022[1183]. Del capítulo «2», infraestructuras, comercio e inversión, basta volver a los datos. En 2022, la relación comercial entre China y Arabia Saudí alcanzó los 36.500 millones de dólares, un 82,6 % en hidrocarburos vendidos a China y, desde China esa misma cantidad diversificada en una multitud de productos que son imprescindibles para la economía saudí[1184]. Lo que Jonathan Fulton denomina las «dos alas» del comercio entre China y Arabia Saudí en el contexto «1 + 2 + 3»[1185]. Para lle-

---

1181 https://eng.yidaiyilu.gov.cn.
1182 https://oec.world/es/profile/country/chn?yearlyTradeFlowSelector=flow1.
1183 Cálculos del autor teniendo en cuenta que casi el 80 % de las exportaciones de Arabia Saudí en 2022 fueron hidrocarburos (exactamente: 79,32 %) de un total de 362.000 millones de dólares.
        https://oec.world/es/profile/country/sau.
1184 https://oec.world/en/profile/bilateral-country/chn/partner/sau.
1185 J. Fulton. *China-Saudi Arabia Relations Through the '1+2+3' Cooperation Pattern*. Asian

gar a los tres elementos clave en la relación sino-saudí: energía nuclear, satélites, y nuevas energías, elementos claves en la transformación de la economía saudí como potencial líder de Oriente Medio. Una estrategia que se imbrica en el programa *Vision 2030* de Arabia Saudí, en sus tres «pilares»: una sociedad vibrante, una economía próspera, y una nación con ambición[1186]. Lo que, de alguna manera, se alinea con la estrategia de China, *Made in China 2025*[1187], y la presencia china en los países del Golfo[1188].

La energía nuclear, por su parte, es un medio para «romper» la dependencia saudí de los hidrocarburos, pero en este caso parece tener otro posible objetivo, en tanto que Arabia Saudí se encuentra entre dos países con armamento nuclear: Israel y, especialmente, Irán. Lo que resulta para los saudíes una capacidad esencial que podría desarrollarse en un futuro a partir de sus centrales nucleares. Lo que, quizás se encuentra como objetivo a largo plazo en el King Abdullah City for Atomic and Renewable Energy (K.A. C.A.R.E)[1189].

En relación con los satélites espaciales, existe un Memorando de Cooperación China-Saudí para la Exploración Lunar, firmado en 2017. Un primer ejemplo de ello es la misión *Chang'e-4*[1190], cuyo objetivo es el aterrizaje de un Rover chino en la cara oculta de la Luna, que cuenta con una cámara óptica desarrollada por Arabia Saudí, en virtud de un acuerdo entre la Ciudad Rey Abdul-Aziz de Ciencia y Tecnología[1191] y la Administración Espacial Nacional de China[1192]. Un acuerdo en

Journal of Middle Eastern and Islamic Studies. November 2020.

1186 Saudi Vision 2030. *Pillars.* https://www.vision2030.gov.sa/en.

1187 J. McBride; A. Chatzky. *Is 'Made in China 2025' a Threat to Global Trade?* Council on Foreign Relations. May 13, 2019.
https://www.cfr.org/backgrounder/made-china-2025-threat-global-trade#:~:text=China %202025 %20sets %20specific %20targets,dominant %20position %20in %20global %20markets.

1188 J. Fulton. *China's Gulf Investments Reveal Regional Strategy.* The Arab Gulf States Institute in Washington. Jul 29, 2019. https://agsiw.org/chinas-gulf-investments-reveal-regional-strategy/.

1189 https://en.wikipedia.org/wiki/King_Abdullah_City_for_Atomic_and_Renewable_Energy.

1190 https://spacewatch.global/2017/03/saudi-arabia-contribute-chinas-change-4-moon-mission/.

1191 https://en.wikipedia.org/wiki/King_Abdulaziz_City_for_Science_and_Technology.

1192 https://www.cnsa.gov.cn/english/.

materia espacial que Arabia Saudí lleva a cabo también con otros países[1193], buscando el liderazgo tecnológico desde el punto de vista de la seguridad y las tecnologías avanzadas.

China tampoco es ajena en sus relaciones con Irán[1194], siempre tratando de impulsar sus objetivos geoeconómicos de la mano de la diplomacia, lo que lleva a desarrollar un interesante poder blando (*soft-power*) basado en la diplomacia para influir en la mediación de conflictos en la región. Allí estuvo, por ejemplo, el acercamiento entre Irán y Arabia Saudí en 2023[1195]. Unos intereses, en el caso de los saudíes, no ajenos a su estrategia arriba mencionada, *Vision 2030*, solo posible en un marco de estabilidad geopolítica en la región y, sobre todo, en el sur del país, donde los hutíes representan un verdadero problema para los saudíes[1196]. Sin embargo, Irán mira con recelo las actividades chinas en Oriente Medio, ya que su estrategia de llevar a cabo acuerdos con casi todos los países de la región, especialmente con aquellos confrontados con la política iraní, no encaja bien en la estrategia iraní. Por lo cual Irán fue muy crítico con la declaración conjunta entre China y los países árabes que se llevó a cabo en diciembre de 2022[1197].

Cuando se mira con atención la presencia de China en el mar Rojo y en el Golfo Pérsico (Golfo Arábigo, como también dijimos), se ve la enorme influencia geoeconómica de China en el control de los espacios marítimos. Lo que se une a una presencia global en todo el mundo. En este sentido, se dice que «Pekín es el mayor poseedor global de activos portuarios internacionales. A través de una red de docenas de operadores portuarios estatales, contratistas, empresas de inversión y ban-

---

1193 https://ssa.gov.sa/en/moUsAndAgreements?path=/partnerships-landing-page/memorandums-of-understanding/.

1194 E. Yazdani. *Iran's Relations with China under the Influence of Two Regional Events.* Journal for Humanities and Social Sciences Studies. Al-Kindi Center for Research and Development.15 November 2023.

1195 A. Ullah. The implications of Iran-Saudi Arabia deal for regional stability. China Daily. 13 marzo 2023. https://global.chinadaily.com.cn/a/202303/13/WS640edcc9a31057c47ebb42d9.html.

1196 G. Cafiero. *Iranian-Saudi Deal: They didn't do it for love.* Responsible Statecraft. Sep 08, 2023.
https://responsiblestatecraft.org/china-iran-saudi-arabia/.

1197 Xi Jinping. *Full text of Xi Jinping's keynote speech at China-Arab States Summit.* 12 septiembre 2022.
https://www.idcpc.org.cn/english/events/202212/t20221229_150835.html

cos, el Estado chino ha invertido más de 110.000 millones de dólares en proyectos de explotación y desarrollo de puertos extranjeros en ochenta Estados portuarios[1198]. Una actividad en la que son igualmente muy activos los Emiratos Árabes Unidos[1199].

China y Egipto mantienen relaciones diplomáticas desde 1956. De hecho fue el primer país de la región en reconocer a la República Popular de China. Lo cual demuestra una confianza política que se ha extendido a ámbitos como la seguridad, los intercambios culturales, o el turismo. Y, más cercanamente en el tiempo, China ha consolidado con Egipto una posición estratégica en el proyecto ya mencionado del *Belt and Road Initiative*, que se concretó con la firma de unas inversiones superiores a los 15.000 millones de dólares en proyectos relacionados con el suministro eléctrico, la energía, las finanzas, las infraestructuras, la tecnología y, cómo no, la industria aeroespacial, donde China pretende alcanzar un predominio mundial en este siglo. A lo que se añadieron diversos préstamos por valor de 1700 millones de dólares para las instituciones financieras egipcias[1200].

Arabia Saudí, Irán, Egipto, son entornos donde China trata de alcanzar sus objetivos de potencia global, pero ¿cuál es la relación entre China con Israel?

Un análisis de la RAND Corporation dice que «las relaciones entre Israel y China comenzaron en 1979, cuando el empresario Saul Eisenberg organizó una reunión secreta entre ambas partes que dio lugar al primero de muchos acuerdos de transferencia de tecnología de defensa de Israel a China. Durante las dos décadas siguientes, las transferencias de tecnología militar entre Israel y China ascendieron a un total de entre 1000 y 2000 millones de dólares en más de 60 tran-

---

1198 C. J. Watterson. *Examining China's Global Port Empire*. The National Interest. June 15, 2023. https://nationalinterest.org/blog/examining-china's-global-port-empire-206555.

1199 J. Meester; G. Lanfranchi. *'A careful foot can step everywhere' The UAE and China in the Horn of Africa: Implications for EU engagement*. Cligendael. Netherlands Institute of International Relations. June 2021.

1200 M. Chaziza. *Egypt in China's Maritime Silk Road Initiative: Relations Cannot Surmount Realities*. En: J-M. F. Blanchard (Ed.). *China's Maritime Silk Road Initiative, Africa, and the Middle East. Feast, Freezes and Failures*. Palgrave Macmillan. Londres, 2021. Págs. 255-283.

sacciones. Los lazos se formalizaron en 1992»[1201]. Sin embargo, dada la proximidad entre Israel y Estados Unidos y, sobre todo en su colaboración en sistemas electrónicos de seguridad, radares o sistemas de vigilancia, en algunos de los cuales Estados Unidos no permite su transferencia a China, las relaciones sino-israelíes han pasado por momentos de dificultades. Aun así, China sigue viendo a Israel como un país estratégico para sus propios desarrollos tecnológicos. Basta ver las relaciones comerciales entre ambos países para comprobar este hecho[1202].

Ahí no quedan únicamente los acuerdos, también están las infraestructuras, como fue el puerto privado de Haifa construido por el grupo chino Shanghai International Port Group, que obtuvo un contrato de gestión de 25 años[1203]. Un serio problema de orden geoestratégico en tanto que «Haifa es un puerto de escala frecuente para la Sexta Flota de Estados Unidos y sirve como base para los submarinos de Israel»[1204]. Unas relaciones que ayudan a Israel a salir del circuito comercial europeo y abre sus expectativas con China, lo que aprovecha este país para mejorar su posición en Oriente Medio. Sin embargo, la guerra con Hamás ha deteriorado estas relaciones al menos en el orden diplomático[1205]. Habrá que ver si realmente se trata de una decisión definitiva o un movimiento de estrategia geopolítica. China es muy importante para Israel, como para China lo es el dominio geopolítico de Oriente Medio.

En la presencia China en Oriente Medio queda, sin embargo, Turquía. Comencemos por la economía, pues es una forma de ver lo que tiene que ver con las dependencias entre los países, ya que el comercio en el mundo de hoy ofrece una información que las relaciones políticas no son capaces de aportar.

1201 S. Efron et al. *The Evolving Israel-China Relationship.* RAND Corporation. 2019. Pág. XII.
https://www.rand.org/content/dam/rand/pubs/research_reports/RR2600/RR2641/RAND_RR2641.pdf.

1202 https://oec.world/en/profile/bilateral-country/isr/partner/chn.

1203 https://themedialine.org/top-stories/haifa-port-sale-will-boost-india-israel-business-ties-israels-consul-in-mumbai-tells-tml/.

1204 S. Efron et al. *Op. cit.* Pág. xvii.

1205 D. Grossman. *China is Burning All Its Bridges with Israel.* RAND Corporation. May 15, 2024. https://www.rand.org/pubs/commentary/2024/05/china-is-burning-all-its-bridges-with-israel.html.

Vayamos a 2022. Turquía tuvo ese año un PIB de 905.841 millones de dólares según el Fondo Monetario Internacional. En otro ángulo, la exportación sumó aquel año 262.000 millones de dólares, un 30 % aproximadamente del PIB. Con China, Turquía vendió aquel año 3580 millones de dólares; una cantidad muy exigua. Al contrario, Turquía compró a China diez veces más, es decir, importó del país asiático 38.500 millones de dólares, la mayoría en productos tecnológicos y derivados del acero. Lo que indica que Turquía tiene una relativa relación económica con China ya que su comercio está más bien integrado con Europa.

Dejando aparte las antiguas relaciones entre Turquía y la República Popular de China en tiempos de Mao Zedong e, incluso, en los años que siguieron a su muerte en 1975 y el proceso de «reforma y apertura» que inició Deng Xiaoping, actualmente, dada la posición geográfica de Turquía como un país estratégico en la confluencia de Asia, África y Europa, para China tiene una importancia singular en el desarrollo de la Nueva Ruta de la Seda; sin olvidar la conexión de Turquía con Rusia, los países de Asia Central, ricos en hidrocarburos, y los Balcanes, aparte de Oriente Medio. Siendo esto positivo, en teoría, para China, existen aspectos preocupantes en ambos lados. Uno sería la pertenencia de Turquía a la OTAN, lo que levanta las alarmas en Estados Unidos principalmente. Otro estaría del lado chino, ya que contrariamente a lo que pueda pensar, China es un caleidoscopio de múltiples etnias, una de las cuales, los uigures[1206], localizados en la región china de Sinkiang (en chino, Xinjiang: «nuevas fronteras»), aparte de otros países de Asia Central, representa para China un problema importante de inestabilidad, ya que se trata de un grupo musulmán de orientación suní cuyos enfrentamientos con otros ciudadanos chinos han sido causa en varias ocasiones de una importante espiral de violencia.

La etnia uigur en aquella región de China constituye una población de unos 10 millones de personas, alrededor de la mitad de la población total. Una población que no se siente china en absoluto y que desarrolla un nacionalismo extremo en una región donde se encuentran las mayores concentraciones de materias primas (carbón, gas y otros

---

1206 https://es.wikipedia.org/wiki/Etnia_uigur.

minerales) de China. De hecho, Xinjiang es, quizás, la región más rica de China en términos de recursos naturales: el 80 % de todo el petróleo extraído en China procede de esta región, así como el 45 % del gas y el 75 % del oro[1207]. A esto se añade que esta parte de China hace frontera con Pakistán o Afganistán, y Sinkiang es un lugar de importante tráfico comercial hacia China. Un lugar que, teniendo en cuenta el extremismo yihadista de Afganistán y la inestabilidad de Pakistán, convierte a esta zona en un riesgo adicional para China, sin olvidar además el importante tráfico de heroína y opio que entra desde allí hacia China[1208].

Como puede verse, las relaciones, aunque existentes, no dejan de tener un enorme problema detrás del escenario. Para lo cual hay que ir de nuevo al hecho religioso. China, independientemente de que su población supera los mil cuatrocientos millones de personas, tiene en su seno unos 20 millones de musulmanes: los 10 millones de uigures ya referidos y otros 11 millones aproximadamente de chinos hui.

El 29 de junio, el Ministerio de Asuntos Exteriores de Turquía emitió una declaración para condenar la política interna de China en relación con la prohibición de ayunar durante el Ramadán a los empleados del gobierno, así como a los profesores y alumnos de las escuelas públicas. Esta política afecta a unos 20 millones de musulmanes chinos, la mayoría de los cuales son uigures (unos 10 millones, como se ha dicho) y otros 11 millones de chinos hui-Han musulmanes[1209], que se concentran en la región autónoma de Ningxia Hui, en el centro de China.

Turquía como nación musulmana suele acusar a China de no respetar el Ramadán, e incluso denuncia sus acciones represivas con los uigures a los cuales apoya, como también da soporte al denominado Army of Conquest, un grupo de rebeldes suníes que participaron en la

---

1207 F. Furtun. *Turkish-Chinese Relations in the Shadow of the Uyghur Problem*. Global Political Trends Center. January 2010. https://www.files.ethz.ch/isn/114567/Turkish-Chinese-Relations-in-the-Shadow-of-the-Uyghur-Problem.pdf.

1208 C. Zambelis. *Uigur Dissent and Militancy in China's Xinjiang Province*. Combating Terrorism Center. January 2010. https://ctc.westpoint.edu/uighur-dissent-and-militancy-in-chinas-xinjiang-province/.

1209 https://es.wikipedia.org/wiki/Etnia_hui#:~:text=Dentro %20de %20la %20República %20Popular,del %20grupo %20de %20etnias %20minoritarias.

guerra civil de Siria[1210]. Un conjunto de grupos terroristas que tratan de establecer un nuevo Estado que podría tener influencia en las zonas conflictivas de China[1211]. Todo lo cual va en contra de la política china que persigue una política consolidada salvo en Macao y Hong Kong, donde practica el modelo: *One country, two systems*[1212]. Una compleja situación en la que los intereses coincidentes, por ejemplo, en la política en Siria, se confrontan con importantes disensiones geopolíticas, donde entran, de nuevo, Estados Unidos y Rusia.

Y, al entrar Rusia, aparece Ucrania, ya que, como hemos repetido, todo se conecta en la complejidad geopolítica de los grupos que se confrontan globalmente. En este caso, Ucrania, de la mano de su presidente, Volodímir Zelensky, no tiene más opciones que sumarse a lo que establezcan sus aliados, pues aunque los escenarios de Gaza, con la guerra entre Israel y Hamás, aparte de los otros implicados, queden lejos y parezcan desconectados de Ucrania, ambos conflictos se entrelazan en la geopolítica mundial, simplificando, un conflicto que incluye a Irán-Rusia-China en contra de Estados Unidos-Israel-Reino Unido, y al revés. Con la circunstancia de que Arabia Saudí, Sudáfrica, los Emiratos Árabes Unidos y la propia Turquía están del lado de Rusia en el conflicto ucraniano. Una Rusia que, a su vez, no ha dejado de clamar en favor de Hamás y de los palestinos.

En este contexto, Ucrania se encuentra con un mundo inmerso en una *geopolítica líquida* en el cual no puede motivar la hostilidad de las potencias de la región, cuyas estrategias van cambiando de acuerdo con sus intereses a corto plazo. A decir verdad, con la excepción de la OTAN, Ucrania no tiene ningún otro apoyo cierto, salvo las ayudas veladas de los países de esta organización, incluyendo a la Unión Europea. Todo en un contexto en el que Rusia y China tienen paralizado el Consejo de Seguridad de la ONU y la solución del conflicto ruso-ucraniano a largo plazo se hace compleja dado, como decimos,

---

1210 https://en.wikipedia.org/wiki/Army_of_Conquest.

1211 J. Zenn. *Al-Qaeda-Aligned Central Asian Militants in Syria Separate from Islamic State-Aligned IMU in Afghanistan*. The Jamestown Foundation. Terrorism Monitor. Volume:13. Issue: 11. May 30, 2015. https://moderntokyotimes.com/al-qaeda-aligned-central-asian-militants-in-syria-separate-from-islamic-state-aligned-imu-in-afghanistan/.

1212 https://en.wikipedia.org/wiki/One_country,_two_systems.

que la geopolítica global se mueve actualmente de manera líquida, con múltiples conflictos en un permanente desorden. Lo que algunos definen como una política «fluida» con ganadores y perdedores, entre los cuales siempre se apunta a los sufridos palestinos que se encuentran entre dos fuegos por así decirlo[1213].

Hemos discutido de nuevo una «visión» geopolítica, esta vez desde la óptica regional; vayamos ahora a los «sentimientos», lo que no puede escapar otra vez de la religión.

Volvamos de nuevo a Susan Nathan para «sentir» lo que piensa un sionista al confrontarse con Palestina y los palestinos. «Escuchando y tratando de comprender la narrativa palestina —dice ella— fue una parte importante de mi descaminar mi larga vida como sionista, que desestima la historia y la cultura palestinas como algo irrelevante o inexistente»[1214]. «La historia que escuché —continúa Nathan— desde la óptica sionista que aprendí fue que se trataba de una «tierra sin gente»»[1215]. Lo cual tiene su explicación, como continúa esta autora, y como hemos repetido casi incansablemente en este libro: el miedo a ser abatido, a desaparecer. Así los expresa Susan Nathan: «Dada la sensibilidad de los judíos ante su historia de persecución, pienso que ayudaría si se distingue entre comparaciones y semejanzas»[1216]. Lo primero tiene que ver con considerar hoy el sufrimiento de los judíos mayor que el de cualquier otro pueblo, recordando permanentemente el Holocausto. Lo segundo, lleva a rechazar —lo que resulta justo— la semejanza entre Israel y los nazis. o Israel y el *apartheid* de Sudáfrica, ya que no es admisible.

El problema entonces se encuentra en un problema enquistado en el cual los líderes políticos de uno y otro lado tratan de sacar ventaja olvidando la realidad y las necesidades de los pueblos a los que dicen servir o defender.

1213 R. A. Del Sarto. *A Region in Transition: The Fluid Nature of Middle East Politics.* Pág. 8-15. En: G. Dalay; T. M. Yousef. *The Middle East's Fragile Reset. Actors, Battlegrounds and (Dis)Orders.* Middle East Council on Global Affairs. November 2023.
1214 S. Nathan. *Op. cit.* Pág. 68.
1215 *Ibid.* Pág. 69.
1216 *Ibid.*

Volviendo a los inicios, a la guerra por la independencia de 1948, las hostilidades se produjeron casi al comienzo de la decisión de la partición de Palestina por parte de Naciones Unidas. Algo que se ha introducido en el ADN de judíos y palestinos. Ya comentamos al inicio de esta historia que muchas localidades palestinas fueron obligadas a ser abandonadas por los propios árabes. Considerando los datos, «las comunidades árabes de primera línea empezaron a despedir a sus dependientes. Por ejemplo, los días 3 y 4 de diciembre de 1947 se ordenó a los habitantes de Lifta, un pueblo situado en el extremo occidental de Jerusalén, que se deshicieran de sus mujeres y niños (en parte para hacer sitio a los milicianos que llegaban). Docenas de pueblos de la llanura costera y de los valles de Jezreel y del Jordán siguieron su ejemplo en los meses siguientes. Las ciudades también se vieron afectadas. A principios de febrero, el Alto Comité Árabe (Higher Arab Committee: AHC) ordenó el traslado de mujeres y niños de Haifa, y el 28 de marzo ya habían sido evacuados decenas de niños, al menos cincuenta a un monasterio del Líbano. Los días 4 y 5 de abril de 1948, un convoy de quince vehículos partió de Haifa hacia Beirut; a bordo iban niños y jóvenes del barrio de Wadi Nisnas»[1217].

Los árabes perdieron la guerra ya que la comunidad judía estaba mejor organizada, mejor preparada para la guerra que sus oponentes, pero hay que decir que, contando con las atrocidades que siempre traen las guerras, de los árabes palestinos que allí vivían unos 750.000 tuvieron que dejar sus hogares, un hecho que queda en la conciencia de los que lo vivieron o, al menos, en sus hijos o nietos.

Así, andando el tiempo, más bien los años, se ha producido una separación entre israelíes y palestinos que no deja de ser un muro infranqueable; a lo cual se une la constante actitud terrorista de no cejar en el empeño de acabar con sus enemigos de la forma que sea, impidiendo que cualquier tipo de acuerdo pueda ser llevado a la práctica.

Quizás, ante la imposibilidad de encontrar una vía de entendimiento que no sea una guerra abierta en Gaza, queda la extraña situación de Cisjordania, dividida en tres zonas, A, B, y C, después de los

---

1217   B. Morris. *1948. A History of the First Arab-Israeli War.* Yale University Press. Londres, 2008. Pág. 125.

acuerdos de Oslo II. Cuando se considera la condición de los que allí viven se cae en la cuenta de una realidad igualmente imposible. Lo primero es que, hablando con propiedad, los ciudadanos, ya sean árabes o judíos, no pueden moverse libremente: no pueden entrar en territorio palestino. La zona A está enteramente bajo la Autoridad Palestina, mientras que la zona C, la más extensa, queda en poder israelí. La zona B es un lugar extraño, ya que se comparte entre el Gobierno israelí y la Autoridad Palestina. Los israelíes pueden entrar en esta zona, solo tienen prohibida la zona A[1218]. ¿Qué pueden sentir los que allí viven? ¿Son ciudadanos como los que habitan en otras zonas de Israel? Es evidente que no, como tampoco lo son en Jerusalén donde se encuentran divididos por zonas. Con lo que se llega a la conclusión de que tanto Israel como Palestina, dejando el curso de la guerra —aunque sea imposible olvidar tantas atrocidades de un lado y de otro—, palestinos e israelíes forman sociedades, de alguna forma, traumatizadas por decenas de años sin verdadera paz.

No es cuestión política, aunque la política es la que marca esta triste situación. Es un problema vital de las personas que allí viven, aunque tengan que hacer abstracción de esa realidad para llevar una vida, digamos, normal, que solo ocurre en ciertos ambientes, no en la sociedad entera. Pues si de un lado están los grupos terroristas imponiendo su ley, del otro se trata de una sociedad democrática dirigida hacia la incomprensión de sus vecinos. Como dijimos, Israel es una nación judía, con todo lo que eso supone. Cisjordania y Gaza son sociedades que viven en el odio al judío. Una mezcla imposible de agua y aceite donde la religión, aunque no se practique, divide aún más ambas comunidades.

Si se va a los palestinos que viven en Israel, y tienen la ciudadanía israelí, se comprueba otra realidad: durante 75 años, ambas comunidades, judíos y palestinos, soportan una frágil coexistencia. Nada quiere saber uno del otro. A lo mejor trabajan juntos, pero la historia y su religión les separa profundamente. Unos celebran su ancestrales ritos e incluso festejan el nacimiento de su Estado. Los otros recuerdan, aunque no lo comenten, la *Nakba*, la Catástrofe. Ni siquiera recurren al

---

1218 S. Nathan. *Op. cit.* Pág. 179.

Corán para ver sus diferencias. Por no hablar de la lengua, un instrumento que se usa para dividir, para diferenciarse. Un instrumento bien conocido en otros lugares, en otras democracias que han decidido matarse a sí mismas a través de las diferencias sociales o regionales.

En Israel y en Palestina, cada habitante tiene su personal experiencia de injusticia, cuando no de tristezas acumuladas por sus propias desgracias o por las de sus familiares o amigos. Ahí quedan las dos Intifadas, los diarios ataques de grupos terroristas contra las poblaciones israelíes, o las respuestas extremas de los militares y las fuerzas armadas israelíes que dejan calcinadas las poblaciones.

El 7 de octubre de 2023 representó un atroz ataque en contra de personas inocentes que nada tenían que ver en la política o en las decisiones de sus Gobiernos. Fue tan terrible que llevó a Israel a recordar el Holocausto hitleriano. No fueron únicamente los secuestrados y asesinados de manera incomprensible. Tampoco lo fueron sus familiares o amigos, fue el pueblo judío en su conjunto quien sintió de nuevo el peso de la destrucción. Otra vez el miedo. Otra vez el sentimiento de que todo puede acabar de nuevo. Lo cual lleva a los israelíes, de nuevo, a ser altamente escépticos respecto de que la solución se encuentre en establecer dos Estados.

En relación con este escepticismo, una encuesta de Pew Research[1219] del 26 de septiembre de 2023 indica que solo el 35 % de los israelíes cree que «se puede encontrar una manera de que Israel y un Estado palestino independiente coexistan pacíficamente». Lo cual representaba «un descenso de 9 puntos porcentuales desde 2017 y de 15 puntos desde 2013». Solo el 32 % de los judíos israelíes pensaban de esa manera, contra el 41 % de los árabes israelíes.

Cifra esta última muy sorprendente, pues se trata de árabes musulmanes que, supuestamente, pueden entender mejor la problemática de sus «hermanos» palestinos, quizás porque la misma encuesta demuestra que, hoy, los musulmanes israelíes sienten menos discriminación que la que existía 10 años atrás, habiendo caído esa percepción de

---

1219　S. Austin; J. Evans. *Israelis have grown more skeptical of a two-state solution.* Pew Research Center. September 26, 2023. https://www.pewresearch.org/short-reads/2023/09/26/israelis-have-grown-more-skeptical-of-a-two-state-solution/.

rechazo 9 puntos en algunos de los problemas considerados. Lo cual, si se vuelve a Susan Nathan y su libro publicado en 2005, demuestra que esa discriminación de los judíos árabes se ha reducido en una cantidad considerable desde aquel entonces. Unos datos a tener en cuenta, ya que, seguramente, tienen también que ver con los ataques del 7 de octubre de 2023. Pues Hamás, Hezbolá, y sus aliados, no podrían admitir de ninguna manera que la paz en Tierra Santa se mantuviera permanentemente: en ello va su propia existencia.

Si se considera la orientación política, la encuesta de Pew Research es igualmente descriptiva según los datos de abril de 2023, mucho antes de los ataques de Hamás. Son los israelíes a la izquierda del espectro político los que eran, en aquellos días favorables, a los dos Estados (un 73 %). Los del centro se orientaban igualmente hacia esa decisión, aunque en menor medida (un 53 %). Siendo los que votaban a partidos a la derecha del espectro político los que no consideraban tal opción positivamente (un 73 % creían que no era la solución). No es preciso decir que, hoy, metidos ya en 2024, esas cifras habrán cambiado de forma considerable hacia la formación de dos Estados.

Surge a partir de esto una pregunta cuyo porqué, si bien hemos considerado en algunas páginas, no hemos analizado suficientemente. Se trata del apoyo de los partidos de izquierda a los grupos terroristas como Hamás o Hezbolá, o simplemente, al apoyo que se da en esos entornos, especialmente en Occidente, al mundo musulmán, incluso cuando grupos de esta orientación cometen atentados terroristas, los cuales son justificados por el supuesto acoso e incomprensión que hacia ellos tienen otras formaciones políticas.

La izquierda política es un fenómeno occidental. El comunismo nació en Rusia y se expandió desde allí hacia otras partes del mundo en forma de socialismo soviético. En esto la Unión Soviética fue muy activa. Aquel comunismo se transmutó en Europa en diferentes versiones, dando origen a la llamada socialdemocracia. En lo económico y en lo filosófico, Carlos Marx fue su mayor exponente. La lucha de clases lo explicaba todo o casi todo. Obreros contra patronos y viceversa. Capitalistas contra la clase obrera era el fundamento de una reacción social y política para buscar una justicia social perdida o nunca alcanzada. Incluso, regímenes fascistas como la Italia de Mussolini o el nacionalsocialismo de Hitler y los nazis no dejaban de pregonar el socialismo, eso sí, a su manera.

Lo anterior nos lleva a Friedrich Hayek, uno de los máximos representantes de la Escuela Austriaca, cuya obre *Camino de Servidumbre* es un exponente de lo que decimos. Independientemente de su publicación en 1944, tiene aún interesantes claves para entender muchos de los enigmas que rodean a ciertas políticas y sirve para quitar dudas sobre la manipulación mediática de muchos conceptos. Una de sus conclusiones es contundente: «Pocos son los dispuestos a reconocer que el nacimiento del fascismo y el nazismo no fue una reacción contra las tendencias socialistas del período precedente [se refiere a los años anteriores al surgimiento de estos movimientos políticos], sino el producto de aquellas corrientes»[1220].

Un hecho en el que Johan Goldberg fue mucho más explícito, al decir que «Benito Mussolini, considerado el «padre del fascismo», fue un socialista convencido desde su juventud, cuando a los 18 años era ya secretario de una organización socialista y comenzó su actividad profesional como un periodista de izquierdas»[1221]. Una afirmación que enlaza de nuevo con Hayek: «Lo extraordinario es que el mismo socialismo que no solo se consideró primeramente como el ataque más grave contra la libertad, sino que comenzó por ser abiertamente una reacción contra el liberalismo de la Revolución francesa, ganó aceptación general bajo la bandera de la libertad. Rara vez se recuerda ahora que el socialismo fue, en sus comienzos, francamente autoritario»[1222].

Sin embargo, volviendo a nuestro tiempo, la desaparición de la Unión Soviética en 1991 y el desarrollo fuertemente capitalista de la sociedad china, que mantiene un régimen comunista en su orden político, unido a la práctica desaparición de los partidos comunistas en Europa (el denominado eurocomunismo) y la reconversión del socialismo a un capitalismo *de facto*, dejó sin fundamentos, a nuestro modo de ver, a toda una clase política que debía encontrar su espacio y defenderlo con ahínco. La izquierda, por decirlo de alguna manera, perdió

1220   F. Hayek. *Camino de servidumbre.* Alianza Editorial. Madrid, 1978. Pág. 42.

1221   J. Goldberg. *Liberal Fascism. The Secret History of the American Left, from Mussolini to the Politics of Change.* Penguin Books. Londres, 2007. Pág. 23.

1222   F. Hayek. *Op. cit.* Pág. 68.

sus puntos de referencia. De ahí quizás su «alianza» con el islam. Dado que el proletariado ya no existe en Occidente, la izquierda contemporánea busca el proletariado en Palestina o en los emigrantes musulmanes y se convierte en antioccidental, yendo en contra de los valores que crearon esta civilización y que, aún, la sustentan.

Lo que se certifica de nuevo con Hayek cuando dice: «De Tocqueville y lord Acton, nos advirtieron que socialismo significa esclavitud, hemos marchado constantemente en la dirección del socialismo, Y ahora cuando vemos surgir ante nuestros ojos una nueva forma de esclavitud, hemos olvidado tan completamente la advertencia, que rara vez se nos ocurre relacionar las dos cosas»[1223]. Que continúa diciendo: «Estamos abandonando rápidamente, no solo las ideas de Cobden y Bright, de Adam Smith y Hume e incluso de Locke y Milton, sino una de las características de la civilización occidental tal como se ha desarrollado a partir de sus fundamentos establecidos por el cristianismo y por Grecia y Roma. No solo el liberalismo de los siglos XIX y XVIII, sino el fundamental individualismo que heredamos de Erasmo Y Montaigne, de Cicerón y Tácito, Pericles y Tucídides, se han abandonado progresivamente»[1224].

En este contexto es adecuado pensar que la izquierda global, independientemente del país occidental que se considere, se sienta más identificada con el islam y los musulmanes que con sus propias raíces. Es su aversión a la libertad lo que le asemeja a esta cultura, ya que si, de acuerdo con Goldberg, «el fascismo no es otra cosa que una religión de Estado»[1225], que es «totalitario en el sentido de que lo ve todo desde un punto de vista político, sosteniendo que toda acción decidida por el Estado está justificada para lograr el bien común, asumiendo la responsabilidad de todos los aspectos de la vida, incluida la salud y el bienestar, y trata de imponer la uniformidad de pensamiento y acción, ya sea por la fuerza o mediante la regulación y la presión social, se concluye que todo, incluida la economía y la religión, debe alinearse con sus objetivos»[1226].

1223 *Ibid.* Pág. 55.
1224 *Ibid.* Pág. 55-56.
1225 J. Goldberg. *Op. cit.* Pág. 7.
1226 *Ibid.* Pág. 23.

Una definición que se ajusta bien a los postulados de la izquierda global, y que no dejan de ser coincidentes con los postulados del islam, donde la religión marca los comportamientos sociales y los procesos políticos. Es, como dice Oriana Fallaci, que se reconoce asimismo de izquierdas, «de una familia italiana de izquierdas, de sus abuelos de sus padres de sus compañeros muertos, de mis utopías infantiles»: «La izquierda que ya no existe desde hace medio siglo... cuyos presupuestos estaban equivocados... La izquierda no es laica. Por mucho que se vista de rojo o de rosa o de verde o de blanco o de arco iris, la izquierda es confesional. Eclesiástica»[1227].

De ahí las coincidencias y lo que quizás es más preocupante: que se trata de una respuesta global, siendo evidente que «la civilización occidental está amenazada por tres fuerzas diferentes pero relacionadas: el resurgimiento del autoritarismo y el expansionismo de las grandes potencias en las formas del Partido Comunista chino y la Rusia de Vladimir Putin; el auge del islamismo global, que amenaza con movilizar a una vasta población contra Occidente; y la propagación viral de la ideología *woke*, que está corroyendo la fibra moral de las próximas generaciones»[1228]. Una civilización que es incapaz de resolver los graves problemas que existen en Oriente Medio porque, desgraciadamente, nada tiene que ofrecer como solución al estar perdiendo su propio ser.

Los árabes son hijos del desierto. Esto recuerda la historia de Abrahán que tenía un hijo con una esclava llamada Agar. Luego su mujer Sara, ya anciana, dio a luz a su hijo Isaac que jugaba con Ismael, el hijo de la esclava. Sara forzó a Abrahán para que expulsara a Agar y a Ismael para evitar que este heredará la hacienda que estaba reservada para el hijo de Sara. En el desierto de Berseba[1229], cuando ya no tenían agua y el niño lloraba, Dios escuchó los lamentos, les hizo ver un pozo

---

1227 O. Fallaci. *La fuerza de la razón*. La Esfera de los Libros. Madrid, 2004. Pág. 251-252.

1228 Ayaan Hirsi Ali. *Why I am now a Christian. Atheism can›t equip us for civilisational war*. UnHerd. November 11, 2023. https://unherd.com/2023/11/why-i-am-now-a-christian/. Hirsi Ali es una escritora holandesa, nacida en Somalia. Perteneció a los Hermanos Musulmanes durante años. Se convirtió al cristianismo en 2023.

1229 https://es.wikipedia.org/wiki/Beerseba.

para que saciaran la sed y un ángel le dijo: «Levántate, toma al niño y agárrale fuerte de la mano, porque haré que sea un pueblo grande»[1230].

No sabemos si esta es la historia del pueblo árabe, pero hay que tener en cuenta que su religión, basada en el Corán, no es una religión nacida en la lucha, en la dificultad, sino en la imposición. Quizás como ha ocurrido con todas las religiones, que son itinerantes. Pero en sus diversidades, tanto la religión judía, como la cristiana, como el islam, han ido creando importantes divisiones. Y en esta última, el islam, son conocidas las disensiones, por ejemplo, entre suníes y chiíes, y su evolución hacia el fundamentalismo. Por ello, quizás conviene, aunque sea someramente, ver que hay otras formas de entender la religión del Profeta. Nos referimos a los sufíes, poco conocidos y sin ningún poder político, ya que no han trasladado su saber religioso en una política de confrontación. Se trata de esos musulmanes, «cuya denominación viene del árabe y significa literalmente lana»[1231]. Unos hombres que han sido siempre incómodos en el islam, ya que con las primeras conquistas y el gran imperio que forjaron, vinieron los intereses mundanos más que el trasfondo religioso del Profeta, de ahí que desde el siglo XIV, los sufíes «decidieron alejarse del lujo y de las vanidades del mundo… separarse del comercio mundano a fin de servir mejor a Dios en la soledad»[1232].

En este contexto, sintiéndose obviamente superiores, «los sufíes promueven valores de cooperación y cohesión dentro de los grupos, un medio de súplica al Creador, el Más Sublime y Poderoso»[1233]. En Gaza, se dice que los sufíes llegaron allá por el siglo XII. Siempre han tenido buenas relaciones con otros grupos de musulmanes, sin embargo su vida austera les ha ocasionado problemas con los salafistas, el grupo que organizó el Daesh, el llamado Estado Islámico, que

---

1230 Génesis (21: 9-21).

1231 E. Galindo Aguilar. *La experiencia del fuego. Itinerario de los sufíes hacia Dios por los textos.* Editorial Verbo Divino. Estella, 1994. Pág. 23.

1232 *Ibid.* Pág. 26.

1233 Ammar Ali Hassan. *Political Features of Sufi Discourse.* En: Muhammad Abu Rumman (Ed.). *Sufism Today. Contemporary Interpretations of The Sufi Community and Its Different Patterns.* Friedrich Ebert Stiftung. Amman, 2020. Pág. 306.

les acusó de apóstatas y, en su día, atacaron varios santuarios sufíes en Irak y en Siria[1234].

Y este es el hecho desgraciado, dentro del islam existen conflictos religiosos que impiden una confraternización en paz entre las diferentes tendencias. Un hecho que pone de nuevo a Hamás en perspectiva.

En la Franja de Gaza existen diversas mezquitas repartidas por la geografía y cada jeque practica su propia forma de sufismo que, como hemos apuntado arriba, es uno de los fundamentos de las creencias islámicas. Muchos seguidores se suelen reunir para leer conjuntamente ciertos versículos del Corán y tratan de vivir su fe en concordia con sus conciudadanos. De hecho, el Corán tiene muchos mensajes de paz entre las gentes. Sin embargo, cuando Hamás llegó al poder en 2006, cerró muchas *zawiyas* (lugares de reunión) sufíes con el pretexto de que suponían un peligro para la sociedad, ya que pretende monopolizar su liderazgo en la sociedad, lo que implica imponer un modo de vida que no acepta ninguna controversia[1235].

Ya se entiende que el problema en Palestina o, mejor en Israel y Palestina, se encuentra desde hace demasiados años en una difícil encrucijada. De una lado la política interna de judíos y palestinos, estos separados entre Gaza y Cisjordania y divididos entre sí, y dentro de sus propias sociedades, muy influidas por la religión que, de igual manera, se trata de monopolizar desde el poder político. Del otro lado, las disensiones geopolíticas regionales y globales. Y, finalmente, un muro social entre las comunidades judías y musulmanas que hace imposible hoy el entendimiento. Un círculo difícil de cuadrar.

1234 G. R. Dehlvi. *Theology, Terror and Politics in Egypt.* World Affairs. The Journal of International Issues. Vol. 22. N.º 2. Págs. 34-39.
1235 H. Al Gherbawi. *Hamas targets Sufis in Gaza.* Al-Monitor. Feb. 6, 2022. https://www.al-monitor.com/originals/2022/02/hamas-targets-sufis-gaza

Capítulo XI
UNA MIRADA AL FUTURO

*«¡Qué hermosos son sobre los montes los pies del mensajero que
proclama la paz, que anuncia la buena noticia, que pregona la justicia,
que dice a Sión: Tu Dios reina!».*

Isaías (52: 7)

Todos hablan de ella, pero nadie quiere la paz.

Son decenas las veces que El Corán habla de paz. También la Biblia, como ese corto texto del profeta Isaías que abre este último capítulo. Del Corán, baste esta Sura: «Alá invita a la Morada de la Paz y dirige a quien Él quiere a una vía recta»[1236]. Sin embargo, hay que hacerse la pregunta inevitable: ¿Por qué si ha habido tantos intentos de consolidar la paz en el conflicto árabe-israelí-palestino, siempre se acaba rompiendo? ¿Cuáles son los mecanismos por los cuales al llegar al final de un largo camino buscando el consenso, el resultado es una nueva guerra al poco tiempo? ¿Qué se podría hacer hoy para llevar la paz de nuevo a Tierra Santa? Santa, según dicen, para unos y para otros.

No pretendemos hacer un recorrido de todo lo dicho hasta aquí, sino preguntarnos por qué la paz resulta imposible en esa zona tan castigada del mundo.

Existe un índice que analiza el estado de la paz en 163 países del mundo[1237]. El mapa se muestra con varios colores, que van del negro

---

1236 Sura (10: 25).
1237 Vision of Humanity. *Global Peace Index.* https://www.visionofhumanity.org/

(país en paz) al rojo (país en guerra). Solo 9 de los 163 países tienen el color negro, el resto sufre algún tipo de conflicto interno o externo. Israel está el noveno lugar empezando por el último, Yemen, que ocupa el lugar 163. Obviamente, ambos están en rojo. Como están en ese color dos países que hacen frontera con Israel: Siria e Irak. Líbano, sorprendentemente, no cae en ese nivel: ocupa el lugar 134. Tiene color amarillo. El mapa muestra un mundo en conflictos, con lo que la situación de Israel no es tan distinta de la de muchos otros lugares: en el mundo no existe la «paz perpetua» de la que hablara Tolstói.

Jack Levy and William Thomson publicaron en 2010 un libro sobre las causas de la guerra. Tal como dicen: «La guerra mata personas, destruye recursos, retrasa el desarrollo económico, arruina el medio ambiente, propaga enfermedades, expande gobiernos, militariza sociedades, remodela culturas, desestructura familias y traumatiza a las personas»[1238]. El libro cuenta lo que es la guerra; habla de las teorías que soportan su análisis, y desarrolla interesantes conjeturas para entender de manera «teórica» lo que supone la guerra y lo que hay detrás de ella. El libro, por supuesto, no deja de lado la paz, incluso considera un interesante sujeto: la paz democrática, que enlaza con la casi inexistencia de guerras entre países democráticos[1239].

Existen muchos trabajos en esta dirección, sin embargo, cuando se trata de comprender el porqué de un conflicto como el de Israel en Palestina, aparte de todo lo dicho hasta aquí, las teorías no sirven. Ciertamente, ha habido guerras en el pasado, sobre todo en la antigüedad, que duraron decenas e incluso cientos de años. Vienen a la memoria las guerras púnicas entre Roma y Cartago que comenzaron en el 264 a. C., para terminar 118 años después en el 146 a. C. Sin embargo, en aquel caso, fueron tres períodos, no una guerra continua. Incluso ha habido guerras más largas. Aun así el conflicto palestino-israelí parece que no tendrá fin hasta que los musulmanes, y los intereses que les mueven, acepten a los israelíes. Y también cuando estos últimos estén de acuerdo con un territorio palestino que sea viable social y económi-

---

maps/#/.

1238 J. S. Levy; W. R. Thompson. *Causes of War*. Wiley-Blackwell. United Kingdom. 2010. Pág. 1.

1239 *Ibid.* Pag. 56.

camente. Algo que hoy se muestra imposible cuando nada se sabe de los secuestros de Hamás, después de que Israel haya causado, según se asegura, decenas de miles de muertes, sin olvidar los más de 100.000 palestinos desplazados.

Entretanto se habla de un alto el fuego, fundamentalmente tras las gestiones de Estados Unidos con Israel y de Qatar en la Franja de Gaza. Al parecer, la Autoridad Palestina, aparte de su conocida corrupción, no tiene ninguna capacidad de influencia. Este libro no es el lugar, no obstante, para hacer periodismo de última hora, sino para tratar de analizar las consecuencias y los porqués de esta guerra sin cuartel. Como idea, si se nos permite, volvamos a hacer «historia ficción».

Supongamos por un momento que existiera algún tipo de acuerdo, forzado o no, para detener este último conflicto entre Israel y Hamás, nacido el 7 de octubre de 2023 al hilo de los ataques de Hamás, que dejaron cientos de muertos israelíes y tomaron cientos de rehenes.

Detener la guerra actual sin ningún compromiso por parte de los que la iniciaron tendría, en lo que a Palestina se refiere, un único vencedor: Hamás, que seguiría dominando Gaza y, con bastante probabilidad, se haría con el control de Cisjordania. El pueblo palestino vería a Hamás como la única posibilidad para recomponer una sociedad destrozada, material, anímica y socialmente. Su aceptación social sería enorme, y la mayoría de la población, cuya edad media es de unos 19 años[1240], se volcaría decididamente en su apoyo y haría de Hamás el eje de la resistencia palestina en la región. Irán surgiría como el país determinante en esa zona de Oriente Medio, seguiría controlando el Líbano a través de Hezbolá, y dominaría Yemen con los huties, sin olvidar su gran influencia en Siria e Irak, dos Estados fallidos.

Naciones Unidas buscaría dar remedio a la destrucción de Gaza con una fuerte inversión económica que haría más fuerte aún a Hamás en la zona. Sin olvidar que, desde 2006, hace 8 años, ha tenido suficiente tiempo para que una nueva generación de gazatíes hayan desarrollado una fuerte aversión a todo lo israelí, muchos de los cuales irían a las

---

1240 https://www.ceicdata.com/en/palestinian-territory-occupied/vital-statistics/
median-age-gaza-strip.

filas de Hamás, y esperarían su momento para continuar con su único propósito: *del río al mar*: echar a Israel de Palestina.

Aunque nadie lo considere, una historia como esta sería el triunfo de la acción terrorista que, ante la ineficacia política de unos y otros, acabaría siendo aceptada por todos, convirtiéndose en una fuerza política como cualquier otro grupo democrático. Europa, en su mayoría, se sumaría a este plan aportando lo que económicamente se precisara, y extendería sus manifestaciones en contra de Israel, que quedaría, al final, como el causante del problema. La izquierda global apoyaría todo este proceso, y el relato dejaría a Israel como un país capitalista, colonialista, que debería afrontar sus crímenes de lesa humanidad.

De ser así, nadie se acordaría de los más de 200.000 israelíes desplazados de sus hogares, que malviven hoy en hoteles o en casas de familiares, y que lo han perdido todo. Tampoco se acordaría nadie de los miles de misiles y morteros lanzados en contra de Israel por parte de Hamás y de Hezbolá, y el pueblo israelí viviría en una situación de inseguridad como al principio de la existencia del Estado de Israel, allá por 1948. Contrariamente a lo que se haría en Gaza y los apoyos que vendrían del exterior, Israel debería contar con sus propios medios para sacar adelante una economía maltrecha por la guerra. El país se endeudaría fuertemente (se ha aumentado la deuda del país un 10 % desde el inicio de los ataques de Hezbolá en 2023[1241]), su economía se frenaría (se habla de una caída del 20,7 % y el freno del 27 % del consumo privado[1242]) y viviría sanciones encubiertas en muchos mercados, con lo que le será difícil a cualquier Gobierno israelí mantener el nivel económico de sus transacciones comerciales como antes del conflicto.

A lo anterior, la sociedad israelí quedaría fuertemente dividida entre sus diferentes comunidades religiosas y entre sus partidos políticos, que incidiría también en la posición que pudieran tomar los musulmanes israelíes que sería, seguramente, beligerante en contra de los partidos de la derecha política que han llevado a esta situación.

1241 https://www.statista.com/statistics/1480041/israel-total-quarterly-national-debt/#:~:text=In %20the %20first %20quarter %20of,rapidly %20by %20approximately %2010 %20percent.

1242 https://www.aljazeera.com/economy/2024/8/23/gaza-war-extends-toll-on-israels-economy.

El ejército notaría el problema de los reservistas y las fuerzas armadas seguirían solicitando más inversiones para contener lo que pudiera sobrevenir en el futuro. Una situación que se agravaría aún más si un alto el fuego con Hamás fuera percibido por Hezbolá, y por Irán, como una debilidad de los israelíes. De ser así continuaría la guerra de desgaste hacia Israel hasta ver el aguante de una sociedad extenuada por tantas guerras.

¿Qué pasaría con Cisjordania? En una situación como la «historia inventada» que estamos llevando a cabo, Israel no podría contar con la Autoridad Palestina. Hamás sería la organización vencedora y no sería descartable que comenzaran las revueltas en Cisjordania. Esto traería más deterioro para Israel, cuya división política y social no le permitiría atender tantos frentes, especialmente en un momento en que la comunidad internacional varía su posición y se sitúa enfrente de Israel.

Quedaría con todo esto un fleco no menor: la política de Estados Unidos respecto de Israel. Dicho de otra manera: qué haría el país americano que siempre se mantuvo del lado israelí. Ya que estamos en un proceso de «historia ficción» habría que considerar lo que sucedería en Estados Unidos si hubiera una mayoría republicana o una mayoría demócrata en el Congreso, independientemente de los actores principales que hoy están en escena: Kamala Harris y Donald Trump.

De ser los republicanos se volvería seguramente al conocido *America First*. Independientemente de los apoyos que pudieran darse a Israel, primaría el pragmatismo: llevar a cabo solo lo que beneficie a Estados Unidos. Lo que, quizás, podría facilitar la vuelta al «Plan Abraham» de 2020. De ser al contrario, la mayoría demócrata se encontraría con su propia división interna que está girando hacia el término del conflicto y el apoyo a los palestinos; si bien, no podrían escapar de la presencia militar en la zona tal como ha venido haciendo la Administración Biden. En cualquier caso, ninguna de las opciones resultaría una buena noticia para Israel.

Volvamos de nuevo a la realidad. ¿Cuáles son los apoyos reales de Israel? Sin duda: Estados Unidos; un país que debe recomponerse internamente, y hacer frente a los desafíos que le vienen del llamado Sur Global, a los que hay que sumar a China y su estrategia de querer hacerse con Taiwán tarde o temprano, aparte de dominar el espacio Indo-Pacífico. En paralelo, no hay que olvidar el este europeo con la guerra entre Ucrania y Rusia, donde están involucrados los aliados de Estados Unidos.

El primer dato para tener en cuenta es la posición de la sociedad americana respecto de Israel. De acuerdo con una encuesta de Gallup, si en noviembre de 2023 el 50 % de los estadounidenses aprobaban las acciones militares en Gaza, contra un 45 % que las censuraban, en marzo de 2024, se habían dado vuelta las tornas: un 36 % estaban de acuerdo con las acciones militares y un 55 % no lo estaban[1243]. Unos datos que, al considerar la orientación política de la población, muestran cómo se ha reducido la simpatía por la causa israelí en un gran sector de la población. De nuevo, una encuesta de Gallup es contundente en los resultados en un largo período de tiempo (2001-2023): los republicanos siguen manteniendo mayoritariamente su simpatía por Israel, mientras que los demócratas han cambiado drásticamente su posición cuando en el año 2001 eran casi las mismas que los republicanos[1244]; lo que incide en las diferencias que se están produciendo en el sentir de la sociedad de Estados Unidos: una polarización de las posiciones sociales y políticas.

Se suele hablar del poder judío en Estados Unidos como la piedra de toque de la alianza casi permanente con Israel. Aunque tenga más de 28 años, el libro de Jeremy Goldberg es ilustrativo a este respecto[1245]. Ya comentamos las ayudas económicas que consiguió Golda Meir o, por ejemplo los 10.000 millones de dólares que George Bush (Bush padre) le dio a Israel en préstamos comerciales en 1991[1246], sino que el poder judío se percibe como una capacidad de acción que se mueve en la política o en la economía, como fue el caso del veto que consiguió la

---

1243 https://news.gallup.com/poll/642695/majority-disapprove-israeli-action-gaza.aspx.
1244 https://news.gallup.com/poll/472070/democrats-sympathies-middle-east-shift-palestinians.aspx.
1245 J. J. Goldberg. *Jews Power. Inside the American Jews Establishment.* Basic Books. Nueva York. 1996.
1246 *Ibid.* Pág. xv.

minoría judía en el Congreso de Estados Unidos para anular cualquier relación comercial con la Unión Soviética en 1974[1247].

Un hecho, continuado con otros, que llevó a autores como Noam Chomsky a denunciar que el lobby judío perjudicaba los intereses de Estados Unidos. Ese «triángulo fatídico» que Chomsky definía como: «Estados Unidos, Israel y los palestinos: tres entidades nacionales tan dispares en poder que parece absurdo vincularlos en una sola frase. Estados Unidos es el Estado más poderoso del mundo. Israel está clasificado como la cuarta potencia militar del mundo [en 1999], un estatus que puede mantener mientras Estados Unidos lo adopte como "activo estratégico" y lo preserve como tal. Los palestinos, en cambio, tienen escasas esperanzas incluso de supervivencia nacional. Sin embargo, estas tres partes han quedado atrapadas en una fatídica relación triangular, y dentro de ella van a la deriva hacia el desastre»[1248]. En lo esencial, esa es la foto de hoy.

Sin embargo, si Estados Unidos abandonara totalmente su alianza con Israel, su posición en Oriente Medio desaparecería. Seguramente, el conflicto palestino-israelí se convertiría en un conflicto regional. Irán vería entonces su oportunidad de convertirse en el país de referencia, en la potencia regional que trata de ser, lo que abriría nuevos conflictos con los Emiratos Árabes Unidos y con Arabia Saudí, que tiene a los beligerantes hutíes al sur del país, además de Bahréin, igualmente acosado por los iraníes. Una situación que aprovecharía la Federación de Rusia y, por supuesto, China, y dejaría a Jordania y Egipto en una crítica posición; con Turquía, firme oponente de Israel por sus acciones en Gaza, esperando su momento para obtener los beneficios regionales que pretende. Ya que, como se cita en la obra de Jeremy Goldberg: «el poder político, en esencia, es cuando los amigos le buscan a uno sin que uno tenga nada que preguntar»[1249]. Y este es el poder estadounidense: quien lo necesita, si es aliado, busca su apoyo, y sin ese apoyo Israel quedaría solo para gestionar su posible y peor des-

---

1247 *Ibid.* Pág. 13.
1248 N. Chomsky. *Fateful Triangle. The United States, Israel and the Palestinians.* Pluto Press. Londres. 1999. Pág. 743.
1249 J. J. Goldberg. *Op. cit.* Pág. 23.

enlace. El problema actual es que Estados Unidos no es el país que fue hace veinte años.

La guerra actual en Gaza cambiará sin ninguna duda la situación geopolítica de Oriente Medio, no solo en la zona en conflicto, sino en toda la región. Aunque desconocemos si esa fue en un principio la estrategia que motivó poner en marcha la acción de Hamás en octubre de 2023, el resultado es que todos los movimientos han ido en esa dirección: debilitar a Israel aprovechando las debilidades de todos los actores que podrían estar a su lado. Tanto es así que las posiciones de los que estaban al lado de Israel casi no existen hoy. Lo que comenzó con denuncias en contra de Hamás, se han convertido hoy en rechazos profundos en contra de Israel, cuya situación actual no puede mantenerse *sine die* ya que, de otra manera, perderá los tradicionales apoyos de Estados Unidos. Y si esto llegara a concretarse, el escenario aumentaría enormemente los riesgos en toda la región y, por ende, en el mundo.

Hablamos de riesgos. Irán y sus *proxies* y, en concreto, Hamás en este caso, creen, a nuestro modo de ver, que ha alcanzado sus primeros objetivos. Sus logros lo han sido a causa de muchas vidas perdidas, pero esto no parece importarle a nadie. Sin embargo, si se llevara el ataque a Israel al límite —si eso fuera posible—, obligaría a este país a utilizar toda su fuerza armamentística antes de dejarse abatir por completo. Y ahí entra su capacidad nuclear. Para demostrarlo, en enero de 2024, el Stockholm International Peace Research Institute (SIPRI), aseguraba que Israel tenía al menos 90 cabezas nucleares en disposición de actuar[1250], aunque el país no reconozca públicamente poseer armas nucleares. Además, es conocido que está modernizando su arsenal nuclear y parece estar mejorando su reactor de producción de plutonio en Dimona[1251]. Como potencia nuclear Israel no es comparable con Estados Unidos, Rusia, China u otras potencias, pero ahí queda su poder de disuasión.

1250 SIPRI Yearbook 2024. https://www.sipri.org/yearbook/2024.
1251 https://www.timesofisrael.com/israel-modernizing-nuclear-capabilities-upgrading-production-facilities-report/.

¿Cómo salir de este atolladero en el que parece que nadie busca la paz, o al menos no sin antes haber conseguido sus objetivos?

Por parte de Israel, la paz es inasumible si no cesan los ataques de Hamás, Hezbolá, o de cualquier otro grupo, y no se resuelve el problema de los rehenes que, a esta fecha, no se sabe si siguen con vida y cuántos quedan. A esto se suma que sería imprescindible para Israel que sus fuerzas armadas controlaran la frontera de Gaza, y Egipto, el denominado Corredor Filadelfia, al igual que no pretende salir del Corredor Netzarim[1252], esa zona que Israel ha establecido en la Franja de Gaza durante la actual guerra dividiendo Gaza en dos sectores.

Del otro lado, la interlocución es casi imposible. Solo Catar parece tener un hilo de comunicación con algunas de las partes. Hamás, quiere todo el poder sobre los palestinos, Irán está detrás de Hezbolá, y el Gobierno del Líbano carece de cualquier capacidad de influencia. A esto se unen las pretensiones de unos y otros que hacen imposible que se alcance la paz. Además, del lado de Hamás no existe un interlocutor válido. No existe un país y un Gobierno que tenga la capacidad de establecer una negociación y alcanzar un armisticio con visos de permanencia. Es lo que hemos venido comentando sobre la dificultad de fijar compromisos con actores no estatales.

Para resolver lo que resulta irresoluble, está, de un lado, Estados Unidos; del otro, Catar, y su limitada capacidad de influencia. En general, entre los actores principales, no hay nadie que esté dispuesto verdaderamente a frenar este continuo desastre en vidas y haciendas. Los que claman que se establezca la paz en la región, nada hacen en realidad para que eso suceda. Todos son declaraciones, esperando que los oponentes acaben por claudicar. Esta es la posición de China, de Rusia y de tantos otros. De la Unión Europea, aparte de declaraciones más o menos desafortunadas, poco se puede esperar. Europa es un gigante económico, con pies de barro geopolítico. Además, las disensiones en su seno hacen inviable cualquier propuesta que tenga visos de seguir adelante. Se diría que a los europeos tampoco les importa la paz en Palestina, que muestra ya signos de una paz de los cementerios.

1252 https://en.wikipedia.org/wiki/Netzarim_Corridor.

Se llega a la conclusión de que, después de 1947, la historia continúa. Convendría, por tanto, que los que se agarran a la religión de un lado y del otro, bien pudieran considerar, al menos estos dos mensajes. El primero, dice: «Yo traeré la paz al país, y dormiréis sin que nadie perturbe vuestro sueño; haré desaparecer del país las fieras y la espada no traspasará vuestras fronteras»[1253]. Y el segundo, no es menos contundente: «Si, al contrario, se inclinan hacia la paz, ¡inclínate tú también hacia ella! ¡Y confía en Alá! Él es Quien todo lo oye, Quien todo lo sabe»[1254].

1253 Levítico (26: 6).
1254 Sura (8: 61).

BIBLIOGRAFÍA

Aunque se encuentran detallados en el texto como notas a pie de página, para mayor facilidad del lector se indican a continuación los libros que han sido consultados para la realización de esta obra. No se muestran en esta relación otras publicaciones accesibles desde Internet que también se indican en las referidas notas a pie de página. Muchas de ellas provienen de Wikipedia, que se dan para mayor facilidad a los lectores a fin de encontrar textos sobre ciertos asuntos, independientemente de las controversias que existen respecto de esta «enciclopedia».

Abda. H. *Fossa regia: une frontière culturelle?* OmniScriptum. 2012.

Abraham A. J. *The Lebanon War.* Praeger Publisher. 1996.

Acemoglu, D.; Robinson J. *Por qué fracasan los países: los orígenes del poder, la prosperidad y la pobreza.* Editorial Deusto. 2012.

Adelman, J. *The Rise of Israel. A History of a Revolutionary State.* Routledge. 2008.

Allison, G. *Destined for War. Can America and China Escape Thucydides's Trap?* Mariner Books. 2018.

Andrew, C.; Gordievsky, O. *KGB: The Inside Story.* Harper Collins. 1990.

Apter, D. E. (Ed.). *The legitimization of violence.* New York University Press. 1997.

Attali, J. *Les Juifs, le Monde et l'Argent. Histoire économique du people juif.* Arthème Fayard. 2002.

Awad, T. A. *The Ramadan War.* Air University. Maxwell Air Force. 1986.

Baer, Y. *Historia de los judíos en la España cristiana.* Dos volúmenes. Altalena Editores. 1981.

Baker, C. A. (Ed.). *Israel and Empire. A Postcolonial History of Israel and Early Judaism.* T&T Clark. 2015.

Baroud, R. *Th Second Palestinian Intifada. A Chronicle of a People's Struggle.* Pluto Press. 2006.

Becker, J. *The PLO: The Rise and Fall of the Palestine Liberation Organization.* St. Martin's Press. 1984.

Ben-Dror, Y. *Industry of Lies: Media, Academia, and the Israeli-Arab Conflict.* ISGAP (The Global Institute for the Study of Global Antisemitism & Policy). 2017.

Ben-Dror, Y. *La industria de las mentiras.* Deusto. 2024.

Bernstein, H. *The History of a Lie. «The Protocols of the Wise Men of Zion». A Study.* S. Ogilvie Publishing Company. 1921.

Blánquez Fraile, A. *Geografía Universal.* Ramón Sopena. 1931.

Bostom, A. G. (ed.). *The Legacy of Islamic Antisemitism. From Sacred Tests to Solemn History.* Premetheus Books. 2008.

Bowen, J. *Six Days. How the 1967 War Shaped the Middle East.* Thomas Dunne Books. 2003.

Bucaille, L. *Gaza: la violence de la paix.* Presses de Sciences Po. 1998.

Buckwalter, D. T. *The Arab-Israeli War.* The U.S. Naval War College. 2022.

Bulloch, J. *Final conflict. The war in Lebanon.* Century. 1983.

Cantor, N. *The Sacred Chain. A History of the Jews.* Fontana Press. 1996.

Cassam, Q. *Can Terrorism Ever Be Morally Justified? Society.* Springer Link. 2024.

Chomsky, N. *Fateful Triangle. The United States, Israel and the Palestinians.* Pluto Press. 1999.

Churchill, R. S.; Churchill, W. S. *The Six Day War.* Houghton Mifflin Company. 1967.

von Clausewitz, C. *On War.* Penguin Books. 1988.

Cobban, H. *The Palestinian Liberation Organisation: People, Power, and Politics.* Cambridge, University Press. 1984.

Cohen, A.; Burr, W. (Eds.). *The Nuclear Vault. The US Discovery of Israel's Secret Nuclear Project.* The George Washington University. 2015.

Conferencia Episcopal Española. *Sagrada Biblia.* BAC (Biblioteca de Autores Cristianos). 2010.

Cortés, J. *El Sagrado Corán* en idioma español. Biblioteca Islámica «fátimah Az-Zahra». 2005.

Dannreuther, R. *The Soviet Union and the PLO.* Palgrave Macmillan. 1998.

Davis, W. D. *The Territorial Dimension of Judaism.* University of California Press. 1982.

Major-General M. Dayan. *Diary of the Sinai Campaign.* Shocken Books. 1967.

Deans, W. *History of the Ottoman Empire. From the Earliest Period to the Present Time.* A. Fullarton & Co. 1854.

Delibes, M. *El hereje.* Austral. 2010.

Dowty, A. *Israel/Palestine.* Polity Press. 5.ª edición. Hoboken. 2023.

Dresch, P. *A History of Modern Yemen.* Cambridge University Press. 2002.

Dupuy, T. N. *Elusive Victory: The Arab Israeli Wars, 1947-1974.* Harper and Row. 1978.

Ebban, A. (*Introducción*). *The Beirut Massacre: The Complete Kahan Commission Report.* Karz-Cohl Publishing. 1982.

Fallaci, O. *La fuerza de la razón.* La Esfera de los Libros. 2004.

Filiu, J-P. *Histoire de Gaza.* Arthème Fayard. 2012.

Fineberg, M. et *al.* (eds.). *Antisemitism. The Generic Hatred. Essays in Memory of Simon Wiesenthal.* Vallentine Mitchell. 2007.

Fonte, J. *Sovereignty or Submission: Will Americans Rule Themselves or Be Riled by Others?* Encounter Books. 2011.

Fromm, E. *Anatomía de la destructividad humana.* Siglo XXI Editores. 1975.

Gabrielli, F. *Muhammad and the Conquests of Islam.* World University Library. 1968.

Galindo Aguilar, E. *La experiencia del fuego. Itinerario de los sufíes hacia Dios por los textos.* Editorial Verbo Divino. 1994.

Galindo Aguilar, E. *El Islam al final del siglo XX.* Ediciones SM. 1996.

Gerges, F. A. (Ed.). *The New Middle East. Protest and Revolution in the Arab World.* Cambridge University Press. 2014.

Gilbert, M. *The Holocaust. The Jewish Tragedy.* William Collins, Fontana Paperbacks. 1987.

Goldberg, J. J. *Jews Power. Inside the American Jews Establishment.* Basic Books. 1996.

Goldberg, J. *Liberal Fascism. The Secret History of the American Left, from Mussolini to the Politics of Change.* Penguin Books. 2007.

Gourdin, P. *Géopolitiques. Manuel pratique.* Choiseul Éditions. 2010.

Greilsamer, L. *La vraie vie du Capitaine Dreyfus.* Éditions Tallandier. 2014.

Halper, J *Between Redemption and Revival. The Jewish Yishuv of Jerusalem in the Nineteenth Century.* Routledge. 2019.

Hammel, E. M. *Six Days in June: How Israel won the 1967 Arab-Israeli War.* Maxwell Macmillan. 1992.

Harkari, Y. *The Bar Kokhbba Syndrome. Risk and Realism in International Politics.* Rossel Books. 1983.

Ammar Ali Hassan. *Political Features of Sufi Discourse.* En: Muhammad Abu Rumman (Ed.). *Sufism Today. Contemporary Interpretations of The Sufi Community and Its Different Patterns.* Friedrich Ebert Stiftung. 2020.

Hawa-Tawil, R. *Palestina, toda una vida.* Mondadori. 2001.

Hitler, A. *Mi lucha.* Primera edición electrónica en castellano. Jusego. 2003.

Horowitz, D. *State in the Making.* Traducido por J. Meltzer. Alfred A. Knopf. 1953.

Hurewitz, J. C. *The Struggle for Palestine.* Plunkett Lake Press. Edición Kindle. 2022.

Jaber, H. *Hezbollah. Born With a Vengeance.* Columbia University Press. 1997.

Flavio Josefo. *Guerras de los judíos y destrucción del templo y ciudad de Jerusalén.* Editorial Iberia. Dos volúmenes. 1983.

Hayek, F. *Camino de servidumbre.* Alianza Editorial. 1978.

Kaegi, W. E. *Byzantium and the Early Islamic Conquests.* Cambridge University Press. 2000.

Kapeliouk, A. *Enquête sur un massacre (L'histoire inmmédiate).* Éditions Seuil. 1982.

Kaplan, R. D. *The revenge of geography.* Random House. 2012.

Kaveh the Hammersmith. *Global Hezbollah. The Iranian National-Islamist Nebula. Secret. Networks and worldwide strategy.* LAP Lambert Academic Publishing. 2011.

Kear. M. *Hamas and Palestine. The Contested Road to Statehood.* Routledge. 2019.

Khalaf, S. *Civil and Uncivil Violence in Lebanon.* Columbia University Press. 2002.

Khalidi, R. *Palestinian Identity: The Construction of Modern National Consciousness.* Columbia University Press. 1997.

Khalidi, R. *The Iron Cage. The History of the Palestinian Struggle for Statehood.* One World Publications. 2007.

Khalidi, R. *The Hundred Years' War on Palestine.* Metropolitan Books. 2020.

Khalidi, W. *Plan Dalet. Master Plan for the Conquest of Palestine.* Journal of Palestine Studies, 2020.

Khan. M. A. *Islamic Jihad. A Legacy of Forced Conversion, Imperialism, and Slavery.* iUniverse Books. 2009.

el Khazen, F. *The Breakdown of the State in Lebanon, 1967-1976.* Harvard University Press. 2000.

Kimche, J; Kimche, D. *A Clash of Destinies. The Arab-Jewish War and the Founding of the State of Israel.* Praeger Publishers. 1960.

Kimmerling, B.; Migdal, J. S. *The Palestinian People. A History.* Harvard University Press. 2003.

Kunstler, H. *La fin du pétrole. Le vrai défi du XXIe siècle.* PLON. 2005.

Lao Zi. *El libro del Tao.* Ediciones Alfaguara. 1978.

Laquer, W. *Confrontation: The Middle East War and World Politics.* Wildwood House. 1974.

Levy, J. S.; Thompson, W. R. *Causes of War.* Wiley-Blackwell. 2010.

Lockman, Z.; Beinin, J. (Eds.). *Intifada. The Palestinian Uprising Against Israeli Occupation.* South End Press. 1989.

Loewenstein, A. *El laboratorio Palestino.* Capitán Swing Libros. 2024.

Lorch, N. *The Edge of the Sword. Israel's War of Independence 1947-1949.* G. P. Putnam's Sons. 1961.

Louis, R.; Shlaim, A. *The 1967 Arab-Israeli War. Origins and Consequences.* Cambridge University Press. 2012.

Marouf Omar, A. *Jerusalem in Muhammad's Strategy. The Role of the Prophet Muhammad in the Conquest of Jerusalem.* Cambridge Scholar Publishing. 2019.

Meir, G. *Mi vida.* Nagrela Editores. 2023.

Merton, T. *Seeds of Contemplation.* New Directions Publishing Corporation. 1949.

Merton, T. *New Seeds of Contemplation.* New Directions Publishing Corporation. 1972.

Milton-Edwards, B. *Islamic Politics in Palestine.* I.B. Tauris. 1996.

Morris, B. *Righteous Victims: A History of the Zionist-Arab Conflict 1881-2001.* Vintage Books. 2001.

Morris, B. *The Birth of the Palestinian Refugee Problem Revisited.* Cambridge University Press. 2003.

Morris. B. *Revisiting the Palestinian exodus of 1948.* Cambridge University Press. 2007.

Morris, B. *1948. A History of the First Arab-Israeli War.* Yale University Press. 2008.

Nathan, S. *The Other Side of Israel. My Journey Across the Jewish-Arab Divide.* Harper Perennial. 2005.

Netanyahu, B. *A Durable Peace. Israel and Its Place Among the Nations.* Grand Central Publishing. 1993.

Netanyahu, B. *Fighting Terrorism. How Democracies can Defeat Domestic and International Terrorists.* Farrar, Straus and Giroux. 1995.

Nolin, T. *La Haganah: El ejército secreto de Israel,* Editorial Euros. 1975

Norton, A. R. *Hezbollah: A Short History.* Princeton University Press. 2007.

O'Ballance, E. *No Victor, No Vanquised. The Yom Kippur War.* Presidio Press. 1997.

Ashed Aviar Orkaby. *The International History of the Yemen Civil War, 1962-1968.* Doctoral Dissertation, Harvard University. Office for Scholarly Communication. 2014.

Olier, E. *Geoeconomía. Las claves de la economía global.* Pearson. 2011.

Olier, E. *Les guerres puniques du XXIe siècle. L'affrontement entre les États-Unis et la Chine pour l'hégémonie mondiale.* Éditions L'Harmattan. 2022.

Olier, E. *La debacle de Occidente. Las guerras del siglo XXI.* Sekotia. 2023.

Orkaby, A. A. *The International History of the Yemen Civil War, 1962-1968.* Doctoral Dissertation, Harvard University. Office for Scholarly Communication. 2014.

Overdale, R. *The Origins of the Arab-Israeli War.* Longman. 1992.

Pacepa, I. M. *Red Horizons. Chronicles of a Communist Spy Chief.* Regnery Gateway. 1987.

Pacepa, I. M.; Rychlak, R. J. *Desinformation. Former Spy Chief Reveals Secret Strategies for Undermining Freedom, Attaching Religion, and Promoting Terrorism.* WND Books. 2013.

Paul, T. V.; Wirtz, J. J.; Fortmann, M. (Eds.). *Balance of Power. Theory and Practice in the 21ˢᵗ Century.* Stanford University Press. 2004.

Peer, R. K. *Understanding Israel's War in Gaza.* Friedrich Naumann Foundation for Freedom. 2023.

Perlmutter, A.; Handel, M. I.; Bar-Joseph, U. *Two Minutes Over Baghdad.* Frank Cass Publishers. 2003.

Perowne, S. *The Life and Times of Herod the Great.* Hodder and Stoughton. 1956.

Ravinovich, A. *The Yom Kippur War. The Epic Encounter that Transformed the Middle East.* Knopf Doubleday Publishing Group. 2006.

Razavi, E. *La face cachée des mollahs.* Les éditions du Cerf. 2024.

Reader, K. A. *Intellectuals and the Left in France since 1968.* St. Martin's Press. 1987.

Reimer. M. J. *The First Zionist Congress. An Annotated Translation of the Proceedings.* State University of New York. 2019.

Rodinson, M. *Israel, A Colonial-Settler State?* Monad Press. 1973.

Rotberg, R. I. *Israel and Palestinian Narratives of Conflict. History's Double Helix.* Indiana University Press. 2006.

Lt. General Saaz el Shazly. *The Crossing of the Suez.* American Mideast Research. 1980.

Sachar, H. M. *A History of Israel. From the Rise of Zionism to Our Time.* Alfred A. Knoff. 2007.

Sebag Montefiori, S. *Jerusalén. La biografía.* Crítica. 2014.

Scruton, R. *Against the Tide: The Best of Roger Scruton's columns, commentaries and criticism.* Bloomsbury. 2022.

Seguev, T. *One Palestine, Complete. Jews and Arabs under the British Mandate.* Metropolitan Books. 2000.

Senor, D.; Singer, S. *Start-Up Nation. La historia del milagro económico de Israel.* Twelve. Hachette Book Group. 2012.

Shai, N. *Hearts and Minds. Israel and the Battle for Public Opinion.* State University of New York. 2018.

Abu Sharif, B. *Arafat and the Dream of Palestine. An Insider's Account.* Palgrave Macmillan. 2009.

Simmons, S. *David & Goliath: The explosive inside story of media bias in the Israeli-Palestinian conflict.* Emesphere Productions. 2012.

Suárez, L. *Los judíos.* Editorial Ariel. 2003.

Teveth, S. *Ben-Gurion and the Palestinian Arabs, from Peace to War.* Oxford University Press. 1985.

Thomas David. M. *40 Km into Lebanon. Israel's 1982 Invasion*. A National Security Affairs Monograph. National Defense University Press. 1987.

Tolstói, L. N. *Guerra y Paz*. Austral. 2019.

Traboulsi, F. *A History of Modern Lebanon*. Second Edition. PlutoPress. 2012.

Truman, H. S. *Memoirs by Harry S. Truman. Volume Two: Years of Trial and Hope*. Time, Inc. 1956.

Ulam, A. *Expansion and Coexistence. Soviet Foreign Policy 1917-1973*. Holt, Rinehart and Winston. 1974.

Wistrich, R. *Antisemitism. The Longest Hatred*. Pantheon Books. 1991.

Wistrich, R. *A Lethal Obsession. Anti-Semitism from Antiquity to the Global Jihad*. Random House. 2010.

Zeev, S.; Ya'ari, E. *Israel's Lebanon War*. Simon and Schuster. 1984.